Mord im Alpenglühen

Paul Ott

Mord im Alpenglühen

Der Schweizer Kriminalroman –
Geschichte und Gegenwart

NordPark · KrimiKritik

Inhalt

Vorwort

Die Schweizer Unterhaltungsliteratur besteht in Form des Kriminalromans seit etwa 150 Jahren. Was sie vor aller anderen Literatur auszeichnet, ist der fast durchgängige Einbezug des Alltags in eine spannende Geschichte. Nirgends sonst – mit Ausnahme der ganz grossen Realisten des 19. Jahrhunderts wie Jeremias Gotthelf und Gottfried Keller – erfährt man derart vieles aus dem Leben der Menschen, aus dem Tagesgeschehen oder von der politischen Lage wie im Kriminalroman. Dabei ist er nicht ausschliesslich unterhaltend, sondern trägt oft eine Botschaft mit. Die einfachste und augenfälligste ist das älteste literarische Thema der Welt: der Kampf des Guten gegen das Böse. Dass sich auch in der Definition dessen, was als gut oder böse betrachtet wird, in den letzten 200 Jahren einiges geändert hat, machen historische Vergleiche sichtbar.

Bei den Gerichtsreportagen und Verbrechensberichten steht das Moralische im Vordergrund, die Warnung vor verbrecherischen Taten. Damit rücken diese frühen Autoren in die Nähe eines Jeremias Gotthelf, der aus den Verfehlungen der Menschen ethische Schlüsse zieht, ohne dem Einzelnen seine innere Zerrissenheit zum Vorwurf zu machen.

Zu Beginn des 20. Jahrhunderts beherrschen Verbrecherbanden das Geschehen, aber auch wahnsinnige Einzeltäter, die in beinahe schon utopischer Manier mit der Grundsubstanz des Lebens experimentieren, dem Tod ein Serum der Unsterblichkeit abringen oder mit der Bekämpfung von selbst erzeugten Krankheiten zusätzlich Gewinn machen. Wir sehen, die Themen sind modern, die geschilderten technischen Möglichkeiten auf der Höhe der Zeit.

Der Erste wie später auch der Zweite Weltkrieg werden kaum Thema des Kriminalromans, zu gross sind diese Verbrechen, zu menschenfeindlich müsste man beinahe sagen und dem literarischen

Verbrechen eine menschenfreundliche Gesinnung zuordnen, weil es keine losgelösten Terrormaschinen schildert, sondern Menschen aus Fleisch und Blut in all ihren Widersprüchen, die manchmal eben auch auf Irrwege führen.

In den Fünfzigerjahren des letzten Jahrhunderts kommt die Weltpolitik ins Buch, sei es, dass die Verbrecher international handeln, sei es, dass Verschwörer und Agenten eine beherrschende Rolle übernehmen. Friedrich Dürrenmatt vereint in seinem Kommissär Bärlach Doktor Faustus und Wachtmeister Studer, ein Spagat, der genügend Abgründigkeit erzeugt, um auch heute noch wirksam zu sein.

Erst in den Achtzigerjahren entsteht eine neue Welle von Autorinnen und Autoren, die alle Bereiche des Genres ausloten und die Basis schaffen für die inhaltliche Breite des Kriminalromans, wie wir sie heute kennen: von der braven Detektivgeschichte bis zum Actionthriller, der die politischen Entwicklungslinien voraussahnt.

Dass es unter all den publizierten Werken Texte von minderer und von höherer Qualität gibt – sowohl inhaltlich wie auch sprachlich – ist eine banale Feststellung und unterscheidet den Kriminalroman nicht von anderen literarischen Gattungen. Wenn wir aber eine historische Rückschau halten und uns fragen, was Leserinnen und Leser heute zur Hand nehmen, wenn sie ein Buch geniessen wollen, das die Atmosphäre, die Menschen und den Zeitgeist der Jahre zwischen den beiden Kriegen einfängt, sprachlich zumindest gelungen und inhaltlich spannend ist, dann wird nur ein Name fallen: Friedrich Glauser. Aber nicht er hat damals einen Literaturnobelpreis erhalten, sondern einer, den die meisten bereits vergessen haben (es war Carl Spitteler 1919).

So mag es uns Heutigen zum Trost gesagt sein: Friedrich Glauser, der zeit seines Lebens mit dem literarischen Establishment zu kämpfen hatte, dessen politische Bemerkungen aus den Romanen gestrichen wurden, ist heute zu einer weit herum anerkannten literarischen Instanz geworden. Nach ihm ist auch der wichtigste deutschsprachige Krimipreis benannt. Vielleicht ist einer dieser Preisträger oder einer der vielen anderen der Glauser von morgen.

Der Schweizer Kriminalroman

Den Mord z. B. kann man von seiner moralischen Seite betrachten, wie dies gewöhnlich von der Kanzel herab und im Old Bailey geschieht, und diese ist – ich muss es gestehen – seine schwache Seite, oder man kann ihn ästhetisch würdigen, wie die Deutschen es nennen würden, d. h. mit Rücksicht auf den künstlerischen Geschmack.

Thomas De Quincey: ON MURDER CONSIDERED AS ONE OF THE FINE ARTS – DER MORD ALS EINE SCHÖNE KUNST BETRACHTET (1827–1854)

Mit den beiden Fragen, die sich aus dem so selbstverständlich formulierten Titel ergeben, stecken wir bereits mitten im Dilemma:
* Was ist ein Kriminalroman?
* Wer ist ein Schweizer Autor, eine Schweizer Autorin?
Es ist für den folgenden Text bedeutsam, diese beiden Fragen zu beantworten.

Der Kriminalroman hat sich aus literarisch bearbeiteten Verbrechensberichten heraus entwickelt (PITAVAL 1735, Anselm von Feuerbach: MERKWÜRDIGE CRIMINAL-RECHTSFÄLLE 1808/11, und andere). Was uns besonders interessiert, nämlich die fiktive Geschichte verknüpft mit einer Ermittlung, hat seinen Ursprung im 19. Jahrhundert (E. T. A. Hoffmann, Edgar Allan Poe, Arthur Conan Doyle usw.). Diese enge Definition lässt sich heute nicht mehr halten. Das Genre »Kriminalroman« hat sich in viele unterschiedliche Richtungen aufgespalten.

Deshalb beginne ich meine Darstellung mit den frühen Verbrechensberichten und Gerichtsreportagen und nehme die späteren Entwicklungen mit auf, neben dem Detektivroman also auch den Psychothriller, Agentenroman, Spionagethriller, Roman noir und wie die unterschiedlichen Ausprägungen alle genannt werden.

In den Grenzbereichen habe ich von Fall zu Fall entschieden, zum Beispiel beim Roman mit kriminalistischen und utopischen Elementen oder beim Schmugglerroman. Hier sind die Abgrenzungen unscharf, sodass das eine oder andere Werk und/oder die eine oder andere Auslassung diskutabel ist.

Nicht berücksichtigt wurden die frühen Räuberromane (z. B. Heinrich Zschokke), die Militär- und Bergromane, in denen es auch öfters Tote gibt, bei denen aber normalerweise die zwischenmenschliche Dramatik im Mittelpunkt steht und nicht die detektivische Arbeit.

Die Antwort auf die zweite Frage, die der Nationalität, ist ebenso schwierig. Braucht man einen Schweizer Pass, gilt also in erster Linie die Herkunft, auch wenn man im Ausland lebt? Oder genügt der Wohnsitz in der Schweiz, auch wenn die Texte wenig mit dem Land zu tun haben und/oder in keiner Landessprache geschrieben sind?

Für die vorliegende Darstellung bin ich von einer möglichst umfassenden Übersicht darüber ausgegangen, was Autorinnen und Autoren schweizerischer Nationalität geschrieben haben sowie was in der Schweiz an Texten entstanden ist (auch wenn die Urheber eine andere Nationalität aufweisen). Bei den einzelnen Autorinnen und Autoren wird darauf hingewiesen. Die Abgrenzung ist allerdings im französischsprachigen Landesteil wesentlich schwieriger als im deutschsprachigen.

Die Schweiz hat als viersprachiges Land traditionell enge Beziehungen zu seinen Nachbarn Deutschland, Frankreich und Italien, was sich auch in der gemeinsamen Verlagslandschaft ausdrückt. Heute sind die Schriftsteller – jedenfalls diejenigen, die aus dem Schreiben ein Erwerbseinkommen erwirtschaften – meist auf Verlage in Deutschland oder Frankreich angewiesen. In den Dreissiger- und Vierzigerjahren war es genau umgekehrt. In den Zeiten totalitärer Herrschaft sind in der Schweiz viele Buchreihen ausschliesslich für Kriminalromane entstanden.

Leider findet man auf den Umschlägen bis in die Fünfzigerjahre hinein kaum je einen Hinweis auf die Identität des Autors, deshalb ist manchmal bereits die nationale Zugehörigkeit schwierig zu ermitteln. Dazu kommt, dass viele deutsche und französische Autoren im Schweizer Exil gelebt und – nicht zuletzt wegen des Publikationsverbotes für ausländische Autoren (ein düsteres Kapitel!) – unter Pseudonym geschrieben haben. Die literaturhistorische Arbeit, die diese Umstände genauer untersuchen würde, ist meines Wissens erst in Ansätzen geleistet.

Die deutschsprachige Schweiz

So kam eines Abends der Herr Baron mit Gift und Galle nach
Hause, und schüttete ein Glas Wein um das andere dazu,
während sich seine Gattin darin gefiel, seine üble Laune auf
den Stallknecht zu lenken [...] genug er glaubte seiner Frau
nicht, sondern warf ihr im höchsten Zorn eine Flasche an den
Kopf, von welcher ein grosser Splitter unglücklicherweise das
einte Auge ausbohrte.

DER ARZT ALS GIFTMISCHER (anonym, 1866)

Verbrechensberichte und Gerichtsreportagen

Die ältesten Texte, die man im weitesten Sinn zur Kriminalliteratur
zählen kann, haben eine lange Tradition: Verbrechensberichte und
Gerichtsreportagen, mehr oder weniger literarisch nacherzählt, mit
mehr oder weniger Details ausgeschmückt. Auch die Schweiz macht
hier keine Ausnahme. Der berühmte PITAVAL von 1735 oder Anselm
von Feuerbachs MERKWÜRDIGE CRIMINAL-RECHTSFÄLLE von
1808/11, als Sammlung von Verbrechen Grundlage für manche Um-
und Neugestaltung, mögen auch bei uns als Vorbild gedient haben.
In der Schweiz lässt sich diese Gattung bis zum Anfang des 19. Jahrhunderts zurückverfolgen, wobei nicht auszuschliessen ist, dass es
vereinzelte frühere Texte gibt. Die Darstellungen sind oft derart
akribisch, dass sie ein differenziertes Zeitbild ergeben, sowohl was
die sozialen und politischen Umstände einer Tat betrifft, als auch
was den Ablauf des Ermittlungsverfahrens anbelangt.

In der ersten Hälfte des 19. Jahrhunderts finden wir also vornehmlich den Akten entlang geschilderte, protokollartige Berichte,
dünne Broschüren mit Prozessbeschreibungen, manchmal in Rede
und Gegenrede von unterschiedlichen Autoren. Oft interessiert auch

der Lebenslauf von Täter und Opfer, je nach Bedeutung des Falles sind die Darstellungen ausführlicher oder zahlreicher. GESCHICHTE DER VERBRECHER X. HERMANN, F. DEISLER, J. FÖLLER UND JOS. STUDER, DURCH DAS KRIMINALGERICHT ZU BASEL DEN 14. JUL. 1819, TEILS ZUM THODE, THEILS ZUR KETTENSTRAFE VERURTHEILT. NEBST DEN BILDNISSEN DERSELBEN UND JENEN DER BESCHULDIGTEN ROSINA LEBER (DIE SCHWESTER HERMANNS) UND MARIA WAIDEL (SOWIE KATHARINA RUETSCHIN, VORGEBLICH VERWITTWTE MEYER). NACH DEN PROZESSAKTEN BEARBEITET UND ZUR WARNUNG HERAUSGEGEBEN, heisst der Titel des ältesten vorliegenden Berichts aus dem Jahr 1819 über die letzten in Basel hingerichteten Verbrecher. Ausführlich werden die begangenen Taten geschildert, ein Sammelsurium all dessen, was damals an abscheulichen Verbrechen denkbar war: Diebstahl von Waren aller Art (von Bienen und Bienenkörben über Leder bis zu Gold- und Silberwaren), Einbruch, Raub, Brandstiftung, Betrug, Misshandlung bis zu Mord. Die Übeltäter entgingen ihrer Strafe nicht, zwei wurden mit dem Schwert enthauptet, einer durch ein glühendes Eisen gebrandmarkt und 24 Jahre in Ketten gelegt.

Erschütternd wirkt ein auf 240 Seiten ausgearbeiteter Bericht aus dem Jahr 1823 (in seiner zweiten Auflage von 1824 auf 335 Seiten erweitert) von Johann Ludwig Meyer: SCHWÄRMERISCHE GREUELSCENEN ODER KREUZIGUNGSGESCHICHTE EINER RELIGIÖSEN SCHWÄRMERIN IN WILDENSPUCH, CANTON ZÜRICH. Der angesehene, verwitwete Landwirt Johannes Peter lebt mit seinen sechs Kindern, einem Sohn und fünf Töchtern, arbeitsam und sittsam in Wildenbuch in der Gemeinde Trüllikon. Doch das Studium pietistischer Schriften und apokalyptische Ahnungen treiben insbesondere die Töchter in einen religiösen Wahn, der in einer Katastrophe endet. Im Kampf gegen den Teufel und in Erwartung des Weltendes zertrümmern die Sektierer das halbe Haus. Dann wird der Sohn Caspar verwundet, die Tochter Elisabetha stirbt an einer Teufelsaustreibung, und das ganze gipfelt in der Aufforderung der Anführerin Margaretha Peter, »sie wolle sich jetzt kreuzigen lassen«, was denn auch geschieht. Der Bericht schliesst mit dem Gerichtsverfahren und den relativ milden Strafen für die Hauptangeklagten von sechs bis sechzehn Jahren Zuchthaus. Spannend ist aber auch der Anhang: eine

Auflistung der religiösen Schriften, die im Hause Peter gefunden wurden, und eine Würdigung, die in der Aussage gipfelt:»Welch erbärmliches Zeug das verbrannte Hirn des Verfassers auszuhecken gewusst habe […]«

Einige kleinere Publikationen erregten das Interesse der Öffentlichkeit, weil es sich bei den Opfern oder Tätern um berühmte Persönlichkeiten handelte. So wird 1845 die Ermordung des luzernischen Ratsherrn Joseph Leu von Ebersol, eines rechtskatholischen Parlamentariers und treibender Kraft hinter der Jesuitenberufung, zum politischen Zankapfel. Der ausserordentliche Untersuchungsrichter Wilhelm Ammann sucht nach liberalen Hintermännern des Mordes, was zu unberechtigten Verhaftungen, Folterungen und einem generellen Misstrauen in eine parteiische Justiz am Vorabend des Sonderbundskrieges von 1848 führt.

Zwei Raubmörder kommen ebenfalls zu Ehren reportageartiger Aufbereitung ihrer Fälle: Johann Bättig von Hergiswil und Hans Jakob Kündig aus dem zürcherischen Schwerzenbach, von dem sein Biograph Heinrich Hirzel meint:»Montags den 19. September ging ein Bauernknecht, der wie tausend Andere aussah, des Morgens an seine gewohnte Arbeit – und Abends geht in ihm schon halb ein Mörder zu Bette, den seine Verworfenheit aus der menschlichen Gesellschaft ausstösst.« Der Gipfel seiner Pietätlosigkeit besteht darin, dass er der Braut»das Gesangbuch der Gemordeten« schenkt.

Während einige Büchlein und Broschüren nur spektakuläre Einzelfälle ausbreiten, hat sich Jacob Senn Grosses vorgenommen. Auf 616 Seiten breitet er 1865 seine Forschungen aus. DIE INTERESSANTESTEN KRIMINALGESCHICHTEN AUS ALTER UND NEUER ZEIT: EIN BUCH ZUR UNTERHALTUNG, WARNUNG UND BELEHRUNG FÜR JUNG UND ALT, NACH DEN VORGELEGENEN AKTEN BEARBEITET UND HERAUSGEGEBEN VON EINEM VIELJÄHRIGEN HÖHERN GERICHTSBEAMTEN. Man findet in diesem in St. Gallen erschienenen Verbrechenshandbuch in 51 Kapiteln die ganze Schlechtigkeit der Welt, wie sie in allen Ständen vorherrschte. Wir lesen vom»Brandstifter und Räuber Peter Welti, gewesenem Pfarrer in Wohlenschwyl, Kt. Aargau« genauso wie vom»Familienkomplott zur Ermordung der Ehefrau und Schwiegertochter durch langsames Verhungernlassen«. Kinderraub, ein zehnjähriger Schwestermörder, Weibermord, Ehe-

bruch und Mord, Briefdiebstahl, Elternmord, Brandstiftung, Mein-
eid, Diebstahl, Raubmord, Giftmischer und -mörder, Lustmord und
Verrat sind die Gewalt- und Greueltaten, welche die Menschen be-
unruhigen.

Zu einer anonymen Einzelpublikation bringen es »Joseph Anton
Egger von Tablat, Todtschläger und Leichenräuber« sowie »Sebastian Hohl von Trogen, Goldmacher und Mädchenschänder«, also
Halunken der besonderen Sorte, denen nichts heilig ist, dem breiten
Publikum zur Unterhaltung und Belehrung erzählt. Mord, Entführung, Geldfälscherei und Frauenhandel: Die Gemeinsamkeiten mit
den folgenden Jahrzehnten, aber auch mit der Gegenwart sind nicht
von der Hand zu weisen.

Viele dieser Geschichten werden von Autoren im 20. Jahrhundert
wieder aufgenommen und in Sammlungen historischer Verbrechensberichte integriert, aber es gibt auch Parallelen zum umfangreichsten
Werk des Genres im 19. Jahrhundert: Julius Eduard Hitzig, Wilhelm
Häring und Anton Vollert mit ihrem sechzig Bände umfassenden DER
NEUE PITAVAL (1842–1890). So finden wir den Fall Kündig wieder,
aber auch die Ermordung des Schultheissen Keller in Luzern durch die
zwanzigjährige Klara Wendel und ihre Bande. Dabei stellen die Autoren fest: »Es gibt in der Schweiz eine Klasse Menschen, welche man
die Heimatlosen nennt. Es sind die Parias der Republik. Sie sind
Schweizer und gehören doch keinem Canton an. Wo sie erscheinen,
betrachtet man sie als eine Plage und denkt nur daran, wie man sie
am schnellsten wieder los werden kann. Wenn sie sich auf Märkten
und in Dörfern zeigen, treten sie als Zwirnmacher, Zundelkrämer,
Kessler, Kachelgeschirrkrämer, Vogelträger, Weihwasserwedelverkäu-
fer auf, aber ihr eigentliches Gewerbe ist Betteln und Stehlen.« Und
weiter unten: »Man glaubt jetzt zu wissen, dass die Mehrzahl der Heimatlosen untereinander verwandt und verschwägert sind. Aber ihre
Ehen sind wilde Ehen, auf Zeit abgeschlossen und beständigem
Wechsel unterworfen. In der Schweiz ist der officielle Ausdruck dafür:
Beihälter und Beihälterinnen. Einem Dichter könnte es beikommen,
das Leiden dieser Heimatlosen als heiter und lustig zu schildern, weil
es der Freiheit des sogenannten Naturzustandes sich nähert, weil
alle Eine grosse Familie bilden, die der gleiche Druck verbindet, und
weil jeder den andern kennt.« Die Schilderung dieser sozialen Zu-

stände wird bei aller Distanz zu den Betroffenen doch zu einer Anklage gegen die Verwahrlosung der Menschen und die Missachtung durch Behörden und Gesellschaft.

Bemerkenswert ist auch die Geschichte »Kaspar Trümpy aus Bern (Giftmord durch eigene oder fremde Hand) 1864«, weil diese 1976 von Paul Elgers in der DDR wieder aufgenommen und zu einem umfangreichen Roman ausgearbeitet wird.

Von einem historischen Verbrechen der besonderen Art berichtet Friedrich von Tschudy 1884 in seiner Lebensbeschreibung des Landammanns Josef Anton Suter, dem ehemaligen Badwirt von Gonten im Appenzellischen, dessen politische Laufbahn ihn den »wie sie geglaubt hatten, allein regierungsfähigen Familien« tief verhasst machte. Als er in seinem Amt einen Fehler begeht, hat er an den Folgen hart zu tragen. Er wird als »Rebell, Ruhestörer, Landfriedenbrecher, Gotteslästerer, auch Verbrecher in Dingen […], so man anstandshalber nicht nennen wolle« aus dem Amt gejagt, des Landes Appenzell und der Eidgenossenschaft verwiesen. Sein Prozess erregte in der ganzen Schweiz unerwünschtes Aufsehen und stachelte dadurch den Hass der »Gerechten« noch mehr an. Die kränkelnde Tochter wird zum Lockvogel für den alten Vater gemacht, Suter 1784 aus dem Konstanzer Exil geholt und in Oberegg verhaftet. Den 68-Jährigen schleift man in grausamster Weise nach Appenzell, man foltert ihn, macht ihm den Prozess, verurteilt ihn zum Tode und vollzieht das Urteil so schnell, dass das aufgebrachte Volk seiner Wut nicht mehr richtig Ausdruck geben kann. Friedrich von Tschudy bezeichnet Suters Tod als »schrecklichen Justizmord«, von dem sich der Kanton Appenzell Innerrhoden lange Jahre nicht erholen sollte.

Weniger bedeutsam sind einige spätere Verbrechensberichte und Gerichtsreportagen, die teilweise weit zurückliegende historische Ereignisse beleuchten, so Caspar Patzens STOPCKERSEPP VOR DEM KANTONS-KRIMINALGERICHT ZU CHUR IM JAHR 1816 (erschienen 1892), A. Gredingers DU SOLLST NICHT TÖTEN (ODER SCHRECKLICHE FOLGEN EINER UNBESONNENEN LÜGE) von 1916 sowie Franz Joseph End mit seinen 1921 gedruckten KRIMINALGESCHICHTEN.

Einen qualitativen Sprung erleben wir 1866 mit DER ARZT ALS GIFTMISCHER ODER DAS RECHTSGEFÜHL DES NICHTJURISTEN, von einem anonymen Autor in Basel herausgegeben. Erstmals wird hier ein Verbrechen literarisch aufgearbeitet und auf beinahe 200 Seiten ausgebreitet. Diese an sich sorgfältig geschriebene Geschichte weist einen unübersehbaren Nachteil auf: Der Autor verwendet sprechende Namen, die in ihrer Penetranz heute peinlich wirken. So heisst der Arzt als Bösewicht »Doctor Caïn Homicid Schlange«, sein Mailänder Freund »Doctor Dolus«, die gerichtsärztlichen Experten »Professor Haltfest« und »Doktor Giebnach«, der Untersuchungsrichter »Pfiffikus«. »Mangel« und »Rechtlos« sind zwei Schwindler, und »Baron Caspar von Trompeur« Täter und Opfer zugleich. »Euphrosina« wird seine Gattin genannt, ihre Tochter »Flora«, liebliche Namen für zwei Frauen, die beide demselben Bösewicht verfallen, nämlich Doctor Schlange. Biblische Dimensionen nimmt denn auch das sich anbahnende Drama an: Baron Caspar von Trompeur wird von seinem Hausarzt Caïn Homicid Schlange mit Gift gegen eine »ziemlich stark entzündete Anschwellung der Leistendrüse« behandelt. An dieser Giftzufuhr stirbt er, und in einem Prozess unter dem Untersuchungsrichter Pfiffikus will man herausfinden, ob es sich um Selbstmord oder Tötung handelt. Der Arzt kommt auf die Galeere, verführt aber erst Trompeurs Tochter Flora. Es geht das Gerücht, die beiden hätten Doppelselbstmord begangen. Andere wollen den Doktor auf seiner Flucht noch gesehen haben. Flora wird ertrunken aus dem Genfersee gefischt. Euphrosina, die Mutter, glaubt, die Magd Anna Ledig trage Mitschuld an Floras Schicksal. Schliesslich wird Euphrosina, da sie wegen halbherziger Genesung nicht mehr in die Irrenanstalt abgeschoben werden kann, ins Nonnenkloster eingewiesen. Der Fall selber wird nicht abschliessend gelöst. Das zeichnet sich allerdings schon früh ab, denn keine der beteiligten Personen ist schuldlos an dieser ganzen Misère: »Wenn aber wie im vorliegenden Falle der Ehemann ein leichtsinniger eitler Geck, ein hoffährtiger Affe ist, der den grossen Herrn nachahmen will, ohne durch Stand und Geburt dazu berufen zu sein; – so müsste der Charakter der Frau bereits ein felsenfester sein, wenn er nicht ebenfalls ein leichtsinniger, eitler und putzsüchtiger würde […] Wenn nun der Ehemann dazu noch ein treuloser, ein wortbrüchiger ist, sowohl in seinen Berufsgeschäften, als in seinen Ehestandspflichten; – wenn die Frau ihm über Unredlichkeiten der gröbsten Art kommt, muss sich ihr Charakter nicht so gestalten, dass sie sich weit über ihn erhebt und sich im Rechte glaubt, sich als Richterin über seine Handlungen aufzuwerfen, – wovon so manche schreckliche Scene die Folge war; wenn die Frau entdecken muss, wie oft der Herr Gemahl die eheliche Treue müsse gebrochen haben, bis er auf das Siechbett der eingewurzelsten Lustseuche gestreckt worden ist; – ich frage: wo kann die Liebe in dem so schnödbetrogenen Frauenherzen einen Platz finden?«

Ein Mensch von ganz anderem Schaffenswillen ist Jodocus Donatus Hubertus Temme (1798–1881), der meistgelesene deutschsprachige Krimiautor seiner Zeit. Er war Richter und Abgeordneter in Deutschland, bevor er im Zug der 1848er-Revolution zweimal verhaftet und letztlich aus dem Staatsdienst gejagt wird. 1852 verlässt er Deutschland, lebt fortan in Zürich und wird Professor an der Staatswissenschaftlichen Fakultät. Mit seinen Schriften beeinflusst er das schweizerische Strafrecht wesentlich, indem er stets für die Würde und die Selbstbestimmung des Menschen eintritt.

Bereits in Berlin publizierte Temme einige Bände mit Volkssagen aus Ostdeutschland. Seit 1840 ist er Mitherausgeber der KRIMINALISTISCHEN ZEITUNG FÜR DIE PREUSSISCHEN STAATEN. Allerdings entscheidet er sich erst ab 1850 – ohne Stelle und Pension – für den Beruf des Schriftstellers, auch in der Schweiz, wo er die erstaunlicherweise unzureichenden Einkünfte aus der Professur aufbessern muss. So entstehen mehrere Sammlungen von Erzählungen und Novellen, viele bereits in der GARTENLAUBE zu lesen. Einzelne der Fälle, die auf tatsächlichen Vorkommnissen beruhen, werden zu eigentlichen Romanen ausgearbeitet.

Uns interessiert in erster Linie DER STUDENTENMORD IN ZÜRICH (1872), über den Temme schreibt: »Der hier mitgeteilte Criminalprozess behandelt einen politischen Mord, der noch immer in ein geheimnisvolles Dunkel gehüllt ist.« Am 4. November 1835 wird in Zürich Enge ein deutscher Student namens Lukas Lessing ermordet aufgefunden. Der Tote studierte seit zwei Jahren in Zürich Medizin, hatte aber rege Kontakte zu den deutschen Flüchtlingen, die nach der gescheiterten Revolution von 1830 in die Schweiz emigriert waren. Aus diesem Milieu soll denn auch der Täter kommen, was aber nur in einem anonymen Brief behauptet wird und nicht nachgewiesen werden kann. Vielleicht ist es die Parallelität der Ereignisse zu seinem eigenen Schicksal, die Temme diesen Fall so faszinierend finden lässt.

Beeindruckend sind Temmes genaue Beschreibungen, sowohl was den Tatort als auch die polizeilichen und gerichtsmedizinischen Untersuchungen betrifft. Die gesamten Ermittlungen werden akribisch nachvollzogen, Lessings Lebensumstände ausgebreitet, seine letzten Lebenstage anhand der gerichtlichen Akten rekonstruiert und die Zeugenaussagen nachgezeichnet. Man erfährt jedoch auch vieles über die deutschen Emigranten und die polizeilichen Massnahmen gegen sie. Insgesamt ergibt dies ein Sittenbild aus der Schweiz in der ersten Hälfte des 19. Jahrhunderts, wie es detailreicher kaum sein könnte.

Ebenso interessant ist die Biographie von Hans Blum (1841–1910). Er wurde geboren als Sohn des Politikers Robert Blum, der 1848 in Wien als Revolutionär erschossen wurde. Hans Blum wuchs in Bern auf, wurde 1869 in Leipzig Rechtsanwalt, arbeitete später am Reichsgericht und als Direktor einer Versicherungsgesellschaft, bevor er nach seiner Pensionierung 1898 wieder in die Schweiz zog, zu der er immer gute Beziehungen pflegte. In Rheinfelden baute er für seine Familie eine Villa und verbrachte dort seine restlichen Lebensjahre.

Bereits in Deutschland begann er mit einer regen Publikationstätigkeit, hauptsächlich Erzählungen und Novellen, deren Stoffe er aus seiner Arbeit am Reichsgericht schöpfte. Erst in Rheinfelden allerdings fand er die Musse zu seinem Roman DIE ÜBERBANDE (1904), frei nach den Akten erzählt. »Es schildert treu, aber mit dichterischer Freiheit und Einschaltung einer Fülle von heiteren Szenen und Gestalten« die Verbrechen einer Bande, die in den Jahren ab 1881 zahlreiche Raubüberfälle auf die rheinische Eisenbahn »in der preussischen Rheinprovinz bis zur holländischen Grenze hin« beging, wie Blum in seinen »Lebenserinnerungen« schreibt. Dabei wird auch ein Polizist ermordet, so dass die Polizeibehörde in (damals) Mönchen-Gladbach mit doppeltem Eifer ermittelt und der Leiter und sein junger Kommissar schliesslich die »Überbande« zur Strecke bringen.

Der Grenzbereich zwischen kriminalistischer Novelle und historischer Erzählung mit Mordszenen (z. B. Conrad Ferdinand Meyers JÜRG JENATSCH) ist fliessend und deshalb abschliessend nicht festzumachen. Gegen Ende des 19. Jahrhunderts bewegen sich drei Autoren in diesem Bereich mit je einer Geschichte aus der Bergwelt der Kantone Tessin, Graubünden und Uri, die insofern eher zum Bereich der Kriminalerzählung gehören, als dass sie von langer Hand geplante Verbrechen und ihre Bestrafung schildern.

Giovanni Airoldi berichtet in GRAF LERMI (ca. 1890) von einer nach der Schlacht von Novara ins Tessin geflohenen lombardischen Familie. Vor dem Haus von Graf Lermi wird eines Tages ein Unbekannter angeschossen, der Nachrichten von seinem Sohn bringt. Es entwickelt sich ein Vertrauensverhältnis zwischen den beiden Männern, das so weit geht, dass der Graf dem Fremden all sein Vermögen anvertraut, um es aus Italien in Sicherheit zu bringen. Zu spät bemerkt er, dass er einem raffiniert eingefädelten Schwindel aufgesessen ist, und der Graf endet, wie vornehme Leute damals in solchen Fällen zu enden pflegten: Er erschiesst sich.

Wesentlich dramatischer geht es bereits 1877 in Jakob Freys DER VERBRECHER IN GEDANKEN zu. Konradin, ein junger Mann aus dem südbündnerischen Münstertal, begibt sich bei Sturm und Wetter über den Albulapass nach Bergün, weil er in spanische Kriegsdienste eintreten will. Im Bergdorf rettet er das Haus des reichsten Mannes und dessen Familie vor dem reissenden Bergbach und verliebt sich in die Tochter Nina. Der Vater jedoch will diese unstandesgemässe Verbindung nicht dulden und plant die Ermordung des missliebigen Familienretters, die jedoch in einem ersten Versuch schief geht. Nachdem auch ein inszeniertes Gerichtsverfahren und das Urteil der Landesverweisung nichts bringen, wird Konradin schliesslich fälschlicherweise als Mörder von Ninas Vater inhaftiert und zum Galgen geführt. Vor der Vollstreckung des Urteils fragt der Henker: »Nach Landesbrauch und Freiknechtenrecht! Der Leib dieses armen Sünders ist in meine Hand gegeben – die Seele möge in Gottes Hand fallen; tritt aber eine unbescholtene Jungfrau in den Kreis, um den Übelthäter von mir zu ihrem Bräutigam zu erbitten, so geschehe was rechtens ist.« Diese Jungfrau ist Nina, die Tochter des Getöteten. Der wahre Schuldige ergibt sich letztlich seinem schlechten Gewissen. Konradin und Nina aber führen fern der Heimat ein glückliches Leben.

Ernst Zahn aus Göschenen, Hotelier in der Bahnhofswirtschaft beim Gotthardtunnel, beschreibt in DIE MUTTER 1906 ein weiteres alpines Drama. Georg, der älteste Sohn der Kleinbauern Tobias und Baldina Andermatt, kommt aus Amerika zurück und spielt der verarmten Familie den reichen und welterfahrenen Lebemann vor. Nachdem er bereits eine junge Frau aus dem Dorf geschwängert und sich mit seinem Vater geprügelt hat, will er sich nun noch an seiner sechzehnjährigen Nichte vergreifen. In einem kaum zu überbietenden Moment an Dramatik stellt sich die Mutter mit dem Gewehr zwischen Sohn und Enkelin und erschiesst ihren Ältesten.

In dieses Umfeld gehört auch Hermann Kesser, der einen bewegten Lebenslauf aufweist, und seine Kriminalnovelle DAS VERBRECHEN DER ELISE GEITLER (1912). In expressionistischem Stil, geprägt von sozialem Gewissen, erzählt der Autor die Geschichte der Dienerin Elise Geitler, Nachfahrin des bayrischen Bauernführers Franz Xaver Geitler. Sie erinnert sich an ihre Jugend und die Liebe zum Schauspieler Theo Behrens, der sie mit einem schwer behinderten Kind sitzen lässt. Als nun Gertrud von Sohr, die Tochter des Hauses, in dem Elise arbeitet, von Behrens vergewaltigt wird, handelt die vorzeitig gealterte Frau. Sie bestellt den Schauspieler zum vermeintlichen Schäferstündchen mit Gertrud, löst aber die von einem Gewitter beschädigte Planke einer Brücke, sodass Behrens ins eiskalte Wasser der Maienschneenacht fällt und für seinen Frevel mit dem Tod büsst. Elise trifft zwei Tage später der Schlag.

Ganz andere Probleme treiben Eduard Redelsperger-Gerig um, als er 1914 einen »Sittenroman aus der Gegenwart« mit dem Titel DER SACCHARIN-SCHMUGGLER schreibt. Mit Erstaunen stellt man heute fest, dass offenbar in den Jahren vor dem Ersten Weltkrieg der Süssstoffschmuggel von der Schweiz nach Deutschland und Österreich eine wichtige Rolle spielte und als durchaus gefährlich betrachtet wurde, während gleichzeitig Werbung für den Verkauf von Haschisch-, Heroin- und Kokainprodukten gemacht wurde, angepriesen als Heilmittel, erhältlich in Apotheken. »Ausschlaggebend für die literarische Bearbeitung dieses Stoffes«, schreibt Redelsperger-Gerig in seinem Vorwort, »waren einige dramatische Urteile, die gefällt wurden über diverse des Schleichhandels mit Süssstoffen überführte Männer und Frauen, sie mit Gefängnisstrafen bis zu 12 Jahren, Geldbussen bis zu 70'000 Franken belegten und damit ihre ganze Existenz vernichteten.« Es gab diplomatische Verstimmungen und die Drohung Deutschlands, den Grenzverkehr durch rigide Kontrollen zu behindern. Die Schmuggler folgten dem Gesetz der Nachfrage gegen die Zuckerbarone auf deutschem Boden: »Sie wollen einfach Ware billig kaufen und teuer absetzen. Dass der Staat das in unserm Fall verbietet, ist uns wurst. Er erhält uns nicht, wenn wir nichts zu beissen haben … Und wenn einer Geld hat und der grösste Lump ist, wird er respektiert und das Gesetz zieht vor ihm seine Fühlhörner ein.« Neben diesen Satz hat ein eifriger Leser eine Randnotiz gesetzt: »Traurig! aber wahr!!« Die Geschichte der handschriftlichen Randbemerkungen (und Marginalien) in Büchern wäre ein lohnendes Forschungsgebiet.

Eine eher skurrile Variante der Verbrechensreportage liefert 1930 Hans Jakob Nydegger mit MÄDCHENRAUB. JUNGE MÄDCHEN IN GEFAHR, eine wilde Geschichte, die den Chauffeur Walter Kern durch halb Europa führt (bis in die »böhmischen Wälder«) und Authentizität vortäuscht. Kern wird verhaftet, falsch beschuldigt, später von Mädchenhändlern entführt, es gelingt die Flucht, und er macht sich auf die Suche nach der verschwundenen Rosali Müller. Dabei helfen ihm viele Freunde und eine Scherenschleiferfamilie, es kommt zu Kämpfen und Todesfällen, bevor Kern in Mailand in letzter Minute vier Mädchen vor ihrer Entehrung aus den Fängen des Herrn von Harem retten kann. Nydegger liefert mit diesem Roman eine verspätete Version der deutschen Vorkriegsheftserie MÄDCHENHÄNDLER.

John Fred Vuilleumier (1893–1976) verband nach seinem Rechtsstudium und seiner Dissertation zum Gewohnheitsverbrechertum 1919 eine Reise in die USA mit einem freiwilligen, einjährigen Aufenthalt in Gefängnissen in New Hampshire und New York (1956 verarbeitet in STRÄFLING NUMMER 9669). Die Erzählungen der Gefangenen, die Schicksale aus der Unterschicht prägten sein weiteres schriftstellerisches Schaffen. DIE VERTEIDIGUNG (1924) schildert einen Mordprozess. Luise, die Frau des Eisendrehers Z., fällt in den Konstruktionswerkstätten einem Mörder zum Opfer. Die Ich-Erzählung besteht aus der Rechtfertigungsrede des Täters vor Gericht und schildert die Lebensumstände eines Mannes, der vom ungeliebten Verdingkind (ein Kind armer Eltern, das gegen Kostgeld versteigert wird) zum Raubmörder wird.

In STEVEN MADIGAN (1941) wird er das Thema des Underdogs wieder aufnehmen, indem er einen Mann beschreibt, der an Koma-Anfällen mit dem Verlust der Erinnerung leidet und in der Folge zum Mörder wird. Vuilleumiers Hauptwerk ist jedoch zweifellos SIE IRREN, HERR STAATSANWALT (1937, in einer erweiterten Version 1962). Der erste Teil, EIN MORD, zeigt die beklemmende Atmosphäre aufsässiger Nachbarschaft in einem kleinen Dorf. Der alte »Kräutergrahm« wird ermordet, später ein weiterer Mann vergiftet. Der Verdacht fällt auf den Schulmeister Heinz Gotting, Einzelgänger, Sohn eines Taglöhners und einer kranken Mutter. Er hat ein Verhältnis mit Marie Zessac (der Frau des Wirts Peter Lespagne), einem unscheinbaren, unglücklichen Wesen, das er heftig begehrt. Die »böse Zunge« im Dorf beschuldigt den zugewanderten Besserwisser, die Feindschaft der Bewohner richtet sich gegen Gotting. Auf der andern Seite kämpft Staatsanwalt Dr. Siegfried Hirth, ein kalter, gefühlloser Mann, der ebenfalls keine Liebe kennt und seine Berliner »Freundin« Lea Goericke nur benutzt. Die Gegensätzlichkeit der beiden Figuren kulminiert in den Liebesszenen, die die Gefühlskälte des Staatsanwalts mit dem Gefühlsüberschwang des Lehrers kontrastieren.

Mit DER STAATSANWALT ist der zweite Teil überschrieben, der den Kampf des Vaters für seinen unschuldig im Gefängnis sitzenden Sohn aufzeigt. Hirth vernichtet einen Zettel, auf dem der Name eines Entlastungszeugen steht, und überredet seine Geliebte zu einer Abtreibung, an der sie schliesslich stirbt. Mit seiner Beförderung beginnt gleichzeitig sein moralischer Abstieg. Hirths Nachfolger Kurt Baumberger rollt den Fall Gotting neu auf und erhält ein Geständnis von Lespagne. Der Lehrer kommt frei, ist aber vom Gefängnisaufenthalt zerstört. Hirth demissioniert aus gesundheitlichen Gründen. Die beiden treffen sich zufällig in einer Kneipe, beide auf der untersten Stufe des Lebens und Leidens angelangt. In einem letzten, verzweifelten Akt der Genugtuung schlägt Gotting seinen Peiniger nieder.

Den dritten, nicht überzeugenden Teil DER STROM hat Vuilleumier für die spätere Neuauflage angefertigt. Gotting hat bei Gericht eine monotone Arbeit gefunden, lebt eine unbefriedigende Liebe zu einer Richterin, verstört von den Gedanken an die Vergangenheit und seine sexuellen Abenteuer mit Marie Zessac. Schliesslich springt Gotting, dem niemand mehr helfen kann, in der kalten Nacht in den Rhein und verschwindet für immer.

Die lange Tradition der Verbrechenserzählungen und Gerichtsberichterstattungen trat im Laufe der nächsten Jahrzehnte deutlich hinter die fiktiven Kriminalgeschichten zurück, verblasste jedoch nie vollständig. 1943 nahm Max Braunschweig die »Idee eines schweizerischen Pitaval« auf und schrieb SCHICKSALE VOR DEN SCHRANKEN. BERÜHMTE SCHWEIZER KRIMINALPROZESSE AUS VIER JAHRHUNDERTEN. Ihm folgte 1949 Rudolf Eger mit BERÜHMTE KRIMINALFÄLLE AUS VIER JAHRHUNDERTEN. Auch Frank Arnau befasst sich in seinem umfangreichen Werk des öfteren mit Einzelfalldarstellungen, aber auch mit der Strafrechtspflege insgesamt und mit der Geschichte des Verbrechens, z. B. in KUNST DER FÄLSCHER – FÄLSCHER DER KUNST. 3000 JAHRE BETRUG MIT ANTIQUITÄTEN.

Drei Traditionslinien lassen sich in der zweiten Hälfte des 20. Jahrhunderts verfolgen. Nach wie vor finden wir Sammlungen historischer Rechtsfälle, die nun mehr der Unterhaltung der Leserschaft als ihrer Warnung dienen. 1965 publizierte Walter Kunz ein Buch mit dem Titel KLEINER SCHWEIZER PITAVAL, in dem er die Erzählungen des historischen Vorbilds zusammenfasst. Georg Trottmann sammelte Mitte der Siebzigerjahre in zwei Bänden Kriminalgeschichten aus dem Raum Zürich und aus dem Stadtgefängnis »Wellenberg«, Susie Ilg präsentiert 1996 Geschichten aus Schaffhauser Gerichten, und Walter Baumann erzählt in VON FALL ZU FALL. CRIMINELLES AUS ALT ZÜRICH unter anderem auch die Geschichte der Familie Peter aus Wildensbuch. Der Grenzbereich zu populärwissenschaftlichen Untersuchungen ist fliessend und kann im Rahmen dieser Übersicht nicht näher erörtert werden. Es bleibt jedoch zu bemerken, dass heute der Einfluss dieser Texte auf die Kriminalliteratur sehr bescheiden bleibt.

Erst 1978 brachte Fritz H. Dinkelmann das Genre der Gerichtsreportagen mit NACH EIGENER AUSSAGE zu einem neuen Höhepunkt. In dieser Art schreibt Dinkelmann 1985 den Roman DAS OPFER, der mit einem kurzen Brief beginnt: »Sehr geehrter Herr Lampart, Sie haben meinen Mann getötet. Darüber möchte ich mit Ihnen reden.

Christa Dahinden « Aus diesem harten, aber unscheinbaren Satz heraus entstehen das Psychogramm eines Mörders und die Sehnsucht nach der Wahrheit hinter dem Verbrechen.

Das staatliche Töten übt auch bis weit ins 20. Jahrhundert hinein eine grosse Faszination und löst entsprechende Kritik aus, wie die folgenden Texte zeigen. Nold Halder arbeitet bereits 1947 Das Leben und Sterben des berüchtigten Gauners Bernhard Matter auf, eines Mannes, der, zum Tode verurteilt, als Sozialrebell und Kultfigur in die Geschichte des Kantons Aargau einging. 1977 beschäftigt sich Niklaus Meienberg in Buch und Film mit der Erschiessung des Landesverräters Ernst S., nimmt die militärische Todesstrafe während des Zweiten Weltkriegs aufs Korn und begeht damit einen Tabubruch, der ihn in der Schweiz auf Jahre hinaus (und wer weiss, vielleicht bis zu seinem Freitod) verfolgt.

Pil Crauer erzählt 1981 Das Leben und Sterben des unwürdigen Dieners Gottes und mörderischen Vagabunden Paul Irniger. 1939, kurz vor Ausbruch des Krieges, wird in Zug das Todesurteil an einem Mann vollstreckt, der raubend und mordend – oft in Priesterkleidern (zum wiederholten Mal wird der Zusammenhang von religiöser Anmassung und Verbrechertum deutlich) – durch die Schweiz und das Elsass zog. Der Fall Irniger verhinderte beinahe die Einführung des einheitlichen schweizerischen Strafgesetzbuches, das unter anderem die Abschaffung der Todesstrafe vorsah. Noch in den Siebzigerjahren verbot das Bezirksgericht Zürich die Ausstrahlung der über Irniger geplanten Hörspiel-Sendereihe mit der Begründung, damit würden Persönlichkeitsrechte verletzt.

Eine letzte Dokumentation (ebenfalls in Buch- und Filmform), die in diese Reihe passt, ist Dani, Michi, Renato und Max. Recherchen über den Tod vier junger Menschen von Kathrin Bänziger, die im Gefolge der Jugendbewegung von 1980 entstanden ist und polizeiliche Willkür anprangert.

Gerichtsreportagen aus dem 19. Jahrhundert sind meist gesellschaftliche Parteiliteratur, das heisst sie warnen vor dem Bösen, das in der Person des Verbrechers droht. Diese Funktion hat, oft in spielerischer Form, in seiner frühen Ausprägung auch der Kriminalroman übernommen. Heutige Berichte und Reportagen über Verbrechen, ihre Täter und die Opfer wählen entweder die Verteidigerposition

(Hanspeter Born über den Prozess in Kehrsatz, durch dessen Darstellung er sogar eine Wiederaufnahme des Verfahrens und einen Freispruch für den Beschuldigten erreichte) oder versuchen, die Motive und die Handlungsweise der beteiligten Personen zu ergründen. In diesen Bereich gehören Walter Matthias Diggelmanns Fallbericht HEXENPROZESS. DER TEUFELSAUSTREIBER VON RINGWIL, in literarischer Erweiterung auch Eveline Hasler mit ANNA GÖLDIN. LETZTE HEXE, und Hanspeter Bundis Fallstudie BRUDERRACHE sowie der Roman von Alex Capus FAST EIN BISSCHEN FRÜHLING über zwei Bankräuber, die beim Versuch, zu Geld zu kommen und Hitlers Deutschland zu entfliehen, aus Versehen den Filialleiter erschiessen, nach Basel flüchten und sich unsterblich in das Fräulein aus der Schallplattenabteilung verlieben, was sie dazu veranlasst, jeden Tag eine Tango-Platte zu kaufen, bis sie pleite sind und ein neuer Bankraub ansteht. Mit solch bittersüsser Note wollen wir dieses Kapitel beenden.

> Jetzt ist die Sache klar. Angelo Ciani! Ryssius-Steinburg wollte die gefährlichen Revolutionäre, die Anarchisten unterstützen.
> A. S. Edger: DAS VERSCHWÖRERNEST IM TESSIN (1925)

Die frühen Jahre des fiktiven Kriminalromans

Die Anfänge des fiktiven Kriminalromans in der Schweiz sind so schwierig festzumachen wie die Ursprünge des Landes selbst. Es vermischen sich Sagen und Mythen mit realen Personen, legendenhafte Figuren ohne klaren Wohnsitz mit Autoren, die zwar in der Schweiz gewohnt haben, deren Geschichten jedoch anderswo angesiedelt sind. Dieses Land – und das ist sein sympathischer Zug – begründet seine Mythen in literarischen Figuren: Friedrich Schillers Freiheitskämpfer Wilhelm Tell für die Staatswerdung, Arthur Conan Doyles Detektiv Sherlock Holmes für den Kriminalroman.

Dieser Beginn ist mit einem epochalen Ereignis verknüpft: mit dem Tod von Sherlock Holmes in Meiringen. In DAS LETZTE PROBLEM schildert Arthur Conan Doyle den schicksalsschweren 4. Mai

1891, als Sherlock Holmes im Kampf mit seinem Erzfeind, Professor James Moriarty, über die steilen Felsen der gegen hundert Meter hohen Reichenbachfälle stürzt und dabei umkommt (über die spätere Auferstehung schweigen wir an dieser Stelle, ebenso über die Tatsache, dass das Wasser der Fälle im Winter für die Stromerzeugung zweckentfremdet wird, die Fälle also gar nicht mehr fallen).

Dieser Tag ist zu einem Feiertag aller Sherlock-Holmes-Fans geworden und hat in Meiringen zu einer lebensgrossen Sherlock-Holmes-Statue auf dem Conan Doyle Square, zu einer Gedenktafel am Fuss der Reichenbachfälle sowie zu stetig fliessenden Tourismuseinnahmen geführt.

Geburtshelfer war aber auch der Dadaismus, insbesondere das Umfeld des Cabaret Voltaire in Zürich, in dem seit 1916 die Avantgarde Europas ihre Kunst feiert. Zu diesem Kreis zählen auch zwei der hervorragenden Exponenten des Krimischaffens: der junge Friedrich Glauser und meine zweite Lieblingsfigur aus dieser Zeit: Walter Serner, Weltbürger mit Geburtsort Karlsbad (1889), wohnhaft in diversen Ländern Mitteleuropas, nach dem Verbot seiner Bücher durch die Nationalsozialisten und der Deportation ins Konzentrationslager Theresienstadt 1942 irgendwo in Osteuropa ermordet.

Bereits zu Beginn des Ersten Weltkriegs flüchtet Serner in die Schweiz und wird in Zürich einer der einflussreichsten Dadaisten. Diese Jahre haben sein schriftstellerisches Werk geprägt und zum wunderbaren Roman DIE TIGERIN geführt, 1921 geschrieben, 1923 zum ersten Mal publiziert, 1931 in die Liste der »Schund- und Schmutzschriften« aufgenommen. Die Geschichte von Bichette – »Drei Männer waren ihretwegen ins Gefängnis gekommen, zwei hatten sich ihretwegen erschossen […]« – nimmt einen unerwarteten Verlauf, als sie mit einem kleinen Gauner namens Fec flieht und eine Hochstaplerlaufbahn beginnt, die alle Ingredienzien nicht nur des Kriminal-, sondern auch des Liebesromans aufweist. Serner verwendet übrigens bereits das Pariser »Argot« – die Gauner- und Gassensprache – als Quelle »dialektalen« Schreibens. Neben der TIGERIN hat Walter Serner noch einige Dutzend Kriminalgeschichten geschrieben und einen Satz in LETZTE LOCKERUNG. EIN BREVIER FÜR HOCHSTAPLER UND SOLCHE, DIE ES WERDEN WOLLEN, den ich mir für diesen Text als Motto ausgeliehen habe: »Lobe oft. Bewundere selten. Tadle nie.«

Nach diesem fulminanten Start geht es zunächst, wie bei neuen Genres üblich, mit der Suche nach tragfähigen Vorbildern weiter. Dass der Kriminalroman eine aufklärerische Gattung sei, wie das später immer wieder hervorgehoben wird, kann man jedenfalls von den ersten in der Schweiz publizierten Texten nicht behaupten.

1921 verlegte Oscar Müller-Seifert (die Identität des Autors ist nicht geklärt) im Selbstverlag in Liestal einen Kriminalroman mit dem Titel BLAUE PUNKTE. Darin schildert er das Verschwinden des Gefreiten Mahler, der gegen Ende des Ersten Weltkriegs in der Ukraine gegen die Sowjetunion kämpft. Die Sympathien des Autors sind klar verteilt: Der ukrainische Unteroffizier Barkowski macht sich auf die Suche nach dem Vermissten, bereist den Raum des Schwarzen Meeres von der Krim bis zum Kaukasus und findet neben drei Leichen eine persische Ethnie, deren Frauen blaue Punkte als Tätowierung im Gesicht tragen. Natürlich kommt es am Schluss zur Bestrafung, in diesem Fall zur Hinrichtung der Bösewichte. Insgesamt ein tendenziöser Roman, bei dem wir nicht unglücklich sind, wenn der Autor kein Schweizer ist.

1923 veröffentlicht der *Tages-Anzeiger für Stadt und Kanton Zürich* MELA, einen Kriminalroman von Friedrich Bolt, dem Verfasser des BUNDESFEIERLIEDS. Der Krimi ist nie als Buch erschienen. Die abenteuerliche Geschichte enthält mehrere Ingredienzien, die auch in Zukunft die Phantasie der Krimiautoren beschäftigen: Edle Herren, schöne Frauen, Liebesintrigen, Gelegenheitsverbrecher, abenteuerliche Entführungen (vorzugsweise von schönen jungen Frauen), eine skrupellose Verbrecherbande, falsche Identitäten, eine Geldfälscherwerkstatt, rührige Polizisten und ein persönlich involvierter Ermittler, der den Fall zum Vergnügen aller glücklich aufklärt. In MELA werden die Entführten aus der Schweiz im fernen Mexiko in einer Silbermine als Sklavenarbeiter missbraucht, und es ist für den Verlauf der Handlung völlig unerheblich, wie sie dorthin geraten sind. Dennoch ist der Roman in seiner Überdrehtheit amüsant und rührt beinahe zu Tränen, wenn sich Mela Peters, die Tochter eines Gutsbesitzers, wieder in den Armen ihres Verehrers, Professor Oskar Warren, findet: »Da lächelte sie in seligem Glück, ehe die Sinne ihr schwanden, und sanft bettete Oskar die Wiedergefundene in das weiche Moos.«

Adolf Saager aus dem aargauischen Menziken wandert Ende des 19. Jahrhunderts nach München aus, wird Leiter der Wochenschrift *Zeit im Bild* und macht sich als Mitbegründer der *Brücke* einen Namen. Dies ist ein internationales Institut für die Organisation der geistigen Arbeit, welches das gesamte menschliche Wissen katalogisieren und ein Weltgehirn schaffen will (einen Vorläufer des Internets sozusagen). Nach einigen pazifistischen Publikationen in der Folge des Ersten Weltkriegs muss Saager München verlassen und lebt fortan im Tessin als Korrespondent für die *Neue Zürcher Zeitung*, als Biograph, als Übersetzer italienischer Klassiker ins Deutsche und als unermüdlicher Kämpfer für verfolgte Schriftsteller. Unter dem Pseudonym A. S. Edger schreibt er 1925 auch einen »Humoristischen Detektivroman« mit dem Titel DAS VERSCHWÖRERNEST IM TESSIN. Polizeiinspektor a. D. Strand fährt von Berlin nach Lugano, weil er folgenden Bericht in der Zeitung gelesen hat: »Wie aus Mailand gemeldet wird, hat die dortige Polizei entdeckt, dass die revolutionären Umtriebe in Italien von Moskau aus organisiert wurden. Russische Emissäre wurden verhaftet. Es fanden sich auf ihnen grosse Summen, die für die Ausrufung der Sowjetrepublik in Italien bestimmt waren.«

Es stellt sich heraus, dass der Berliner Zeitungsmagnat Ryssius hinter der ganzen Sache steckt, die »gefährlichen Revolutionäre, die Anarchisten« unterstützt und ein Netz internationaler Intrigen spannt, in das von den Russen bis zu einem amerikanischen Industriesyndikat mit gewaltigen Finanzmitteln alles verstrickt ist. »Ich würde mich um diese Geschichte nicht kümmern, wenn ich nicht gerade für dieses einfache, gesunde italienische Volk eine alte Vorliebe hätte«, meint Strand und deckt von Lugano aus die ganze Verschwörung auf, denn »wehe dir, Diktator, wenn du meinen Italienern, dem liebenswürdigsten Volk der Welt, Böses angetan hast!«

Da zeigt sich dann schnell, dass dieser frühe Verschwörungs- und Agentenroman nie die Leichtigkeit der Geschichten von Walter Serner aufweist. Auf einer dumpfen Ebene brodelt das Verderben vor sich hin, bis der einsame Retter kommt und die Welt erlöst. Aber gelacht, nein, gelacht habe ich nie.

1926 folgt der Höhepunkt der Zwanzigerjahre: Paul Altheers DIE 13 KATASTROPHEN. Wie der Titel bereits andeutet, wird hier mit Bob

Stoll ein Detektiv in die Welt gesetzt, dem alles missrät, der von einer Pechsträhne verfolgt wird, und der – obwohl er seinen Fall aufklärt – mit ansehen muss, wie der Schuldige ungeschoren davonkommt. Bob Stoll bereist, nachdem ihm bereits im ersten Kapitel der neue Lancia gestohlen wird, auf der Jagd nach dem Gewohnheitsverbrecher Ricco Roland immerhin die halbe Welt: Von der Schweiz über Mailand nach Berlin geht die Verfolgung der Diebe, die in ein Goldwarengeschäft eingebrochen sind. Dann lernen wir St. Moritz und Lyon kennen, bevor die nun als Betrüger auftretende Bande eine Schwindel-Firma mit dem sinnigen Namen »Tote Meer AG« gründen und Bob nach Israel reisen muss. Nach einem Abstecher nach Monte Carlo und weiteren Einbrüchen, die Stoll nicht verhindern kann, verschlägt es ihn nach Hollywood, wo die Schauspielerin Lira Lara mit ihm anbändelt. Der endgültige Showdown vollzieht sich in den Bündner Alpen, in Arosa und im Bernina-Express, wo Bob Stoll ein letztes Mal genarrt wird. Die verschiedenen Orte im Roman sind reine Kulissenprodukte, allerdings ist es doch erstaunlich, dass Paul Altheer in diesen frühen Jahren die Negativfigur eines Detektivs gelungen ist, der nur Mitleid erregt, der die Gauner ziehen lassen muss und somit dem Verbrechen den Sieg zugesteht.

Leider hat Paul Altheer von diesem originellen und für die damalige Zeit avantgardistischen Konzept Abschied genommen und schickt Bob Stoll in den etwa alle zehn Jahre erscheinenden Folgetexten auf eher banale Ermittlungstour. Da werden dann die sprachlichen Schwächen – die man dem Autor beim ersten Mal noch verziehen hat – allzu deutlich.

In John Knittels THERESE ETIENNE (1928), einem Text an der Grenze zwischen Berg- und Kriminalroman, geht es um die Liebe eines Bergbauern zur wesentlich jüngeren zweiten Frau seines Vaters, die mit einem Mord endet. Liebe und Gerechtigkeit wirken nicht nur als Gegensätze, sondern strafen auch die Überlebenden. Der Folgeroman VIA MALA (1934) stellt ebenfalls in dramatischer Gestaltung die Geschichte eines Vatermords dar. Der Richter zweifelt am Sinn der Gerechtigkeit, Pflicht und Liebe stehen im Widerspruch zueinander. Letztlich bleibt der Mord unbestraft, weil der Vertreter des Gesetzes die Interessen der Liebenden höher gewichtet als diejenigen der Gerechtigkeit. Die zwei Romane bilden also so etwas wie die beiden Schalen einer Waage. Diese Bücher entstanden vor der allzu grossen geistigen Nähe des Autors zum Nationalsozialismus. Bei einigen später erschienenen Texten weiss man (C. A. Loosli, Adrien Turel) oder ahnt (Rudolf Hochglend, Gertrud Lendorff), dass sie in den Zwanzigerjahren geschrieben worden oder zumindest in der Erinnerung daran entstanden sind.

Ein harter Trennstrich in politischen Belangen muss gezogen werden, wenn wir von Frank Arnau sprechen. Er ist einer der wenigen Autoren, die im deutschsprachigen Raum den Spagat von der Vor- zur Nachkriegszeit geschafft haben. Arnau ist bestimmt nicht nur einer der bedeutendsten Krimiautoren, zum eigentlichen Roman kommt seine bemerkenswerte Tätigkeit in der Prozessberichterstattung, in Anklageschriften gegen die Gerichtsbarkeit, in historischen Abhandlungen. Seine gegen hundert Publikationen sind auf engem Raum nicht zusammenzufassen (und andernorts bereits ausführlich dargestellt).

Frank Arnau, der Sohn eines Schweizer Hoteliers, wurde nach eigenen Angaben 1894 im Orientexpress auf der Fahrt von Paris nach Konstantinopel kurz vor Wien geboren. Genauso turbulent verliefen auch seine weiteren Lebensjahre. Im April 1916 zum Beispiel trifft Arnau nahe dem Cabaret Voltaire an der Spiegelgasse 14 in Zürich Wladimir Iljitsch Uljanow, besser bekannt als »Lenin«, eine Begegnung, die ihn in seinen politischen Überzeugungen geprägt hat. Ob er in dieser Zeit auch mit den Dadaisten in Kontakt kam, ist nicht bekannt.

Bis 1933 hielt sich Arnau hauptsächlich in Deutschland auf, dann emigrierte er erst nach Frankreich, 1939 nach Brasilien, wo er im »Nachrichtendienst« tätig war (wie weit diese Dienste gingen, bleibt offen). 1952 kehrte er nach Deutschland zurück, wo in der Folge die meisten seiner Polizei- und Detektivromane entstanden. 1970 schliesslich verlegte er seinen Alterswohnsitz in die Schweiz und verbrachte seine letzten Lebensjahre in Bissone bei Lugano, wo er 1976 verstarb.

Bereits in den Zwanzigerjahren entstanden erste Krimis (die leider nicht greifbar sind). Bemerkenswert – wenn auch nicht vom Inhalt her – ist die im Kollektiv 1932 in Berlin für die »literarische Welt« geschriebene Kriminalgeschichte DIE VERSCHLOSSENE TÜR, an der unter anderen auch Alfred Döblin und Richard Hülsenbeck (wieder die Spur zum Dadaismus) beteiligt waren. In den Fünfziger- und Sechzigerjahren schrieb Frank Arnau seine Krimis vor allem um drei Figuren: Inspektor Brewer von der New Yorker Mordkommission; Gaston Lamont, Polizeichef von Tanger; und Kriminalrat Reyder aus Berlin.

Vor der Literatur nahm sich bereits der Film des Krimis an, im Sinne des Abenteuer-, Detektiv- oder Hochstaplerdramas. Hervé Dumont hat in seiner GESCHICHTE DES SCHWEIZER FILMS, die alle mit der Schweiz zusammenhängenden Produktionen bis 1965 akribisch auflistet, einige frühe Filme erwähnt, die ich hier nur aufzählen kann, da sie heute nicht mehr öffentlich aufgeführt werden. 1915 bereits gab es einen »blutigen Abenteurkrimi« mit dem Titel PARFUM MORTEL (Buch und Regie: Albert Roth-de Markus), ein wildes Rachedrama einer Bande von Gesetzlosen, den von Ida der Schrecklichen angeführten »Küsten-Kumpanen«. 1917/18 folgt LE CIRQUE DE LA MORT (Buch und Regie: Alfred Lind) und erzählt von Diebstahl, Mädchenraub und Mord, spektakulär in Szene gesetzt im Finale mit einem brennenden Zirkuszelt. In DAS FLUIDUM schliesslich (1918, Buch und Regie: Konrad Lips) wird ein Industrieller von einem Detektiv als Betrüger entlarvt. Er stiehlt seinem Angestellten, der »das Problem der drahtlosen Übertragung elektrischer Energie« gelöst hat, dessen Erfindung und sprengt seine eigene Firma in die Luft, um einen Versicherungsbetrug zu begehen. Die Produktion von Kriminalfilmen wird erst in den Dreissigerjahren wieder aufgenommen. Es ist deshalb nicht auszumachen, ob diese frühen Filme die literarische Produktion in irgendeiner Weise beeinflusst haben.

Als sie dann unvermittelt zu Spiegel und Puderdose griff, da gab es für den Detektiv keinen Zweifel mehr, dass des Rätsels Lösung im Worte Narkotikum bestand. Nahm die Frau Kokain oder starke Schlafmittel? War sie Morphinistin? Wenn ja, warum empfing sie ihn in diesem Halbrausch? Er verstand das nicht. Unentwegt betrachtete er ihre Gestalt, die in ihrer festen und weichen Fülle das Begehrliche und Animalische im Mann wachrufen musste.

Wolf Schwertenbach: MEINAND RESICH (1931)

Friedrich Glauser und die Dreissigerjahre

Wie erratische Blöcke stehen die Pioniere des Schweizer und damit des deutschsprachigen Krimis überhaupt in einer frühlingshaften Bergarchitektur. Es sind Einzelgänger, die eine kleinräumige Landschaft mit wüsten Verbrechen füllen, die aber der untergründigen Verunsicherung einen standhaften Detektiv gegenüberstellen, einen Vertreter von Recht und Ordnung, der mit einer Welt kämpft, deren Moral und menschliche Werte in der Zeit vor und nach dem Zweiten Weltkrieg zu zerfallen drohen.

Die Dreissigerjahre bilden einen ersten Höhepunkt des schweizerischen Krimischaffens mit Autoren wie Friedrich Glauser, Carl Albert Loosli, Wolf Schwertenbach, Stefan Brockhoff. Den grössten Einfluss auf die Entwicklung des Genres hatte auf lange Sicht Friedrich Glauser, den meisten Erfolg wohl Wolf Schwertenbach, die abenteuerlichste Lebensgeschichte das Kollektiv aus drei Autoren, das unter dem Pseudonym Stefan Brockhoff arbeitete.

Inhaltlich gibt es keine genau bestimmbaren Strömungen. Einzelne Traditionslinien aus früheren Jahren finden den Weg in die Schweiz, Vorbilder wie Arthur Conan Doyle oder Georges Simenon werden kopiert, Filme oder Science Fiction-Elemente dem Krimi angepasst. Aber es entstehen auch neue Formen, die in späteren Jahrzehnten wieder aufgenommen oder fortgeführt werden, man denke dabei an die Technologiekritik eines Leo Lapaire oder Adrien Turel.

Thematisch beliebt bleiben Gaunerbanden und das internationale Verbrechen, Entführungen (vorzugsweise schöne junge Frauen, aber auch Kinder und Männer), zerstrittene Komplizen und falsche

Identitäten. Geschichten von Erbschwindel und Raub von teurem Schmuck, von Schmugglern, Spionen, Graphologen und Geldfälschern finden den Weg in den Krimi. Eher skurril wirken die mehr als einmal vorkommenden Unterwasserverstecke und die unterirdischen Labors, aus denen nichts Gutes kommen kann, weil alles im Schutze der Dunkelheit geschieht.

Die drei wichtigsten Autoren haben je ihren Anteil an der Entwicklung des Genres. Friedrich Glauser gibt der Schilderung des Milieus, der »Atmosphäre«, den Vorzug, der Sympathie zu den Menschen auf der Schattenseite des Lebens und der präzise gezeichneten, bernisch behäbigen Figur des Wachtmeisters Studer, der vorbildhaft wirken sollte. Wolf Schwertenbach führt die Tradition des unpolitischen Whodunit weiter, der im grossbürgerlichen Milieu unter schwer auseinander zu haltenden Charakteren mit einem Superdetektiv spielt. Stefan Brockhoff erweitert das Genre: Aus traditionellen Anfängen heraus entwickelt sich eine Mischung aus Abenteuer-, Liebes- und Detektivroman mit überraschenden Wendungen.

Carl Albert Looslis (1877–1959) DIE SCHATTMATTBAUERN entstand 1926 (erschienen 1932). Er stellte mit dem Emmental (Kanton Bern) eine eigentümliche Kulturlandschaft ins Zentrum, die bereits im 19. Jahrhundert Gegenstand des literarischen Interesses war (Jeremias Gotthelf) und deren Faszination für den Kriminalroman bis heute ungebrochen ist. Man kann sogar sagen, dass im Kanton Bern in den letzten fünfzig Jahren in Kriminalromanen mindestens so häufig gemordet worden ist wie im richtigen Leben.

Loosli hat Erfahrungen mit dem Eingeschlossensein in Erziehungsanstalten und mit der Ausbeutung als Verdingbub, und diese Erfahrungen werden sichtbar, wenn er das Dorf Habligen beschreibt und den Neid, der unter den Bauern wütet. Er erzählt die Geschichte des alten, streitsüchtigen und missgünstigen Bauern Rees Rösti, den man erschossen auf seinem Hof, der Schattmatt, auffindet. Als mutmasslicher Mörder gerät sein Schwiegersohn Fritz Grädel in die Mühlen der Justiz und zerbricht an seinem Aufenthalt im Gefängnis, obwohl er im Mordprozess letztlich freigesprochen wird. »Der Untersuchungsrichter war von der planmässigen Gründlichkeit des Fahnders, die auf eine ganz bestimmte Absicht zweifelsohne schliessen liess, überrascht, ja fast ein wenig betroffen, enthielt sich aber jeglicher Bemerkung.« Der Behäbigkeit der Landschaft entspricht Looslis gemächliche Sprache. Sein sozialkritischer Ansatz und frühere Literaturskandale mögen dazu beigetragen haben, dass sein Kriminalroman im Selbstverlag erscheinen musste und von der Kritik ungnädig aufgenommen wurde.

Die grosse Figur des Schweizer Krimis, Friedrich Glauser (1896–1938, nach ihm ist der renommierte Glauser-Preis des *Syndikats* benannt), schrieb seine sechs Kriminalromane von 1934 bis 1938. Sie sind geprägt von seinen Lebensumständen als entwurzelter Mensch, der zwischen Selbstmordversuch und Psychiatrie, zwischen Fremdenlegion und Entmündigung, zwischen Morphiumsucht und Liebessehnsucht schwankte und dennoch (oder müsste man sagen: deswegen?) herausragende Literatur schrieb. Sein Körper gab auf, als Glauser nach der Flucht aus der Klinik zusammenbrach. Er starb, einen Tag, bevor er seine Krankenschwester und Geliebte Berthe Bendel in Italien heiraten wollte.

Friedrich Glauser begründet eine Traditionslinie, die den Schweizer Krimi bis heute mitprägt. Glauser bewegte sich 1916 im Kreis der Zürcher Dadaisten, liess sich also wie Walter Serner von dieser anarchischen Umgebung zu seinen Geschichten und Figuren inspirieren. Als Glauser – nach vielen Lebenswirrungen, Fremdenlegion in Marokko, Aufenthalt in Paris und Arbeiten im Kohlebergbau in Belgien – mit dem Schreiben von Kriminalromanen begann, nahm er Georges Simenon und seinen Kommissar Maigret zum Vorbild für seine Figur des Wachtmeister Studer. Dieser wiederum wurde für Friedrich Dürrenmatt zur Vorlage für Kommissär Bärlach. Maigret – Studer – Bärlach, das ermittelnde Dreigestirn des Kriminalromans und Vorbild für viele Detektivfiguren in neuerer Zeit, häufig auch in der Darstellung des Kommissars in verschiedenen Filmen.

Ob Friedrich Glauser sich auch vom Waadtländer Bonvivant Potterat, dem Kommissär in den Werken von Benjamin Vallotton, hat beeinflussen lassen, bleibt vorderhand offen. Klar ist, dass Glauser die Romane von Vallotton kannte, schrieb er doch schon 1915 eine Besprechung auf Französisch. Siehe dazu das Kapitel über den französischsprachigen Krimi.

Glausers Kriminalromane wurden oft zum ersten Mal als Fortsetzungsgeschichten in Zeitschriften und teilweise deutlich später in Buchform publiziert und erhielten erst mit der Ausgabe im Limmat Verlag in den Neunzigerjahren ihre vom Autor beabsichtigte Form (und ihre ursprünglichen Titel). Deshalb wird im vorliegenden Text von ihrer Entstehungszeit gesprochen, in der Bibliographie jedoch ist die erste Buchausgabe erwähnt. Über Glausers weiteres, ebenso spannendes literarisches Wirken kann an dieser Stelle nicht berichtet werden, empfohlen sei aber GOURRAMA, der Roman aus der Fremdenlegion, der zu Lebzeiten Glausers nicht vollständig publiziert werden konnte.

Zurück zu den Kriminalromanen. Das Erstlingswerk DER TEE DER DREI ALTEN DAMEN (1931–1934, erst 1940 veröffentlicht) ist der einzige Text ohne die Detektivfigur Wachtmeister Studer. Es geht um eine Giftmordserie in Genf, in die auch ein morphiumsüchtiger Professor verwickelt ist. Die Geschichte wirkt wenig überzeugend und die Sprache etwas schwerfällig, obwohl viel von Glausers Lebensumständen in den Text hinein gepackt ist.

1935 schreibt Friedrich Glauser SCHLUMPF ERWIN MORD (erscheint 1936 unter dem Titel WACHTMEISTER STUDER). Die Figur des behäbigen, Brissago rauchenden Beamten der Berner Kantonspolizei wurde zum Markenzeichen des Autors: »Da sass vor ihm ein einfacher Fahnder, ein älterer Mann, an dem nichts Auffälliges war: Hemd mit weichem Kragen, grauer Anzug, der ein wenig aus den Fugen geraten war, weil der Körper, der darin steckte, dick war. Der Mann hatte ein bleiches, mageres Gesicht, der Schnurrbart bedeckte den Mund, so dass man nicht recht wusste, lächelte der Mann oder war er ernst. Dieser Fahnder also hockte auf seinem Stuhl, die Schenkel gespreizt, die Unterarme auf den Schenkeln und die Hände gefaltet [...]« Der Wachtmeister verhindert durch seine Beharrlichkeit einen Justizirrtum am vorbestraften Erwin Schlumpf, der Wendelin Witschi, den Vater seiner Freundin Sonja, umgebracht haben soll.

Exemplarisch sichtbar wird die letztlich gescheiterte Existenz des Friedrich Glauser in MATTO REGIERT (1936, publiziert Januar 1937, Verlagsvermerk 1936). Er schildert einen komplizierten Fall im Reich des Bösen, dem selbst Studer kaum etwas anhaben kann, als er Dr. Laduner, den Vizedirektor der Irrenanstalt Randlingen überführt. Dem Autor, selbst jahrelang Insasse in der psychiatrischen Klinik Münsingen, dem Vorbild für Mattos Reich, wurde folgende Analyse zuteil:»Moralischer Defekt. – masslose Überheblichkeit bei so geringer Intelligenz, dass sie gerade für eine schriftstellerische Tätigkeit seiner Gattung noch ausreicht.«

Neben dem Atmosphärischen – mit dem Glauser das Krimigenre erweitert – spielt auch die Psychoanalyse eine nicht unbedeutende Rolle in MATTO REGIERT. Allerdings ist Wachtmeister Studer nicht von Anfang an erfolgreich in der Anwendung dieser Wissenschaft:»Man darf Verrückte nicht reizen, dachte er. Und dann wartete er, bis der kleine Mann sich abgeregt hatte ... ›Dr syt en verdammte, windige Schroter, das syt dr. Und machet, dass dr zu myner Bude-n-use chömmet. Dr heit da nüt z'sueche ... Verschtande?‹« So wurde Glauser auch zu einem Muster und Vorbild für viele spätere Autoren durch den ausgiebigen Gebrauch von Helvetismen (schweizerdeutschen Ausdrücken im hochdeutschen Text) und Dialekt.

In DIE FIEBERKURVE (1935–1937, veröffentlicht 1938) verarbeitete Glauser seine Erlebnisse in Paris und in der Fremdenlegion.

DER CHINESE (1936–1938, publiziert 1939) spielt in drei»Atmosphären«: im Gasthaus»Zur Sonne«, in der Gartenbauschule und in der Armenanstalt Pfründisberg, in welcher der korrupte Hausvater Hungerlott sein Unwesen treibt. Friedrich Glauser stellt sich hinter die Gebeutelten und»kleinen Leute«, indem er die Grossen und Mächtigen zu Tätern werden lässt. Wie Schemen bewegen sich die Menschen durch die Welt, bevor an dieser oder jener Stelle ein Indiz zum Vorschein kommt:»Aus dem Nebel, der filzig und gelb und fett war wie ungewaschene Wolle, tauchten Mauern auf, die roten Ziegel eines Hausdaches leuchteten.«

In seinem letzten Roman DIE SPEICHE (1937, veröffentlicht als KROCK & CO. 1941) versetzt Glauser seinen Wachtmeister Studer ins Appenzellische, in die Ostschweiz, um den Mord an einem Mann zu untersuchen, der durch die zugespitzte Speiche eines Velorades ums Leben gekommen ist.

Daneben gibt es von Friedrich Glauser noch eine Anzahl von Kriminalgeschichten, die in verschiedenen Zeitungen und Zeitschriften erschienen und erstmals 1986 unter dem Titel WACHTMEISTER STUDERS ERSTE FÄLLE in Buchform veröffentlicht wurden. In diesem

Sammelband befindet sich auch ein unveröffentlichter Brief, in dem Glauser am 25. 3. 1937 an Dr. Friedrich Witz, den Herausgeber der *Zürcher Illustrierten* schreibt: »Die Handlung eines Kriminalromans lässt sich in anderthalb Seiten gut und gerne erzählen. Der Rest [...] ist Füllsel. Es kommt nun darauf an, was man mit diesem Füllsel anstellt. [...] Nicht der Kriminalfall an sich, nicht die Entlarvung des Täters und die Lösung ist Hauptthema, sondern die Menschen und besonders die Atmosphäre, in der sie sich bewegen.«

Glausers oben erwähnter Brief ist eine Antwort auf die ZEHN GEBOTE FÜR DEN KRIMINALROMAN von Stefan Brockhoff (vom 5. Februar 1937 in der *Zürcher Illustrierten*, als Vorabtext für den Kriminalroman 3 KIOSKE AM SEE, der anschliessend gedruckt wird – und zwar zeitlich zwischen Glausers WACHTMEISTER STUDER und der FIEBERKURVE). Die Gebote sind teilweise aus den Statuten des *Londoner Detection Clubs* übernommen, einer Gruppierung der bedeutendsten Krimautor/innen. Sie sind eine Sammlung von schreibtechnischen und ethischen Ratschlägen an den Krimiautor (beide Texte finden sich in den Materialien am Schluss dieses Buches).

Hinter dem Pseudonym Stefan Brockhoff verstecken sich Dieter Cunz (1910–1969), Oskar Seidlin (eigentlich Oskar Koplowitz, 1911–1984) und Richard Plant (eigentlich Plaut, 1910–1998). Alle drei sind 1933/34 aus Deutschland emigriert und leben bis 1938 in der Schweiz, in Basel und Lausanne, bevor sie in die USA auswandern. Ihre Spur weiterzuverfolgen, böte Stoff genug für eine eigene Geschichte. Für den Schweizer Krimi sind sie deswegen äusserst interessant, weil sie ihre fünf Romane in unserem Land geschrieben haben (und die Schweiz meistens auch Schauplatz der Handlung ist), wenn auch wegen der strengen Ausländergesetze unter Pseudonym. »Stefan Brockhoff« ist wohl auch eines der ersten Autorenkollektive im deutschsprachigen Raum.

DER SCHUSS AUF DIE BÜHNE (1935, wiederveröffentlicht 1954) spielt in einer nicht näher benannten »grossen Stadt in Westdeutschland«. Thomas Tavreen, »erster Held und Liebhaber am Schauspielhaus von D., seit vielen Jahren der Liebling der Damenwelt«, laviert zwischen Sybille Lieprecht, einer »wasserstoffblonden Salondame«, und Gefjon Hall, einer »begabten Bühnenanfängerin von Charakter,

die gegen die Strömung zu schwimmen wagt«. Dass dies dem ruhm-
süchtigen Schauspieler nicht gut bekommt, zeigt ein gezielter Schuss,
der ihn zum letzten Mal auf die Bretter der Theaterbühne zwingt.
Der Kriminalreporter Eugen Kelling und Kriminalkommissar
Wienert ermitteln und kommen nach etwas langfädigen Dialogen
(die im Gegensatz zu den präzisen Schilderungen stehen) der Mörderin, die allerdings wie eine Dea ex Machina auftaucht, auf die Spur.
Verdächtigungen unterschiedlicher Art und eine Vielfalt des Personals,
die für den Krimi eher ungewöhnlich ist, durchbrechen die eigentliche
Handlung. Originell ist die Sprache vor allem in den Beschreibungen:
»Die Lieprecht liess einen unwahrscheinlich hohen Schrei hören, der
mathematisch genau die Mitte zwischen Wut und Verachtung hielt.«
    MUSIK IM TOTENGÄSSLEIN (1936, neu aufgelegt 1954) ist der erste
Roman des Triumvirats, der erkennbar in der Schweiz spielt. Geschildert werden zwei sich verschränkende Geschichten. Auf der einen Seite das Nachtclubleben im Vorkriegs-Basel und mafiöse Ab-
sprachen im Weinhandel, auf der andern Seite ein Chemieprofessor,
der für die »Chefa« neue Bekleidungsmaterialien entwickelt. Wie in
allen Brockhoff-Romanen taucht irgendwann Kriminalkommissar
Wienert auf (jedoch nie als Träger der Handlung). Den bedeutenden
Teil der Ermittlungsarbeit leisten drei befreundete Studenten: Jupp,
Gerda und Alex. Sie halten die verschiedenen Handlungsfäden zusammen. Der Titel des Buches bezieht sich auf einen Leierkasten-
mann, der im Totengässlein spielt: »Gerda [...] machte einige Schritte
im Zimmer, um die lähmende Verzauberung, die über allem zu liegen schien, zu lösen. Ohne es zu merken, streifte sie mit ihrem Arm
die Kurbel des Leierkastens. Ein paar gebrochene, matte Töne kamen aus dem alten, verstaubten Instrument. Aber die Melodie, zu
der die wenigen Klänge gehörten, kannte Gerda doch: ›Ach, lieber
Tod von Basel ...‹«
    Die genauen Beschreibungen des Basler Industrie- und Hafen-
viertels lassen heute eher an Vorstädte in der Dritten Welt denken:
»Durch die Wildnis fetter, steil getürmter Kohlenberge schlängelte
sich der Pfad zur bizarren Zauberlandschaft des grossen Hafens,
über dem die dünnen Fangarme der Krane schwebten, die langsam
ihre Beute in die Schiffe fallen liessen. Das Wasser des Hafens, ein-
gezäunt und eingefangen von unzähligen Betonstegen und Lauftrep-

pen, schlug leise plätschernd gegen seine Dämme und spielte gelb und seicht um die unförmigen Bäuche der Lastkähne. Und jetzt, da die zerfetzten Wolkenschleier dunkel und immer rasender über den Himmel jagten, da die ersten Griffe des entfesselten Sturmes Staub, Papier, kleine Kohlenbröckchen in die Luft warfen, begann die gewaltige Stimme der Hafensirene ihre hohle und unbarmherzige Klage.«

Kriminalkommissar Wienert bekommt auch eine Rolle in 3 Kioske am See (1937, neu aufgelegt 1954). Drei Kioskleiterinnen haben Schwierigkeiten mit ihren Lieferanten und Arbeitgebern. Eine Explosion vernichtet den einen Kiosk, in dem Johanna Beurer arbeitet. Sie erhält Drohbriefe und verschwindet eines Tages. Ihr Freund Carlo Pedroni arbeitet beim Zigarrenfabrikanten und Motorbootbesitzer Eleutherios Xylander. Auch der Pole Waslaw Zagorski, Xylanders Geschäftsfreund, ist in unsaubere Machenschaften verwickelt. Er erhält Briefe, unter deren Briefmarken mysteriöse Botschaften versteckt sind. Der junge Zeitungsreporter Herbert Hösslin löst schliesslich den Fall: Xylander hat auf seiner Yacht eine Falschgeldwerkstatt aufgebaut, um seinen Ruin abzuwenden. Zagorski bringt Zigarren nach Polen, die unter dem Deckblatt einen 100-Zloty-Schein verstecken.

Verwirrung um Veronika. Ein heiterer Roman erschien 1938 nur als Fortsetzungsgeschichte in der Zürcher Illustrierten. Die unbedeutende Schauspielerin Veronika Wenkhaus will berühmt werden und nicht nur Nebenrollen spielen. Um ihr zu helfen, täuscht ihr Bruder Heiner mit seinen Kollegen eine Entführung vor, die plötzlich zu einer ernsthaften Angelegenheit wird, weil sich eine Gaunerbande dies zu Nutze macht. Veronika aber merkt von all dem wenig; sie lernt in ihrem Versteck Theaterstücke auswendig und findet erst noch einen vermögenden Liebhaber.

1938 wurde Zwischenlandung in Zermatt gedruckt (1955 als Begegnung in Zermatt neu aufgelegt). Dieser untypische Kriminalroman beginnt mit einer Szene auf dem heute nicht mehr existenten Flughafen Basel-Birsfelden. Dort empfängt der Pilot Konrad Riggenbach in einer stürmischen Nacht eine Frau zu einem Spezialflug nach Mailand. Die nervöse Dame duldet es nicht, dass der Pilot wegen des schlechten Wetters nach Turin ausweichen will. Bei der Notlandung in Zermatt schiesst sie ihn von hinten nieder, übernimmt das Flugzeug, springt später mit dem Fallschirm ab und lässt das Fluggerät in den Bergen zerschellen. Der Bauer Hannes Allmen und sein Sohn Christoph, Bergführer, retten den verletzten Piloten und bringen ihn ins Hotel Carlton, wo Christophs Verlobte Toni (Antonia Zurniven) als Zimmermädchen arbeitet. Damit verlagert sich die Handlung in den geschlossenen Raum des Hotels. Es folgt eine etwas lange Exposition, in der die zahlreichen handelnden Personen vorgestellt werden, von denen man lange nicht weiß, wer letztlich eine bedeutende Rolle spielt und wer nur als Statist dient.

Die wunderbare Berglandschaft mit den ethnologischen Versatzstücken ist prädestiniert für eine Liebes- und Verwechslungskomödie, die hier zum Kriminalfall wird, weil ein Pilot angeschossen wird, ein Flugzeug abstürzt, in Dornach bei Basel ein teurer Familienschmuck gestohlen wird und die davon betroffene Lady Beathford ebenfalls verschwindet. Der angeschossene Pilot Riggenbach wird von einer Dame namens Colette fürsorglich gepflegt, und bald einmal stellt sich heraus, dass sie es aus schlechtem Gewissen tut, weil sie den Schuss abgegeben hat, was er ihr aber verzeiht. Ihr kompliziertes Leben hat es mit sich gebracht, dass sie in den Schmuckdiebstahl verwickelt ist und Lady Beathford unter einem Vorwand nach Zermatt bestellt hat, um ihr den Schmuck zurückzugeben. Bei zwei Einbrüchen in ihr Zimmer versucht Colette also das Gegenteil eines Diebstahls. Kriminalkommissar Wienert kommt genau in dem Moment zu einer Vernehmung nach Zermatt, als der Roman in eine Seifenoper abzurutschen droht. Die Umkehrung all dessen, was für einen Kriminalroman üblich ist, macht den Reiz dieser Geschichte aus.

Richard Plant sagt in seinen Lebenserinnerungen über die Arbeitsweise der drei Autoren: »Oskar war zuerst dagegen, denn für ihn gab es nur Rilke und George und danach nichts mehr. Aber für den Gelderwerb hat er dann doch mitgemacht. Wir haben an einem Band parallel geschrieben. Oskar und ich haben ein Exposé gemacht, festgelegt, wie die Geschichte ablaufen sollte, und die einzelnen Bereiche unter uns aufgeteilt. Jeder hat sein Kapitel geschrieben, und dann wurden sie einander angepasst. Wir haben das unsere Schneiderwerkstatt genannt. Die vier Krimis haben alle in der Schweiz gespielt. Das war damals noch etwas Besonderes, Verbrechen in der braven Schweiz. […] Der beste (Krimi) war MUSIK IM TOTENGÄSSLEIN.«

Wolf Schwertenbach hat bereits vor Glauser Krimis publiziert und war in den Dreissigerjahren bestimmt auch erfolgreicher, drei seiner Werke wurden in den Fünfzigerjahren wieder aufgelegt. Allerdings ist das Leben von Paul Meyer-Schwarzenbach (1894–1966) mindestens so spannend wie dasjenige von Karl Kurtius, der Detektivfigur seines Autorenpseudonyms. Meyer studierte in Leipzig, Genf und Zürich und veröffentlichte 1935 als Jurist die Broschüre MORDE IN ZÜRICH. KRITIK UND VORSCHLÄGE ZUM ZÜRCHERISCHEN KRIMINALDIENST, in der er unter anderem die Bekämpfung fremder Spitzel vorschlägt. 1938 kauft Meyer das Schloss Wolfsberg am schweizerischen Ufer des Bodensees, wo er während des Zweiten Weltkriegs als Hauptmann in den Diensten des Schweizer Geheimdienstchefs Roger Masson eine Vermittlerrolle übernimmt und bei sich zu Hause Kontakte unter anderem zwischen der Schweizer Armeeführung und dem SS-General Schellenberg organisiert.

In Wolf Schwertenbachs Kriminalromanen ermittelt der »berühmte Privatkriminalist« Karl Kurtius, später auch »Deutschlands angesehenster Kriminalist« genannt. Diese Figur entwickelt sich zur Sherlock Holmes-Kopie, einem Geigenspieler und scharfen Denker, der auch mit einer Haushälterin und einer Watson-Figur aufwarten kann. Letztere sagt denn auch: »Weisst du, in deiner Arbeitsstube ist heute eine so mit Kriminalität gesättigte Atmosphäre, dass ich jeden Augenblick auf verbrecherische Gedanken kommen könnte.« Kurtius selber steht »sozusagen am Rand der unendlichen Wüste, in die man sich verlieren muss, wenn man weiter schreiten will«.

So beginnt denn alles 1931 in MEINAND RESICH, einem Krimi, der in München spielt und in dessen Mittelpunkt ein »biologisch Pensionierter« steht, der sich aus dem Jenseits zum Richter an einer »morschen Gesellschaft und Wertordnung« aufspielt und selbst vor einer Tötung nicht zurückschreckt. Die Polizei ist hinter dem Mörder her, aber erst der kluge und warmherzige Privatdetektiv deckt das Buchstabenrätsel auf, so dass die Schweizerische Lehrerzeitung ganz begeistert schreibt: »Dieser Kriminalroman hat vor manchem seiner Art die psychologische Schärfe, die lückenlose Verkettung, den sauberen Stil und eine menschlich erträgliche Handlung voraus, die äusserer Sensation ausweicht.«

In MORD UM MALOW (1933) verschwinden zwei junge Menschen: Lucie Blumer aus Basel und Edgar Burgmatt aus Genf. In den Fall verwickelt ist der Autohändler Otto Wolfgruber, ein Freund der Familie Blumer. Lucies Vater folgt der Spur seiner Tochter, trifft Mädchenhändler im Hafen von Genua, Hellseher in Basel, aber letztlich keinen, der ihm helfen kann, und er stirbt, ohne seine Tochter wieder gesehen zu haben. Kurtius, der erst in der Mitte des Buches zu Hilfe gerufen wird, entdeckt, dass es eigentlich um den schwedischen Industrie- und Finanzmagnaten Malow geht, der gestorben sein soll. Allerdings handelt es sich bei der Leiche – man ahnt es schon – um den verschwundenen Genfer Studenten Burgmatt, während Malow eine andere Identität angenommen hat und Lucie Blumer – ebenfalls unter einem fremden Namen – wieder auftaucht.

Malow bedient sich bei seinen Börsenmanipulationen, durch die er reich wird, modernster Methoden, nämlich des eben erst massentauglichen Radios, und verfolgte seinen Plan: »[…] der die Rettung aus dem Weltelend der Arbeitslosigkeit und der Wirtschaftskrise bedeutet […] Durch private Planwirtschaft versuchte Malow, die Industrie seines Landes so zu regeln, dass Produktion und Absatz sich die Waage hielten. Dazu erwarb er vor allem in Schwedens Grossindustrie Mehrheitsbeteiligungen. Das nötige Kapital zog er durch geschickte und riesige Börsenmanöver von allen Seiten an sich heran.« Das Tragische ist, dass die Rettung der Menschheit misslingt, weil sich der Retter krimineller Machenschaften bedient. Immerhin gibt dies dem Autor die Gelegenheit, uns auf eine Reise rund ums Mittelmeer mitzunehmen.

In D. K. D. R. IM GOTTHARD-EXPRESS (1934), das im Jahr 1926 spielt, werden dem livrierten Schlafwagenkontrolleur Besmer die Gepäckscheine der Reisenden gestohlen. Im umständlichen Plot geht es um anonyme Briefe, einen Mord im Opiumrausch und eine geheimnisvolle Bande, die in Karlsbad (übrigens dem Geburtsort von Walter Serner) enttarnt wird als »Der Kreis der Rächer«. Dessen Ziel ist es, »allen jenen zu helfen, denen nicht von Rechts wegen geholfen wird, weil die Gesetz versagen oder dem sittlich-moralischen Empfinden zuwiderlaufen. – Moralisch erlaubte Hilfe und Selbsthilfe, auch wenn sie gesetzwidrig ist.« Dramaturgisches Vorbild für den Roman ist Edgar Wallace' DIE VIER GERECHTEN.

1938/39 wird am Schauspielhaus Zürich Schwertenbachs Kriminalstück DER UNSICHTBARE HENKER zum Erfolg. Ebenfalls 1939 erscheint der letzte Kriminalroman unter dem Titel DIE FRAU DIE ES NICHT WAR. Hier ermittelt Kurtius in einer Geschichte, die 1935 in Berlin beginnt und die für die Zeit der Handlung und der Publikation politisch erstaunlich nichtssagend daherkommt. Ein Bettler gesteht vor seinem Tod, er sei einer »furchtbaren Tat« schuldig, für die ein Unschuldiger im Gefängnis sitze. Kurtius sucht nun im Auftrag eines »Komitees von Menschenfreunden« nach dem Opfer, da weder die Tat noch der Aufenthaltsort des Gefangenen bekannt sind. Er arbeitet mit modernen Fahndungsmethoden, zum Beispiel mit einem vergrösserten Foto, das in Zeitungen publiziert wird. Kurtius klagt über die mangelnde internationale Zusammenarbeit, gerät in Intrigen und Erbschaftsstreitigkeiten, verschwindet plötzlich und taucht auf einem französischen Provinzbahnhof wieder auf, bevor es ihm gelingt, das Rätsel zu lösen.

Es ist wohl letztlich diese seltsame Mischung aus Utopie, wahnhaftem Verhalten und politischer Unbedarftheit, die Schwertenbachs Romane in der Entstehungszeit beliebt machten. Es sind gleichzeitig diese Elemente – neben den durchaus vorhandenen sprachlichen Schwächen – die uns diese Texte heute etwas überholt erscheinen lassen. Aber ist es nicht auch eine Frage der Mode, dass Glauser den Nerv der heutigen Zeit besser trifft, weil Utopien gerade nicht sehr gefragt sind? Könnte es nicht sein, dass wir uns in späteren Jahren wieder gerne der Leute erinnern, die unter widrigen Umständen utopische Weltentwürfe schildern, auch wenn sie letztlich zum Scheitern verurteilt sind?

Die Romane eines Schwertenbachs oder Edgers (und auch anderer deutscher und österreichischer Autoren) sind vom Plot her durchaus geniessbar, haben allerdings den Nachteil der Standardlänge von etwa 250 Seiten (die übrigens auch Glauser ursprünglich einhielt), so dass zu viel Füllstoff entsteht. Meistens wirken sie sprachlich schwerfällig und auf eine nicht überzeugende Art unpolitisch, was sich zwar mit der Publikation in Deutschland erklären, uns aber heute etwas ratlos lässt. Ihr entscheidender Nachteil ist jedoch, dass sie in internationalen Milieus zwischen Berlin, Florenz, Ägypten und New

York angesiedelt sind und fast immer in gutbetuchten Schichten spielen. Diese Schilderungen der Probleme von Reichen und Mächtigen erscheinen uns heute oft als künstlich.

Friedrich Glauser dagegen bewahrt in seiner atmosphärischen Beschreibung der ihm bekannten Milieus den direkten Blick (und wird damit durchaus auch zum Vorläufer des Regionalkrimis). Er entwickelt Sympathien für die Gedemütigten und Unterdrückten seiner Welt und nimmt auch politisch Stellung. Das geht so weit, dass seine Texte vom Verlag zensuriert werden, siehe zum Beispiel jene Stelle in Matto regiert, als der Autor Hitler aus dem Radio sprechen lässt und der Psychiater fragt: »Wo hört Mattos Reich auf?« Ausserdem bewegt sich Glauser in einer durchaus originellen Sprache mit Helvetismen und Dialektgebrauch, ist also auch in dieser Beziehung ein Vorläufer heutiger Autorinnen und Autoren.

Adrien Turel (1890-1957) überrascht 1928 mit dem als Kriminalroman bezeichneten Text Die Greiselwerke (als Buch allerdings erst 1942 erschienen). Die kriminelle Handlung krankt an den oben beschriebenen Punkten: internationale Verschwörung, Handlung im fernen Chicago. Thematisch jedoch betritt der Autor Neuland, indem er Science-Fiction-Elemente als Grundlage der Geschichte verwendet. In den Greiselwerken wird eine vitaminreiche Supernahrung produziert, welche die Menschheit vor dem Hungertod rettet. Die Produktion allerdings erfolgt unter einer schädlichen Strahlung, die innerlichen und äusserlichen Flechtenbefall auslöst und in der Folge die befallenen Arbeiter tötet. Miss Gerald (Dr. Ellinor Gerald), Wohltäterin als Erfinderin eines Serums gegen die Greiselseuche, wird brutal ermordet; dahinter stecken die »Prominenten«, welche die Formel des Serums und die Produktion der Greiselwerke aus Profitsucht an sich reissen wollen. Der Detektiv Dr. Flemming und sein schwarzer Assistent lassen dies nicht zu und ermitteln in der Sache. Der Detektiv wirkt allerdings wie eine – gewollte oder ungewollte? – Parodie auf Sherlock Holmes (z. B. in einer Verkleidungsszene). Neben einer modern anmutenden Kritik der Massenmedien integriert Adrien Turel mit der »Wardschen Filmproduktion« und einem ausgeklügelten Haus »Zu den vier Jahreszeiten«, einem Erlebnis- und Wellnessparadies, auch die neusten Errungenschaften der Technik in seinen Roman und verweist gleichzeitig auf eine seiner Inspirationsquellen, Fritz Langs Film METROPOLIS (1927, Buch: Thea von Harbou). Der Moloch Industrie, der die Menschen und damit die Welt zerstört, indem er vorgibt, Gutes zu tun, ist damit bereits Thema der Unterhaltungsindustrie und bei Turel ebenfalls nur Zitat.

Wenn also Martin Kraft im Nachwort zur Neuausgabe der GREISELWERKE von 1981 schreibt: »Adrien Turel hat aber nicht nur die erzähltechnisch anspruchsvollen Forderungen des Kriminalromans erfüllt, sondern die Gattung – darin ohne erkennbares Vorbild – auch in die Sphäre des Dichterischen erhoben«, so ist dies nicht nur masslos übertrieben, sondern beweist wieder einmal die Überheblichkeit der Literaturkritik über ein Genre, von dem sie allzu oft nicht viel versteht.

Leo Lapaire (1893–1963) doppelt 1934 nach mit DIE EWIGE MASKE. Ein ehemaliger Kamerad des Verfassers, Leutnant Dumartin, erkrankt an Schizophrenie, nimmt sich das Leben und hinterlässt ein Manuskript. »Es wäre mir leicht gewesen, dem Abenteuer einen Schluss zu geben, der die Logik stärker befriedigt. Ich vermied es, weil das Buch sonst seinen Zweck verfehlt hätte: dem Leser das Leiden eines Geisteskranken nahe zu bringen.« Nach einer seltsamen Verfolgungsjagd und dem Überfall auf den Leutnant gerät dieser in einen unterirdischen Fahrstuhl und in der Folge in einen Theatersaal, in dem er der schönsten Frau begegnet, die er in seinem Leben gesehen hat. Dumartin betritt daraufhin ein unterirdisches Labyrinth, aus dem er keinen Ausweg findet. Aber er begegnet dem Bösen in Form des Arztes Dr. Tscherko und des Monsters Adamas, seinem willigen Helfer. Dieser Arzt stellt »Eternium« her, eine Substanz, die den Alterungsprozess umkehren soll. »Ausserdem fiel mir auf, dass das Serum nur beim Manne gewonnen werden konnte und nur beim Weibe wirkte.« Dumartin muss nun einen Weg suchen, um diesem Alptraum zu entfliehen, denn er merkt sehr bald, dass auch er zur Gewinnung der Substanz herangezogen werden soll.

Dr. Tscherko hat einen Apparat entwickelt, der die Strahlung der Sterbenden misst, die als »Stimme des Todes« hörbar wird. Er hat damit »das Fluidum des Todes festgestellt« und somit einen Weg gefunden, das ewige Leben zu erlangen. In der Folge werden Dumartin und Dr. Tscherko unter eine Narkose gesetzt, die Traum und Wirklichkeit umkehrt. So ist es nie völlig klar, wo die Grenze zwischen Realität und Wahn verläuft, und auch nachdem der Held des Romans auf dem Weg, auf dem er gekommen ist, wieder zu fliehen vermag, wissen wir nicht, ob dieses unterirdische Labor existiert, denn die Nachforschungen nach Dumartins Tod führen zu keinem Ergebnis. Leo Lapaire reiht sich mit diesem utopischen Thriller in die lange Tradition wissenschaftskritischer Bücher ein.

Die beiden Kriminalromane, die Lapaire Anfang der Vierzigerjahre folgen lässt, sind nicht ganz von derselben Dramatik und Dichte wie der erste. NARREN AM WERK (1940) bringt uns immerhin die hoch geheime »Mysterienbrigade« der Pariser Kriminalpolizei, während DER NEUE HORIZONT (1942) einen eher unterhaltsamen Roman abgibt.

In den Dreissigerjahren finden wir auch noch eine ganze Anzahl von kleineren Werken oder einmaligen Versuchen im Krimigenre. Cäsar von Arx liefert 1932 mit OPERNBALL 13 ein Spionage-Theaterstück, in dem er das Publikum schockierte, weil er die Homosexualität thematisierte. Ernst Schulthess publiziert 1933 den Roman DER SCHUSS INS ZIMMER, der in England spielt und damit beginnt, dass Milton Osborne, der Direktor der »London Tribune« auf der Flucht mit einem Rennauto einen Körper verliert. 1934 bringt uns Carl Ewald Voglers DER BODENSEEPIRAT einen moralischen Schmugglerroman zwischen Konstanz und Kreuzlingen (wobei von einer deutschen Nationalität des Autors auszugehen ist).

1935 scheint das Jahr der »religiösen« Krimis zu sein. Albert Alois Müller schreibt DIE GESTOHLENE BIBEL, in der ausgerechnet ein Exemplar der Gutenberg-Bibel wegkommt und nach einer aufregenden Motorbootverfolgungsjagd in einer wasserdichten Verpackung zwischen den Überresten des explodierten Bootes wieder aufgefunden wird. Der katholische Pfarrer Franz Heinrich Achermann liefert drei Kriminalromane, den ersten mit dem Titel MOSKAU ODER KONNERSREUTH. In Stalins Sowjetunion wird ein Film gedreht, der das Wunder von Konnersreuth entlarven will. Zu Grunde liegt die Geschichte der Therese Neumann, die fast vierzig Jahre ohne Aufnahme fester Nahrung und mit den Stigmata gelebt haben soll. In Achermanns Krimi gesellen sich Agenten des sowjetischen Geheimdienst und Nazi-Helfer zusammen, sind aber machtlos gegen die Kraft der religiösen Erleuchtung: »Es ist des Menschen unveräusserliches Recht, sich zu blamieren; aber man ist nicht verpflichtet dazu.« 1941 reicht Achermann mit DIE TOTE VON SCOTLAND YARD eine wilde Erbschleicher-, Mord- und Erpressergeschichte nach, in der Johann »Hausi« Blaser aus Bern und Valentin »Väli« von Ah aus Wolfenschiessen der Londoner Polizei zu Hilfe eilen, weil diese alleine nicht klar kommt. Und STRÜBI UND SOHN schliesslich bringt 1949 das Thema der Euthanasie zur Sprache. Über den Mord an einem »Krüppel« und seinem Vater macht sich ein Verbrecher an die Mutter heran, um so an das grosse Geld einer Erbschaft zu gelangen. Unter dem Eindruck der nationalsozialistischen und kommunistischen Vernichtungslager will Achermann diesen Text geschrieben haben, so dass sich der Kreis nach Konnersreuth wieder schliesst.

In Leo Kipfers NEBENGERÄUSCHE begeben wir uns 1936 auf eine Reise von London nach Genf, um die zerstörenden Mächte einer hemmungslosen Rüstungsindustrie zu bekämpfen und mit ihr den »Klub der dreizehn Unerschrockenen«, der die kriegführenden südamerikanischen Staaten mit Waffen beliefern will. Zum Glück ist da Inspektor Bailly, der das Ganze verhindert.

Arthur von Felten liefert im selben Jahr ELEMENT 91. EIN KRIMINALROMAN OHNE DETEKTIV. In einem einsamen Schloss nahe der Teufelsbrücke überstürzen sich die Ereignisse: Fritz und Frida küssen sich, als ein vom Sturm losgebrochener Ast das Küchenfenster des Schlosses durchschlägt, was unweigerlich Unheil, nämlich einen Todesfall ankündigt. Tatsächlich meldet ein verschollener Liebhaber aus Amerika (mit dem Namen »Wank«!) seine Rückkehr an. Ein Arzt hält einen Vortrag »über die nationalen und rassebiologischen Vorzüge des Kindersegens«, und zwei gegensätzliche Frauen prägen den weiteren Verlauf des Romans. Will wirklich noch jemand wissen, wie er ausgeht? Nein? Dann sind Sie in guter Gesellschaft: Die auf eine Fortsetzung angelegte Geschichte wurde so schlecht verkauft, dass kein weiteres Werk mehr erschienen ist.

Noch drei Romane bleiben uns. Wilhelm Stegemanns ...UND J. G. CURMANN SCHWEIGT von 1937. Am Anfang steht der Scheckbetrug eines Angestellten einer Zürcher Grossbank, dazwischen Reisen um die halbe Welt, am Ende der Showdown in Arosa, alles befördert von John George Curmann (Hans Georg Kurmann), dem unbestechlichen Anwalt, dem »schärfsten Nebenbuhler des berühmten Pinkerton-Institutes«. ANGEKLAGTER SCHWEIGT von Curt Richter bewegt sich zwischen dem Milieu einer deutschen Universitätsstadt, Florenz und der erhitzten Atmosphäre eines Schwurgerichtssaales. Curt Richter sticht laut Klappentext »eine Menge zeitgemässer Probleme an, so den hypnotischen Zwang und das Mysterium der Astrologie, wobei er gelegentlich auch die Geissel der Ironie knallen lässt«. Das Jahr 1939 bringt uns Fred Morell mit DAS PHANTOM VON LONDON und damit eine neue Epoche.

Auch der Film trägt in den Dreissigerjahren – nach langer Absenz – weiter zur Popularität des Kriminalromans bei, in erster Linie natürlich die WACHTMEISTER STUDER-Verfilmung von Leopold Lindtberg mit Heinrich Gretler in der prägenden Rolle des Fahnders mit der Brissago im Mund und dem schlappen Filzhut auf dem Kopf (1939). Diese überzeugende Kombination von Regisseur und Schauspieler findet ihre Fortsetzung 1946 in MATTO REGIERT, der zweiten frühen Glauser-Verfilmung mit Breitenwirkung.

Aber auch ein paar andere Kriminalfilme werden abgedreht. In einem letzten Stummfilm von 1935 LE CRIMINEL INCONNU (Buch und Regie: Jean Brocher) tötet eine Frau in einem vorgetäuschten Akt von Notwehr ihren alkoholkranken Mann. Der Film endet offenbar etwas moralinsauer als Werbebotschaft für das »Blaue Kreuz« (eine religiöse Antialkoholikereinrichtung). Mit dem Falschmünzerdrama um den anarchistischen FARINET (Regie: Max Haufler), der sich von der Obrigkeit nicht beugen lässt (1938, nach dem Roman von Charles Ferdinand Ramuz aus dem Jahr 1932) und dem Gift- und Erbschaftsmelodrama WEYERHUUS (1940, Buch und Regie: René Guggenheim) streifen wir die Grenzen des Genres.

In UNE FEMME DISPARAÎT (1941/42, Buch und Regie: Jacques Feyder, nach der Novelle von Jacques Viot) findet man im Genfersee die Leiche einer Frau, die von drei Menschen als die jeweils von ihnen vermisste Person identifiziert wird. Der Kommissar aber erbringt den Nachweis, dass alle drei noch am Leben sind und dass die Frau ihr Geheimnis mit in den Tod genommen hat. »Aus Respekt für den ›erloschenen Stern‹ zerstört der Polizist das Dossier.« In JIM ET JO

DÉTECTIVES (1942/43, Buch und Regie: Jean Brocher) schliesslich veräppeln zwei Lausbuben die Polizei. Zwischen Literatur und Film gab es immer fruchtbare Wechselwirkungen, die einer genaueren Untersuchung wert wären. Bestimmt hatten bereits die ersten Filme mit ihrer neuen Bildästhetik, ihrer deklamatorischen Mimik und Gestik, aber vor allem mit ihrer Tiefenschärfe und den harten Kontrasten zwischen schwarz und weiss, Schatten und Licht, böse und gut einen bedeutenden Einfluss auf den Kriminalroman.

Dabei sollte man nicht nur an die offensichtlichen Beispiele wie M – EINE STADT SUCHT EINEN MÖRDER denken, sondern eher an die Monumentalität des Genres, die neue Horizonte eröffnete, insbesondere was die Dimension des Bösen betrifft, wie z. B. in METROPOLIS, wo nicht nur der Moloch der Menschen fressenden Maschine oder die Rücksichtslosigkeit des Ausbeuters, dem nur die Liebe widerstehen kann, demonstriert wurde, sondern der durch seine Massenszenen auch die Abgründe der menschlichen Gesellschaft in den Grossstädten für das Erzählen öffnete.

Richard Plaut (siehe Thomas Brockhoff) hat bereits 1938 in Zürich sein TASCHENBUCH DES FILMS veröffentlicht. Dies änderte allerdings nichts daran, dass der Schweizer Film der internationalen Produktion oft nachstand, war er doch meist eher Abbild oder Nachschöpfung einer bereits vorhandenen literarischen Kreation und weniger selbstständig gestaltend, jedenfalls bis die TV-Serienproduktion begann und damit den Drehbuchschreiber hervorbrachte, der nun seine Geschichte ohne Buchvorlage in Bilder umsetzte.

Die Gebäudekomplexe erstreckten sich über ein Gebiet von etwa fünf Quadratkilometern. Natur und Technik hatten sich hier zu einem imposanten Zusammenspiel vereint. Unter der Erde ruhten kostbare Erze, und über dem Boden türmten sich wuchtige Hochöfen, die das Metall der Finsternis entrissen. [...] Ein wimmelnder Ameisenhaufen von Monteuren und Technikern fügte sie mit Schrauben und Scharnieren ineinander, bis nach unglaublich kurzer Zeit aus diesen Fragmenten die modernsten Kolosse und Ungetüme entstanden.

Jack Miller: SPIONE (1946)

Serienhelden und Eintagsfliegen

Die Vierzigerjahre zeigen uns eine sehr aktive Verlegerlandschaft, sie bringen uns die ersten Krimis von Frauen (so weit der Stand der Ermittlungen für die deutschsprachige Schweiz, die Welschen waren einen Schritt voraus) und den Vielschreiber Max Morell mit seinem Serienhelden Paul Vanel. In vielen Krimis fällt aber auch das Fehlen von irgendwelchen Bezügen aktueller politischer Art auf, so gut wie nie wird über die Verhältnisse in Deutschland oder über den Krieg geschrieben, obwohl man ja näher an dieser Weltkatastrophe nicht sein konnte. Ob und allenfalls wie weit dabei vorausschauender Gehorsam auch von Schweizer Verlagen gegenüber der deutschen Zensurbehörde, der »Reichsschrifttumskammer«, eine Rolle gespielt hat, wäre einer genaueren Untersuchung wert. Der Schweizerische Schriftstellerverband erreichte nämlich bereits 1933 unter der Leitung von Felix Moeschlin, dass seine Mitglieder die gleichen Vorteile und Rechte erhielten wie ein Mitglied des Reichsverbandes Deutscher Schriftsteller. Von den Krimiautoren waren allerdings nur die wenigsten im SSV, die meisten waren nicht organisiert (letzteres gilt übrigens bis in die Gegenwart).

Neben den Verlagen, die bereits seit mehreren Jahren Kriminalromane veröffentlichten (Orell Füssli-, Morgarten-, Montana-Verlag in Zürich, Verlag A. Francke in Bern, Benziger Verlag Einsiedeln) kamen in den folgenden Jahren der Albert Müller-Verlag Zürich (mit der Reihe »A. M.-Auswahl« und über 150 Publikationen) und der ABC-

Verlag Zürich unter der Leitung von Konrad Baumann, der Verlag Otto Walter in Olten (mit der Reihe »Gelbe A-K-Romane« mit 43 Ausgaben), der Fraumünster-Verlag Zürich (mit der Serie »Die grünen Kriminal«), Scherz in Bern (mit der Reihe »Die schwarzen Kriminalromane«, um die 300 Veröffentlichungen in den nächsten Jahrzehnten) und einzelne kleinere Unternehmen auf den Markt, die für viele Autoren eine Heimat boten vor der desolaten Verlagslandschaft im nationalsozialistischen Deutschland.

In all diesen Reihen dominieren allerdings Übersetzungen aus dem angelsächsischen Raum, vereinzelt kommen auch Autoren aus Holland und Frankreich zum Zuge. Eine beachtliche Anzahl hingegen war deutscher Sprache. Nicht bei all diesen Autoren ist die Nationalität klar, manche könnten sich durchaus auch in der Schweiz aufgehalten haben. Es fehlen Angaben in Literaturlexika, und auf den Buchumschlägen ist bis in die Fünfzigerjahre hinein selten etwas über die Autoren zu erfahren. Einige sind Vielschreiber, andere haben sich mit Einzelwerken auf kriminalistisches Gebiet »verirrt«, wieder andere tauchen mit nur einem Werk in der Literaturgeschichte auf. Nicht alle diese Texte sind zu Unrecht vergessen.

Auch der Inhalt der Romane lässt oft keine Zuordnung zu, sie spielen häufig im »luftleeren« Raum, ohne örtliche Hinweise, oder dann in den angelsächsischen Ländern, den traditionellen Handlungsorten von Krimis, allenfalls noch in andern europäischen Grossstädten. Ob dieser von heute aus gesehen seltsame Verzicht auf lokalisierbare Örtlichkeiten zum Erfolg der Bücher beigetragen hat, darf durchaus bezweifelt werden, denn gerade Friedrich Glauser hat damals schon das Gegenteil bewiesen (obwohl auch seine Romane an fiktiven Orten spielen, ist der regionale Bezug klar).

In diesem Zusammenhang erwähnenswert sind auch Kriminal-Magazine, die ein breites Publikum ansprechen sollten (im Gegensatz zu den Fachpublikationen aus den Zwanzigerjahren), wie zum Beispiel die *Kriminalzeitung* (1937–1938), der *Kriminal-Spiegel. Die spannende Unterhaltungs-Revue* (1942–1960), beide im Verlag Jean Frey Zürich, und die *Kriminal-Revue* aus dem Verlag Union Zürich (1948–1955). Daneben gibt es in den Nachkriegsjahren vereinzelte Anläufe zur selbstständigen Publikation von Romanheften mit Serienhelden (früher gern auch »Schundromane« genannt), wie

»Jim Strong Abenteuer«, eine in den deutschsprachigen Raum transferierte Kopie der amerikanischen »Weird Tales«, die im Untergrund erschienen ist und von der weder Autoren noch Verleger bekannt sind (in den letzten Jahren von Robert Weideli bibliographiert und liebevoll wieder herausgegeben). Zu den bekannten Autoren solcher Hefte gehören auch Max Morell und Kaethe Baumann.

Gertrud Lendorff (1900–1986) ist nach heutigem Wissensstand die erste Frau, die in der Deutschschweiz als Autorin von »Detektivromanen« aktiv geworden ist. Zwei Texte um die Hauptfigur Clelia Conradi, eine Kunstgeschichtsstudentin, liegen als Buchausgabe vor. Dabei handelt es sich offensichtlich um eine späte Veröffentlichung, denn die wenigen zeitgenössischen Anklänge beziehen sich auf den Ersten Weltkrieg. Die Studentin bewegt sich – völlig unbeeindruckt von späteren Ereignissen – durch Europa, so dass die beiden Romane vielleicht bereits in den Zwanzigerjahren entstanden sind. Clelia hat ihr Abitur in der Schweizer Provinz gemacht, in Aarhalden, und darf nun den Geruch der weiten Welt schnuppern. Sie studiert in München, wo sie sich mit ihren Freunden aus Kindheitstagen wieder trifft, mit denen sie nicht allzu wilde Abenteuer erlebt.

CLELIA UND DIE SELTSAMEN STEINE (1942) kann man mit viel gutem Willen als Detektivroman bezeichnen, wenn man Clelia Conradi als Ermittlerin zu akzeptieren gewillt ist. Sie ist die Tochter eines Strumpffabrikanten, der eines seiner Produkte nach ihr benennt und mit ihren Beinen wirbt, was die junge Frau immer wieder in die Bredouille bringt, insbesondere als sich Dr. Arthur Schneewind, Privatdozent für indische Kunst, für sie zu interessieren beginnt. »Dr. Schneewind trat nun herein. Er war gross, gut gewachsen und sehr hager. Sein Gesicht war schmal und blass. Die Augen lagen tief unter geraden Brauen. Die Nase war edel geformt, etwas gebogen, über der Nasenwurzel tief eingekerbt. Jemand hatte ihr einmal erzählt, dass Menschen mit einer derartigen Kerbe für okkulte Wissenschaften begabt wären.«

Wegen diesem Schneewind erleidet Clelia einen kurzen emanzipatorischen Anfall, während sie Thora Commenios gegenüber, einer eleganten jungen Dame, nur Minderwertigkeitskomplexe entwickelt. Zum Glück ist Thora mit dem personifizierten Bösen verknüpft, was

Clelias Missbilligung deutlich begünstigt. Thoras Vater nämlich lässt in Massen altägyptische Artefakte fälschen, verabschiedet sich auf lange Forschungsreisen, während denen in seine Villa eingebrochen wird. Die Diebe verlassen das Grundstück durch einen Tunnel, den die spielenden Kinder Clelia und Peterchen entdecken, allerdings verfolgt von zwei bösartigen Hunden, die zu allem Überfluss auch noch »Zyan« und »Kali« heissen. Die gefälschten Kunstgegenstände werden teuer an Museen verkauft, Machenschaften, die von der inzwischen erwachsenen Kunststudentin und ihren Freunden aufgedeckt werden.

In CLELIA UND DER GLÄSERNE FISCH (1943) erleben wir in den kunsthistorischen Sehnsuchtsstädten Venedig und Florenz ein Verwechslungsdrama mit einer Doppelgängerin von Clelia, nämlich der zweiten Protagonistin Violante, die genauso heisst wie die Dame auf einem Bild von Palma Vecchio. Auch hier stehen Peterchen und die Freunde Clelia wieder zur Seite. Ein falscher Toter liegt in einem richtigen Grab, ein Kostümball trägt zur Verwirrung bei, aber richtig gruslig wird es erst, wenn Clelia, ergriffen vom Anblick des Meeres bei Venedig, die Worte ihrer Cousine Kathrin hören muss: »Ich begreife nicht, was du hast. Es ist genauso wie der Thunersee, nur ohne das andere Ufer.«

Von ganz anderer inhaltlicher Tiefe sind die Kriminalromane von Kaethe Baumann, was bestimmt mit ihrer grossen Lebenserfahrung zusammenhängt. 1914 in Deutschland geboren, lebte sie komfortabel auf Schloss Dammsmühle bei Berlin, das von den Nazis requiriert wurde, so dass sie mit ihrem ersten Ehemann 1939 in die Schweiz flüchten musste. Nach dem frühen Tod ihres Mannes heiratete sie 1943 Konrad Baumann, den Leiter des ABC-Verlags. Bis zur Scheidung 1951 erlebte Kaethe Baumann einen kreativen Schub, der mit Übersetzungen begann, der sie über Presseartikel und Kurzgeschichten zu drei Kriminalromanen führte (unter K. Baumann, Jack Miller und Jack Millers) und der Mitte der Fünfzigerjahre abrupt abbrach. Sie heiratete zwei weitere Male, verbrachte den grössten Teil ihres Lebens in Zürich und starb schliesslich 1995.

K. Baumanns ACHTUNG ÜBERFALL (1945) spielt, wenn man die geschilderten Örtlichkeiten betrachtet, eher in Deutschland, wenn auch die Namen fiktiv sind. Angeglichen wurde die Währung, es ist von Franken die Rede, so dass der Text als Schweizer Roman durchgehen konnte. In einem kleinen Voralpenbahnhof liest ein Einbrecher in der Zeitung von einem Ausbruch aus dem nahe gelegenen Zuchthaus: Carl Schubert, alias der Fuchs, Geldschrankknacker, Fälscher und Dieb, einer der gerissensten Gentleman-Verbrecher des Landes, ist abgehauen. Darauf gibt es eine Anhäufung von Kriminalfällen in der Umgebung, und es bildet sich eine Geldfälscherbande, die letztlich unter massivem Einsatz von Gewalt – mit einer Schiesserei und mit Bomben räumt die Polizei das Gebäude – unschädlich gemacht wird. Verschiedene Details verweisen auf die Erinnerungen der Autorin an Schloss Dammsmühle.

SPIONE (1946) unter dem Pseudonym Jack Miller (für die Aufdeckung der Pseudonyme halfen Verträge von Kaethe Baumann mit dem ABC-Verlag) beschreibt den Aufstieg von Oskar Lefèvre vom Angestellten zum Inhaber der Falken-Werke und den Mord an ihm in einer Silvesternacht. Inspektor Brunner von der Mordkommission ermittelt im Umkreis der zur Party Eingeladenen. Dabei kommen einige geheim gehaltene alte Liebschaften, Eifersüchteleien, aber auch ein im Streit verübter Totschlag von Lefèvre zum Vorschein. Ein verlorener Bruder kehrt aus Amerika zurück, eine Tante wird wahnsinnig. Der Privatsekretär bricht ins Direktionsbüro der Firma ein und stiehlt Unterlagen über die neuste Erfindung: flügellose Flugzeuge, ein torpedoähnliches Luftgeschwader. Er stellt die Pläne einem verfeindeten Land zur Verfügung, und die industrielle Produktion steht vor dem Zusammenbruch, weil dieser Staat dem Konzern zuvorkommt. In der Beschreibung des militärisch-industriellen Grosskomplexes, der Tanks, Panzerwagen, Jagdmaschinen, Bomber und Kanonen herstellt, zeigt sich eine unerwartet kritische Wahrnehmung der Verhältnisse während der Kriegsjahre: »Abseits von den Fördergruben und den Werkstätten stand ein langgestrecktes Gebäude. Seinen Eingang bewachte ein Kordon von Militär. Die Fenster waren bis in das oberste Stockwerk hinauf vergittert. Hinter diesen geschützten Mauern befand sich die eigentliche Geburtsstätte der Kriegsindustrie. Von hier aus gingen den Feinmechanikern die Pläne für raffiniert ausgeklügelte physikalische und optische Instrumente zu, die den Stahlmassen erst zum Leben verhalfen. […] Dann schickte man diesen Triumph menschlichen Erfindergeistes über oder auf den europäischen Kriegsschauplatz, um seine verheerende Wirkung auszuprobieren.« Am Schluss des Romans wird das Geschehen ins Familiäre zurückgeführt, indem sich die übrig bleibenden Mitglieder auf ihre eigenen Stärken besinnen, und wir erleben ein süssliches Happy-End voller Zukunftshoffnung und Opferbereitschaft.

Dem letzten Krimi von Kaethe Baumann, diesmal unter Jack Millers erschienen, mit dem Titel DAS ROTE CABRIOLET (1947) darf man zu Gute halten, dass er die Spielsucht und die darauf folgenden Katastrophen thematisiert. Inspektor Brunner erhält noch einen Auftritt und darf einen Spielschuppen in der Peripherie einer Stadt ausheben und einen Mord aufklären (ausgerechnet an einem unschuldigen alten Mann namens Carl Schubert – man erinnere sich an den Übeltäter im ersten Krimi). Er opfert dafür allerdings einen Teil seines Privatlebens, nämlich die Beziehung zu einer Tochter aus reichem Haus. Diese Geliebte liefert einen wunderschönen Satz, den ich hier am Ende des ersten Abschnitts über Krimis von Frauen zitieren will:»›Nun, wollen wir jetzt von etwas anderem schweigen?‹ erkundigte sie sich spöttisch und warf ihm dabei wieder einen ihrer strahlenden Blicke zu.«

Der erfolgreichste Vielschreiber der Schweizer Krimigeschichte heisst Max Morell. Er schuf den Detektiv Paul Vanel, der ihn während dreissig Jahren beschäftigen sollte. Im ersten Band der Serie, RÜCKKEHR INS ANDERE LEBEN (1943), finden wir eines der vor 1950 seltenen biographischen Kurzporträts:»Max Morell ist ein junger Schweizer Schriftsteller von eigener Prägung. Er wurde (1916) in einer kleinen Stadt der Ostschweiz (Arbon) geboren, als Sohn einfacher, bürgerlicher Eltern. [...] Schulentlassen, trieb ihn das Schicksal im Zickzack durch das Leben. Er sollte zuerst Rechtsagent werden und trat bei einem Rechtsanwalt in die Lehre ein, wurde dann aber Kaufmann, war später als Student in Paris, arbeitete, in die Schweiz zurückgekehrt, als Assistent und Reklameberater eine Naturarztes und lernte dabei Menschen, Hochstapler und Sekten kennen; ein ruheloses Jahr folgte, bis der Ausbruch des Zweiten Weltkrieges ihn während zwei Jahren zum Soldaten machte. [...] Während den grösseren Urlauben wandte sich Morell der Reklame zu, wurde Texter, Reklameberater, später Journalist, Redaktor, um sich heute, noch nicht dreissigjährig, wieder der Schriftstellerei zuzuwenden.« In den Siebzigerjahren war er Redaktor im Verlag Meier Schaffhausen. Max Morell starb 1994 in Feldmeilen.

Letztlich aber liegt wenig Gesichertes über sein Leben vor. Es war durch seine schriftstellerische Leidenschaft für den Kriminalroman bestimmt: Bekannt sind 13 Bücher und 15 Romane einer Heftserie als Max Morell, ein Krimi als Fred Morell, zwei Krimis als Fred Morand und vier Bücher als Max Paul.

Max Morell hat als 21-Jähriger seine Laufbahn begonnen mit DAS PHANTOM VON LONDON (als Fred Morell), 1939 in Bern gedruckt. Diesem Buch sollten vier weitere folgen, die jedoch nie oder dann später unter anderen Titeln erschienen sind. Der erste Roman steht ganz in der Tradition eines Edgar Wallace. Ein geheimnisvoller Verbrecher, der sich selber das »Phantom« nennt, hält ganz London in Atem, bis Scotland Yard in Aktion tritt und ihn zur Strecke bringt. Auch die beiden unter Fred Morand publizierten Werke stehen unter dem Eindruck dieses Vorbildes, SENSATION IN PARIS und DIE PANZERTÜRE (spielt wiederum in London).

Interessanter werden ab 1943 die Bände der beiden Paul Vanel-Serien, besonders deshalb, weil sie hauptsächlich in der Schweiz handeln. Erst ist Vanel zwar noch als Weltenbummler unterwegs, spielt damit wohl die Rolle eines Alter Ego von Max Morell, und wird im Militär verdächtigt, Geld gestohlen zu haben. In MENSCHEN IN DER NACHT (1943) wird Vanel, der sich in der Fremdenlegion und als Reporter in China und Spanien aufgehalten hat, als »Mitarbeiter« engagiert, beginnt also seine Detektivlaufbahn. Der »berühmte schweizerische Forscher und Weltreisende Louis Stauffer« findet nach seiner Rückkehr in die Schweiz bei seinem Anwesen in Küsnacht eine Frauenleiche im See, die sich als eine von Stauffer vergessene Jugendliebe herausstellt. Sie trägt aber einen Anhänger um den Hals, in dem Stauffer ein Bildnis von sich selber als jungen Mann findet. Es tauchen eine Tochter und ihr missliebiger Verlobter auf, ein Herr Thommen erweist sich als Einbrecher und Mörder, wird später aber selbst in Beton eingegossen. Thommen wollte eine reiche Frau heiraten, die mit ihrer portugiesischen Tante zur Entführerin wird. In einem Reigen der wahnhaften Gewalt tötet der eine den anderen und die letzten sich selbst, so dass von den Hauptpersonen nur noch Vanel und Stauffer sowie dessen Tochter am Leben bleiben. Kein Wunder also: »Vanel hatte den ›Cafard‹, wie die Fremdenlegionäre sagten. Es geschah hin und wieder, dass er ihn hatte. Zwei Dinge konnten ihn dann heilen: Aufregung oder Alkohol!« (KLUB DER WESENLOSEN)

Die Plots der nachfolgenden Werke sind ähnlich abenteuerlich, in vielen aber findet sich etwas Reizvolles. In DIE GEISSEL VON ZÜRICH diskutiert Vanel mit der Kriminalschriftstellerin Esther Kasser (»[...] eine elegant gekleidete, schlanke, braunhaarige junge Dame, in deren rassigem, reizvollem Gesicht gerne ein anmutiges Lächeln lag.«) über das Genre. PHANTOM-KOMMANDO beschreibt einen Bandenkrieg um Dr. Caligaris und eine Kassette mit der Alarichs-Krone und dem Szepter des Gotenkönigs. In VANEL UND DIE HEXER begleitet er wiederum einen Kriminalschriftsteller, diesmal seinen Freund Hilberg in Genf: »Die beiden Freunde stehen gegen die Hexer, die es merkwürdigerweise auf Schwerverbrecher abgesehen haben, die aus dem Zuchthaus entlassen werden.«

1946 erscheint in Winterthur eine Heft-Serie mit dem Titel CHEZ MORELL, darin neun Detektivromane und Thriller. Nach dieser exzessiven Phase publiziert Morell unter Max Paul Kinderbücher (DIE VIER VON DER TANKSTELLE, EIN AUTO VOLLER ABENTEUER) und 1963 DUELL ÜBER DER SCHLUCHT, wiederum ein Vanel-Abenteuer. Bis 1977 dauert es, als die letzten Vanel-Bände erscheinen: INSEL DER TRÄUME spielt auf Mauritius. Paul Vanel leitet inzwischen in Hongkong eine Agentur für internationale Ermittlungen. Diese führen ihn zum FINALE IN BANGKOK. Das Buch, das letztlich sogar als Geschenk für *Airtour Suisse*-Ferienreisende abgegeben wurde, kann nicht darüber hinwegtäuschen, dass die Zeit des Max Morell längst vergangen war.

Die Vierzigerjahre bringen uns noch eine Anzahl von lesenswerten Romanen, aber auch einige Werke von geringerem Interesse. In chronologischer Reihenfolge haben wir zunächst 1941 BILLETEUR BÖRLIN von Ulrich Brand, zu dem der Klappentext eigentlich alles sagt, was zu sagen ist: »An der Peripherie Basels, beim Tramdepot

Dreispitz in der gleichnamigen Strassenbahnerkolonie, ereignet sich ein Mord. [...] Statt in einem Verbrechermilieu bewegen wir uns in der rechtschaffenen Umgebung von Basler Trämlern [...] Das tapfere junge Mädchen, das durch eine unglückliche Verkettung von Umständen in den Mord an ihrem Vater verwickelt wird, prägt sich ein.« Es ist diese Nähe zum Alltag einfacher Menschen, der den Roman sympathisch macht, darüber hinaus aber auch die nicht unbedenkliche Schuldzuweisung an einen geistig behinderten jungen Mann, der »in einem momentanen Aufflackern seiner Krankheit, lediglich eine Szene aus einem Schundroman, den er gelesen hatte, zur ›Aufführung‹ bringen wollte.«

Rudolf Eger schreibt ebenfalls 1941 unter dem Pseudonym Rudolf Hochglend den Text POSTFACH 84, während er zwei Jahre später unter eigenem Namen JUNGE DAME REIST ALLEIN (der gegenüber dem ersten Text ziemlich abfällt) und wieder einige Jahre danach eine Sammlung von Verbrechensberichten (siehe das entsprechende Kapitel) folgen lässt. POSTFACH 84 führt uns in die Welt der Bundesratsfamilie Ruegg. Berta Ruegg, die Witwe des Bundesrats Jacob Ruegg, will ihre Villa auf dem Zürichberg teuer vermieten. Sie fasst dafür ihren Neffen Frank und seine Frau Nora ins Auge, die ihm hilflos ergeben ist. Frank aber interessiert sich nur noch für Sport, nachdem er den Familienbesitz verkauft hat. Daneben finanziert er viele dubiose Unternehmungen, was ihn letztlich an den Rand des Ruins bringt. Jetzt soll er auch die beiden unbegabten Kinder von Berta Ruegg unterstützen. In Rom wird derweilen die verarmte, bereits etwas ältere Contessa Elena Parisi von ihrem Liebhaber zur Heirat gedrängt. Sie erinnert sich in dieser Situation an die Sommer in Siebenbürgen, wo sie dem »Ladykiller« Freiherr von Almássy begegnet ist. Dort befand sich ebenfalls Nora Ruegg. In Almássys Jagdhaus kommt es nun zu unerfreulichen Szenen und zu einem Mord, der sich später als fingiert herausstellt.

In Zürich treffen nach Noras Rückkehr Erpresserschreiben mit hohen Geldforderungen ein. Den Briefen werden Fotos mit Tatwerkzeugen beigelegt, um den Forderungen Nachdruck zu verleihen. Frank zahlt denn auch bereitwillig alles Geld, bis er finanziell ruiniert ist. Dann kommen keine Briefe mehr. Im Zustand der Verzweiflung, im Glauben, von seiner Frau mit diesem Almássy betrogen worden zu sein, kehrt Frank nach Hause zurück, wo ihm Nora alles gesteht. Sie hat die ganze Geschichte erfunden und das Geld erpresst, um es vor der gefräßigen Verwandtschaft zu retten und für ihre eigene Zukunft zu sorgen.

Rudolf Hochglend hat in diesem Kriminalroman einige Elemente aufgenommen, die in den Dreissigerjahren populär waren, z. B. die Handschriftenerkennung (die Graphologie) oder auch den Glauben an utopische Erfindungen. Erstaunlich hingegen ist der europäische Handlungsraum: Er reicht von Zürich über Rom und Budapest bis nach Siebenbürgen in Rumänien. Und das alles ohne jegliche Anspielung auf politische oder kriegerische Ereignisse. Von den handelnden Personen her passt er eigentlich besser in die Zeit der österreich-ungarischen Monarchie vor dem Ersten Weltkrieg. Dieser Roman ist wohl in der Erinnerung an die Jugend des Autors entstanden.

Hans Räber schrieb drei Kriminalromane, die sich an Agatha Christie orientieren und Detektiv Meier III vom Kriminalkommissariat Basel als Protagonisten einbringen. In Postlagernd Elsa 666 geht es um Versicherungsbetrug und Erpressung. Jahre später, in Der Tod trägt Handschuhe um einen Mord im Artistenmilieu eines Variététheaters, der mit der Beschreibung des Direktors Jack Krähenbühl einsetzt: »Der Amerika-Schweizer mit seinem energiegeladenen Kinn, dessen Physiognomie nicht unähnlich derjenigen eines unrühmlich dahingegangenen südländischen Führers war, rauchte eine starke Zigarre.« Der Inhalt setzt Räbers zweiten Roman in Beziehung zu Renate Welling, die hauptsächlich als Übersetzerin von englischsprachigen Kriminalromanen gearbeitet hat, 1943 aber mit Der Todessprung selber zur Feder greift und im Artistenmilieu in Budapest ermittelt. Basel spielt in diesen Jahren eine wichtige Rolle im schweizerischen Kriminalroman, denn auch Peter Freis Werkspionage handelt zur Hauptsache in der Rheinstadt. Professor Peruzzi arbeitet im Auftrag des Schweizerischen Armeestabs in den grossen Chemiewerken in Basel, um seine Erfindung zur Massenproduktionsreife zu bringen. Dort aber soll das Patent gestohlen und ins Ausland gebracht werden. Zwei unbedarfte junge Leute werden zu unfreiwilligen Helfern der Verbrecher. Mit dem Haupttäter Herbert Weder könnte man schon fast Mitleid haben: Bereits wegen militärischem Geheimnisverrat verurteilt, kann er aus der Straf-

anstalt flüchten, über deren Direktor gesagt wird: »Ein Menschen-
kenner wie er ist nicht so leicht aus der Fassung zu bringen; für gewöhnlich regen ihn ein schlecht bestelltes Rübenfeld oder eine ein-
gegangene Sau mehr auf, als der tägliche Ärger mit sechshundert
Angestellten und zweiundsechzig Wärtern.« Immerhin schafft es Peter Frei als einer der wenigen, die Aktualität der Kriegsjahre in seinen Roman zu integrieren.

Zwei Krimis erschienen auch von Jack Sanders: DER GEHEIMNIS-
VOLLE SCHATTEN (1948) und DER LÄCHELNDE TOD (bereits 1948
angekündigt, jedoch erst 1958 erschienen). In einer Widmung auf
dem Vorsatzblatt unterschreibt eine Autorin mit Namen J. Kohler,
von der jedoch nichts weiter bekannt ist. Privatdetektiv Perez ermittelt im ersten Text in einem nicht definierten Land. In DER LÄCHELN-
DE TOD wird auf einem Kreuzfahrtschiff vor Florida eine kompli-
zierte Intrige gesponnen, die zur Aneignung eines beträchtlichen
Erbes führen soll. Später verlagert sich die Handlung nach Europa,
und zwar zum Sterbebett der Gräfin Dragica in Albanien, um wieder
in den USA, diesmal in Atlanta, ihr Ende zu finden.

Hans Stalders BRANDFALL 1935 (1941) schildert uns die brüchi-
ge Bauerndorfidylle in der bernischen Landschaft und einen Sägerei-
brand, der in betrügerischer Absicht gelegt worden ist. In seinem
zweiten Buch DER SPION kommt 1943 wie bereits bei Peter Frei die
neu geschaffene Bundespolizei zum Zug, um eine Spionagekette zu
unterbrechen. Werner Augsburger liefert mit VERRÄTERISCHE RAUCH-
ZEICHEN AM VERBANO ebenfalls eine Spionagegeschichte, diesmal
aus dem Tessin. Ermittelt wird auch in der Armee. Das führt uns zu
einem Roman von Emil Waldvogel, DAS TAL DER FLIEGENDEN DRA-
CHEN, der einen Diebstahl im Militär zum Thema hat.

Edgar Hoogs Krimis schleppen sich leider mit vielen langweiligen
Dialogen dahin, dabei hätte doch sein erster, DER MORD IM TRESOR
(1943) das Zeug zu einem spannenden Text, denn er bringt zum ersten Mal die Welt des Fussballs in den Mittelpunkt des Geschehens:
Der Spieler Gibbons aus Schottland erzielt kurz vor Spielschluss den
entscheidenden Treffer, der dem FC Thalkirch den Aufstieg in die
höchste Liga ermöglicht. Danach bricht er tot zusammen, vergiftet,
wie der Gerichtsarzt feststellt. Charles Keller liefert 1944 KID LINDS-
LEY, einen Boxerroman mit einem kriminellen Ende.

Die restlichen Veröffentlichungen können wir getrost der Bibliographie überlassen. Wir warten am Ende dieses Jahrzehnts auf den
Befreiungsschlag, der wenige Jahre später kommen wird.

Nun blieb zwischen ihnen nichts mehr als die Unermesslich-
keit des Todes, ein Richter, dessen Urteil das Schweigen ist.
Friedrich Dürrenmatt: DER RICHTER UND SEIN HENKER (1952)

Friedrich Dürrenmatt ...

Der zweite Höhepunkt des schweizerischen Krimischaffens lässt
sich in den Fünfzigerjahren an einer einzigen Person festmachen:
Friedrich Dürrenmatt. Daneben – oder unter seinem überwältigen-
den Eindruck – bleibt es bis in die Achtzigerjahre bei einigen wenigen bemerkenswerten Einzelwerken. Bei andern Büchern muss der
Gattungsbegriff schon sehr strapaziert werden, damit man sie als
Kriminalromane bezeichnen kann.

Friedrich Dürrenmatt ist ein Glücksfall für den deutschsprachigen Krimi, aber auch ein Grenzfall. Während seine drei Romane aus
den Fünfzigerjahren von ihm selbst als Kriminalromane bezeichnet
wurden, enthalten andere Texte kriminalistische Elemente, bewegen
sich also durchaus im eingangs geschilderten Rahmen.

Von der akademischen Welt ist Dürrenmatt in den Elfenbeinturm
der bedeutungsschwangeren Literaten gehievt worden, und es wird
alles versucht, selbst seine Krimis aus den »Niederungen« der Unterhaltungsliteratur auf das ihnen »gebührende« Niveau zu erheben. So
wird eine unnötige, künstliche Trennung geschaffen und damit das
zementiert, an dem die deutschsprachige Literatur und ihre Kritik
seit jeher leidet: die Unterscheidung zwischen E (also ernsthafter) und
U (also unterhaltender) Literatur. Dass diese Trennung Unsinn ist,
sickert erst allmählich in die Gehirne der akademischen Forschung.
Friedrich Dürrenmatt ist das beste Beispiel für einen lockeren Umgang
mit allen Genres, und er amüsiert sich bestimmt köstlich über die
steifen Bemühungen, ihn der einen oder andern Partei zuzurechnen.

DER RICHTER UND SEIN HENKER (1952) ist Dürrenmatts erster
Krimi, seine Hommage an Friedrich Glauser. Weltanschauliches und

Philosophisches nimmt einen wichtigen Platz ein, Diskussionen über das Menschenbild in einer Präzision und Klarheit, wie es in Kriminalromanen nur selten zum Ausdruck kommt. Vordergründig wird die Geschichte eines Polizistenmords erzählt. Dürrenmatt, damals in Schernelz am Steilufer des Bielersees wohnhaft, bezieht die ganze Gegend in den Roman mit ein (heute würde man wohl von einem »Regionalkrimi« sprechen, um diesem leicht abgewerteten Begriff wieder etwas Gewicht zu geben). Im Hintergrund jedoch bestimmt eine Wette, die der schwer kranke Kommissär Bärlach mit dem Verbrecher Gastmann in Istanbul abgeschlossen hat, das zukünftige Leben von beiden. Gastmann: »Ein Verbrechen zu begehen nanntest du eine Dummheit, weil es unmöglich sei, mit Menschen wie mit Schachfiguren zu operieren. Ich dagegen stellte die These auf, mehr, um zu widersprechen, als überzeugt, dass gerade die Verworrenheit der menschlichen Beziehungen es möglich mache, Verbrechen zu begehen, die nicht erkannt werden könnten, dass aus diesem Grunde die überaus grösste Anzahl der Verbrechen nicht nur ungeahndet, sondern auch ungeahnt seien, also nur im Verborgenen geschehen. [...] Ich hielt die kühne Wette, in deiner Gegenwart ein Verbrechen zu begehen, ohne dass du imstande sein würdest, mir dieses Verbrechen beweisen zu können.«

Bärlach, der Kommissär im Berner Polizeidienst, entwickelt selber etwas Dämonisches, als nicht nur der Zufall Entscheidendes zur Lösung des Falles beiträgt, sondern auch, als Bärlach den Mörder überführt: »Er trank das zweite Glas Roten aus und fing die dritte Pastete an, pausenlos essend, gierig die Speisen dieser Welt in sich hineinschlingend, mit den Kiefern zermalmend, ein Dämon, der einen unendlichen Hunger stillte. An der Wand zeichnete sich, zweimal vergrössert, in wilden Schatten seine Gestalt ab, die kräftigen Bewegungen der Arme, das Senken des Kopfes [...] Tschanz sah voll Entsetzen nach diesem unheimlichen Schauspiel, das der Todkranke bot.«

In DER VERDACHT (1953) muss Bärlach nach einem Herzanfall operiert werden. Zur Erholung begibt er sich in die Klinik von Dr. Emmenberger, in dem er den deutschen KZ-Arzt und Massenmörder Dr. Nehle zu erkennen glaubt. Dadurch fordert Bärlach, an der Schwelle des Todes, in voller Absicht die Gefahr heraus. Als Helfer hat er Gulliver, der die Schrecken des Krieges überlebt hat: »Im Zimmer stand in einem alten, fleckigen und zerrissenen Kaftan ein riesenhafter Jude, vom Licht der Lampe rot beschienen. […] Sein Kopf war kahl und mächtig, die Hände edel, aber alles mit fürchterlichen Narben bedeckt, die von unmenschlichen Misshandlungen zeugten, doch hatte nichts vermocht, die Majestät dieses Gesichts und dieses Menschen zu zerstören.« Der verzweifelte Kampf Bärlachs gegen das absolute Böse wirkt allerdings manchmal etwas hilflos, weil er so aussichtslos scheint.

Die Annahme liegt nahe, dass auch das Theaterstück DER BE-SUCH DER ALTEN DAME (1956) die Schilderung eines Kriminalfalles enthält. Claire Zachanassian, einst als arme Frau aus »Güllen« verstossen, kommt als steinreiche Witwe zurück in die verarmte Stadt. Die Verhältnisse haben sich umgekehrt, und die Witwe nutzt dies zu ihren Gunsten aus. Sie erinnert sich an ihre Liebe zu Alfred Ill, an die gemeinsame Zeit und die zerstörte Jugend. Nun will sie sich rächen: »Ich gebe euch eine Milliarde und kaufe mir dafür die Gerechtigkeit. […] Eine Milliarde für Güllen, wenn jemand Alfred Ill tötet.« Mit gnadenloser Konsequenz demontiert Claire Zachanassian das Rechtsgefühl der Güllener, bis sie schliesslich zum kollektiven Mord an Alfred Ill bereit sind. Dieses Theaterstück ist übrigens nicht nur unzählige Male aufgeführt worden, sondern es existieren auch Verfilmungen, unter anderen eine Version, in dem der Handlungsort in ein afrikanisches Land verlegt wird.

DAS VERSPRECHEN (1958) nennt sich »Requiem auf den Kriminalroman«. Kommissär Matthäi ermittelt im Fall des einschlägig vorbestraften Hausierers von Gunten, der als Mörder von Gritli Moser verhaftet und von der Bevölkerung beinahe gelyncht wird. Um den wirklichen Mörder zu fassen, mietet Matthäi eine Tankstelle in der Gegend und benutzt die Tochter seiner Helferin als Lockvogel. Matthäi streift die Wahrheit, kann jedoch den Täter nicht zur Strecke bringen, da dieser in der Zwischenzeit bei einem Autounfall ums Leben gekommen ist. Dies erfährt der Chef von Matthäi aus dem Geständnis einer sterbenden Frau. Als er es seinem Kommissär mitteilen will, ist dieser nach dem jahrelangem Warten auf den Sieg der Gerechtigkeit kaum mehr ansprechbar.

Dem Roman zu Grunde liegt eine Auftragsarbeit für den Film ES GESCHAH AM HELLICHTEN TAG (1958, Regie: Ladislao Vajda, als

Matthäi: Heinz Rühmann; Neuverfilmung 2001 unter dem Titel THE PLEDGE, Regie: Sean Penn, als Matthäi: Jack Nicholson), der vor der steigenden Zahl von Sexualdelikten an Kindern warnen sollte. Im Film löst der Kommissar den Fall, im Roman muss er scheitern, weil Dürrenmatt die pädagogische Moral des Filmes entlarven wollte. Friedrich Dürrenmatt beschäftigt sich in weiteren Texten mit dem Problem gesellschaftlicher Moral (z. B. 1956 in der Erzählung DIE PANNE), greift aber erst in den Achtzigerjahren mit JUSTIZ (1985) einen alten Manuskriptanfang wieder auf. »Der Alt-Kantonsrat (Kohler) schaute sich um, schritt dann gegen die Mitte des Speisesaales, wo an einem kleinen Tisch Professor Winter sass, mit einem Tournedos Rossini und einer Flasche Chambertin beschäftigt, zog einen Revolver hervor und schoss das Mitglied des PEN-Clubs nieder, nicht ohne vorher freundschaftlich gegrüsst zu haben (überhaupt spielte sich alles aufs würdigste ab), ging dann gelassen am erstarrten Chef de Service, der ihn wortlos anglotzte, und an verwirrten, zu Tode erschrockenen Kellnerinnen vorbei durch die Drehtüre in den sanften Märzabend hinaus, stieg wieder in den Rolls-Royce, setzte sich zum dösenden Minister, der nichts bemerkt hatte [...]« Dieser eine Satz zielt gleich in die Tiefe des Textes. Die Selbstverständlichkeit des Mordes, die Erkennbarkeit des Täters steht im Widerspruch zum folgenden Geschehen. Nach der Verurteilung zu zwanzig Jahren Zuchthaus lässt Kohler den jungen, mittellosen Rechtsanwalt Spät zu sich kommen. Er soll den Fall neu untersuchen unter der Annahme, Kohler sei nicht der Täter. Damit gerät Spät in einen Zwiespalt, denn er verwechselt die Justiz mit der Gerechtigkeit. Diese Verwechslung besiegelt sein Schicksal. Kohler aber hatte mit offenen Karten gespielt: »Er hatte getötet, um zu beobachten, gemordet, um die Gesetze zu untersuchen, die der menschlichen Gesellschaft zugrunde liegen.«

Wie bereits in JUSTIZ kommt auch in DURCHEINANDERTAL (1989), dieser biblisch-apokalyptischen Groteske in einer alpinen Alptraum-Landschaft, die schweizerische Wirklichkeit stärker zum Ausdruck: »Stand das Kurhaus im Winter leer, sank das Dorf in seine Bedeutungslosigkeit zurück.« In DER AUFTRAG ODER VOM BEOBACHTEN DES BEOBACHTERS DER BEOBACHTER (1986) schliesslich verlegt Friedrich Dürrenmatt den privaten Konflikt mitten in eine arabisch anmutende Umgebung, die in ihrem überschwänglichen Wahn unbeherrschbar scheint. In 24 Sätzen über 130 Seiten hinweg entwickelt der Autor seine Geschichte in einem sprachlichen Sog hin zu einer finalen Panzer- und Raketenschlacht, die nicht nur die realen Objekte hinwegfegt, sondern auch die Mythen und Helden der Alten Welt.

Der Mensch in seiner Krankheit ist zur Katastrophe der Welt geworden. Wenn es je ein gefährliches Ungeziefer auf der Erde gegeben hat, dann den Menschen von heute, der bald der Untergang aller Lebewesen sein wird. Und die daran glauben, dass die Welt in sieben Tagen geschaffen worden ist, die sollen mir einen achten Tag gewähren, damit ich an diesem Tag die Welt rette!
Roger Sattler: HOTEL HIMMEL (1954)

... und die Folgen

Von der Sprachgewalt Dürrenmatts beeindruckt oder von seinem Erfolg verängstigt, gibt es nur wenige Autoren, die in den nächsten zwei Jahrzehnten Kriminalromane schreiben, und meist sind es Einzelveröffentlichungen. Auf der andern Seite halten nun plötzlich auch so genannt »ernsthafte« Autoren den Krimi als Gattung für interessant genug, um sich mit einem Werk in diesem Genre zu betätigen. Im Ganzen muss man jedoch anmerken, dass die Jahre zwischen Dürrenmatt und 1980 zu den schwächeren der Geschichte des Schweizer Kriminalromans gehören. Ich will in der Folge von einigen Einzelwerken sprechen, die uns über die mageren Zeiten retten. Über die andern Werke kann man sich in der chronologischen Bibliographie orientieren.

Den bemerkenswertesten Text der Fünfzigerjahre hat bestimmt Roger Sattler mit HOTEL HIMMEL (1954) geschrieben – über den Autor ist nichts bekannt. Aus einem Luxushotel wird die junge und hübsche Trix Nesa entführt, indem sie mit einem Lift, der geheime Stockwerke bedient, in den Laboratorien des Dr. Stolz im felsigen

Untergrund des Gebäudes verschwindet. Selbstredend deckt der Hoteldirektor die Machenschaften des Arztes. Auch Trix' Freund Jakob Nebel erleidet dasselbe Schicksal. Dieser Dr. Stolz lebt im Wahn, den Menschen von der Krankheit der Zivilisation zu heilen und ihn in den ursprünglichen Zustand der Unschuld zurückzuführen. Deshalb zerstört er in seinen verbrecherischen Experimenten das Gehirn und stellt willenlose Kreaturen her, die ihm bedingungslos gehorchen. Um Trix auf dieses Schicksal vorzubereiten, findet sie in ihrem Gefängnis Dr. Stolz' Werk »Das letzte Buch«. Sie liest in der Begründung seiner verbrecherischen Absichten: »Nur ihr, die ihr in mein Laboratorium gelangt seid, ihr seid die Auserwählten, die zuerst gerettet werden! Ihr werdet bald euren achten Tag erleben! [...] Ihr werdet sein wie das Tier, ohne von einem Sündenfall zu wissen. Ihr werdet nur noch die gesunden Triebe behalten. Durch diese Triebe werdet ihr euch vermehren, durch diese Triebe werdet ihr Hunger haben und Nahrung riechen.« Der gesamte gesellschaftliche Überbau, das Denken, die Beherrschung der Natur durch die Technik, all dieser menschliche Fortschritt wäre zu Ende, und die Welt könnte an sich selber genesen.

Erst als eine Frauenleiche im Abwasserkanal angeschwemmt wird, erwacht das Interesse der Öffentlichkeit. Daniel Hand wird auf den Fall angesetzt, ein Agent des Büro Siebzehn: »Einst zur Abwehr der feindlichen Spionage gebildet, war das Büro Siebzehn langsam zu einer Institution angewachsen, derer sich die Regierung bediente, wenn sie das Land moralisch oder wirtschaftlich in Gefahr sah.« Dass Dr. Stolz auch noch Kontakte zur Sowjetunion unterhält, setzt dem Ganzen die Krone auf. In einem dramatischen und spannenden Showdown befreit Jakob seine Trix. Die willenlosen Kreaturen der Unterwelt lassen ihre Triebe sprechen und fressen in einer gruseligen Szene Dr. Stolz, ihren Schöpfer, auf. Dann fliegt der ganze Unterbau des Hotels in die Luft und begräbt auch den Helden Daniel Hand: »Aber davon vernahm die Welt nichts, so wenig wie die Welt je wusste, dass er gelebt hatte, seine Nummer wurde einfach aus dem Listenbuch des 17. Büros gestrichen.«

1953 erzählt Walter Blickensdorfer in DIE GEJAGTEN eine Geschichte aus der Schweizerischen Idylle: »Wachtmeister Hans Müller sitzt

mit guten Freunden im ›Sternen‹ in Wendlikofen und klopft einen
währschaften Jass. Er steckt mitten in einer Glückssträhne drin.
Seine Brissago triumphiert steil im Mundwinkel und glimmt sieges-
bewusst, während die behaarte Faust Trümpf' und Stöck' und Ass'
auf den Tisch klopft, so dass die Gläser auf dem Tablett lustig klir-
ren und der Wein in der Karaffe fröhlich schwappt und zitternde
rote Reflexe über das gehäuselte Tischtuch tanzen lässt.« Aus dieser
friedfertigen Beschäftigung wird Müller gerissen, als der Gemeindepräsident Friedemann Reichle aus Habligen nach einem Umtrunk
mit seinen Jagdkollegen erschossen in seinem Auto aufgefunden
wird. Müller muss den Fall lösen, weil »sie ausgerechnet noch auf
Stadtboden [...] einen erschossen haben«. Das Ganze entwickelt
sich zu einem Roman um Männerfreund- und -feindschaft, um Mi-
litärkumpanei und missbrauchte Liebe. Allerdings ist es auch eine
klischeebeladene Wachtmeister Studer-Kopie, die in ihrer gewollt
originellen Sprache nicht funktioniert. Dass der Roman mit dem sol-
datisch wertvollen Selbstmord des schuldigen Offiziers endet, setzt
der Glauser-Machart den pathetischen Schlusspunkt.

David Wechslers SPIEL OHNE REGELN (1955) ist ein Liebesro-
man, in dem die Verzweiflung über mangelnde finanzielle Mittel in
verbrecherische Taten mündet. Eine Diebesbande raubt die Villen
reicher Leute aus. Daniel Gerwig, der aus schierer Not in der
Gruppe mitmacht, investiert einen Teil des Geldes in die bedürftige
Prostituierte Ruth, verliebt sich aber gleichzeitig in Claudia, die
Tochter eines Bijoutiers, der bestohlen werden soll. Als die beiden in
Italien sind, wird Claudia schwanger und gleichzeitig ihr Vater bestohlen. Darauf beschliesst sie, das Ungeborene bei einer Engelma-
cherin abzutreiben. Daniel hingegen verrät die Truppe nach dem ersten Todesfall bei einem Einbruch, und er gibt das gestohlene Geld
zurück. So sind nun beide schuldig geworden und können sich nur
in ein neues, gemeinsames Schicksal retten, indem sie einander in einem moralinsauren Happy-End ihre Liebe gestehen. Die »bösen«
Mädchen hingegen gehen wieder einmal leer aus.

Der Höhepunkt des Filmschaffens in dieser Epoche ist bestimmt Es
GESCHAH AM HELLICHTEN TAG (1958) unter der Regie von Ladislao
Vajda nach dem Stoff von Friedrich Dürrenmatt, auch wenn der Au-

tor zum Film meint: »Man hätte ruhig frecher und burlesker sein dürfen. Rühmann ist mir zu bürgerlich, zu wenig von der Idee besessen.« Damit mag er unter anderem den Schluss gemeint haben, den erst der Produzent Lazar Wechsler zwanzig Jahre später in einem Remake nach Dürrenmatts Intentionen korrigiert hat, ein Film, der nie in die deutschsprachigen Kinos gekommen ist.

POLIZISCHT WÄCKERLI (1955, Regie: Kurt Früh, Buch: Kurt Früh, Schaggi Streuli) schildert das Alltagsleben eines Kleinstadtpolizisten, der alle Hände voll zu tun hat, um seine erwachsenen Kinder vor den verderblichen Einflüssen der städtischen Halbwelt zu schützen. Es ist ein Heimatfilm mit kriminalistischen Elementen.

Daneben gibt es Karl Suters DER HERR MIT DER SCHWARZEN MELONE (1960), eine Krimiparodie mit dem Volksschauspieler Walter Roderer. Der mimt einen biederen Bankangestellten, der in die Fänge von Hochfinanz, Atommafia und Geheimdiensten gerät und der dennoch sein Gewissen sprechen lässt, nachdem er seine Liebste für sich gewonnen hat.

Heinrich Gretler kommt in DIE GEJAGTEN (1960/61, Regie: Max Michel, nach dem gleichnamigen Roman von Walter Blickensdorfer) als Kriminalwachtmeister Müller noch einmal zu Ehren und ermittelt in der reichlich überzogenen Geschichte, die heute problemlos als Parodie durchginge.

Nicht vergessen aber sollte man den Einfluss internationaler Produktionen, die nun, zu Beginn des Fernsehzeitalters, immer häufiger über die Bildschirme flimmerten. Die wichtigsten Strassenfeger lieferte wohl Francis Durbridge mit seiner Paul Temple-Serie, die den einen oder andern Krimautor wenn nicht beeinflusst, so doch zum Schreiben animiert haben könnte.

Einer von Durbridges Drehbuchschreibern war Paul Townend. Den Engländer verschlug es 1952 an den Sarnersee, wo er zum Hotelier wurde und bis heute wohnhaft ist. In der Winterzeit, wenn es im Hotel nur wenig zu tun gab, schrieb er die oben erwähnten Drehbücher, fünf an der Zahl, und vier Kriminalromane. 1957 gibt es einen Einschnitt in Townends Leben: Der italienische Bergsteiger Stefano Longhi stirbt in der Eigernordwand und bleibt zwei Jahre lang am Seil hängen, bevor er geborgen werden kann. Townend schaut sich die Sache selbst an, sie inspiriert ihn zu einem Roman, der sowohl Bergdrama, Hotelroman mit Liebesgeschichte als auch Medienschelte ist: THE MAN ON THE END OF THE ROPE (1960; deutsch 2001: EIGERJAGD). Der skrupellose Newsreporter Paddy Chipperfield sieht zufälligerweise den Playboy-Baron Wendelin Mandoza in die Eigernordwand einsteigen und inszeniert ein mediales Feuerwerk, das vor allem ihn selber berühmt machen soll. Mit einem Flugzeug geht er so nah an die Bergsteiger ran, dass die Turbulenzen einen Eisblock lösen, der den Baron verletzt. Während der nächsten Tage ergibt sich ein stets erbärmlicheres Schauspiel, das den Reporter in schiefem Licht erscheinen lässt. Am Schluss aber stirbt Chipperfield bei einer waghalsigen Rettungsaktion mit einem Helikopter: Er stürzt mehr als tausend Meter in die Tiefe und zerschellt als tragischer Held am Fusse des Berges, der ihm Erfolg und Geld einbringen sollte. Oben aber geht das Drama weiter: »Der Mann war immer noch dort, obschon man ihn von blossem Auge nicht erkennen konnte. Für alle, deren Appetit noch nicht voll gestillt war, war er durch das Fernrohr sichtbar, sein Körper vom Winde zerzaust, von der Sonne verbrannt und gebleicht, zum Teil bis auf die Knochen von Vögeln angefressen, den Elementen ausgeliefert, und ihnen dennoch nicht erlegen: ein grauenvolles Mahnmal menschlicher Torheit, Kühnheit und Gier.«

Paul Townends erster Krimi DIED O'WEDNESDAY (1959) spielt ebenfalls in den Schweizer Alpen und im Tessin, ist aber nicht auf Deutsch übersetzt.

Von 1955 bis 1963 publizierte die Büchergilde Gutenberg in Zürich im Taschenbuchformat die »Sphinx«-Reihe mit 26 Ausgaben. In ihr sind wichtige internationale Vertreter der Kriminal- und Abenteuerliteratur vertreten, hauptsächlich aus dem angelsächsischen und französischsprachigen Raum. Aus der Schweiz mit dabei sind Friedrich Glauser (DER CHINESE; WACHTMEISTER STUDER GREIFT EIN – das ist KROCK & CO./DIE SPEICHE unter anderem Titel), Hans Räber (DER TOD TRÄGT HANDSCHUHE) und als Übersetzerin Ursula von Wiese (siehe Renate Welling).

Am Übergang der Fünfziger- zu den Sechzigerjahren finden wir Frank Arnau in seiner schöpferischsten Phase (siehe zweites Kapitel). Neben Einzelwerken bietet dieses Jahrzehnt auch den Serienschreiber J. H. Scheideler und den Einstieg bekannter Autoren wie Walter Vogt, Walter Matthias Diggelmann (siehe das erste Kapitel) und Adolf Muschg in den Kriminalroman.

Kurt A. Mühlemann behauptet, in DER PROZESS RUDENZ (1962) authentische Geschehnisse aus dem Zweiten Weltkrieg aufgegriffen und daraus einen Geschichtskrimi gemacht zu haben. Ein Oberstufenschüler wird wegen der Auflehnung gegen seinen ungerechten Lehrer als Verdingkind zu einem noch bösartigeren Bauern geschickt und dort als Unschuldiger in ein Tötungsdelikt verwickelt. Um einer weiteren ungerechten Strafe zu entgehen, flieht er nach Deutschland, meldet sich zur Waffen-SS, desertiert auf »Befehl« seines Vorgesetzten, kehrt in die Schweiz zurück, wird verhaftet. Dies führt zum Prozess und zum erwartbaren Happy-End, da die Sympathien des Autors für seine Hauptfigur überdeutlich zu Trage treten.

In Emilio Geilers ECHTES FALSCHGELD (1964) kommen altbekannte Motive neu zum Tragen. In einer Tessiner Geldfälscherwerkstatt werden fast perfekte Hunderternoten hergestellt, die nur deswegen auffallen, weil sie bereits vorhandene Geldscheinnummern wiederholen. Detektivkorporal Burg ermittelt und findet ein Unterwasserversteck, in dem das wertvolle Gut gehortet wird.

J. H. (Harro Julius Cäsar) Scheideler, ein nicht zu Unrecht völlig unbekannter Autor, ist der Verfasser einer Schweizer Jerry Cotton-Kopie um Kommissar Guido Bertschi aus Zürich. Ein ebenso unbekannter Telstar-Verlag hat eine nicht bekannte Anzahl der Serie im Taschenbuchformat herausgegeben. Wer Freude an verunglückten Formulierungen und schiefen Sprachbildern hat, ist mit diesen Texten gut bedient: Der Riese »stand erstaunt da, wie ein Baby, das begreift, dass Weihnachten vorbei ist«.

Der aus Wuppertal gebürtige Paul Pörtner (Ehemann der Autorin und Übersetzerin Marlis Pörtner, Vater von Milena Moser und Stephan Pörtner) schrieb in den Sechzigerjahren, als er mit seiner Familie in Zumikon wohnte, das Krimi-Theaterstück SCHERENSCHNITT. Pörtner, beeinflusst von Dadaismus und Surrealismus, war eine bekannte Figur im Bereich des experimentellen Theaters und Hörspiels. In SCHERENSCHNITT begegnen sich zwei Kunden und zwei Coiffeure in einem Friseursalon. Zwischen die belanglosen Gespräche platzt ein Schrei aus einem oberen Stockwerk: Ein Mord ist geschehen. Ein Inspektor und sein Assistent ermitteln und verlangen von den Anwesenden, dass jeder wiederholt, was er in den letzten Minuten getan hat. Nun wird das Stück zum Mitspieltheater, denn das Publikum wird aufgefordert, die Schauspieler zu kritisieren, wenn sie Änderungen am Verlauf vornehmen. So entsteht ein interaktives Theaterstück, das immer wieder aktuellen Gegebenheiten angepasst werden kann. Das Stück fordert denn auch den Schauspielern alles ab in Bezug auf Schlagfertigkeit und Improvisationsvermögen. Paul Pörtner ist mit SCHERENSCHNITT, das auch im deutschen Sprachraum oft aufgeführt wurde, vor allem in den USA ein durchschlagender Erfolg gelungen: Die englische Version SHEAR MADNESS gilt als erfolgreichste Theaterproduktion in den Vereinigten Staaten, wo sie zum Beispiel in Boston seit über zwanzig Jahren auf dem Spielplan steht.

»Herr Beno von Stürler, einer aus der Nebenlinie, die das Geld und folglich das Stammschloss hatte, stand auf der Terrasse von Schloss Bluemisberg und blickte über das Gürbetal. Das Ewiggleiche der rundgeschliffenen bewaldeten Moränenköpfe beeindruckte ihn.« So steigt Walter Vogt 1967 mit MELANCHOLIE. DIE ERLEBNISSE DES AMATEUR-KRIMINALISTEN BENO VON STÜRLER in die Welt des Krimis ein. Die Hauptfigur ist ein Privatier ohne Lebenszweck, der in der bernischen Provinz residiert und aus Langeweile so nebenbei ein paar Morde aufklärt.

Satirische Elemente prägen auch SCHIZOGORSK (1977). Der Roman spielt im Schwarzenburgerland und im Freiburger Hinterland, wo sich in Zwiespältigen (Code-Name: Schizogorsk) und Umgebung eine bewaffnete Bürgerwehr gegen die Pläne von Militär und Energiewirtschaft wendet und ihr Gebiet von der Aussenwelt abriegelt. Bald entsteht das Gerücht, die Schizogorsker hätten eine Atombombe in ihrem Besitz. Oberst Berger von der Schweizer Armee träumt von einem kleinen Krieg und der Überwältigung der Zwiespältiger. Der Ich-Erzähler begleitet den Obersten in der falschen Uniform eines Sanitätsmajors und übernimmt als psychiatrischer Beobachter die Funktion des Detektivs, in der er bei der Beendigung der Affäre eine entscheidende Rolle spielt. »Ich weiss, dass ich mit meinen Patienten in der Sprechstunde keinen Whisky trinken sollte, überhaupt keinen Alkohol«, steht am Anfang der Geschichte, in der die Praxis im Haus von Walter Vogt geschildert wird, ein klarer Verweis auf seine bürgerlich-brüchige Existenz als Psychiater.

Adolf Muschgs Beitrag zum Schweizer Kriminalroman besteht aus zwei Büchern. MITGESPIELT (1969) entstand als Projekt aus einer Schulklasse heraus, Thema: Ermordung eines Deutschlehrers. Jahre später schrieb Muschg die nicht ausgeführte Idee in eigener Regie weiter. »Schliesslich lag es am Tage, dass die Frage nach dem Täter im Rahmen der Kriminalgeschichte nicht einmal mehr zu stellen war, und eine scharfe Ansicht oder wenigstens eine offene Perspektive hätten uns weiter geholfen als ein toter Deutschlehrer.« Dennoch: Dr. Hämmerli plant angeblich die Ermordung seines Schülers Andreas. Auf die Klassenreise geht er nicht mit, er täuscht Krankheit vor (das ist auch sein Alibi). Es wird nun suggeriert, dass er der Klasse heimlich nachgereist sei. Zwei Schüler planen ein Duell auf dem Brückengeländer über die Salgina, einer davon ist Andreas. Dort soll ihn Hämmerli hinunter gestossen haben. Andreas ist wirklich verschwunden, hat einen Velounfall inszeniert, ein Leichnam wird nicht gefunden. So gerät Hämmerli in Verdacht, seine privaten Tätigkeiten werden durchleuchtet, er wird an den Pranger der bürgerlichen Selbstgerechtigkeit gestellt und stirbt letztlich an einem Sonnenstich. Andreas aber, der seine Rache gehabt hat, taucht wieder auf. Er hat seinen Velounfall selbst inszeniert und ist bei Bauern untergekommen.

ALBISSERS GRUND (1974) zeigt das Dilemma eines enttäuschten Achtundsechzigers. Der Gymnasiallehrer Dr. Peter Albisser, ein fortschrittlicher Lehrer und politisch links, schiesst auf Constantin Zerutt, einen 60-jährigen Ausländer, den er als Freund und an Stelle eines Psychiaters missbraucht. Albisser rutscht auf der gesellschaftlichen Leiter steil nach unten, wird entlassen, gerät als Dienstverweigerer ins Gefängnis und wird von seinen vermeintlichen Freunden ausgenützt. Schliesslich endet er als glücklicher Spiesser mit einer konservativen Lebenslüge, während Zerutt aus der Schweiz ausgewiesen wird und an dieser Verstossung genest, indem er die Kugel, die ihm nach wie vor in der Lunge steckt, ausspuckt.

Adolf Muschg hat in diesen Roman alles hineingesteckt, was an politisch aktuellen Themen die Jahre um 1970 herum geprägt hat. In diesem Sinne ist er mit Walter Vogt vergleichbar. Bei beiden Autoren spürt man die Verstörung der bürgerlichen Existenz durch eine radikale Jugendbewegung, die alles in Frage stellt, was gesellschaftliche Akzeptanz bisher ausgemacht hat: Armee, Schule, Sexualität, Politik. Der organisierten Behäbigkeit und der Gewalt, mit der diese Gesellschaft auf alles reagiert, was sie in Frage stellt, kann nur mit parodistischen und satirischen Elementen begegnet werden. Dies prägt denn auch das literarische Werk, weniger die kriminalistische Struktur der Texte.

Auch in den Siebzigerjahren wird keine eindeutige Tendenz sichtbar. Wir befinden uns in einer Übergangsphase, in der ältere Muster verschwinden und Neues noch nicht klar erkennbar ist. Es scheint wie eine Verschnaufpause, ein Durchatmen vor dem Sturmlauf, der nachher beginnt, eine Besinnung auf die Vorbilder aus dem In- und Ausland, ein Kraftschöpfen. Ein paar Sternschnuppen verglühen, kaum sind sie aufgetaucht.

In diesem Jahrzehnt geht der Stern von Max Morell endgültig unter, der Ausflug der »ernsthaften« Literatur in die »Niederungen« des Kriminalromans geht zu Ende. Neu und bemerkenswert sind vier Tendenzen: Erstens wird Basel mit Robert Dexter, Hans Heusser, Georg Felix und Marcus P. Nester zu einer aktiven Krimistadt. Zweitens verlagert sich der Kriminalroman aus den Städten in die Peripherie. Drittens nimmt die persönliche Erfahrung einen immer grösseren Raum ein. Viertens gibt es erste Versuche von schweizerdeutschen Texten.

1970 bringt KNEUSS von Beat Brechbühl das Verbrechen an den Murtensee. Basil Kneuss, ein Träumer und Querulant, schnauzbärtig und unkonventionell, verhilft seinem Autor dank seiner humoristischen Ader zu einem Überraschungserfolg. Der Schelmenroman mit kriminalistischem Flair beschreibt einen Lebenskünstler, der in fast jeder Stadt eine Freundin hat und sein Haus nicht ohne seinen Koffer namens Klemens verlässt. Dieser Kneuss erfindet einen Elektrorevolver, der in einer Art materiellem Racheakt Kneuss' grössten Widersacher und Drangsalierer, seinen reichen ehemaligen Schulfreund

Eugen Schnaffelmann, zur Strecke bringt. Brechbühls KNEUSS war derart erfolgreich, weil er die Gesellschaftskritik, die in den Jahren zuvor mehrheitlich bieder und schwerfällig daherkam, in einer humorvollen und auch sprachlich respektlosen Art und Weise darbot, mit der sich viele Leute identifizieren konnten. »Da schellte es. Ich öffnete die Tür. Die 2 Kriminaler waren tüchtig: sie schoben den Beschriebenen vor sich her. Es war ein Buchbinder aus dem Städtchen [...] und er sammle eben schöne, und vor allem filierte Lederbände, und so habe er einfach: ssst, machte er mit der Hand. [...] Ich muss sagen, die Herren beherrschten ihr Handwerk nicht schlecht. Und verdammt gründlich waren sie: meinen Koffer hatten sie mitgenommen.«

John W. Denzler liefert 1979 einen ebenso ironischen Roman über die schweizerische Befindlichkeit Mitte der Siebzigerjahre mit einem aufschlussreichen Fussnotenkommentar, den Bericht eines Ich-Erzählers, Post-Angestellter, der die Einführung neuer Hundert-Franken-Banknoten zum Anlass nimmt, kreativ tätig zu werden. Das »Unternehmen Dritte Säule« (sinngemäss: private Vorsorgeeinrichtung neben den beiden staatlich-obligatorischen Säulen Altersrente und Pensionskasse) plant mit der Akribie eines militaristischen Bürokraten die Herstellung und Verteilung von Banknoten und reiht sich damit in das beliebte Thema der Geldfälscherromane ein.

In Basel machen sich ein paar Herren ans Werk, um die Welt, die aus den Fugen geraten ist, wieder in Ordnung zu bringen. Bei Robert Dexter in EINE STADT HAT ANGST (1971) stürmt eine wild gewordene Lokomotive ohne ersichtlichen Grund von Basel über Mulhouse und Freiburg wieder zurück und dreht ihre Runden, während jemand aus einem Lagerhaus Opium, Morphium und Strychnin stiehlt. Ein »Ring der chemischen Träume« droht, das Trinkwasser der Stadt Basel zu vergiften. Nachdem ein Drogenfahnder, Kriminalinspektor Grasset (»einer der tüchtigsten Polizeikommissare der Schweiz«), und sein Gast, Hugo Stark (»die graue Eminenz des schweizerischen Nachrichtendienstes«) überfallen werden, hilft im witzigen, aber letztlich absurden Plot nur noch der Einsatz eines Wünschelrutengängers. »Aber weder über einem Hemd noch über einer Unterhose Kahlsteins geruht die Rute auszuschlagen.«

Deutlich substanzieller geht es in den Krimis von Marcus P. Nester zu. Mit Clemens Klopfenstein schrieb er 1978 DIE MIGROS-

ERPRESSUNG. Ge. und M. werden von Nachrichten über einen SBB-Erpresser (Schweizerische Bundesbahn) auf die Idee gebracht, ihrem Arbeitslosenalltag zu entfliehen und einen Lebensmittelgrosshändler zu bedrohen. Der Ablauf des Geschehens, die Furcht vor der Verhaftung und die Ängste nach dem geglückten Coup werden von den beiden Ich-Erzählern in Tagebüchern dokumentiert und ergeben so – ausgehend vom Autorengespann – eine doppelte Perspektive. Das Buch schildert die kriminellen Machenschaften dermassen genau, dass man mit Fug und Recht von einem Kriminalroman sprechen kann, der zu erfolgreich war. Nachdem die MIGROS (der grösste Detailhändler der Schweiz) vier Mal nach der im Buch beschriebenen Methode erpresst worden war, reagierte der damalige Konzernchef. Er liess den Krimi vom Markt nehmen und verhinderte weitere Auflagen. Marcus P. Nester schrieb 1982, wohl unter dem Eindruck der Chemiekatastrophe von Seveso 1976, auch DAS LEISE GIFT, in dem es um einen Unfall in der chemischen Industrie geht, der eine Grossstadt bedroht (das Buch wurde auch erfolgreich verfilmt).

Während Hans Heusser in JOHNNY DALE mit der grossen Kelle anrührt und uns nach New York mit der Welt der Mafia und der Mörder Inc. entführt, beschreibt Georg Felix in seinen beiden Krimis das heimatliche Basel mit dem notwendigen Lokalkolorit.

Etwas Ähnliches macht Heinrich Huber in Schaffhausen. Interessant ist, dass er statt eines Detektivs die Figur des Verhörrichters Dr. Onophrius Meyer ins Zentrum stellt, was allerdings dazu führt, dass der gebildete Autor zu viele Details aus seinem wirklichen Leben in die Romane einfliessen lässt: Man wird zugeschüttet mit Rapporten, Fragestellungen, Berichten, Presseerklärungen usw. Bestimmt werden diese Texte in späteren Jahren bei der Aufarbeitung der schweizerischen Gerichtsbarkeit eine wichtige Rolle spielen können, aber für den heutigen Leser kommen sie zu gesperrt und schwerfällig daher. Empfehlenswert wäre vielleicht DAS BLAUE LICHT, ein Krimi, der zwischen Klettgau und Rafzerfeld im schweizerisch-deutschen Grossraum spielt und damit eine Region auswählt, die bereits in früheren Texten als Schauplatz krimineller Handlungen diente.

Ende der Siebzigerjahre beginnt auch Fritz Kobi seine Krimiautorenkarriere mit der Serie um den Berner Kommissär Wildbolz, der »durch alle möglichen homosexuellen Kreise und Saunen schnüffeln« muss, bis er die Übeltäter findet. KRIEG DER SCHWESTERN und ZURÜCK ZUR LUST sind denn auch zwei der durchaus sinnigen und stimmigen Titel des Autors, der nach wie vor die Schweiz mit seinen originellen Plots bereichert.

Auch Viktor Schobinger ist seit dieser Zeit tätig, und zwar mit zürichdeutschen Krimis um den »polizei-lütnant Häiri Ääschme, scheff vo de gruppe gwalt-verbräche«, der nun bereits in gegen zwanzig, beinahe jährlich erscheinenden Romanen gegen die Verbrecherwelt kämpft und seinen spitzen Dialekt als tödliche Waffe einsetzt.

Von Mitte der Siebziger- bis Ende der Achtzigerjahre war Armin Och tätig. Beeinflusst von Leuten wie John Le Carré und Eric Ambler, beide zeitweise auch in der Schweiz wohnhaft, installierte er mit dem Spionageroman eine Gattung in unserem Land, die bisher eher ein Schattendasein geführt hatte, aber später bereichert wird durch die Romane von Peter Zeindler oder Liaty Pisani.

Armin Och beschäftigt ein ungleiches Personal, das in vielen (aber nicht allen) Texten vorkommt: Da ist einmal Oskar Weiss, seit Jahren Chef der Schweizerischen Bundespolizei, der im Hintergrund die Fäden in der Hand hält. Sein Untergebener, Dominik Vonderau, ist von der Zürcher Kriminalpolizei zur Truppe gestossen und seither für die kniffligen Fälle zuständig. Vera Langova, später Lang, dann Schneider, geflüchtet aus der Tschechoslowakei, wird schliesslich Vonderaus Mitarbeiterin. Und dann ist da noch Leonid Tawarsow, Leiter der Aussenstelle des sowjetischen Geheimdienstes in Wien, »der übergewichtige Russe mit der weissen Stoppelfrisur«. ZÜRICH PARADEPLATZ (1976) mag als Beispiel dienen für ein Genre, das mit dem Zusammenbruch der Sowjetunion Schwierigkeiten hatte, seine Existenzberechtigung zu untermauern oder neue Themen zu generieren. Hier finden wir uns mitten im Kalten Krieg wieder, in einem Wien, in dem sich die verschiedenen Geheimdienste gegenseitig belauern und wo der eine dem andern immer einen Schritt voraus sein will. Die Zeitgeschichte hat den Roman dermassen überholt, dass er in seiner Detailgenauigkeit beinahe schon dokumentarischen Charakter aufweist und man ihn aus diesem Grund gerne wieder liest. In Wien sollen die Pläne für einen in der Raumfahrt verwendeten Supra-Leiter kopiert und einem Erpresser übergeben werden. Die Spur führt laut dem Code »Zürich Paradeplatz« in die Schweiz. Hier testet die Armee eine neuartige Bombe, die sie aber nicht unter Kontrolle bringt und die einen Chemiker zermalmt. Vera hält die Fäden in der Hand, wird aber auf Schritt und Tritt beobachtet. Der Bundespolizist greift ein, legt sich mit der CIA an und lässt den amerikanischen Agenten aus der Schweiz ausweisen. Im Verlauf der Ermittlungen verliebt sich Vonderau in Vera, die inzwischen den Schweizer Pass erhalten hat. Sie wird aber hinter seinem Rücken verhaftet und aus dem Verkehr gezogen. So haben wir zwar die internationale Spionageaffäre unter Kontrolle, nicht aber Vonderaus Depressionen. Zum Glück gibt ihm der Autor seine Vera in den späteren Büchern zurück.

Über den Film lässt sich in diesen Jahren nur wenig berichten. Einzig Kurt Frühs DER FALL (1972) fällt als eigenständig auf. Er spielt zwischen Altbauwohnungen und neuen Mietskasernen und dem atmosphärischsten Umfeld, dem Sechstagerennen im Hallenstadion Zürich. Ein verbitterter ehemaliger Polizeibeamter will einer jungen Frau helfen, die eine nicht eingestandene Affäre mit einem Unternehmer hat. Der Polizist wird schliesslich zum Erpresser, um das nötige Kleingeld zu erwirtschaften, das ihm ein Leben mit dem Mädchen in einem andern Land ermöglichen soll. Am Schluss wird er überfallen und seines ganzen Geldes beraubt, denn er hat auch sein Erspartes investiert. Der Film erzeugt trotz des etwas unglaubwürdigen Plots Sympathie mit dem totalen Verlierer, auch wenn dieser einer vorhersehbaren Illusion zum Opfer fällt.

Im Übrigen wirken auch in der Schweiz die in diesen Jahren sehr erfolgreichen Serienkrimis am deutschen Fernsehen, allen voran DER KOMMISSAR mit Erik Ode (von 1968 bis 1975), dann aber auch DERRICK (1974–1998) mit Horst Tappert oder DER ALTE (seit 1976), in seiner frühen Zeit mit Siegfried Lowitz. Wie sich die begrenzte Anzahl der an einer Handlung beteiligten Personen auf den Kriminalroman auswirkte, wäre noch umfassender zu untersuchen. Sicher ist: Die Zuschauererwartung und der eingeschränkte Rahmen in Bezug auf Personen, Umgebung und Plot können in der ersten Generation, die mit dem Fernsehen aufgewachsen ist, nicht folgenlos geblieben sein.

Meinen ersten Mord beging ich mit dreizehn. Es war so ein Tag, an dem mir der Himmel auf den Kopf fiel. Das passierte mir immer wieder, regelmässig. Nicht gerade Mord, natürlich, aber Tage, an denen ich morgens als erstes aus dem Bett fiel und mir den Fuss verstauchte, meine Lieblingsbluse nicht fand, dafür einen neuen Pickel entdeckte, mit meiner Mutter stritt und mit dem Kamm in meinen Haaren hängenblieb. Ich schien das geradezu anzuziehen. Dabei hatte ich an diesem speziellen Morgen nicht unbedingt vor, einen Mord zu begehen. Milena Moser: GEBROCHENE HERZEN ODER MEIN ERSTER BIS ELFTER MORD (1990)

Der grosse Aufbruch

Seit dem Beginn der Achtzigerjahre ist von einem Boom der Kriminalliteratur zu sprechen, der nicht nur ungebrochen anhält, sondern sich zu einem eigentlichen Flächenbrand ausgeweitet hat. Deshalb ist es in diesem Text nicht möglich, all diese Schriftsteller ihrer Bedeutung gemäss zu würdigen. Ich habe den Vorfahren der heutigen Szene einfach auch deswegen mehr Platz eingeräumt, weil die meisten ihrer Bücher vergriffen und oft nur im Lesesaal der Schweizerischen Landesbibliothek einzusehen sind. Die in der Folge erwähnten Autorinnen und Autoren sind jedoch mit vielen Werken am Markt nach wie vor präsent.

In der Übersicht über die letzten gut zwanzig Jahre zeichne ich Entwicklungslinien, die sich über längere Zeit hinweg beobachten lassen. Die wichtigsten dieser Traditionen sind: der Regionalkrimi mit einer starken Detektivfigur, oft deutlich auf Glauser und Dürrenmatt bezogen; der Agentenroman und Spionagethriller; der Frauenkrimi in all seinen Schattierungen; der Roman noir nach französischem und der Actionthriller nach amerikanischem Vorbild; der schweizerdeutsch geschriebene Krimi. Zusätzlich gibt es selbstverständlich eine Anzahl von Texten, die neben diesen Kategorien anzusiedeln sind, häufig Ausbrüche von Autoren der schöngeistigen Literatur in das befreiende Genre des Kriminalromans. Die meisten Kolleginnen und Kollegen haben mir mitgeteilt, welches Buch sie für ihr typischstes halten oder bevorzugen. Sie werden deswegen mit diesem Werk charakterisiert.

»Regionalkrimi« hat sich als Begriff eingebürgert, wird aber oft missbräuchlich verwendet und mit dem Klischeebegriff »Heimat« verwechselt, der das Genre abgrenzen soll vom so genannt Weltläufigen des in Grossstädten angesiedelten Thrillers oder des Helden, der keine Herkunft kennt. Beide Kategorien haben ihre Stärken, aber auch ihre Schwächen, der letztere das Unverbindliche, vermeintlich Grosse, der erstere das Provinzielle und Einengende, das oft zu wenig darauf vertraut, dass Präzision und Detailtreue die Grundsubstanzen für Literatur sind, die eine überregionale Tiefenschärfe erreicht.

Der Regionalkrimi definiert sich durch ein genaues Schauen auf das Leben im Kleinen, ja auch im Kleinräumigen, auf eine Region eben. Er siedelt sich an zwischen der Literatur eines Jeremias Gotthelf und der Detektivfigur des Wachtmeister Studer. Der Ermittler ist denn meist auch dominant und tritt oft als Serienfigur auf. In seiner schwächeren Variante ist der Regionalkrimi ein Heimatroman mit Todesfolge, in seiner stärkeren zeigt er auf, wie mit der Genauigkeit der Darstellung Atmosphäre geschaffen wird. Die Wiedererkennbarkeit einer Gegend dient in jedem Fall dem Genuss der Leser und hilft dem Krimi, sein Publikum zu finden.

Alexander Heimann (1937–2003) debütierte 1980 mit Lisi, einem anarchischen Thriller um einen alternden Mann, der sich von einer jungen Frau zu wilden Eskapaden verführen lässt. Einsamkeit war eines seiner Themen, den Leuten aufs Maul schauen und ihnen Lebensentwürfe für ein Alter geben, das durch Heimanns plötzliche Krankheit für ihn selber unerfüllt geblieben ist. Er hat zwei Mal den Deutschen Krimipreis gewonnen und in Bern gelebt. Sein typischster Roman heisst Die Glätterin (1982). Wir werden in die Zeit Ende der Vierzigerjahre zurückkatapultiert und erwachen in einer vermeintlichen Landidylle, die jäh durch einen Mord entlarvt wird: Der geistig behinderte Bub Köbi zwingt die Aushilfsserviertochter Erika Sollberger zu einem Kuss. Eine schwarze Gestalt kommt im Wald auf die junge Frau zu und tötet sie. So einfach geht das in einer Gegend, die von Stündelern (Anhänger von strenggläubigen Freikirchen und Sekten) nur so wimmelt. Schnell fällt man im Wirtshaus denn auch über die Ermordete her: »›Sollbergers Erika‹, wiederholte er, ›seit sie keine Zöpfe mehr hat, weiss sie nicht mehr, wie dumm sie tun soll.‹ – ›Neumodisches Zeug‹, meinte ein anderer. ›Wenn unser

Gritli so ungeschämt herumlaufen würde, nähme ich sie übers Knie.‹« Mit wenigen Sätzen – oft mit Dialektausdrücken versetzt – erzeugt der selbst eher wortkarge Alexander Heimann schnell eine bedrohliche Atmosphäre, in der die Schuld auf das Opfer zurückfällt. Keiner erinnert sich gern daran, wie die Honoratioren des Dorfes vor kurzem noch bei einer Sauferei Erikas Kleider versteigerten, bis das Mädchen nackt war.

Wachtmeister Ernst Stucki von der Kantonspolizei Thun soll den Fall erhellen, unterstützt durch die Lehrerin, die ebenfalls Ziel eines Anschlags wird, der durch Köbi verhindert wird. Die Glätterin, eine bigotte Frau, taucht in den entscheidenden Momenten immer wieder auf, wie die personifizierte Strafe Gottes. Schliesslich will die Mörderin selber ihrem Gott ein Opfer sein. Sie wartet auf dem offenen Feld während eines Gewitters darauf, vom Blitz erschlagen zu werden. In Heimanns Romanen finden wir den Regionalkrimi idealtypisch geformt, die Präzision liegt in der atmosphärischen Dichte des Texts:»Unterdessen trottete Köbi von der Säge ohne Eile an Bauernhäusern und Miststöcken vorbei. Weiter hinten stolzierte Erika einher. Hunde bellten, hinter einer in den letzten Sonnenstrahlen blinkenden Fensterscheibe bewegte sich der weisse Vorhang. Im Augenblick befand sich ausser Erika und Köbi kein Mensch auf der Strasse, trotzdem wusste man später genau zu sagen, wann die beiden vorbeigekommen waren.«

Das Bernbiet scheint sich als Landschaft für den Kriminalroman besonders zu eignen, denn neben Glauser und Dürrenmatt schreiben auch einige andere Autoren aus dieser oder über diese Region. Sam Jaun (lebt in Bern und Berlin) wurde 1983 auf Anhieb bekannt mit DER WEG ZUM GLASBRUNNEN. Seine Romane zeigen die Abgründe der beschaulichen Provinz, die sich hinter mehrheitsfähigen Meinungen und vermeintlich guten Sitten versteckt. Diese Schilderungen trugen ihm einen Deutschen Krimipreis und zwei »Glauser« ein. Sein Detektiv heisst Peter Keller, ist Sozialdemokrat und Kunstmaler, Offizier und Kampfsportler, vereinigt also alle Facetten des schweizerischen Mannes in einer Person. Er stammt aus Schwant, »dem Dorf am falschen Ende des Emmentals«, und entlarvt normalerweise ebenso gutschweizerische Übeltäter. In seinem jüngsten Roman jedoch, DIE ZEIT HAT KEIN RAD (2004), fährt er nach Berlin. Er hat seinem Patenkind Elisabeth, dessen Eltern bei einem Flugzeugabsturz im Pazifik gestorben sind, den Aufbau einer Schauspielkarriere in der deutschen Hauptstadt ermöglicht. Liska Lettner nennt sie sich, und es gelingt ihr noch, ihren Paten zu verblüffen: »Einen Hexenring aus Pilzen! Als ich sechzehn war, habe ich in der Johannisnacht einen um das Totenmal meiner Grossmutter auf dem Friedhof in Höschberg gelegt und im Nachthemd auf ihrem Grab getanzt. Grossvater hat mich erwischt und geohrfeigt.« Eine erfundene Geschichte, wie sich herausstellt, aber das ist nun nicht mehr wichtig, denn Elisabeth ist tot. »In Berlin habe ich Liska gesehen, bevor sie den Sarg zumachten. Sie hatte kein richtiges Gesicht mehr.« Sie hat sich, erst zweiundzwanzigjährig, vor den Zug geworfen. Keller fühlt sich mitschuldig und fährt nach Berlin, um die Gründe für Liskas Tod herauszufinden. Berührend wirkt, wie der alternde Mann sich langsam in die Wohnung der jungen Frau einfühlt: »Die Vorstellung, dass er auf dem Laken geschlafen hatte, auf dem sie geschwitzt und geliebt hatte, erregte ihn, und zugleich ekelte ihn vor sich selbst.«

Roger Keller, Peters älterer Bruder und Kommissär der Berner Kantonspolizei, und der Berliner Hauptkommissar Mahler unterstützen Keller bei der Suche nach der Wahrheit. Er erhält mit einem anonymen Schreiben eine Videokassette, auf der Liska zu sehen sein soll, wie sie in einem Porno auftritt. »Die Person auf dem Band war nicht zu erkennen. Sie trug eine schwarze Katzenmaske, die ihr Gesicht vollkommen verbarg, und weisse Handschuhe.« Berlin bietet als Ansammlung von Provinz in der Grossstadt genügend Lokalkolorit für den Regionalkrimi. Kneipenszenen, Künstlerpartys sowie Essen und Trinken, die Lüste des Alters, spielen eine bedeutende Rolle auf dem Weg zur Wahrheit. Und wenn man den Namen »Schlotterbeck« aus dem Mund des Autors hört, der in seiner unnachahmlich rauen Art den eigenen Text vorliest, dann ist die Welt trotz aller Bösewichte schon beinahe wieder in Ordnung. Mehr sei über den Roman, bei dem dann doch alles ganz anders herauskommt, als man zunächst vermutet, nicht verraten.

Eine besondere Rolle spielt seit 1987 der orte-Verlag unter der Leitung von Werner Bucher. In seiner Krimireihe haben viele Autorinnen und Autoren debütiert, manche mit einem Einzelwerk, andere mit einer Serie von Krimis. Jon Durschei hat mit seinem Pater Ambrosius den Prototypen eines Serienhelden geschaffen. Der Benediktiner lernt bei seinen Ermittlungen die ganze Welt der Ostschweiz kennen. Vom Bündnerland verschlägt es ihn im Laufe der Jahre in die Kantone am Bodensee, nach Luzern, an den Walensee oder zum MORD IM ZÜRCHER OBERLAND (1995). Auf der Stralegg trifft er sich im »Alpenrösli« mit seinem Freund Georges Emmenegger; die beiden wollen dort einen Kriminalroman schreiben. Unter den Besuchern des kleinen Hotels befinden sich auch einige Stammgäste, die in einen doppelten Mordfall verwickelt werden. Beschauliche Wirtshausgespräche, genaue Schilderungen der Atmosphäre, exakte Beschreibung der Örtlichkeiten und der helvetischen Normalität nehmen einen grösseren Umfang ein als der eigentliche Kriminalfall: »Bereits gestern abend, am selben Tisch mit Georges, war ihm aufgegangen, dass er in der Schweiz noch nie eine so stimmige Gaststube angetroffen hatte. Alles war intakt, alles passte hierher: der saubere, wohl täglich früh am Morgen gebohnerte Holzboden, die drei alten, langen Holztische und der kleinere, an dem er jetzt auf Georges wartete, die gemütlichen Sitzbänke, die Stühle aus Grossvaters Zeiten, die doppelten, von hübschen Vorhängen geschmückten und durch Sprossen zusätzlich verkleinerten Fenster [...]« Es ist klar, dass der Doppelmord in dieser Idylle für Verwirrung sorgt und sogar das Buchprojekt der beiden behindert. Am Schluss zerbricht denn auch diese beschauliche Stimmung, als der Mörder entlarvt wird. Pater Ambrosius steht in einer langen Tradition der Krimis, in denen ein – vornehmlich beleibter, den weltlichen Genüssen zugetaner – Geistlicher ermittelt, angefangen bei Pater Brown von G. K. Chesterton bis zu den erfolgreichen Serien im deutschen Fernsehen. Es handelt sich bei diesen Büchern um Heimatromane mit einem kriminellen Plot, deren Detailbesessenheit dem heutigen Leser manchmal zu weit geht. Aber genau dies könnte sich langfristig als Stärke der Texte erweisen, wenn nachfolgende Generationen einen akribischen Einblick in den Alltag am Ende des 20. Jahrhunderts erhalten. Jon Durschei müsste sich dann nicht mehr hinter dem Pseudonym eines Bündner Bergbauern verstecken.

Paul Lascaux (dieses Pseudonym gehört dem Schreiber des vorliegenden Textes) versucht von Anfang an, dem Schema des Detektivromans auszuweichen. Sein erster Krimi, ARBEIT AM SKELETT (1987), kommt ohne Polizei aus, erfindet aber einen Archäologiestudenten als Ich-Erzähler, der die Rolle des Fahnders übernimmt. In seinen späteren Romanen entwickelt Lascaux zwei unterschiedliche Ermittlungsstränge, die sich im Verlauf des Textes kreuzen und verbinden. Auf der einen Seite steht die Polizei, auf der andern die Ex-Polizistin Ariane Beer, die nun in der Schweizerischen Landesbibliothek arbeitet und immer wieder Zeit für Recherchen in kriminellen Angelegenheiten findet, was sie im letzten Roman DER LÜCKENBÜSSER (2001) beinahe um den eigenen Kopf bringt. In KELTEN-BLUES (1998) ist sie jedoch die treibende Kraft, die aufklärt, weshalb ein Spitalbuchhalter und Hobbygärtner in einer rostigen Fuchsfalle sein grausiges Ende findet. Die Polizei stellt in der Aare angeschwemmte Knochen sicher, die aus einer Raubgrabung in einem keltischen Gräberfeld stammen. Dass sich die Totengötter der Kelten aus der Anderswelt einmischen, ist jedoch nicht dem Autor anzulasten, sondern dem frevelhaften Tun des Hauptverdächtigen. So löst sich auch das Zahlenrätsel, das hinter den Zetteln steht, mit denen die Morde begleitet werden: »Die Ziffer des Mondes ist die Zwei, und die der Sonne die Drei. Wenn wir Kelten die beiden Gegensätze vereinen, erhalten wir die Fünf, Symbol der Zeit und des Raumes, das ist die unbegrenzte Existenz. Ein Frevel also, sich dieser Zahl zu bedienen [...] Wenn die Sonne als das lebensspendende Prinzip am Abend untergeht, übernimmt die dunkle Seite die Macht, der Mond wird zum Bild für das Sterben, das nötig wird, um der Welt wieder einen neuen Morgen zu geben.«

Die Stärke des Paul Lascaux, der sich vom französischen Roman noir beeinflusst sieht, sind jedoch die »Kriminellen Geschichten«, die er in den beiden Sammelbänden TOTENTANZ (1996) und EUROPA STIRBT (2001) zusammengestellt hat. Sie spielen hauptsächlich in Bern und der Umgebung der Schweizer Hauptstadt und führen manchmal auch zu kleineren Verstimmungen mit Lokalpolitikern, denen der eine oder andere Text zu weit geht. Denn in den Kurzgeschichten wird an einem Symbol gekratzt, das den Ort kennzeichnet, es interessiert der Moment, an dem der Durchschnittsbürger vor einer imaginären Grenze zurückschreckt. »Alles, was wir uns im Leben nicht leisten können und wollen, die Existenz als Täter und Opfer, ermöglicht uns die Energie der kriminellen Erfindung.«

Werner Schmidli hat für seine Krimis Murten und das Seeland als Handlungsraum ausgesucht, obwohl er in Basel lebt. Sein Protagonist Gunten, ein Mann ohne Vornamen, hat in Australien gelebt, kehrt aber nach familiären Unglücksfällen in die Schweiz zurück, wo er ein HAUS AM SEE (1985) geerbt hat. Gunten selber ist einäugig und womöglich noch kränker als Bärlach, was nichts anderes bedeutet, als dass man immer um seinen Tod fürchten muss. Er verlebt nun seine Tage in einem verwilderten Garten mit seiner Katze Cornichon (auf deutsch: Salzgurke), »weil sie griesgrämig ist wie die meisten Schweizer«. Guntens Tagesablauf dreht sich ums Essen und Trinken und um das Beobachten der kleinstädtischen Bevölkerung, die er bei seinen Spaziergängen ohne Auftrag observiert. Liebesaffären, ein Konkurrenzkampf zwischen zwei zerstrittenen Radiohändlern, ein Mord. Akribisch trägt er seine täglichen Beobachtungen in markante gelbe Hefte ein und wird so zum Chronisten der Landschaft und ihrer Bewohner. Der mit der Untersuchung des Falles betraute Kantonspolizist war einmal Guntens Vorgesetzter, deswegen verbeisst sich der 67-Jährige um so mehr in die Geschichte. Darum ist es auch kein Wunder, dass Gunten selber zum Objekt für den Mörder wird und nur mit viel Glück einem Anschlag entgeht. »Es ist nicht die Frage, ob ich etwas falsch gemacht habe, sagte Gunten zur Katze. Sie sass auf der Tischecke, satt nach einer zweiten Mahlzeit aus Schweineherz, und sah ihm zu, wie er die Stehlampe heranzog und ein drittes Mal mit der Gabel die Abfälle umkehrte. Die Frage ist, ob ich es auch anders hätte machen können.« Auch im Fall von Werner Schmidli gibt es mehr als einen Hinweis darauf, dass Gunten ein Alter Ego des Autors ist. Wir wollen ihm hier keine Griesgrämigkeit vorwerfen, aber vieles läuft parallel zum Verhalten seines Helden, und in Australien gelebt hat auch Schmidli.

Felix Mettler überrascht 1990 mit folgendem Satz die literarische Öffentlichkeit: »Man darf nie vergessen, dass Mord ein kreativer Prozess ist, kreativer als das Gebären jedenfalls, so paradox dies auf den ersten Blick erscheinen mag.« Dies äussert Kommissar Häberli in DER KEILER. Gottfried Sonder lebt kurz vor seiner Pensionierung allein und krank inmitten seiner Sammlung heimischer und exotischer Jagdwaffen. Seine Jagdleidenschaft ist nach der Auseinandersetzung mit einem tödlich verwundeten Keiler, der dennoch nicht aufgibt, erloschen.»Ich wusste jetzt, dass ich ihn in die Lunge getroffen hatte. […] Ersticken muss schlimm sein. Ich wollte ihn erlösen. Doch wie ich mich zum Gewehr schleppte, es gerade zu fassen kriegte, sah ich, wie das Tier sich hochrappelte. […] Schon griff er wieder an. Ich streckte ihm das Gewehr entgegen. Lächerlich. Doch der Schlag blieb aus. Er stürzte und blieb regungslos neben mir liegen.« Als Autopsiepfleger in der Pathologie der Klinik St. Stephan hat Sonder Zugang zum Spital und kennt die Freundschaften und Animositäten des Personals. Während die Professoren bei auserlesenen Gerichten und teuren Weinen zusammensitzen, erhält er von seinem Arzt sein »Todesurteil«. Nun erwacht sein Jagdtrieb wieder, nur nimmt Sonder dieses Mal andere »Objekte« ins Visier. Er versetzt Blaspfeile mit Curare und macht sich ans Werk.»Der Körper verdrehte sich. Götze fiel nach links und schlug hart mit dem Kopf gegen die Stossstange von Bänis Wagen. Schön war das nicht, dachte Sonder, und meinte damit den Aufprall, bei dem die Brille zerbrach. Jetzt hiess es handeln.« Das macht auch Kommissar Häberli in seiner bedächtigen Art und freundet sich beinahe mit dem Mörder an, als der ihm seine Sammlung zeigt. Sonder kämpft nun seinen eigenen Kampf gegen das drohende Ersticken, er selber ist zu Tier geworden, das er früher gejagt hat.

»Peter Hunkeler, Kommissär des Kriminalkommissariats Basel, früherer Familienvater, jetzt geschieden, sass in seinem Bureau des Waaghofs und schwitzte. Es war der 3. Juli, ein Montag morgen, eine Gluthitze lastete über Basel. Es war so heiss, dass die Luft in der Nacht nicht mehr abkühlte.« So beginnt TOD EINER ÄRZTIN (2001) von Hansjörg Schneider, und eigentlich ist mit diesen paar Zeilen schon alles gesagt. Denn entscheidend für den Autor ist nicht in erster Linie der kriminalistische Plot, sondern die Atmosphäre sowie die Schilderung der handelnden Personen. Die Region heisst Basel, erweitert um die Landschaft rund um die Stadt, das Elsass, den

Schwarzwald, alles Gegenden, die Hansjörg Schneider aus persönlicher Anschauung kennt. Deshalb platziert er seine Figuren genau, deshalb liegt jeder Stein am richtigen Ort. Aus dem unscheinbaren Wort »Bureau« wird sogleich ersichtlich, dass Hunkeler mit seiner bedächtigen, beinahe störrischen Art des Ermittelns eigentlich nicht in diese rasende Welt passt, sondern einen Raum des Genusses und der Stille bräuchte, um sich auf seine Arbeit zu konzentrieren. Aber nun soll er sich in die neue Computertechnologie einarbeiten (und es hilft nichts, dass er Kommissär Bärlach paraphrasiert: »Dies ist kein Fall für Spurensicherung und Informatik. Es ist ein Fall für menschliche Neugier.«) und einen Mord aufklären. Frau Dr. Christa Erni liegt tot in ihrer Praxis. Zufälligerweise ist sie Hunkelers Hausärztin und eine nostalgische frühere Linksaktivistin der Basler Politszene. Gesellschaftliches Engagement, z. B. für Drogenabhängige und einen alternden Kunstmaler, und ihre ärztliche Tätigkeit stecken den Rahmen für die Verdächtigten ab. Ein umfangreicher Polizeiapparat steht Hunkeler zur Seite, manchmal aber auch im Weg. Und wir lernen den Schriftsteller Heinrich Rüfenacht kenne, ein Alter Ego von Hansjörg Schneider, dessen Frau an einer Krebserkrankung verstorben ist und der nun zusehends vereinsamt. »Sie ist gestorben an einer schlimmen Krankheit, die sie wie ein Blitz aus heiterem Himmel getroffen und unser Zusammenleben zerstört hat. Unser gemeinsames Alter, das wir gut vorbereitet hatten, findet nicht statt. Es bleibt mir nichts anderes übrig, als mich an die Einsamkeit zu gewöhnen.« Das sagt nicht etwa Rüfenacht, das schreibt Schneider in NACHTBUCH FÜR ASTRID, einem Tagebuch, mit dem er Abschied von seiner früh verstorbenen Frau nimmt. TOD EINER ÄRZTIN ist denn auch der erste Hunkeler-Krimi nach Astrids Tod, und dass der Schriftsteller Rüfenacht für den Mord an der Ärztin verantwortlich ist, gibt vielleicht die Seelenstimmung des Autors wieder. Wie sonst wäre die manchmal überraschende Heftigkeit Hunkelers im sprachlichen Ausdruck und in der zwischenmenschlichen Befindlichkeit zu erklären, wie sonst, dass dies der Krimi ist, der dem Autor am nächsten steht?

»Die Langstrasse summte. Sie kam langsam wieder in Mode, die Sündenmeile. [...] Die Freier waren noch mit ihren Familien im Einkaufszentrum an der Autobahn, die Huren machten Besorgungen, ausser jenen, von denen man nicht wusste, ob oder wann sie schliefen, da sie praktisch zu jeder Tages- und Nachtzeit an den einschlägigen Ecken standen. Die Nachtkrakeeler waren noch nüchtern. Die Menschen waren für ein paar Stunden freundlich und fröhlich, es konnte richtig schön sein hier.« KEIN KONTO FÜR KÖBI (2000) nennt Stephan Pörtner seinen Stadtrundgang mit Mord, den er seinem Helden Köbi zumutet, einem Zürcher Marlowe, einem arbeitslosen Detektiv, einem Loser mit dem Herz auf dem rechten Fleck. Das pralle Leben der Unterschicht liefert den Nährboden für den Langstrassen-Blues, für Bettgeschichten, für das Katz-und-Maus-Spiel von Dieben und Polizisten, für Banker und Mörder, was manchmal etwas anderes, zeitweise aber auch das gleiche bedeutet. Stephan Pörtner kennt sie alle und wirft für uns einen Blick in die Abgründe von Liebe und Verzweiflung.

Vom Lokalkolorit leben auch die Bücher von Peter Studer, der in einigen Romanen aus Basel und Umgebung berichtet. Es sind Polizeiromane mit eher umständlichen Ermittlungsverfahren, die sehr viel Detailtreue aufweisen, deren Erzählfluss etwas lockerer sein dürfte.

Jodok W. Kobelt macht Luzern zum Handlungsort seiner beiden Krimis um Markus Holzer, den Polizisten in Grindelwald, der jeweils am Vierwaldstättersee aushelfen muss. Offenbar sind die Luzerner nicht in der Lage, selber tätig zu werden, wenn es um den Kampf zwischen Hausbesetzern und Hausbesitzern oder wenn es um Drogentod und Diamantenschmuggel geht.

Schliesslich werden auch die Berge nicht von üblen Taten verschont. Emil Zopfi bringt uns mit STEINSCHLAG (2002) das Glarnerland näher. Die Bergführerin Andrea Stamm begleitet ihren älteren Kollegen Amstad in den Berg zu ihrer ersten Leichenbergung. An der Version vom tödlichen Steinschlag, die der Mann der Verstorbenen zum Besten gibt, kommen bald Zweifel auf. Andrea zieht ihren Vater, den pensionierten Polizisten, zur Fahndung bei. Der ist ihr zwar fremd geworden, weil er in Thailand eine junge Frau »besorgt« hat, aber in diesem verzwickten Fall tut er gute Dienste. Andrea muss sich nicht nur gegenüber ihrem Vater bestätigen, sondern sich als Frau auch in der abgeschotteten Welt der Bergführer durchsetzen. Als sie vom Arzt Daniel Meyer als Führerin engagiert wird, schlägt auch noch die Liebe zu. Der Spannungsbogen zwischen Gebirge und Grossstadt lässt genügend Raum für Verdächtigungen, Drohungen und Gefahren, aber auch für ein rundum geglücktes Happy-End. In die Berner Alpen hingegen entführt uns Urs Mannhart in seinem Buch mit dem Titel LUCHS (2004). Ein Zivildienstleistender wird in einem Luchsprojekt einem Trupp von Grosswildbiologen zugeteilt, welcher die Wiederansiedlung der Raubkatze in der Schweiz überwachen soll. Die Bauern der Gegend betrachten dies eher als Herausforderung, der sie mit illegalen Abschüssen und Wilderertaten begegnen müssen. Bei den Autos der Biologen werden die Pneus aufgestochen, in den Bergen knallen Schüsse. Vielleicht kein wirklicher Krimi, aber in der Dramatik der Ereignisse mit Morddrohungen und schiesswütigen Bauern vergleichbar mit den Bergromanen früherer Jahrzehnte.

Peter Höners »Region« ist das Kenya der Neunzigerjahre. Mit Jürg Mettler setzt er dorthin einen Schweizer Privatdetektiv, der sich mit den Einheimischen verbündet, verfeindet, verheiratet, zerstreitet, aber jederzeit die Verbindung in die Schweiz sicherstellt. Er landet auf der Suche nach einer reichen Witwe aus der Schweiz auf der Insel Lamu im »Rafiki Beach Hotel«, wo er sich in die Besitzerin Alice verliebt und sich plötzlich mit einem erwachsenen Sohn konfrontiert sieht, der aus einer Ferienliebe zu Hippiezeiten entstammt. Gegenspieler, dann Freund von Mettler ist der Polizeichef an Ort, Robinson Njoroge Tetu, nach der erfolgreichen Ermittlung, mit der er einigen Leuten auf die Füsse tritt, in die Wüste versetzt. Sextourismus ist ein Thema des ersten Buches, die erbarmungslose Jagd nach Elefantenzähnen das des zweiten. In SEIFENGOLD (1995) geht es um den illegalen Goldhandel, bei dem das Edelmetall von korrupten Politikern am Zoll vorbei ins Ausland geschmuggelt wird, um die eigenen Profite zu vergrössern. Diesmal ist Mettler über eine Import-Export-Firma mit seiner Frau und ihrem Sohn direkt involvier, ohne davon Kenntnis zu haben. Nur Tetu beginnt die wahre Dimension des Skandals zu ahnen und deckt die Machenschaften der Politiker auf. Alice ist derweilen in Zürich und lernt die Schweiz von der andern Seite des Spiegels her kennen. Die Verbindungen der Minister in die Bankenwelt Zürichs und anderer Finanzplätze sind inzwischen so eng, dass beide Seiten darunter leiden würden, falls irgendetwas schief ginge. Deshalb wird jeder Schein aufrechterhalten, und diejenigen, die an der Aufdeckung des Skandals arbeiten, ohne Rücksicht verfolgt. Tetu verschwindet für Jahre im Gefängnis und erblindet, bevor er eine bescheidene Existenz als Bauer fristen darf, nachdem die alte Regierung gestürzt worden ist. Jürg Mettler und Alice müssen das Land verlassen, das Hotel zerfällt. Damit endet der letzte Kenya-Roman so melancholisch, wie der jüngste Höner-Text beginnt. Mettler hat die an Malaria verstorbene Alice in ihrer Heimat Lamu beerdigt und kehrt als Alkoholiker nach Zürich zurück. Er reist, ohne genau zu wissen warum, seinem inzwischen in Europa lebenden Sohn Ali nach Wien nach. In eine Fernsehshow hinein fantasiert er sein verpfuschtes Leben: »›Sie waren ganz schön heiss‹, sagte die Rote und lächelte gefährlich. ›Sie liebten sich am Strand, auf Dachzinnen, im Hotel; aber dann, eines schönen Tages, sind Sie abgehauen. Einfach so, ohne sich zu verabschieden. – Was ums Himmels willen haben Sie sich denn dabei gedacht?‹« So holt die eigene Geschichte Mettler wieder ein, und er begibt sich in den WIE-NER WALZER (2003), den Zug, der ihn zu seinem Sohn bringen soll. Wen wunderts, dass die Reise nicht reibungslos verlaufen wird, wenn ein alternder Privatdetektiv und eine junge Fernsehmoderatorin dabei sind …

Auch das filmische Schaffen dieser Jahre orientiert sich stark am Regionalkrimi, konzentriert sich aber fast ausschliesslich auf Produktionen für das Fernsehen. In erster Linie ist die wohl erfolgreichste Krimiserie im deutschsprachigen TV zu erwähnen: TATORT. Von 1990 bis 2001 war auch das Schweizer Fernsehen SF DRS mit insgesamt 12 Folgen beteiligt. HOWARDS FALL (1990) war der erste (der 229. in der gesamten Serie), mit Mathias Gnädinger als Wachtmeister Walter Howald und Andrea Zogg als sein Assistent Reto Carlucci. Der zweite Fall, KAMERADEN (1991), präsentierte zum ersten und einzigen Mal ein völlig anderes Team. In der dritten Sendung, MARION (1992), ist Carlucci zum Chef aufgestiegen und bekommt einen Helfer namens Markus Gertsch (gespielt von Ernst C. Sigrist). Im vierten Fall gibt es wieder eine Umbesetzung, die dieses Mal Stabilität bis zum Schluss garantiert. László I. Kish mimt für die neun weiteren Folgen den Kommissar Philipp von Burg, der aus einem alten Basler Patriziergeschlecht stammt und bei Scotland Yard in London ausgebildet worden ist. Sein Assistent ist nach wie vor Markus Gertsch. In den letzten beiden Folgen, CHAOS und TIME-OUT, steht von Burg neben Gertsch auch noch die Hauptkommissarin Eva Schwab (gespielt von Sabina Schneebeli) zur Seite. Dieses Team arbeitet in Bern und Umgebung. Zu den Regisseurin gehören bedeutende Film- und Fernsehmacher wie Bernhard Giger und Clemens Klopfenstein. Autoren der Serie sind unter anderen Peter Zeindler (GEHIRNWÄSCHE), Martin Suter (HERRENBOXER), Marcus P. Nester, Clemens Klopfenstein, Markus Fischer und Christof Schertenleib.

In Basel spielen die Schweizer Fälle der Serie EUROCOPS (die von sieben europäischen Fernsehstationen produziert worden sind). Die beteiligten Kommissare und Polizisten heissen Peter Brodbeck (gespielt von Wolfram Berger), Christian Merian (Alexander Radszun) und Miguel Bernauer (Stefan Gubser). In weiteren Rollen sind auch andere beliebte Schauspieler zu sehen wie László I. Kish, Hans-Heinz Moser oder Walo Lüönd. Die Drehbücher schrieben Claude und Annemarie Cueni, unter den Regisseuren finden wir auch Erwin Keusch. Zwischen 1988 und 1990 nahm das Schweizer Fernsehen sieben Folgen auf. Sie sollen die erfolgreichsten in Europa gewesen sein.

Die weiteren Produktionen beschränken sich hauptsächlich auf Literaturverfilmungen: Charles-Ferdinand Ramuz' FARINET (1995), Friedrich Dürrenmatts DAS VERSPRECHEN (2002) oder die Verfilmungen der Romane von Hansjörg Schneider (ab 2004 mit DAS PAAR IM KAHN) und von Emil Zopfis STEINSCHLAG.

An eigenständigen Produktionen gibt es die folgenden (aber diese Aufzählung ist durchaus nicht abschliessend):

KLASSEZÄMEKUNFT (1988, Buch und Regie: Walter Deuber und Peter Stierlin) versammelt die alte Garde des Schweizer Films. Eine Frau lädt ihre Kameradinnen und Kameraden einer Maturaklasse zu einem Fest ein, genau fünfzig Jahre nach dem mysteriösen Tod ihres damaligen Verehrers (er stürzt vor ihren Augen in den Rheinfall). Sie macht dafür die ganze Clique verantwortlich. Nach und nach werden – mit Hilfe einer mysteriösen Frau, die als gemeinsame Tochter des Verstorbenen und der Einladenden vorgestellt wird – alle Gäste umgebracht. Kurz vor dem Ende des Films zieht die Dame am Mühle-Brett den letzten Stein. Dann beginnt die Handlung von vorn, mit minimalen Änderungen, und es ist nicht klar, ob die erste Version eine Darstellung von Rachegedanken oder von imaginären Vorbereitungen ist.

In der Krimikomödie KATHARINA DIE KÜHNE (1989, Regie: Hans Gmür) erleben wir die Raumpflegerin Katharina Pfister, die eigentlich hätte Kriminalistin werden sollen, denn sie pfuscht ihrem ehemaligen Schulschatz und jetzigen Polizeihauptmann Heiri Koller ständig in die Fälle, was diesen, einen äusserst humorlosen Menschen, zur Weissglut reizt.

Die neueste Produktion heisst STRÄHL (2004, Regie: Manuel Flurin Hendry, Buch: Michael Sauter, David Keller). Der Zürcher Drogenfahnder Strähl träumt von einem grossen Fang, schlägt sich aber stets mit Kleindealern und Drogenkonsumenten auf der Gasse herum. Durch den Tod eines Fixers und sein cholerisches Temperament aus der Bahn geworfen, weiss Strähl bald selber nicht mehr, auf welcher Seite er steht.

Neben Georges Simenon und Frédéric Dard haben auch andere Autoren von Weltruf Jahre ihres Lebens in der Schweiz verbracht und sind, weil sie zu Wegbereitern des Genres gehören, für die Entwicklung des Krimis in unserem Lande von Bedeutung. Wir betrachten sie im eigentlichen Sinne jedoch nicht als Schweizer Autoren, da sie den prägenden Teil ihres Werks nicht in der Schweiz geschrieben haben.

Allen voran darf man Patricia Highsmith erwähnen, die ihre letzten zwölf Lebensjahre im Tessin verbrachte (ab 1983) und immerhin das Schweizer Bürgerrecht beantragte, vor dessen Erlangen sie jedoch verstarb (1995). Ihr Nachlass liegt ausserdem im Schweizerischen Literaturarchiv in Bern (dessen Gründung übrigens auf eine Initiative von Friedrich Dürrenmatt hin erfolgte). Der von ihr phänomenal verkörperte Psychothriller hat jedoch in der Schweiz nur vereinzelte Nachahmer gefunden.

Eine ungleich stärkere Bedeutung hat in diesem Zusammenhang der Spionagethriller und Agentenroman. John le Carré (Pseudonym für David John Moore Cornwell) hält sich ab 1947 als sechzehnjähriger Schulabgänger für ein paar Jahre bei Verwandten in der Schweiz auf und wird hier auch erstmals vom britischen Geheimdienst MI6 kontaktiert. An der Universität Bern studiert er Germanistik, lernt die deutsche Kultur kennen und schätzen und begegnet seinem Idol Thomas Mann. In späteren Jahren wird das Berner Nobelhotel Bellevue in Le Carrés Romanen mehrfach zum Treffpunkt für Spione.

Eric Ambler kam 1968 in die Schweiz, mit 59 Jahren, zu einer Zeit, als seine wichtigsten Bücher bereits geschrieben waren, verfasste hier aber immerhin noch vier Romane – darunter DER LEVANTINER – und seine Autobiographie AMBLER BY AMBLER, bevor er Anfang der Neunzigerjahre wieder nach London übersiedelte.

Dass Donna Leon in amerikanischen Schulen in der Schweiz gearbeitet hat, ist wohl eher eine Fussnote der Geschichte als eine prägende Erfahrung.

Die Schweiz als Schauplatz in Kriminalromanen ist ein Thema, das noch genauer bearbeitet werden muss. Nicht zuletzt spielt unser Land auch in DDR-Kriminalromanen eine entscheidende Rolle, allerdings nicht immer in der Funktion, in der es sich selber zu sehen wünscht.

Einflüsse dieser Vorbilder sind am ehesten im Spionagethriller sichtbar. Dessen Doyen, nicht nur im Alter, sondern auch in der Qualität, ist sicher Peter Zeindler. Er publizierte 1982 seinen ersten einer langen Reihe von Romanen um Konrad Sembritzki, einen Agenten des deutschen Bundesnachrichtendiensts im Ruhestand und Antiquar (in Bern, wo denn sonst?). Der vierfache Gewinn des Deutschen Krimipreises und eines »Ehren-Glausers« für sein Lebenswerk sagt alles über eine beispiellose Karriere. Dass der Agententhriller auch heute noch funktioniert, bewies Zeindler 2000 mit ABSCHIED VON CASABLANCA.

Sembritzki ist aus dem BND ausgestiegen, wird jedoch von seiner Vergangenheit wieder eingeholt, als ihn ein Journalist namens Ken Morris mit Informationen über eine Giftgasproduktion in Marokko versorgt. Yperit, das Nervengas aus dem Ersten Weltkrieg, soll dort in einer stabilen Form hergestellt werden, was eine neue Bedrohungslage verursachen würde. Sembritzki lässt sich wieder einmal ins Geschehen hineinziehen, und wir bekommen alle Ingredienzien, die einen Spionageroman ausmachen: Geheimdienstaktivitäten unterschiedlicher Couleur, Verstellungen, falsche Identitäten, umgedrehte Agenten, Ex-Stasi-Leute, Ex-KGB-Männer, CIA-Recherchen, und mittendrin der Bundesnachrichtendienst. Konrad Sembritzki bekommt einen Originaldruck von Sebastian Brants NARRENSCHIFF aus dem Jahr 1494. Mit dem Buch und in Begleitung von Morris sowie einiger zwielichtiger Figuren, denen er wieder begegnet, macht er die Reise nach Marokko und – so viel lässt sich jetzt schon sagen – wieder zurück nach Bern. Der abzuwartende Anschlussflug kommt ausgerechnet aus Russland. »Jetzt drängten die verspäteten Fluggäste aus Moskau durch den Mittelgang. Früher hätte er jeden dieser Passagiere aufmerksam gemustert. Inzwischen gab es keine Sowjets mehr. Er dachte an die Webseite des Bundesnachrichtendienstes: ›Action und Abenteuer wie bei James Bond können wir Ihnen nicht bieten.‹ Das alte Aktionsgebiet ist passé, dachte er wehmütig.« Aber ganz so einfach ist es nicht, denn die ehemaligen Agenten haben für sich selber neue Aufgaben gefunden, die selten zur Sicherheit der Welt beitragen. Und dann wäre da noch Lea Mahler, die es zusammen mit Sembritzki zu einer schönen Liebesgeschichte bringen könnte. Aber die Schatten des Filmes mit Humphrey Bogart und Ingrid Bergmann sind lang. »›Oder hast du nur einmal in deinem Leben gesagt: *Ich liebe dich?*‹ – ›Das gilt nicht. Die Sprache ist zu arm dafür.‹ – ›Es ist doch nicht die Sprache, Konrad. Es ist das Gefühl.‹« Dass Frauen aber auch nie verstehen, dass zuerst ein Auftrag ausgeführt werden muss, bevor die Liebe ...

»Romanfiguren bekommen nur dann Leben, wenn sie zum Teil Abspaltung der eigenen Person sind und gleichzeitig aus der Realität, die mich betrifft, in mein abgestecktes Spielfeld einzudringen vermögen, sich aufdrängen«, sagt der Autor und stellt sich die Frage, »[...] ob die Stadt auf uns ausstrahlt, ob sie die Figuren und Schauplätze freigibt, die ich suche und brauche, und gleichzeitig die Motive liefert, die das Genre des Spionageromans fordert: Verstellung, Verstrickung, getrickste Biographie, Erpressung, Deals.« Casablanca hat auch dies geschafft und Erstaunliches mehr: einem nach dem Ende des Kalten Krieges beinahe schon verloren geglaubten Genre neues Leben eingehaucht.

Die seit ein paar Jahren im Tessin ansässige italienische Autorin Liaty Pisani – aus ihrem Land emigriert, weil es dort einen Potentaten gibt, der böse Erinnerungen weckt – schreibt erfolgreiche Agententhriller um die dubiose Figur Ogden. Dieser gehört zum »Dienst«, einer international tätigen Agentenorganisation, die sich von Regierungen für ihre Arbeit bezahlen lässt. Ogdens Basis ist Bern, auch wenn er sich inzwischen lieber in Berlin aufhält. (Es wundert den seit dreissig Jahren in Bern wohnenden Autor dieser Zeilen schon, dass ausgerechnet diese beschauliche Beamtenstadt das Zentrum derart vieler krimineller Machenschaften sein soll.)

Die Romane von Liaty Pisani erscheinen meist zeitgleich mit der italienischen Ausgabe im Diogenes Verlag, einer davon, DER SPION UND DER DICHTER, ist – wohl aus politischen Gründen – nur auf Deutsch erschienen. In diesem Text wird der Absturz eines italienischen Passagierflugzeugs 1980 über Ustica thematisiert, in den verschiedene Geheimdienste involviert waren. Die offiziellen Ursachen sind nie geklärt worden, aber die Autorin verfügt – wie sie mir versicherte – über genügend dokumentarische Unterlagen, die ihre literarische Fiktion unterstützen. Die engen Beziehungen von Liaty Pisani zur Schweiz gehen also über den reinen Wohnsitz hinaus.

In DIE NACHT DER MACHT. DER SPION UND DER PRÄSIDENT (2002) hilft Ogdens Dienst dem russischen Staatsführer Sablin gegen die beiden Oligarchen und Mafiosi Borowski und Kachalow, die den Präsidenten beseitigen wollen. Der »Dienst« ist also keine moralische Instanz, sondern ein reines Mittel zum Zweck, das für viel Geld zu haben ist. Die Handlung umfasst einen Raum von New York bis Moskau, auch die tschetschenische Mafia und ein gesunkenes U-Boot spielen eine Rolle. Dass eine russische Hellseherin ihre Visionen ausbreitet, erhellt die Geschichte, die aktuelle Ereignisse aufgreift, nicht wirklich. Mit spektakulären Aktionen und technischem Geheimdienstkram wird der nicht immer überzeugende Plot überdeckt. Der »Dienst« rettet seine »moralische« Glaubwürdigkeit dadurch, dass jemand anders für ihn die Arbeit des Tötens verrichtet. Bei aller Kritik geht jedoch nichts über das Erlebnis hinaus, Liaty

Pisani aus diesem Roman vorlesen zu sehen, und zwar im Volkshaus Zürich unter der metallenen Erinnerungsplakette mit dem Bildnis von Wladimir Iljitsch Uljanow, genannt «Lenin». Es sind diese Augenblicke, in denen der Zufall die Choreographie übernimmt und aus einem Anlass wie den »Mordstagen« ein Erlebnis macht.

Agententhriller im Stil der US-amerikanischen Bestsellerautoren verfasst James Douglas, in seinem bürgerlichen Leben Wirtschaftsanwalt in Zürich, aber aus dem bernischen Schwarzenburg stammend. Er weiss, wie Behörden und Geheimdienste funktionieren, er kennt als Sicherheitsexperte für verschiedene Firmen die Arbeitsweise der Polizei und diejenige der Geldwäscher, und er hat eine beinahe prophetische Gabe, wenn er sein Wissen und die aktuelle politische Lage kombiniert und daraus spannende Plots zimmert. DER SINTFLUTER beschreibt bereits 1998, wie sich Terroristen in Mittelamerika auf die Sprengung eines Staudamms in den Alpen vorbereiten, indem sie an einem kleinen Damm üben. Die Idee ist, ein internationales Treffen von Wirtschaft und Politik zu sabotieren und mit einem gezielten Anschlag die Stabilität der Welt zu gefährden. Davos und das IWF lassen grüssen. Im Jahr 2000 schrieb Douglas in ATEMLOS NACH CASABLANCA von einem Al-Qaida-Terroristen, der von einem Schiff aus strategische Ziele in den USA angriff, was dazu führte, dass ihn das FBI nach den Anschlägen vom 11. September 2001 befragte, da es die Idee so glaubwürdig fand. Douglas' Mann fürs Grobe heisst Ken Custer, ist CIA-Agent, der auch im neuesten Thriller DES TEUFELS BOTSCHAFTER (2004) seine Rolle ausfüllt und der grössten Konspiration aller Zeiten auf die Spur kommt. Die mysteriöse SPHINX-Organisation will die Welt im Chaos untergehen sehen: Killermikroben im Einsatz, die Stadt Zürich von einer Flutwelle verwüstet, die Ermordung des US-Präsidenten an einer Nahost-Friedenskonferenz in Evian-les-Bains geplant. Die Bedrohung nimmt apokalyptische Ausmasse an.

»Materiell ist das 1902 eingeweihte Bundeshaus eine grosse Masse aus bieder wirkendem Sandstein. Es verbarrikadiert den Blick auf die fernen Alpen und wirft lange Schatten auf den Bundesplatz, wo sich die Katastrophe anbahnte. [...] 99 Jahre hat das Bundeshaus gehalten. Jetzt liegt das schöne Viereck mit der Kuppel in Trümmern, wie ein Kartenhaus zusammengefallen.« Das schreibt Douglas im Kurzkrimi DIE ENTFÜHRUNG für die Anthologie IM MORGENROT (2001). In dieser Geschichte soll auch eine Bundesrätin gekidnappt werden. Beides ist bisher nicht eingetroffen. Aber sage niemand, James Douglas hätte uns nicht gewarnt.

Der Frauenkrimi ist natürlich kein in sich geschlossenes Gebilde; der gemeinsame Nenner ist oft nur, dass er von Frauen geschrieben wird. Häufig sind auch die Ermittelnden weiblichen Geschlechts, und es wird im Allgemeinen mehr Wert gelegt auf die Schilderung des Milieus, in dem die Figuren leben und handeln, und auf die Darstellung zwischenmenschlicher Probleme. Darüber hinaus enthält jeder dieser Krimis Elemente, die ihn von anderen unterscheiden. Irgendwelche Hard-Boiled-Actionthriller für Frauen oder Lesbenkrimis, die zum Beispiel in Deutschland ganze Buchreihen füllen, existieren meines Wissens in der Schweiz nicht (was nicht bedeutet, dass es diese Thematik als Textelement nicht gibt). Ein internationaler Erfolg war die Verleihung des Wiesbadener Frauenkrimipreises 2004 an Verena Wyss.

Milena Moser steht bestimmt am Beginn des Booms von Schweizer Frauenkrimis. Mit GEBROCHENE HERZEN ODER MEIN ERSTER BIS ELFTER MORD (1990), einer Sammlung krimineller Kurzgeschichten, begründet sie ihren Ruf.»Ich habe einen Mann gefunden. Nicht dass ich einen gesucht hätte. Ich habe ihn einfach gefunden, wie ich fast täglich etwas finde: Knöpfe, Münzen, verbogene Schlüssel, Spielfiguren, bekritzelte Papierschnitzel, Murmeln, bunte Scherben, zerzauste Dartspfeile, Federn, einmal sogar einen synthetischen Rubin, den ich im Dunkeln für ein Stück Glas gehalten hatte, und dann eben, eines Tages, diesen Mann.« Die unbekümmerte Art und Weise, wie die Autorin die (Un)Taten ihrer Figuren als etwas Selbstverständliches schildert, wie wenn man Brot in Kaffee tunkt oder etwas ähnlich Unmodisches macht, begeistert gleich zu Anfang die Leserinnen, und manche von ihnen stellen wohl dasselbe fest:»Es ist eigentlich erstaunlich, dass nicht mehr Morde von unglücklichen Dreizehnjährigen begangen werden.«

In SOFA, YOGA, MORD (2003) verlagert sich der Schauplatz nach San Francisco, seit einigen Jahren Wohnort von Milena Moser. Lily Bauer wird in einem Frühstückslokal überraschend von ihrem Stiefvater erwartet, der aus der Schweiz angereist ist und sie vom Tod ihrer Mutter benachrichtigt. Praktischerweise hat er die Urne mit ihrer Asche gleich mitgebracht und stellt sie auf den Frühstückstisch. Lily verwaltet die Liegenschaft, in der sich ein Yoga-Salon befindet. Dort entdeckt man Mandalee Winter in der Vorzeige-Yoga-Stellung auf dem Rücken: tot. Sinnigerweise arbeitet sie im Frisiersalon »Hair today, gone tomorrow«, der Verdacht der Polizei tendiert jedoch eher auf Herzversagen beim Power-Yoga und Drogenmissbrauch. Nun entwickelt sich eine turbulente Geschichte mit allen Ingredienzien des Liebes- und Kriminalromans, gespickt mit den Erinnerungen von Lily an ihre unglückliche Kindheit in der Schweiz, mit Beziehungsknatsch und mit Geschichten, die das Leben schrieb, wie sie oft am Radio erzählt werden. Jeder Abschnitt trägt den Titel einer Yoga-Figur: »Toter Käfer«, »Kuhgesicht« oder etwa »Aufwärts fliegende Kraft«. Lily, bereits Hauptfigur in BANANENFÜSSE (2001), ist die Projektionsfläche für die Darstellung aller Klischees und Vorurteile, welche die Beziehungen zwischen Europa und den USA beherrschen, von Milena Moser mit Augenzwinkern beschrieben und demontiert.

Jutta Motz bringt mit Grosskapital und Wirtschaftskriminalität zwei Themen zur Sprache, die ansonsten wenig Resonanz finden. Schon deswegen lohnt sich die Lektüre von DREI FRAUEN UND DIE KUNST (2001). Die Kunsthistorikerin Lisa Wolf kehrt für einige Zeit von New York nach Berlin zurück. Ihre Versicherungsgesellschaft hat sie beauftragt, verdeckt gegen gefälschte Kunst und deren Händler zu ermitteln, denn die Szene der Kunstfälscher hat einen gefürchteten und äusserst aktiven Boss. Von einem Postamt in Berlin werden regelmässig gefälschte Grafiken moderner Künstler versandt, die fatal denen gleichen, die vor acht Jahren in New York beschlagnahmt worden sind.

Der Test im Labor eines Papierspezialisten liefert einen wichtigen Hinweis: Das hochwertige Papier, das dem der Originale so genau nachgemacht wurde, könnte aus einer der renommierten Papiermühlen der ehemaligen DDR stammen. Lisas Recherche bringt sie nach Halle und Leipzig, alte Freunde aus längst vergangenen Zeiten helfen ihr. Zusammen mit der Kriminalhauptkommissarin Trauthe Werth vom LKA Berlin und ihrer hellwachen Tante Marlene macht sie sich auf die gefährliche Suche nach dem unbekannten Feind.

Sympathisch und unerschrocken jagen die drei den Kopf der Kunst-fälscher-Szene, vorbei an ungezählten Picassos, Mirós und Chagalls. Doch erst, als ihr Vorgesetzter angeschossen und einer ihrer Verehrer verprügelt wird, erkennen sie die wahren Zusammenhänge ... Frech, witzig und tatkräftig nehmen es Lisa Wolf und ihre Freundinnen mit den grossen Köpfen der Kriminalität auf.

Schon wesentlich ernsthafter geht es da bei Verena Wyss zu, die 1982 mit LANGSAME FLUCHT debütierte. 1997 kommt VERDECKTES SPIEL in die Buchhandlungen, ein Krimi, in dem sich das Schicksal von fünf Frauen kreuzt und ineinander verzahnt. Maxie Laane ist Nachrichtensprecherin und -redaktorin, Ellen Lachat eine begeisterte Zivilschützerin, Regula Choppard Kindergärtnerin, Josefine Botta ist pensioniert, sie passt auf Regulas Sohn auf, und Sarah Voss-Bering ist Sekretärin in einer Anwaltspraxis. Im Kindergarten »Am Park« tritt ein Geiselnehmer auf, der nach beinahe zwei Tagen Anspannung von der Polizei erschossen wird, als er aufgeben will und mit erhobenen Händen zur Tür heraus tritt. Offensichtlich möchte da jemand etwas verbergen. Die eigentliche Krimihandlung tritt nun aber hinter die Lebensschicksale der fünf Frauen zurück, sie wird zum Katalysator für die gegenseitigen Beziehungen. Sarah nämlich ist die geschiedene Frau von Janic Bering, dem Geiselnehmer. Da er überdies der Sohn eines reichen Industriellen ist, kann sich niemand ein Motiv für seine Tat vorstellen. Erst als die Zivilschützerin in den Bergen auf mysteriöse Weise mit dem Auto in einen See stürzt, kommt Bewegung in die Sache. Sarah, die nun die Wahrheit wissen will, kommt einer monströsen Geheimunternehmung der Armee auf die Spur und gefährdet ihr eigenes Leben. Die Geiselnahme stellt sich als Aktion heraus, welche die Aufmerksamkeit der Öffentlichkeit vom eigentlichen Geschehen weg auf einen Nebenschauplatz lenken soll.

Susy Schmid beschreibt in ihrem Geschichtenband DIE BERGWANDERUNG (1999), wie das Böse unvermittelt in den Alltag einbricht, wie es das idyllische Leben mit ungefilterter Grausamkeit durchsiebt. Von böswilligen Zungen ist behauptet worden, Susys (verstorbener) Ehemann Alexander Heimann habe diese Geschichten sozusagen mit der linken Hand geschrieben, ein Gerücht, das ich hier endgültig entkräften möchte. In ihrem ersten Roman DIE HIMMELS-KÖNIGIN (2003) führt die Autorin eine Detektivin wider Willen ein: Evi Gygax, 28, vertraut mit den Gewohnheiten des Aargaus, also der Schweizer Durchschnittsgegend par excellence. Der Pfarrer Theodor Ursprung liegt mit eingeschlagenem Schädel vor dem Altar seiner Kirche, in der Evi nach langer Indienreise einen kurzen Halt vor der endgültigen Ankunft macht. Susy Schmid spart nicht mit makabren Details, die ebenso unvermittelt daherkommen wie die Beschreibung der bürgerlichen Idylle und der Abgründe, die sich darin auftun. Evi begegnet den Menschen in ihrem Heimatdorf, aus harmlosen Gesprächen entsteht Ermittlungsarbeit, die letztlich die Täterin zur Strecke bringt und die Tragik des menschlichen Schicksals aufleuchten lässt. »Willkommen im Land der blank geputzten Ortsschilder und der gepflegten Geranien.«

Monika Dettwiler hat sich die Nische des Historischen Romans gesichert. BERNER LAUFFEUER (1998) beginnt mit einem hinterhältigen Mord, der als Unfall kaschiert wird. Der Tote, der Berner Finanzbeamte Josef Hubler, beschäftigte sich von Amts wegen mit Finanzierungen innerhalb der Militärdirektion und wird der Spionage verdächtigt. Als auch noch Hublers Amtskollege Anton Jahn erschlagen wird, geraten die Justiz und die Politik in Aufruhr. Wir befinden uns nämlich in den Jahren vor der Gründung des Schweizerischen Bundesstaats von 1848, und die beiden grossen politischen Lager, die Radikalen und die Konservativen, belauern sich gegenseitig. Nicht zuletzt ist 1845 ein Freischarenzug gegen Luzern misslungen. In einem farbigen historischen Gemälde erklärt Monika Dettwiler anhand dieser kriminalistischen Szenen, wie damals Politik und Wirtschaft betrieben wurde. Ein Skandal um gefälschte Wertpapiere fliegt auf, Spione bereichern das bereits aufgeheizte politische Klima, aber schliesslich gelingt es den Radikalen, die Morde aufzuklären und wieder Ruhe in die aufgewühlten Seelen zu bringen. Monika Dettwiler ist für diesen Roman bestimmt prädestiniert, denn sie ist in direkter Linie verwandt mit Wilhelm Snell, einem der Anführer der radikalen Partei.

Christa Weber thematisierte in SCHWARZER SAMT (1994) die Arbeitslosigkeit und schafft mit der Kriminalbeamtin Inez Huber eine Figur, die über die Vermittlung von alltäglichen Querelen und Diskussionen innerhalb der Polizei für ironische Streiflichter sorgt. Alles beginnt mit einer Recherche der Journalistin Annemarie Bigler im Frauenhaus. Ihre Zeitung soll bald eingestellt werden, das hat die Kündigung zur Folge. Sieben Monate später ist sie tot, überfahren in einer Art und Weise, die auf eine absichtliche Tötung schliessen lässt. Die Aufklärung des Falles führt Inez Huber über zwei Grenzen hinweg nach Budapest, wo sie auf einen Zuhälter und Frauenhändler trifft, der Annemarie auf dem Gewissen hat. Die Journalistin, die für den Ungar ein Konto in der Schweiz eröffnen sollte, hat dessen Geld veruntreut und dem Frauenhaus gespendet. So wird Gerechtigkeit wieder hergestellt.

Etwa zwei Dutzend weitere Autorinnen haben in den letzten beiden Jahrzehnten einen oder mehrere Krimis geschrieben. Leider können sie im vorliegenden Zusammenhang nicht so ausführlich gewürdigt werden, ein kurzer Überblick soll immerhin gewagt sein. Bibliographische Details sind im Anhang zu finden.

Kriminalkommissar Hans Waldmeier sucht in OPHELIA IN DER GLETSCHERSPALTE von Heidi Haas nach dem Mörder einer Gelegenheitsprostituierten.

Aus der eigenen Erfahrung im Milieu schreibt Dora Koster einen Politkrimi mit dem Titel MÜCKEN IM PARADIES. Sie vermischt die Schilderungen aus der Szene der käuflichen Liebe mit den Jugendunruhen Anfang der Neunzigerjahre.

Käthi Mühlemanns TOD NACH REDAKTIONSSCHLUSS beleuchtet den Mord an Chefredaktor Hansen vom serbelnden Lokalanzeiger und beeindruckt mit atmosphärischen Schilderung des menschlichen Miefs in einer kleinen Redaktion.

Elisabeth Altenweger macht die Stadt Bern in zwei Romanen zum Ziel von internationalen Terroristen und Agenten verschiedener Geheimdienste. Leo Leu, Ressortleiter Wirtschaft des schweizerischen Nachrichtendienstes, bringt Ordnung in die monströse Unordnung.

Auf Berndeutsch erzählt Trudi Maurer-Arn in zwei Büchern von typischen Charakteren und Randfiguren unserer Gesellschaft, die sich von Polizeifahnder Fuchs unter die Lupe nehmen lassen müssen. »Won i zum See chume, geit d Sunne grad hinder der Voralpechetti uuf u setzt jedem Wälleli, wo vom Morgeluft ufgrüert isch, es wysses Schuumchröndli uuf. A den Uferstääge schoukle farbegi Schiffli mit blutte Mäscht rhythmisch hin u här. Us em Rase näbe der Seepromenade stygt es milchigs Dünschtli, wils geschter grägnet het. Es schmöckt herrlech nach Härd. – Chuum zum Gloube, dass a däm fridlechen Ort en Unfall oder es Verbräche passiert söll sy.«

Bei Monika Amos erleben wir in DER STRAHLENDE TOD den Aufstieg des eher mittelmässig begabten, jedoch krankhaft ehrgeizigen Krebsforschers Armando Ganz. Die Autorin, Professorin für Strahlenbiologie, weiss, wovon sie spricht.

In TANGO CRIMINAL von Cristina Achermann stolpert ein beleibter und ziemlich fauler Mann im Zürcher Vergnügungsviertel über eine tote Frau. Die Stadt mit ihren geldsüchtigen Herren und unternehmungslustigen Frauen liegt irgendwo in Krimilandia.

Viviane Egli hingegen hat es eher mit Liebe, Neid und Rivalität in der Kommunikationsbranche. Martin Schneider von der Kantonspolizei Zürich ermittelt bereits in seinem zweiten Fall. Das St. Galler Tagblatt meinte zum ersten: »Wacker wird gemordet, grosszügig auf falsche Fährten gelockt [...]«

Lotti Ullmanns Ich-Erzählerin Cora lebt in den USA und hat ihren Mann umgebracht, weil er ihr lästig ist (die genaue Schilderung der Beseitigung der Leiche überlasse ich Leserinnen mit einer Abneigung gegen Hunde). Minutiös wird in DER POOL nun erzählt, wie sich die Verdachtsmomente verdichten und wie Cora sich immer wieder aus der Schlinge zieht.

Mona Bodenmann untersucht den TOD EINER INTERNATSSCHÜLERIN. Eine junge Frau ist die einzige, die nicht glaubt, dass sich ihre Schwester von einer hohen Brücke in Fribourg gestürzt haben soll. Sie macht sich auf die Suche nach den wahren Gründen und deckt ein Dickicht an Lügen und von enttäuschten Hoffnungen auf.

Barbara Traber hat mit CAFÉ DE PRÉTY die Freude am Schreiben von Krimis gefunden. Aus persönlicher Erfahrung heraus schildert sie die Atmosphäre im Historischen Museum von Bern und in der Bresse bourguignonne im nahen französischen Grenzland. Da verschwindet die Freundin der Protagonistin Regula ...

Brigitt Albrecht, in Solothurn geboren, ist erst in Wien zum Schreiben gekommen. Dort hat sie die Detektive Jeschek und Jones erfunden, die sie auf Spurensuche schickt. Die Grafikdesignerin Martha Marix Jones ist diejenige, die sich in Schwierigkeiten begibt: Computerkriminalität im ersten, Drogengeschichten im zweiten Krimi begleiten das Handlungsmuster, in dem Kommissar Jeschek jeweils zu Hilfe kommt.

LEONIE IN GEFAHR heisst der Jugendkrimi von Iris E. Riesen für die Altersklasse ab 14 Jahren. Auf einer Kreuzfahrt verliebt sich Tobias in Leonie, die bei einem Landausflug in Istanbul entführt wird, was den jungen Mann natürlich zum Handeln zwingt. Ein kleiner Schuhputzjunge kommt ihm zu Hilfe und zeigt den beiden nach der Befreiung von Leonie den eigentlichen Charme seiner Heimatstadt.

Mitra Devi ist bisher durch einen Band Kurzgeschichten mit dem Titel DIE BIENENZÜCHTERIN aufgefallen. Der ganz normale Alltagswahnsinn dominiert die ironischen Rachegeschichten.

Olivia Kleinknecht debütierte 2003 mit ZUM FRÜHSTÜCK MORD. Kommissar Bordone will in Zürich den Mörder einer grässlich zugerichteten Lehrerin finden. Dabei erfährt man ziemlich viel über das Innenleben des Gehirns eines Machos (was Frauen so alles wissen …) und seine Essgewohnheiten. Wer Zürich kennt, wird vieles in diesem Roman wiedererkennen.

Im Text der Tierärztin Katharina Huter geht ein TODESENGEL IM LUZERNISCHEN um. Christina Lauber ist die Chefin der Fachgruppe »Leib und Leben« der Kantonspolizei Luzern und leitet die Ermittlungen, die – der Verlag warnt vor einer verfrühten Lektüre der Schlussseiten – zu einem überraschenden Ergebnis führen.

Bettina Robertson hingegen hat der Schweiz den Rücken gekehrt und lebt nun mit einer Haushaltshilfe und mehreren Katzen in Hongkong. Dort werden einige Damen der besseren Gesellschaft nacheinander umgebracht. Die passionierte Krimileserin Jessica weiss, wie der Hase läuft, und nimmt deswegen die Untersuchungen in die Hand.

Schliesslich ist auch vom Sektor Theorie noch etwas zu berichten. Brigitte Frizzoni hat im »Schweizerischen Archiv für Volkskunde« einen erhellenden Artikel publiziert: MORDSFRAUEN. DETEKTIVINNEN UND TÄTERINNEN IM ›FRAUENKRIMI‹ DER 80ER UND 90ER JAHRE. In diesem zweifellos aufschlussreichen Text kommt allerdings als einzige Schweizer Autorin Milena Moser vor, womit wir wieder am Anfang wären.

Claude Cueni veröffentlicht nur wenige seiner Texte als Bücher, jedenfalls im Vergleich zu seiner gesamten Produktion, die in grossem Umfang aus Fernsehdrehbüchern besteht. 1987 erscheint SCHNELLER ALS DAS AUGE (im selben Jahr verfilmt von Nicolas Gessner). Die Story basiert auf wahren Begebenheiten. Ein Vierteljahrhundert lang erforschte der amerikanische Geheimdienst CIA mit unmenschlichen Experimenten die Verhaltenskontrolle an ahnungslosen Menschen. Das Projekt hiess Bluebird. Davon handelt im weitesten Sinne der Roman, der das Thema in einem Einzelschicksal abhandelt. Ben Truger ist McSyme, der grosse Zauberkünstler, der König der Illusionen. Er ist mit seiner Schwester Ingrid unterwegs, einer nervösen, tablettensüchtigen Frau. In ihren depressiven Phasen möchte sie Selbstmord begehen, in ihren euphorischen gerät sie in einen wahren Kaufrausch. Ben lebt in der Welt seiner Träume. Darin kommen Frauen wie die Stripperin Miriam vor, die »lächelte wie die Mädchen im Werbespot, die soeben eine neue Damenbinde für sich entdeckt haben«. Aber auch Nora, die Bardame vom »Black Penny«, mit der Ben eigentlich zusammen sein möchte. Der Amerikaner Schneider will von Ben gegen gutes Geld einige Zaubertricks lernen und offeriert ihm einen Klinikplatz für seine Schwester, die daraufhin spurlos verschwindet in einem Labyrinth von Vertuschungen, Menschenexperimenten und gefälschten Identitäten. Ben kann alles nachvollziehen, aber nichts beweisen.

In DER VIERTE KRANZ (1989) treibt Claude Cueni dasselbe um wie ein Jahr zuvor Jürg Weibel in DIE SELTSAMEN ABSENZEN DES HERRN VON Z. In beiden Romanen soll ein eher schlampiger Detektiv einen verschwundenen Mann finden, beauftragt von einer in ihrer jugendlichen Schönheit und in ihrem nur scheinbaren Interesse dubiosen Ehefrau. Ob dies die späte Antwort auf die Befindlichkeitsliteratur der Jahre zuvor ist? Herr von Z. verschwindet immer wieder mal wegen periodischer Absenzen in psychiatrischen Kliniken. Es wird ein ambulatorischer Somnambulismus diagnostiziert, der dazu führt, dass Eric von Z. endgültig verschwindet und später als Wasserleiche im Bielersee wieder auftaucht, während sich seine Frau mit dem Gärtner und Ex-Boxer vergnügt. Aber bald ist auch sie tot, genauso wie die Haushälterin. Der Ich-Erzähler Kaiser jedoch kommt nach vielen Irrungen und Wirrungen dahinter, dass Herr von

Z. einen toten Fixer an seiner Statt im See treiben lässt, damit er sich an seiner Frau rächen kann.

Der Vatikan und der Weltkirchenrat stehen gemeinsam im Kampf um die politische Macht im südamerikanischen Land Cristobal, das von Drogenbaronen und linker Guerilla zerrissen wird. Die kriminelle Macht der Kirche ist die Grundlage für den ersten Krimi von Ulrich Knellwolf mit dem Titel ROMA TERMINI (1992). Die Hauptfigur Renato Bernhard hat einen abenteuerlichen Lebenslauf, ist »römischer Priester und protestantischer Pfarrer zugleich« und somit bestens geeignet für eine heikle Mission. Er soll im Auftrag der höchsten kirchlichen Gremien einen Ausgleich schaffen zwischen Guerilla und Drogenmafia und so die religiöse Macht in Cristobal stützen. In Rom erwartet er den Erzbischof des gebeutelten Landes. Schwarzgeldschmuggel, ständige Geldnöte, Frauengeschichten machen Bernhard zu schaffen. Und als ihn die nicht immer saubere Vergangenheit einholt, kann er seinem Schicksal nicht mehr ausweichen. Spannend erzählt Knellwolf seine intrigenreiche Geschichte, die in einen sehr komplexen Handlungsablauf eingebettet ist und manchmal ein bisschen übers Ziel hinausschiesst, wenn die Action wieder sehr grossspurig daherkommt. Der Text ähnelt eher einem politischen Märchen als einer glaubhaften Agentenstory. Aber die genau beschriebenen Orte der Handlung, der Blick ins Innere der kirchlichen Macht und die Fabulierkunst des Autors machen diesen Krimi bemerkenswert.

Seinen grössten Erfolg feierte Ulrich Knellwolf jedoch mit seiner Sammlung TOD IN SILS MARIA. 13 ÜBLE GESCHICHTEN (1993, in einer erweiterten Ausgabe 2004). Es sind Beziehungsgeschichten, die tödlich enden, meist verbunden mit einer Irritation. Der Alltag mit seiner erdrückenden Routine verhindert zum Beispiel, dass ein Mann seiner Frau die Hand reicht, als sie auf einem Schneebrett davonrutscht und er sie noch retten könnte. Er verhindert aber nicht, dass der gleiche Mann in seiner Lebensroutine fortfährt. Oder: Eine Tochter präsentiert sich ihrem Vater, den sie seit der Scheidung von ihrer Mutter nie mehr gesehen hat, mit einem Verlobten, der dick, unansehnlich und im Pensionierungsalter ist (wie der Vater). Die Tochter missbraucht den Ekel des Vaters, um ihren Verlobten loszuwerden und dessen Vermögen zu erben. Wir lernen in diesen Geschichten Menschen kennen, die ihre Lieben nicht zu Hause, sondern in den Ferien umbringen, einfach deswegen, weil es so viel praktischer und mit weniger Umständen verbunden ist. Ein 68-jähriger Sekundarlehrer nimmt die junge Autostopperin Lilith mit in sein Hotelzimmer, wo er einen zweiten Frühling erlebt. Er ist zum ersten Mal ohne seine verstorbene Frau im langjährigen Ferienhotel und ahnt nicht, dass er dem Engel des Todes begegnet ist, denn ausser ihm selbst hat niemand diese Lilith gesehen. Dass der Autor Ulrich Knellwolf, in seinem bürgerlichen Beruf reformierter Pfarrer, auf althebräische Figuren zurückgreift, ist weiter nicht erstaunlich, schon eher, mit welcher Selbstverständlichkeit er dem Tod einen Weg ins Leben bereitet.

Roger Grafs offensichtliche Vorbilder sind die amerikanischen Autoren der hard-boiled Tradition, die für seinen Detektiv Philip Maloney Pate standen. Diese Figur ist berühmt geworden durch eine Hörspielserie, die bei der 250. Sendung unterbrochen, nun aber wieder aufgenommen worden ist. Viele der so entstandenen Texte sind auch in Buchform erhältlich. Philip Maloney aber wird erst lebendig in der unnachahmlichen Interpretation von Michael Schacht, der die Storys zur Kultserie gemacht hat. In den letzten Jahren jedoch versucht Roger Graf, vom Maloney-Image etwas wegzukommen und schreibt Krimis ohne seinen Helden. DIE FRAU AM FENSTER (2003) ist ein dicker Roman in der ebenfalls amerikanischen Tradition der »police procedurals«, in denen eine ganze Polizeieinheit auf der Suche nach Verbrechern ist. Roger Graf präsentiert uns die neue Zürcher »Ermittlungstruppe Kapitalverbrechen«, die bei Tötungsdelikten zum Einsatz kommt, unter der Leitung von Damian Stauffer. Ihm zur Seite stehen ein schwieriger älterer Polizist sowie ein junger Draufgänger, dazu zwei weitere Frauen und Männer, einer davon Computerspezialist. So sind alle Altersklassen und beide Geschlechter sowie die verschiedensten Fähigkeiten auf vorbildliche Weise vereint, und die Jagd nach dem Bösen kann beginnen. Es wird nämlich ein Bankangestellter beim Joggen getötet sowie später ein Kleindealer und Alkoholiker. Lange merkt man nicht, dass die beiden Morde zusammenhängen, erst ausführliche Polizeiarbeit führt auf die Spur des Mörders: an beiden Tatorten findet man nämlich eine Plastikuhr, die auf 11.15 Uhr eingestellt ist. Dabei präsentiert uns der Autor viel Zürcher Lokalkolorit, die Szene der Langstrasse: Drogen, Sex und Kleinkriminalität, aber auch die Träume der kleinen Leute und all die Verfehlungen auf dem steinigen Weg zur Erfüllung der geheimen Wünsche.

Ähnliche Zusammenhänge wie Roger Graf beschreibt Willi Bär 1990, auf dem Höhepunkt der Platzspitz-Drogenszene, mit TOBLER. Unerwartet wird der ehemalige Fixer Peter Bigler auf der Toilette eines Parkhauses tot aufgefunden, gestorben an einer Überdosis Heroin. Ein müder Serge Tobler, Journalist mit viel Verständnis für Minderheiten, wird von einer Sozialarbeiterin angestellt, um der Sache nachzuspüren. Mit Tobler gehen die Leser auf eine Reise durch die verschiedensten Zürcher Szenen. Die Recherchen nehmen ihren Anfang in einer Wohngemeinschaft von 68er-Therapeuten, die sich gegenseitig in Zeitgeist-Anbiederung überbieten: »Kaum eine Bewegung mit fortschrittlichem oder emanzipatorischem Anspruch, kaum eine alternative Mode der letzten zwanzig Jahre, die sie verpasst oder gar ausgelassen hätte. Ob Kiffen, Klassenkampf, klitoraler Orgasmus, Körnlipicken, Krawall oder Karma – das Enzensbergerchen vom Zürichberg, wie Tobler Marie-Theres insgeheim nannte, wusste immer, was angesagt war.« So sind denn die Beschreibungen der einzelnen Szenen durch den vom Reportagejournalismus geprägten Autor wesentlich eindringlicher als der etwas vertrackte Plot. Aber vielleicht ist es am Schluss genau das, was wir in späteren Jahren noch lesen möchten.

Urs Richle ist ein Grenzgänger zwischen den Genres. DER WEISSE CHAUFFEUR (1996) war sein erster krimiartiger Roman. »Es kann sogar sein, dass diese Geschichte für mein weiteres Schreiben richtungweisend war«, meint der Autor. Ein Harry W. ist angeklagt von Herrn Dr. Walter Herrsberg, seinem ehemaligen Arbeitgeber, bei dem er als Chauffeur tätig war. Er soll geplant haben, Herrsberg umzubringen, indem er den Wagen auf einer Spazierfahrt über den Hasenrücken bei der Brücke über die »Hasenscharte« genannte Schlucht hinunterstürzen lassen wollte. Harry jedoch hat eine seltsame Erklärung für sein Verhalten: Dr. Herrsberg sei eine fiktive Person, deswegen könne er ihm gar nicht nach dem Leben trachten. Diese Behauptung irritiert nicht nur das Gericht, sondern auch seine Freundin Trix, für die Harry, dessen Job auf einer Bank gekündigt worden ist, einen neuen Arbeitgeber erfindet. Es beginnt ein grandioses Verwirrspiel, in das auch sein Jugendfreund Karl verwickelt ist, mit dem zusammen er die Person Herrsberg für spekulative Geldanlagen erfunden hat. Der Erfolg dieser Anlagen weckt Begehrlichkeiten. Harry stellt einen Schauspieler zur Visualisierung seiner Fiktion an, schreibt ein Testament, rechnet aber letztlich nicht mit der Raffinesse seiner Gegenspieler und verschwindet für zehn Jahre im Gefängnis.

Ein zweiter erfolgreicher Grenzgänger ist Martin Suter, der als Schreiber von Kolumnen begann und als Romanautor weiterfuhr. DIE DUNKLE SEITE DES MONDES erschien im Jahr 2000. Der erfolgreiche Wirtschaftsanwalt Urs Blank rutscht in eine Lebens- und Sinnkrise, die er mit der Beziehung zum faszinierenden Hippie-Mädchen Lucille beheben will. Nach dem Genuss psychoaktiver Pilze gerät er ausser Kontrolle, er führt Handlungen aus, von denen er bisher nur geträumt hat, er beleidigt Geschäftspartner, wird in unpassenden Momenten handgreiflich und ermordet gar einige Leute, die ihm im Weg stehen. Seine Persönlichkeitsveränderung führt so weit, dass sich Urs Blank aus seinem gewohnten Leben verabschiedet und zum Survival-Künstler im Wald wird, getrieben von der Obsession, den einen, äusserst seltenen Pilz zu finden, der sein Leben so radikal beeinflusst hat, gejagt von Pius Ott, einem früheren Geschäftsfreund, und von der Polizei. Ein vorgetäuschter Selbstmord ist nicht glaubhaft genug, da Blank anschliessend Spuren hinterlassen hat.

DIE DUNKLE SEITE DES MONDES ist kein eigentlicher Krimi, eher die Beschreibung eines Amoklaufs, der damit endet, dass Urs Blank von einem Jäger wie ein wundes Reh erschossen und verscharrt wird. Dass ein einziger psychoaktiver Pilz eine derartige Persönlichkeitsveränderung bewirkt, bleibt als Motor der Handlung dürftig und unglaubwürdig, bietet jedoch Gelegenheit für wunderbare Beschreibungen des Waldes, der Welt der Pilze und Moose sowie der Überlebenskünste und obsessiven Betätigungen der Hauptfigur.

»Mein Onkel Max Frei, früher Kriminalbeamter in Zürich, später Inhaber einer Detektei in Luzern, ist heute Insasse des Alters- und Pflegeheims St. Jakob in letztgenannter Stadt. Er feiert am 1. August 2004 seinen 92. Geburtstag.« So beginnt RACHE! RACHE! RACHE! (2004). Dieser Max Frei hat seine ersten vier Kriminalromane selber geschrieben, ist heute aber wegen Arbeitsüberlastung, denn seine Dienste sind immer noch gefragt, dazu nicht mehr in der Lage. Der Sherlock Holmes wider Willen braucht also einen Dr. Watson, und das ist Hans Wiederkehr, der schon seine früheren Abenteuer durch begleitende Tagebuchnotizen kommentiert hat. Dieses Verwirrspiel hat System, der Autor hat es durch die beiden Figuren in der Hand, ironische und teilweise wirre Blicke aufs Weltgeschehen zu werfen, ohne dafür zum Nennwert belangt zu werden. Die Geschichte ist schnell erzählt: Der Gemeindepräsident Franz Moos erschiesst in einem Wutanfall, der in privatem Ungemach begründet liegt, die Lieblingskatze von Frank Loosli und Irene Albisser-Loosli. Dieser stürzt Moos darauf vom Hochsitz, wird festgenommen und in Untersuchungshaft gesetzt, wo der Wärter sein Klopfen ignoriert und er an einem Diabetes-Schock stirbt. Da sich der Richter mit einem Doppelfreispruch aus der Verantwortung stiehlt, nimmt Irene Loosli die Sache selber in die Hand und bringt die beiden Schuldigen um. Nun ist Onkel Max gefragt: »Bisher hatte er es sich zur Aufgabe gemacht, Schurken hinter Gitter zu bringen; nun hatte er vor, das Gegenteil zu tun.« Wie ihm das gelingt, wird an dieser Stelle nicht verraten.

Mit seinen Krimis, deren Witz bestimmt nicht nur auf Zustimmung stossen wird, bringt Max Frei einen ungewohnten Ton in die Szene. Der Name des Autors ist das Pseudonym von Armin Arnold, seines Zeichens begeisterter Krimisammler (mit der wohl umfangreichsten Sammlung der Schweiz) und Herausgeber mehrerer Sachbücher. An erster Stelle genannt werden muss RECLAMS KRIMINAL-ROMANFÜHRER (1978, zusammen mit Josef Schmidt), eine erste Übersicht, die dem deutschsprachigen Krimi ein gösseres Gewicht zumisst. Aber auch eine Aufsatzsammlung zur Kriminalliteratur, in der wir einen aufschlussreichen Artikel über den stets übersehenen Heftroman finden, oder die Neuedition des Kollektivkrimis um Frank Arnau, DIE VERSCHLOSSENE TÜR (1932), bereichern sein Lebenswerk und stillen unsern Wissensdurst.

Wer Kurzbeschreibungen nicht mag, sollte zum nächsten Kapitel weiterblättern. Vielleicht müsste man auch stärker selektionieren und Einzelbeschreibungen weglassen. Auf der andern Seite möchte ich nicht über Qualität urteilen, sondern eine »Auslegeordnung« machen. Trotzdem können nicht alle Neuerscheinungen berücksichtigt werden. Aber wer wird in den nächsten Jahren nochmals die Zeit aufbringen, das vorliegende umfangreiche Material zu sichten? Als Herausgeber von Anthologien habe ich im Übrigen gelernt, dass nicht immer diejenigen Texte, die ich für die besten hielt, von andern gleichermassen geschätzt wurden – und umgekehrt. Deshalb: Begeben wir uns auf die Reise. Sie geht mehr oder weniger chronologisch voran.

Klaus Ebnöther, als Schweizer in Ostpreussen geboren, betätigt sich in verschiedenen Romanen Anfang der Achtzigerjahre als Krimiautor. Geprägt von den Anschlägen der RAF beschreibt er einen internationalen Terrorismus, der auch die Schweiz in seinen Fängen hält. Daneben kommen die persönlichen Konflikte nicht zu kurz. So fragt der Klappentext: »Doch kann ihre Liebe in dieser von Emotionen, Hass und Gewalt erfüllten Umwelt bestehen?« Eine Frage, die auch die Leser dieser Romane immer wieder umtreibt.

FADER, eine Kriminalgeschichte von Kaspar Schnetzler, ist eine Abrechnung mit dem Literaturbetrieb. »Es geht um die – nicht immer gewaltfreie – Auseinandersetzung zwischen dem Kritiker Fader und dem Autor Jost.«

Augusto Vassalli schrieb zwei Texte. GENERALSJAGD ist ein spannungsgeladener internationaler Agententhriller, der die Akteure um den halben Erdball jagt.

Adrian Zschokke hat inzwischen auch bereits drei Krimis verfasst. Sein Einsteig, ROTE BLÄTTER AUS AGASUL, lebt von der schweizerischen Tradition und der brasilianischen Exotik. Hans Lanz heisst sein Protagonist, eben erst aus dem Knast von Bahia entlassen. Er führt die Agentur »Brillanz«, aber eigentlich kommt er mit den gewöhnlichen Ereignissen schlecht zurecht. Zschokke, Kameramann mit Welterfahrung, schickt seinen Helden in einem weiteren Text mit dem Titel IFAKARA noch nach Tansania. Unvergesslich bleiben aber die ironischen Alltagsbelichtungen, die an kurze Filmsequenzen erinnern: »Lanz blockierte den Aufzug ein Weilchen, bis er die sieben Schachteln verfrachtet und unten wieder ausgeladen hatte. Ein Programmierer von oben klöpfelte schon nervös gegen die Tür, und etwas später stimmte die wuchtige Faust des erbosten Schlossers von unten in das ‚Furioso für Lifttür und zwei Arbeitnehmer' ein. Lanz lauschte verzückt noch etwas hin und liess dann die Aufzugstür für den nächsten Musikliebhaber offenstehen.«

Urs Hostettler hat mit seinem Team Fata Morgana eine ganz andere Bereicherung für den Krimischauplatz Schweiz vorgesehen. Die Truppe führt so genannte »Mystery Weekends« auf, bereits eine langjährige Tradition. Es handelt sich um ein verlängertes Wochenende, das in einem stimmungsvollen Hotel (oder letzthin in einem aufgelassenen Spital) von einer Schauspieltruppe bestritten wird. Sie spielt einen Krimi, der unter Anteilnahme des Publikums abläuft. Jede und jeder hat die Möglichkeit, als Mitspieler oder als Zuschauer zu agieren. Wenn man sich auf die Atmosphäre, auf die kunstvollen Bauten, auf das Spiel insgesamt einlässt, wird man trotz all der Überraschungen mit etwas Glück auf die Person des Täters kommen und den Hauptpreis nach Hause tragen können. Die Aufführungen unter der Leitung von Urs Hostettler begannen – wie könnte es anders sein – an Sherlock Holmes' Sterbeort Meiringen, wucherten dann nach Interlaken und endeten im Emmental. Im Augenblick wartet die Schweiz auf eine Fortsetzung der einfallsreichen Aufführungen.

Andreas Pritzker schildert in FILBERTS VERHÄNGNIS vier alte Schulfreunde, die sich zum wöchentlichen Stammtisch treffen. Einer der vier – der Journalist Filbert – wird ermordet. Ein anderer, der vorzeitig pensionierte Polizist Wiederkehr, hat sich auf die Alpensüdseite zurückgezogen und erzählt in einem umfassenden Bericht an die Staatsanwaltschaft, wie er den Fall Filbert gelöst hat.

Carlo Meier ist erfolgreicher Verfasser von Krimis für Kinder. DIE KAMINSKI-KIDS heisst seine Serie von Büchern, die ganze Schulzimmer auf die Suche nach Geheimnissen schickt. Leider bin ich für diese Art von Literatur schon ein wenig zu alt, so darf ich das Urteil darüber jüngeren, aber nicht weniger kompetenten Leserinnen und Lesern überlassen.

Otto Steiger, durch viele Veröffentlichungen bekannt, hat sich mit Die Tote im Wasser für einmal auch auf das Gebiet des Kriminalromans begeben. Sein Kommissar Borel wirkt müde und leidenschaftslos, hat er sich doch mit einer Tat herumzuschlagen, die wie ein Raub oder ein Mord nach einer Vergewaltigung aussieht, einer unschönen Sache also. Die akribische Interviewtechnik des Kommissars trägt dabei nicht unbedingt zur Spannung bei.

»Seine Arme breiteten sich jesusmässig aus, und in seiner Hand leuchtete wie ein blankes, schwarzes Insekt ein kleiner Revolver.« So stürzt sich der Detektiv Sam Riley in die Welt der Kriminellen und Abenteurer und erledigt in einer spektakulären, blutigen Aufräumaktion einen Mädchenhändlerring. Nach dem furiosen Beginn schaltet Das Un-Glück von Michael Spittler und Constantin Seibt auf Normaltempo zurück. Es entwickelt sich eine Detektivstory innerhalb aller Klischees von Philip Marlowe bis Humphrey Bogart in Casablanca: Zwei Frauen suchen ihre verschwundenen Männer. Ein anarchistischer Roman will Das Un-Glück sein, ein »Commedia dell'arte-Krimi«, »Postmoderne fürs Volk«. Zum eigentlichen Detektivsuchspiel hinzu kommt als Klammer ein Klinikroman, in dem mit den Klischees gespielt wird, wo die Autoren den literarischen Umgang mit dem Trivialen gekonnt beherrschen. Dass der Sohn des Immobilienhais ein Linker ist, der sich am Volkszählungsboykott beteiligt, dass ein desillusionierter Polizist und einige schöne Frauen vorkommen, dass ein erfundener Fetisch von südamerikanischen Indianern aus der Zeit des Kolumbus, auf dem ein Fluch lastet, der bis in heutige Tage wirksam ist, dass all diese Teile das Ganze ins Absurde führen, das ist die wahre Könnerschaft der beiden Verfasser. Sam Riley aber kämpft sich tapfer durch die Unbill des Lebens und gehört folgerichtig zu den Verlierern, für die sogar das abschliessende Happy-End nur der Neubeginn für das nächste Un-Glück ist: »Der Mann im Spiegel sah aus, als hätte jemand Richard Nixon mit Frankenstein und Karl Dall gekreuzt, ohne sich vorher die Fingernägel zu putzen. Riley grinste ihn an und wünschte ihm viel Glück bei der Bewerbung zum ›Schönsten Monster des 20. Jahrhunderts‹.«

Die Weynzeichen-Recherche von Matthias Steinmann (sein zweiter Krimi) behandelt Intrige, Betrug, Korruption und letztlich

Mord in der Medienlandschaft. Dabei lässt der Autor, selber Mediendozent an der Universität Bern, keine der Berner Szenen aus den letzten Jahren aus. Schuld und Lebenslüge sind die Themen seines ersten Romans NACHTFAHRT.

Damit sind wir im weitesten Sinne im Bereich des Theologischen, in dem sich natürlich Fritz Stolz bestens auskennt. »Kummer fasste langsam klare Gedanken. Er rüttelte am Bein des Mannes – aber Professor Reiner Edelmann, weiland Professor für neutestamentliche Wissenschaft an der Universität Zürich, rührte sich nicht mehr, und zwar endgültig.« Herbert Kummers Entdeckung löst eine Reihe von Ereignissen aus, die nicht nur die Polizei, sondern auch die Mitarbeitenden des theologischen Seminars interessiert. Die Wahrheit, die schliesslich ans Licht kommt, eignet sich allerdings nicht als theologische Seminararbeit, trotz des sprechenden Namens des Toten.

Josef Winteler schickt in JAKOBSLEITER seinen Thomas Tschudi, Chef der Kriminalpolizei, ins Zürcher Oberland in ein Altersheim, das Sitz einer streng religiösen Gemeinschaft ist. Dass ein paar alte Leute an Salmonellen und anderen Infektionen sterben, scheint auf den ersten Blick die natürlichste Sache der Welt zu sein.

Aber spätestens seit Hugo Stamms Veröffentlichungen zu Religionsgemeinschaften und sektenähnlichen Vereinigungen ist man da hellhörig geworden. Er selbst hat seine Erfahrungen zur Warnung in einem Thriller zusammengefasst und literarisch aufgearbeitet: TOD IM TEMPEL.

Der Sportjournalist Rolf Wesbonk beauftragt Dillmann mit seinen Fällen, einen ehemaligen Profikicker und leidenschaftlichen Hobbykoch. So verknüpft der Autor italienische Küche mit Rezeptvorschlägen und Fouls auf dem Fussballplatz zu kriminalistischen Situationen.

Auch Tim Krohn weiss die Küche zu schätzen, siehe DER SCHWAN IN STÜCKEN. »Der Beruf des Kochs ist ein einsamer. Seine Einsamkeit ist eine andere als die der Ärzte und Pfarrer, mit denen Köche allerdings Gemeinsamkeiten teilen: den Griff ins Innere des Menschen. Die Macht über den Tod.« Der Koch Andris ist denn auch der Hauptverdächtige im Mordfall Valerie alias Ilona Wetzel, den der

Kommissar, der wirklich nur Kommissar heisst, aufzuklären hat. Die römische Küche liefert dabei den einen oder andern Hinweis.

Robert Vieli führt uns in seine Bündner Heimat und deckt den Lebenslauf eines Gaunerkönigs auf, der aus einer veritablen Verbrecherfamilie stammt, die sich bis ins 17. Jahrhundert zu den berühmten Räuberbanden zurückverfolgen lässt. ERMITTLUNGEN IN DER PROVINZ nennt der Autor seinen Bericht.

Peter Bieri hingegen ist Professor für Philosophie an der Freien Universität Berlin und widmet sich neben seinem Beruf unter dem Pseudonym Pascal Mercier dem Verfassen von Romanen mit teilweise kriminellen Elementen. In DER KLAVIERSTIMMER werden die Zwillinge Patrice und Patricia nach Berlin gerufen. Ihr Vater hat angeblich während einer Vorstellung der »Tosca« den Tenor erschossen, eine Vorstellung, die nicht in allen Köpfen nur Schrecken verursacht.

ICH HÄTTE DAS LAND GERN FLACH, das sagt Christoph Keller und lässt seine Hauptfigur, einen unauffälligen jungen Beamten namens Wilhelm Gess, den Bundesrat Hans Lüthi erschiessen. Der Mörder schweigt in der Folge hartnäckig. Ein Journalist ermittelt nun durch Befragungen die Hintergründe dieser Tat. Das Buch besteht im Wesentlichen aus den Mitschnitten der Interviews.

E. Y. Meyer hat neben einigen Kurzgeschichten VENEZIANISCHES ZWISCHENSPIEL geschrieben. Vier Theaterleute und ein Schriftsteller reisen nach Venedig. Dort werden sie vom Dramatiker Riccardo Maline in sein Haus eingeladen, wo es in einer gespenstischen Nacht zu einer unerhörten Begebenheit kommt. Der Ich-Erzähler meint: »Mir selbst ist das venezianische Intermezzo als Beispiel dafür, wie schnell man schon unter relativ günstigen Lebensbedingungen zum Mörder werden kann, stets präsent.«

Saro Marretta schreibt Rätselkrimis auf Italienisch und ist der bekannteste Schweizer Krimiautor in Italien. PRONTO COMMISSARIO ...? ist allerdings noch nicht auf Deutsch übersetzt, aber vielleicht gibt es Leute, die gerade Italienisch lernen?

Machen wir einen Abstecher ins Schweizerdeutsche. Die Krimis in Schweizer Mundarten (es gibt davon in jedem Kanton eine andere und in jedem Tal eine andere Färbung) bestechen weniger durch den jeweiligen Plot. Alles ist hier der Sprachgestaltung unterworfen, die für Aussenstehende zum Stolperstein wird, vielleicht den Charakter des Exotischen hat, aber nicht wirklich verständlich ist. Erschwerend kommt noch hinzu, dass es keine einheitliche Schreibweise und keine verbindliche Grammatik gibt. Dabei erfreut sich dieses Genre grosser Beliebtheit in der Schweiz, allen voran in der Form von Lebensberichten und nostalgischen Schilderungen. Diese heile Welt tritt denn auch im Kriminalroman in den Vordergrund. In Werner Gutmanns DER USSLAND-SCHWYZER geschieht ein Mord in einem Hotel. Kommissar Seiler soll den Fall aufklären, muss aber gegen die Widerstände des Hoteldirektors kämpfen, der die ganze Tourismusbranche in Gefahr sieht. Dass alles zu einem guten Ende kommt, steht von Anfang an fest, denn die Behäbigkeit der Sätze entspricht dem langsamen Fluss des Geschehens. »Wüll ds Zimmermeitschi Sonja vom Grand-Hotel Palace z Interlache gwüsst het, dass der Gascht vo der Suite 311 jede Tag bizyte es Waldspaziergängli macht, het's sys Zimmer als erschts mit stoubsugere u ufruume wölle dranäh. D Türen isch nid bschlosse gsy. Es het drü Mal aaklopfet. Wo niemer antwortet geit's yne, tuet d Badzimmertüren uuf, blybt mit wyt ufgrissenen Ouge es paar Sekunde wi glähmt stah, lat e Göiss fahre, wo me sicher i der ganzen Etage ghört u rennt i häller Panik d Stägen abe.«

Hans Peter Gansner, der Bündner, der ennet der Genfer Grenze in Frankreich lebt, hat die Kommissarin Pascale Fontaine aus Paris geschaffen. Sie greift mit oftmals waghalsigem Engagement für die Opfer ins Geschehen ein, wenn es darum geht, Licht in nicht aufgeklärte Fälle zu bringen. In MEIN IST DIE RACHE ist eine finnische Studentin in die Fänge einer obskuren New-Age-Sekte geraten. Nur ein ehemaliger Linksaktivist kann helfen.

Bei Thomas Zwygart kehren wir wieder in die Provinz zurück: MORD IM BLAUEN BÄHNLI von Worb nach Bern. Ein Alt-Regierungsrat erlebt das Ende der Trambahnfahrt nicht mehr lebend. Der Krimi des Autors hing während eines Jahres Woche für Woche als Faltblatt-Fortsetzungsroman in eben diesem blauen Bähnli und begeisterte die Pendler.

Louis Hagendorn, ein junger Berner Autor, versucht es mit Vexierspielen. In DER ABGANG schreibt der Berner Polizeipräsident nach seiner Pensionierung einen Roman, in dem er auf Erlebnisse während seiner Amtszeit zurückgreift. Jahre später versieht er sein Manuskript mit Randbemerkungen, die auf ein gross angelegtes Vertuschungsmanöver schliessen lassen.

Heinrich Eichenberger, selber in »Business Investigations« tätig, hat sich das undurchsichtige Gebiet der Wirtschaftsspionage für seine Thriller ausgesucht und schreibt aus eigener Erfahrung mit viel Hintergrundwissen, allerdings auch mit der Geschwätzigkeit des Fachmanns, der alles an Wissen ausbreiten muss, wenn er denn schon einmal zu erzählen anfängt. Weniger wäre in diesem Fall mehr.

Das Autorenpaar Katarina Madovcik und Ruben M. Mullis haben in DIE 25. STUNDE den Moskauer Chefinspektor Nikita Andrejewitsch Morosow ins Leben gerufen. Unmittelbarer Anlass für das Schreiben dieses Romans war der Untergang der Fähre Estonia. Das Buch lebt neben den Thrillerelementen von atmosphärischen Beschreibungen aus einem untergehenden Russland, was den Autoren sogar Lob von der Literaturnaja Gazeta einbrachte.

Der aus Taiwan stammende chinesische Autor Wen-huei Chu beschreibt in seinem einzigen auf Deutsch übersetzten Krimi DIE MORDVERSIONEN ein Beziehungsdrama, in dem man unschwer seine Zürcher Lebenswelt wieder erkennt. Menschen chinesischer und schweizerischer Herkunft treffen sich zu einem mörderischen Stelldichein, das in Alltagsszenen ausgebreitet und am Schluss in verschiedenen Versionen des tödlichen Hergangs gezeichnet wird. Tiefgründig ist die Schilderung chinesischer Gewohnheiten, fernöstlichen Denkens und des Lebensstils von Emigranten.

Virgilio Masciadri wiederum bläst zur SCHNITZELJAGD IN MONASTERO, einem Ferienort am Comersee, wo Don Ruggiero, vom Bischof von Como geschickt, auf die Hilfe der im Dorf wohnhaften Deutschen Heike Bonomi zurückgreifen muss. Auch Masciadri hat im eigentlichen Sinne einen exotischen Handlungsort für seinen Krimi gewählt.

Zurück in die Heimat. Der Rumäne Siegfried Chambre schickt seinen Ermittler, Kommissär Fritz Matter, in die Berner Altstadt und lässt ihn zwischen katholischen Kirchenführern, zweifelhaften Wahrsagerinnen, verlausten Pennern und sadistischen Sexarbeiterinnen wirken. Welche dieser Milieus dem Autor geläufig sind, ist mir nicht näher bekannt.

Hansruedi Gehrings RÄTSELHAFTER TOD IN ZÄHRINGEN spielt in Fribourg. Ein Psychoanalytiker und Hobby-Schlangenzüchter wird von einer giftigen brasilianischen Lanzenotter gebissen. Kommissarin Marlis Merz deckt eine unheimliche Welt auf, die nicht von ungefähr auch im Ärztemilieu spielt, das dem Autor aus seinem Hauptberuf als Psychiater und Daseinsanalytiker bestens bekannt ist.

Ueli Schmid schreibt über DIE TOTE IN BRÜGGERS DORF. Andreas Brügger von der Berner Kantonspolizei wird in sein Heimatdorf im Berner Oberland geschickt, um den Mord an einer Krankenschwester aufzuklären. Die dabei aufgedeckten Ungereimtheiten und Verwicklungen bringen den ganzen Ort in Aufruhr. Schmids Krimi hinwiederum hat reissenden Absatz gefunden im Tal, in dem jeder wissen wollte, ob auch er in der einen oder andern Form im Text Platz findet.

Der bislang letzte Neuzugang zur Berner Krimiszene ist Dieter Stamm, der Biel zum zweiten Mal (neben Sam Jaun) zum Schauplatz eines Verbrechens macht. Kommissär Sutter wird von seiner neuen Chefin Sabine Junghans zum Dienst beordert. Sie müssen einen Mord in der vornehmen Villa des Uhrenbarons David von Weissenberg aufklären. Das ganze Personal, die Örtlichkeiten, die Szenegeschichten, alles atmet die Bieler Luft.

Urs Schaub schickt seinen Polizisten TANNER in die Westschweizer Provinz in den Urlaub. Natürlich kann so ein Beamter nicht still sitzen und wühlt – neben persönlichen Eskapaden – in der Familiengeschichte eines reichen Patrons. Nachdem er auf dem Friedhof die Gräber zweier ermordeter Mädchen inspiziert, wird klar: Tanner ermittelt im Fall eines Kindermörders, dessen Spur er in Marokko aufgenommen und den er in die Westschweiz verfolgt hat.

Wolfgang Bortlik nimmt uns in HEKTISCHE HELDEN auf eine Reise ins wilde Basel. Der Buchhändler Helfenstein wird nach dem erfolgreich verhinderten Raub einer Handtasche von einem Junkie in die Hand gebissen. Der nachfolgende Cocktail aus Whisky und

Medikamenten führt zu einer mittleren Bewusstseinstrübung: Im delirischen, mit dubiosen und kuriosen Liebesaffären durchsetzten Wirbelsturm drehen sich ein ländlich-rechter Financier, ein städtischer Anwalt mit Schlägertrupp, ein parlamentarischer Waschlappen sowie andere Verschwörer und weitere Retter.

Erwin Beyeler führt uns in die Ostschweiz. Kriminalkommissar Berger ermittelt auf den Spuren von KERN, der für eine Serie von Einbruchdiebstählen verantwortlich zeichnet, die er aus Einsamkeit und nicht aus Gewinnsucht verübt hat. Der Autor weiss, wovon er redet, denn er hatte zeit seines Lebens mit Menschen zu tun, die im Netz der Justiz hängen blieben: als Gerichtschreiber, Rechtsanwalt, Verteidiger oder Polizeioffizier.

Bei Vincenzo Todisco geht es zu WIE IM WESTEN. Der Wissenschaftler Ernest Whyte erhält den mit einer grossen Geldsumme versüssten Auftrag, nach Dreamtown zu reisen und die Geheimnisse dieser von der Welt verlassenen Wüstenstadt aufzudecken. Ein Krimi, eine Komödie, eine Mischung aus Film und Comic, jedenfalls ein Grenzgang zwischen und über den Genres. Whyte muss die beiden ungewöhnlichsten Sachen aufspüren, die einem ins Auge springen, wenn man sich in Dreamtown umsieht. Er erstellt eine Liste, die unter anderem das Dilemma jedes klar definierten Romans umschreibt:»10. Es wirkt, als befände man sich in einem Western, jedenfalls beinahe, aber es gibt keine Pistolen. 11. Wenn es ein Western ist, muss es auch Indianer geben.«

Und was bedeutet das für den Kriminalroman?

Gute Aussichten

Wenn wir einen Blick in die Zukunft werfen, so sind die Perspektiven gut, aber im Einzelnen lassen sich durchaus noch Schwachstellen erkennen. Zuerst ein paar Worte zur Anerkennung des Kriminalromans als literarische Gattung. Die Leserschaft honoriert zunehmend die Arbeit der Autorinnen und Autoren, der oft vorhandene lokale Bezug erleichtert den Einstieg in den Kriminalroman, gerade auch für Menschen ohne akademische Bildung. In diesem Sinne verstehen wir den Krimi gerne als Unterhaltungsliteratur und scheuen uns nicht, darauf hinzuweisen, dass diejenige »Literatur«, die sich als elitär und nicht für ein breiteres Publikum geschrieben versteht, ohne die Unterhaltungsliteratur nicht existieren könnte. Wir bilden die Basis für den Zugang zu Texten aller Art, Jugendliche orientieren sich in erster Linie an Unterhaltungsliteratur, und sie meinen damit, dass sie einfach nicht gelangweilt werden wollen. Das ist ein ebenso hoher Anspruch an einen Text wie ein sprachliches Avantgardedasein, das häufig nur der Autor selber versteht. Welche dieser Text auf lange Zeit bestehen, das werden nur unsere Nachkommen wissen, und die haben vielleicht andere Kriterien als wir heute (siehe das Beispiel von Friedrich Glauser). Deswegen braucht es uns auch nicht weiter zu kümmern. Krimiautorinnen und -autoren leben und schreiben in der Gegenwart für die Menschen von heute, sie orientieren sich an den sozialen und politischen Problemen von heute und bilden deshalb Gesellschaft am besten ab.

Es hat Jahrzehnte gebraucht für diese Einsicht, aber inzwischen spricht es sich auch in akademischen Milieus und an Universitäten herum. In der Schweiz haben es die Germanistikstudenten (zu) einfach: Sie können sich auf Glauser und Dürrenmatt berufen, die beide in den literarischen Kanon eingegangen sind. Eine intensivere Auseinandersetzung wird nun – nicht zuletzt dank der mit dieser Übersicht vorhandenen Materialsammlung – möglich. Ein Pionier der Krimi-Forschung lehrt immerhin seit 1971 an der Universität Fribourg: Professor Dr. Edgar Marsch. Von ihm stammt das Standardwerk DIE KRIMINALERZÄHLUNG. THEORIE. GESCHICHTE. ANALYSE (1972). Er ist auf universitärer Stufe auch der Einzige, der sich umfassend um den Schweizer Kriminalroman kümmert und immer wieder Autorinnen und Autoren in seine Seminare einlädt.

Ebenso zwiespältig ist das Verhalten der Kritik. Da der Raum auf den Kulturseiten der Zeitungen und Zeitschriften immer knapper und von immer mehr Sparten beansprucht wird, leidet die Buchkritik schon einmal unter dem Aktualitätswahn: Noch die zweite Reprise eines Filmes ist aktueller als ein Buch, da die Aufführung zu einem bestimmten Zeitpunkt stattfindet und es das Kino als Inserent ungern sieht, wenn sein Programm übergangen wird. Da hat der Buchmarkt generell schlechte Karten. In diesem Rahmen kann man sich zwar nicht über mangelnde Aufmerksamkeit für Krimis speziell beklagen. Dennoch ist es klar, dass viel zu wenig Krimis besprochen werden. Ausserdem ist das Vorwissen der meisten Kritiker im Bereich Krimi bescheiden, so dass eher ein Text gewürdigt wird, der einem vorgegebenen Schema entspricht, als einer, der davon abweicht. So wird der Entwicklung im Genre selbst zu wenig Rechnung getragen. Auch ist immer häufiger zu beobachten, dass einzelne Autoren zu Stars gemacht werden und man über Wochen nur noch Besprechungen von ihren Büchern sieht. Zu vieles geht daneben unter.

Wirklich düster sieht es bei den öffentlichen Kulturförderstellen aus, insbesondere bei den gesamtschweizerischen (einen offeneren Eindruck machen zahlreiche Gemeinden und einige kantonale Kulturämter). Selten kommen Schweizer Krimiautoren in den Genuss von Fördergeldern oder zum Beispiel Übersetzungsbeiträgen von Pro Helvetia (man möge mir verzeihen, aber ich meine nicht Dürrenmatt auf Tschechisch). Dabei wären solche Hilfen dringend nötig, wenn man sich zum Beispiel im englischsprachigen Markt profilieren möchte. Auch tendiert die Anzahl der Kulturpreise, die Schweizer Autorinnen und Autoren für ihre Krimis erhalten haben, gegen null. Die Anerkennung für diese Art Literatur ist im Ausland deutlich grösser als in der Heimat.

Ein weiteres, generell schwieriges Thema ist das Verlagswesen. Hier ist eine kurz Übersicht am Platz. Diogenes ist einer der grössten unabhängigen Verlage im deutschsprachigen Buchmarkt und verlegt viele erfolgreiche Krimiautoren, darunter nur wenige Schweizer (Martin Suter, Liaty Pisani und die Klassiker). Der Scherz-Verlag ist an S. Fischer verkauft worden und von Bern nach Frankfurt disloziert. Auch hier sind nur wenige Schweizer publiziert worden (Roger Graf, Madovcik/Mullis, beide im Taschenbuch). Immerhin verdanken wir die erste umfassende Schweizer Anthologie IM MORGENROT dem Scherz-Verlag. Allerdings ist diese Sammelband-Reihe inzwischen eingestellt worden, damit fehlt eine gute Publikationsmöglichkeit für Kurzgeschichten. Der Unionsverlag hat mit »Metro« eine international renommierte Reihe für Krimis, in der keine Schweizer dabei sind. Im Wesentlichen werden noch von folgenden Verlagen regelmässig Schweizer Krimis herausgebracht: orte-Verlag (seit 1987) mit vielen Debutant/innen (Jon Durschei, Paul Lascaux, Viviane Egli mit mehr als einem Werk), der Cosmos Verlag Muri mit gebundenen Erstausgaben (Sam Jaun, Alexander Heimann, Susy Schmid, Werner Schmidli), der Arche-Verlag (Peter Zeindler), Nagel & Kimche (Ulrich Knellwolf, Verena Wyss), der Limmat Verlag (Peter Höner) sowie der Ammann Verlag (Hansjörg Schneider). Bei allen andern erfolgt das Verlegen von Krimis nach dem Zufallsprinzip.

So erstaunt es denn nicht weiter, dass sich immer mehr Autorinnen und Autoren neuer Drucktechniken bedienen und auf das Book on Demand ausweichen, sich an Verlage wenden, die mit diesem Verfahren arbeiten oder Bücher gleich selbst produzieren. Seither ist die Menge der publizierten Krimis unübersichtlich geworden. Sie reicht vom Erlebnisbericht des pensionierten Polizisten bis zur Beschreibung von Mordfällen, welche die Öffentlichkeit beschäftigt haben, vom Detektivroman im Theologischen Seminar bis zum Krimi aus dem eigenen Dorf. Ein deutscher Autor hat bereits angekündigt, auf Bestellung Krimis für eine Firma zu verfassen. Da ist es nicht mehr lange hin, bis die Oma zum Achtzigsten die Fantasien der Erben über ihren eigenen Tod zwischen zwei Buchdeckeln lesen kann. Aber wir wollen nicht allzu sehr lästern, viele der solcherart produzierten Bücher machen in einem beschränkten Kreis auch Sinn, und letztlich muss sich jeder Autor sein Publikum selber suchen.

Jammern nützt also wenig, besser ist es, sein Schicksal in die eigenen Hände zu nehmen. So wird die Zersplitterung der Krimiszene durch gemeinsame Anstrengungen überwunden. Seit 1994 gibt es alle zwei Jahre die *Burgdorfer Krimitage*. Sie sind jeweils thematisch bestimmt, allerdings eine Publikumsveranstaltung und weniger ein Treffpunkt für Autorinnen und Autoren. Diese können sich neben dem nationalen Verband *AdS* (Autorinnen und Autoren der Schweiz) im *Syndikat (Autorengruppe deutschsprachige Kriminalliteratur*, mit dem Jahreskongress und gleichzeitig Krimifestival *Criminale*) organisieren, die Frauen zusätzlich bei den Sisters in Crime, Swiss Chapter. Als internationale Dachorganisation steht die *AIEP – IACW (International Association of Crime Writers)* zur Verfügung. Alle diese Verbände leben jedoch von der aktiven Teilnahme der Interessierten, und naturgemäss stehen für diese teils aufwendigen und unbezahlten Arbeiten (man denke nur an die Kosten für Reisen und Unterkunft bei Kongressen im Ausland) nicht sehr viele Kolleginnen und Kollegen zur Verfügung.

Im publizistischen Bereich hat Peter Zeindler bereits 1995 einen Anlauf unternommen und in der damals noch existierenden Reihe rororo-Thriller einen ersten Sammelband von Schweizer Kriminalerzählungen herausgegeben unter dem Titel BANKEN, BLUT UND BERGE. Der Autor dieses Berichts rief im Jahr 2001 die ersten *Mordstage* ins Leben, in Bern, der heimlichen Hauptstadt des Schweizer Krimis. Damit verbunden war die von mir herausgegebene Anthologie IM MORGENROT, die 25 Autor/innen vereinigte und eine weite Verbreitung fand (etwa 6.500 verkaufte Exemplare – ohne einen einzigen Rappen öffentliches Geld!). An der Landesausstellung Expo.02 fanden überdies verschiedene stimmungsvolle Lesungen auf den Arteplages von Biel, Murten und Yverdon statt, an der erstmals französisch- und deutschsprachige Exponent/innen der Krimiszene teilnahmen. Wie an den ersten *Mordstagen* versammelten sich auch im Herbst 2003 zur zweiten Ausgabe wieder gegen 40 Autor/innen, diesmal in Zürich. Verantwortlich für die Durchführung zeichneten Jutta Motz und Katarina Graf Mullis. Im Frühling 2005 finden die dritten *Mordstage* dezentral an sechzehn verschiedenen Standorten statt. Wiederum erscheint eine Anthologie mit Kurzkrimis, die speziell für diesen Anlass geschrieben wurden und in den Veranstaltungsorten spielen, sie erscheint unter dem Titel TATORT SCHWEIZ im Limmat Verlag. Beides, Anlässe wie Anthologie, stehen unter der Verantwortung von Paul Ott.

Wir haben also die ersten Schritte getan. Weitere sollen und werden folgen, um die Schweizer Kriminalliteratur als festen Bestandteil des kulturellen Lebens dieses Landes zu etablieren.

Die französischsprachige Schweiz

Serge Gorodish war gross, hatte die Gesichtszüge eines Asia-
ten, pechschwarze Augen und einen massigen, runden Kopf.
Seine Haare waren bis auf einen Zentimeter kurz geschoren.
Er machte weder einen gutmütigen noch bösartigen Ein-
druck. Kräftig, das ist alles, was man über ihn sagen konnte.
Delacorta: NANA

Vorbemerkung: Die Titel der Bücher sind im Original zitiert und nur
dort übersetzt, wo eine deutsche Ausgabe existiert. Dasselbe gilt für
Textausschnitte.

Mit grossem Erstaunen und zunehmender Freude habe ich im Lauf
meiner Recherchen die Vielgestaltigkeit der historischen und aktuellen Westschweizer Krimiszene zur Kenntnis genommen. Zwar reicht
sie nicht ganz so weit zurück wie in der Deutschschweiz. Dafür
stammt der erste von einer Frau geschriebene Krimi aus der Gegend
westlich von Bern. Und der internationale Erfolg der Autorinnen
und Autoren – auch dank der Arbeit von einzelnen in der Schweiz
ansässigen Schriftstellern nichtschweizerischer Herkunft – ist ebenso gross wie derjenige im andern Landesteil.
   Im Gegensatz zu deutschsprachigen Ländern gibt es jedoch keine
einheitliche Krimiszene, wir sprechen meistens von einzelnen Autoren, die sich oft gegenseitig nicht kennen. Es gibt – meines Wissens –
auch keine einzige Westschweizer Anthologie, keine gemeinsamen
Aktivitäten und nur ausnahmsweise Lesungen.

Doch zurück zu den Anfängen. Aufgrund der Quellenlage war aus
dem 19. Jahrhundert in französischer Sprache nichts zu finden. Es
ist jedoch nicht einzusehen, weshalb im Westschweizer Landesteil
keine Gerichtsreportagen und Verbrechensberichte aus früher Zeit

vorhanden sein sollten. Immerhin hat schon Rodolphe Töpffer (seines Zeichens der Erfinder der Bildergeschichte, also des Comics) in seiner kurzen Erzählung DER SEE VON GERS (1841, bereits 1838 von Heinrich Zschokke ins Deutsche übersetzt), einer Räubergeschichte, wohl ein aktuelles Problem angesprochen. Natürlich könnte man in diesem Zusammenhang auch Mary Shelleys FRANKENSTEIN erwähnen, der Elemente des Krimis verwendet. Der Roman ist 1816 in Cologny bei Genf geschrieben und zwei Jahre später veröffentlicht worden. Vom Gattungsverständnis her werden die Grenzen mit diesem Text wohl zu sehr strapaziert. Dennoch ist der häufig gelesene und mehrfach verfilmte Roman ein Vorbild für alle Werke, die technologiekritische Elemente verarbeiten. Ebenfalls vorbildhaft wirkte die am selben Ort entstandene Erzählung THE VAMPYRE (1819) von John Polidori, dem Leibarzt von Lord Byron. Sie wurde zum Vorbild für die Vampirmanie des 19. Jahrhunderts und für Bram Stokers DRACULA (1897). Stürmische Nächte am Genfersee sind offenbar die ideale Grundlage für Schauergeschichten im Gewitterregen.

Bereits 1904 jedoch beginnt Benjamin Vallotton mit seinen Geschichten um den Kommissär Potterat vom Polizeiposten St. François in Lausanne: PORTES ENTR'OUVERTES. PROPOS DU COMMISSAIRE POTTERAT. In vier Büchern lässt sein Waadtländer Lebemann, ein Don Quichotte der Westschweiz, seinen Blick über das geliebte Land am Genfersee schweifen. Potterat ist das Gegenteil eines aktiven Ermittlers, er ist ein Flaneur, ein beleibter Bonvivant, ein Maigret vor seiner Zeit im Kleinformat. Potterat spürt keine Verbrecher auf, er findet sie sozusagen im Vorbeigehen. Aus der deutschen Übersetzung von POLIZEIKOMMISSÄR POTTERAT (1920): »Eines schönen Tages aber wurde die Polizei von Lausanne jählings aus diesem friedlichen Sommerschlaf geweckt. Sogar Potterat geriet in Bewegung. Aus der Umgegend der Stadt wurden jeden Tag neue Freveltaten gemeldet. Bald waren Zäune erklettert und Türen nächtlicherweise erbrochen worden, bald wieder standen Pflaumenbäume, die am Tage vorher ihre blaue Pracht in der Sonne gespiegelt hatten, am andern Morgen kahl und leer, als ob der Sturm sie geschüttelt hätte. Hühnerhöfe wurden ihrer gackernden Bewohner beraubt, und wohlverwahrte

Werkzeuge verschwanden auf unerklärliche Art und Weise. Diese an und für sich unbedeutenden Räubereien wirkten beunruhigend durch ihre Häufigkeit und dadurch, dass die Urheber es verstanden, allen Nachforschungen zu entgehen. Die Klagen mehrten sich. Von überall her meldete man zur selben Stunde ein Individuum, das stets als gross, mager und braun gekleidet bezeichnet wurde. Entweder war dieser Kerl allgegenwärtig oder dann hatte man es mit einer ganz wohlgeordneten Bande zu tun. Zur selben Zeit wurde, wie jedes Jahr bei der Rückkehr der schönen Jahreszeit, festgestellt, dass die Zahl der glücklich Entweichenden aus Bezirksgefängnissen sich mehrte. Es ist eine bekannte Tatsache, dass man viel, unendlich viel leichter aus diesen Gefängnissen ausbricht als in das Paradies gelangt. So geruhsam sind unsere Sitten. Im Sommer bleiben nur die charakterlosesten Häftlinge darin zurück oder solche, die einer Auffrischung ihrer Gesundheit bei kräftiger Kost dringend bedürfen.«

Benjamin Vallotton war mit seinem Kommissär Potterat sehr erfolgreich und erreichte mehrere Auflagen, teilweise mit mehr als 10'000 Exemplaren. Ob der Commissaire aus Lausanne durch seinen Bekanntheitsgrad andere Autoren in ihren Figuren beeinflusst hat, wäre ein spannendes Kapitel für die Forschung. Einen ersten Hinweis dafür habe ich in einer Kritik zu CE QU'EN PENSE POTTERAT (1915) gefunden:»In Vallotons [Falschschreibung im Original] ersten Werken [...] war, mangels Kunst und Phantasie, immerhin noch eine gewisse einfache, offene Fröhlichkeit zu spüren. Gewiss, damals hatte es Herr Valloton auch noch nicht auf die Philosophie abgesehen. [...] Doch was diesen ›Dichter‹ und seinen Stil am lebhaftesten charakterisiert, ist seine Schwerfälligkeit, seine unvergleichliche Schwerfälligkeit, eine Schwerfälligkeit, die gar kein Ende mehr nimmt.« Diese Kritik aus dem Erscheinungsjahr 1915 – im Original auf Französisch – wurde vom jungen Friedrich Glauser vor seiner dadaistischen Zürcher Zeit geschrieben! Erinnern wir uns an den Beginn dieses Romans und fragen wir uns, inwiefern Glauser in späteren Jahren eine »verbesserte« Version des Lausanner Commissaire abgeliefert hat:»Langsam öffnete sich die Türe des Polizeipostens St. François in Lausanne, um den Kommissär hereinzulassen. Zwei Späheraugen funkelten lebendig in seinem schalkhaft bestürzten Gesicht. Seine Erscheinung zeigte die strotzende Stattlichkeit eines in den Ruhestand versetzten Dampfschiffkapitäns, und die Uniform vermochte den Ansatz von Rundlichkeit kaum zu verhüllen. Er sah aus wie ein behäbiger Familienvater, der zufällig in einen Soldatenrock geraten ist. Selbst dem üppig blonden Schnurrbart gelang es nicht, diesen Eindruck zu verwischen, obschon seine Enden, ehe sie in die Wolken ragten, dreifach aufgewirbelt waren, wie diejenigen eines Kindleinfressers.«

Vallotton, 1877 geboren, verbrachte seine erste Lebenshälfte in Lausanne und im Elsass, wo er auch seine Frau kennen lernte. Er wurde in den Zwanzigerjahren zu einem unerbittlichen Ankläger für die Opfer des Ersten Weltkriegs. Seit 1935 lebte er aus gesundheitlichen Gründen in Südfrankreich, wo ihm die Nazis in den Zeiten der Besetzung wegen deutschfeindlicher Haltung das Haus zerstörten. In den letzten zwanzig Jahren seines Lebens wurde er mehrfach ausgezeichnet, bevor er 1962 verstarb. Heute ist Benjamin Vallotton in Vergessenheit geraten.

Im Mai 1909 machte die Zeitschrift *Le Signal de Genève* eine Umfrage zum Thema Kriminalliteratur, in der sie unter anderem wissen wollte:»Quels sont, à votre avis, les meilleurs moyens de combattre la ›littérature criminelle‹?« Zwei Antworten, die gegensätzlicher nicht sein könnten, interessieren in diesem Zusammenhang. Jene von Charles Knapp, Professor an der Universität Neuchâtel:»Je crois que les livres en question sont un véritable poison pour notre jeunesse et que l'on ne saurait trop les traquer partout où on les rencontre.« Und jene von Edouard Rod:»A priori, je ne pense pas que leur influence soit pire que celle des histoires de crimes qui circulent dans les journaux, sous forme de faits divers, d'nformations sensationelles, etc. [...] et croyant au surplus que les abus qui résultent de la liberté sont toujours moins dangereux que ceux qu'engendrent la contrainte.«

Wir sehen, die Diskussion um den Einfluss von künstlerischen Werken auf die Gewaltbereitschaft der Jugend war damals schon im Gange, notabene in einer Gesellschaft, die von Krieg zu Krieg stolperte.

Der oben erwähnte Edouard Rod (1857–1910) verfasste kurz vor seinem Tod mit LE GLAIVE ET LE BANDEAU (1912 deutsch: DAS

Entfesselte Schicksal) eine umfangreiche Gerichtsreportage. Der General ausser Dienst Gustav de Pellice, Witwer ohne Kinder, aus einer savoyardischen Familie, besitzt in der Nähe von Chambéry ein Jagdhaus und lädt zur Treibjagd ein. Dabei trifft eine Kugel aus dem Gewehr von Lionel Lermantes den Ex-General und tötet ihn. Es geht nun um die Frage, ob wir es mit einem Unfall oder einem Mord zu tun haben. Rod breitet die Gerichtsverhandlung über 338 Seiten hinweg aus und schildert ausführlich den Prozess, der mit einem Freispruch für Lermantes endet.

1926 finden wir einen Autor mit dem Pseudonym Vincent Vincent, der bis über den Zweiten Weltkrieg hinaus sich unter anderem als Autor von Theaterstücken einen Namen gemacht hat. Zuerst aber schrieb er Le rubis des Comtes Grimani-Walewice, eher ein Gesellschaftsroman mit einem Diebstahl als ein wirklicher Kriminalroman.

1932 hingegen ist ein sehr gutes Jahr für den französischsprachigen Krimi der Schweiz. Wir lesen Le drame de la belle Escale von Berthe Vulliemin, den ersten Kriminalroman von einer Frau (soweit bis heute bekannt). Der Text folgt inhaltlich bekannten Mustern und kopiert die Sherlock Holmes/Dr. Watson-Vorlage. Der Ich-Erzähler wird von seinem neuen Freund Armand Sauverolle abgeholt, der seinerseits bei seiner Ankunft an der nordfranzösischen Küste Inspecteur Dupan von der lokalen Polizei über seine Leidenschaft informiert. Er interessiere sich »à la psychose de la criminalité« und bitte darum, zu den nächsten Ermittlungen beigezogen zu werden. Diese lassen auch nicht lange auf sich warten, denn Jean Savigny, ein berühmter Ingenieur, wird in seiner Villa tot aufgefunden. Es folgen etwas langfädige Verhöre und Untersuchungen, mit denen aber immerhin so viel Druck aufgebaut wird, dass Madame Provers, die Cousine von Monsieur Savigny, den Mord gesteht. Die Geschichte nimmt eine unerwartete Wendung, als Armand Sauverolle Julienne Savigny, die Tochter des Ermordeten, heiratet und sich der Ich-Erzähler hereingelegt fühlt, weil er sie doch auch gerne gehabt hätte. Vielleicht war Berthe Vulliemin vom Ausgang der eigenen Geschichte ebenfalls enttäuscht, jedenfalls hat sie in ihrem Leben noch vieles geschrieben, aber keinen Kriminalroman mehr.

Im gleichen Jahr kommt Charles Ferdinand Ramuz mit FARINET OU LA FAUSSE MONNAIE (deutsch 1933: FARINET ODER DAS FALSCHE GELD). Farinet prägt aus dem reinen Gold, das er in den Bergen findet, Münzen, was ihm den Vorwurf der Falschmünzerei einträgt und ihn ins Gefängnis von Sion bringt. Dort durchsägt er die Gitterstäbe und flieht in die »Wirtschaft zum weissen Kreuz«, wo ihn Josephine Pellanda, die Bedienung, versteckt. Sie wird ihm auch im gesamten Verlauf der Geschichte treu zur Seite stehen. Farinet zieht sich nach Mièges zurück, wo er in einer Höhle seine Münzwerkstatt eingerichtet hat. Josephines Liebe schlägt für Farinet in Bedrückung um. »Aber da er allein stand, oder fast allein, gegen eine ganze Welt, so hielten ihn gerade diese Widerstände aufrecht.«

Aus dieser Einsamkeit will ihn der Gemeinderat Romailler herausbrechen, dessen Tochter Therese in Farinet die Liebe anklingen lässt: »Es gibt zwei Freiheiten; das erkennt er jetzt, die eine ist sanft und hold, die andere ist hart und wild. [...] Niemals! Ich habe die wilde Freiheit gewählt.« So verstrickt er sich immer mehr in sein selbstgewähltes Schicksal, da kann am Ende selbst die Freiheit der Berge nicht mehr helfen. Er verstösst Josephine. Dass er damit selber Unrecht begeht an der Frau, die ihn liebt, kümmert ihn kaum, er denkt, mit ein paar Goldstücklein sei das Problem erledigt. Folgerichtig verrät Josephine Farinets Versteck. Es beginnt eine verzweifelte Flucht und die Jagd nach dem Gentlemanverbrecher, der zum Rebellen stilisiert wird. Während er als toter Held ins Dorf getragen wird, erhängt sich Josephine in ihrer Gefängniszelle.

Wenige Jahre später hat der Engländer Geoffrey Household in EINZELGÄNGER, MÄNNLICH (ROUGE MALE, 1939), das »Höhlenmotiv« ins Extreme gesteigert. Sein Held ist nur noch ein gejagtes Tier, dessen einziger Lebenszweck die Selbsterhaltung ist.

Ebenfalls 1932 erfindet Henri Vuilleumier die Figur des Inspektors Pinkton in LES NUITS DE LAMMERMOOR. In diesem englisch angehauchten Landhauskrimi finden die lange vernachlässigten Schlossfeste erneut statt. Eine begrenzte Anzahl Menschen versammelt sich an einem geschlossenen Ort, die Geschichte öffnet sich erst später. Spiritistische Sitzungen finden statt, ein paar Leute werden ermordet, ein Medium verschwindet spurlos. Der Mörder ist ein leicht verrückter und sadistischer Mann, der ein Familienmitglied der Lammermoors heiraten und das Erbe in Besitz nehmen will. Dem kommt jedoch »l'inspecteur principal de Scotland Yard, John Pinkton« in die Quere. Der Roman beginnt mit einer Wahrheitsbeteuerung (»C'est une histoire vecu.«), die aber nicht über die künstliche Anlage der Geschichte hinwegtäuschen kann. Henri Vuilleumier lässt dem ersten Roman schnell einige weitere folgen, wobei er sich selber eine Falle gestellt hat mit seinem Inspecteur Pinkton. Es braucht nämlich ziemliche erzählerische Kapriolen, um glaubwürdig zu machen, weshalb dieser Scotland Yard-Inspektor sich ausser Landes begeben sollte, damit er auch einmal einen Fall ausserhalb des Königreiches lösen kann. L'OBSÉDÉE (1933) und L'ENIGME D'UNE NUIT (1934) heissen die nächsten beiden Romane, der letztere gemeinsam mit seinem Bruder Ariste Vuilleumier geschrieben. Pinkton wird zur Untersuchung eines Falles nach Paris gerufen und begibt sich anschliessend zu einem Sommeraufenthalt nach Genf. So kann er für einmal in der Schweiz ermitteln.

Die Beliebtheit der Figur des Inspektors Pinkton, die in den Dreissigerjahren sehr hoch war (»[...] l'inspecteur Pinkton, qui est sans aucun doute le personnage le plus connu de toute la littérature suisse d'imagination«), fiel zusehends in sich zusammen, und als der in Bern wohnende, aber französisch schreibende Autor 1945 ein letztes Mal für seinen Detektiv die Feder ergriff, in »X« CONTRE PINKTON, und an seine früheren Erfolge anzuknüpfen versuchte, fand er nur noch einen kleinen Berner Verlag, der sein Werk druckte. Dann verstummte Henri Vuilleumier, nachdem er – zweimal gemeinsam mit seinem Bruder – insgesamt mindestens neun Kriminalromane geschrieben hatte.

Die Dreissigerjahre bringen uns auch Pierre Verdon und seinen Roman UN CONSEILLER D'ETAT A ÉTÉ ASSASSINÉ (1933). In Fribourg werden die Nationalratswahlen vorbereitet, als der Nationalrat Barnabé Doubenay von der katholisch-konservativen Liste tot aufgefunden wird. Eloi Rossier, der Chef der Kriminalpolizei, führt die Ermittlungen, die sich etwas kompliziert gestalten wegen der vielen höflichen Anreden, die im Parlamentariermilieu üblich sind. Rossier wird schliesslich sogar anstelle von Doubenay in den Rat gewählt, aber dann mit einem Paukenschlag von Brigadier Colland im

Sitzungssaal des »cercle catholique« verhaftet: Er hat seinen Rivalen selbst ermordet, den sentimentalen Anlass bietet die von beiden umschwärmte Mademoiselle de Kander.

Lucien Langlois schreibt 1938 ein erstes der aussergewöhnlich vielen Kriminal-Theaterstücke (die später nur noch durch die Anzahl der Radiohörspiele übertroffen wird), die in der Westschweiz in den folgenden Jahrzehnten entstehen: 23.456 OU LE DRAME DE LA RUE DE PASSY. Es ist beeinflusst von der Fröhlichkeit des amerikanischen Kinos, ohne dem Genre des Krimis neue Impulse zu geben.

Eine schillernde Figur, die uns in die Vierzigerjahre überleitet, ist Georges de la Traz (1881–1980), der unter seinem Pseudonym François Fosca beinahe sein ganzes Autorenleben verbracht hat. Neben zahlreichen Publikationen im kunstgeschichtlichen Bereich war er in der Mitte des letzten Jahrhunderts massgeblich an der Genfer Krimiszene beteiligt. Bereits 1937 erschien sein erster Überblick über den Kriminalroman: HISTOIRE ET TECHNIQUE DU ROMAN POLICIER. Im Vorwort der erweiterten Fassung von 1964 (LES ROMANS POLICIERS) bekennt er sich dazu, bereits ab 1937 unter dem anglisierenden Pseudonym Peter Coram insgesamt fünf Krimis geschrieben zu haben, deren drei in Paris erschienen sind (und leider deswegen in der Schweiz in keiner Bibliothek vorhanden sind). »Il fut publié dans la collection ›L'Empreinte‹ des Editions de la Nouvelle Revue critique; et comme cette collection ne publiait que des romans traduits de l'anglais, l'éditeur eut l'ingénieuse idée de mettre en faux-titre du mien: ›Version française de l'auteur.‹ Ce qui était une façon adroite de dire la vérité sans la dire.« Auch ich wäre beinahe auf diese Verschleierungstaktik hereingefallen, hätte ich nicht jenes Vorwort gelesen.

Dennoch: Da sucht man monatelang ein Buch, findet es über das Internet in einem französischen Antiquariat in Cahors, und dann liegt es einem in den Händen: staubtrocken, in ein letztes schützendes Stück Plastik eingefasst. Ein wenig Herzflattern ist dabei, die Bedenken, ein langweiliges Stück Prosa in Besitz zu haben, und dann dieser emotionale Augenblick, wenn man merkt, dass ein Text von seltener Qualität vor einem liegt (obwohl dieser Moment wohl auch ein wenig vom Glück des erfolgreichen Sammlers geschönt wird):

L'AFFAIRE MERCATOR von Peter Coram (1938). Es ist ein englischer Landhauskrimi, der im ersten Teil den Aquarellisten Geoffrey Bellasis zeigt, der aufs Land fährt, um neue Bilder zu malen. In Chuddleton, wo es ihn hinzieht, wohnen noch zwei Maler: der Kubist Thomas Mercator, ein vierschrötiger Mann, der Geoffreys Jugendliebe Julia geheiratet hat – sie allerdings ist vor kurzem unter mysteriösen Umständen verstorben; und Olive Quilliam, eine exzellente Graveurin. Weitere Rollen spielen Dr. Kitchin, der Arzt der Region; der weltentrückte Pfarrer Peter Le Maître und seine weltzugewandte Tochter Susan Carlyon; Eric Lammas, Bellasis' Neffe, der Kriminalromane schreibt und sie modernisieren will, indem er Psychologie und Psychoanalyse hineinbringt, mit wenig Erfolg; Colin Elphick, Erics Freund in London; einige Polizisten und Schauspieler ergänzen das Personal. Von den drei Malern überlebt nur Olive Quilliam. In der ersten Hälfte des Romans schildert der Autor neben der einleitenden Handlung mit spürbarer Zuneigung seine Figuren und glänzt mit profunden Kenntnissen der Kunstgeschichte, während es in der zweiten Hälfte nur noch um die Aufklärung des Falles geht. Dieser Teil spielt denn auch in London, wo Olive von der umschwärmten Künstlerin zur Hauptverdächtigen wird, weil sie mit Unmassen von Geld ausgestattet ist. Letztlich stellt sich heraus, dass Olive mit Mercator liiert gewesen ist und die beiden Banknotenfälschung im grossen Stil betrieben haben, beide ihre gestalterischen Qualitäten zu verbrecherischen Taten nutzend. Olive stiehlt sich aus der Verantwortung, indem sie Gift schluckt, und Colin, der sie in London fördern wollte, kann nur noch seufzen:»Dieu soit loué! S'écria-t-il avec un sanglot amer, la voilà libre!« Womit wir wieder einmal bei der Sehnsucht der Leser nach Randbemerkungen wären, denn einer, der das ganze Buch mit seinem Zusatzwissen begleitet hat, vermerkt: »Non il y a Dieu« Offenbar ist es eine besondere Befriedigung, einen Autor zu»verbessern«, was man bei diesem Roman nur machen sollte, falls man aus heutiger Sicht das Ende als konventionelles Muster betrachtet. Für die Dreissigerjahre ist dieser Peter Coram jedoch sicher einer der gelungensten Texte in französischer Sprache.

Aber nicht nur das Schreiben von Krimis wird eine Leidenschaft, sondern auch deren Herausgabe wird intensiviert und erreicht in den Jahren von 1943 bis 45 einen Höhepunkt, bevor sie abrupt abbricht. In der Zeit der deutschen Besatzung ist die Buchproduktion in Frankreich beinahe inexistent, sie verlagert sich im Bereich des Kriminalromans in die Schweiz und nach Belgien. Die wichtigsten Verleger sind V. Attinger in Neuchâtel, Perret-Gentil (*Les problèmes du crime*), Ch. Grasset (*Collection de la griffe*), die Editions de la Frégate (*Collection du disque rouge*) sowie die Editions Utiles (*Collection l'enquête*) in Genève. Sie zeichnen zusammen für mindestens 60 Publikationen verantwortlich.

Einige Autoren sind Vielschreiber (die wichtigsten sind François Fosca, Marcel de Carlini und Georges Hoffmann) und benutzen deshalb verschiedene Pseudonyme, andere sind Kriegsflüchtlinge und gezwungen, ihre Identität zu verschleiern. So wird das Herausfinden der persönlichen Daten vieler Autoren selber zu einer Ermittlungsarbeit und ergibt am Ende ein Puzzle, in dem einzelne Teile fehlen. Gerade über die Vierzigerjahre ist noch viel Forschungsarbeit zu leisten.

Anzumerken bleibt, dass auch in dieser Zeit der Austausch zwischen deutsch- und französischsprachiger Schweiz sehr bescheiden blieb. Ins Französische übersetzt wurden nur zwei Romane von Max Morell, den umgekehrten Weg ging einzig François Fosca mit Die Dose aus Zedernholz, ein Roman, der im Genfer Theater spielt (bereits mit dem Untersuchungsrichter Maimbourg). Fosca hat in diesen Jahren mehrere Romane geschrieben. Du côté de chez Fyt ist bevölkert von sympathischen anarchischen Figuren wie dem Maler Pierre Belpéras, der an einem Schiffssteg arbeitet, noch nie ein Bild verkauft hat und am liebsten mit seiner Katze Médor redet.

Ein wirklich überzeugender Roman ist François Fosca 1945 mit Le panier de crabes gelungen. Adrien Andreani hinterlässt bei seinem Tod ein Testament, das von Maître Jacquesson verlesen wird und folgendermassen lautet: Fünf Leute, die unterschiedlicher nicht sein könnten, müssen gemeinsam drei Jahre lang den Palazzo an der Promenade Saint-Antoine bewohnen und bekommen nach Ablauf dieser Zeit einen Fünftel des nicht unbeträchtlichen Vermögens. Falls die damit verbundenen Bedingungen nicht erfüllt werden, fällt das gesamte Erbe an einen Schotten namens Mac Taggart, den Sohn eines Mannes, der Andreani einmal das Leben gerettet hat. »A sa naissance, le palazzo Andreani avait paru la fantaisie baroque d'un riche excentrique. ... Et à mesure que les années s'écoulaient, il s'était si bien incorporé à la ville, sa silhouette vénitienne était tellement devenue un des éléments de Genève, que si on l'avait démoli, les Genevois les plus genevois l'auraient regretté.«

So nimmt denn alles seinen alptraumhaften Lauf. Amédée Beaugiron als Ältester soll die Leitung übernehmen, hat aber einen schweren Stand gegen Pauline Morin-Pesne, die sich mit okkulten Wissenschaften, Teufelsbeschwörungen und Totbeten befasst und deren Pekinese Alcofribas als erster das Zeitliche segnet. Ihm folgt Loute Aldebard, eine junge Frau, die auf einer Landpartie von einem Balkon zu Tode stürzt. Roger Verdelet stirbt an vergifteten Pralinen, die er Eric Scotin, dem Regisseur, weggegessen hat. Die spektakulären Ereignisse geben dem Hellenistik-Professor Colettaz und seinem Neffen Jean-Marie Audigné die Gelegenheit zu spekulieren, und auch die Polizei mit Inspektor Matthias und Untersuchungsrichter Maimbourg mischt sich ein (dazu ein Berner Kollege namens Künzli). Der amüsanten Verwicklungen sind noch mehr, die Genfer Aristokratie wird in ihrem Dasein aufs Genaueste beschrieben und muss schliesslich einem schottischen Emporkömmling weichen. Am Ende stellt sich der Anwalt als Mörder aus Eifersucht heraus.

Marcel de Carlini zeichnete für eine ganze Reihe von Büchern verantwortlich, die ebenfalls in diversen Reihen erschienen. Besonders bemerkenswert ist, dass der Autor bereits in den Dreissigerjahren Abenteuerromane schrieb, die in Marokko spielen: LE SECRET DE MARY MORGAN (1938) und LE DÉMON DE BOU-AZER (1942, 1945 ins Deutsche übertragen von Alfred Donati: DER DÄMON VON BOU-AZER. EIN MAROKKANISCHER ROMAN). Erst danach hat er ins Fach des Kriminalromans gewechselt, was ein bisschen an Friedrich Glauser erinnert.

LE MYSTÈRE DU BOIS DE CHÂTEL (1943) beginnt in Südfrankreich mit dem Mord an einem alten Original, das ein Porträt einer jungen Frau wie seinen Augapfel hütet. Auf der Rückseite dieser Profilzeichnung findet sich ein Text in Latein, der Marc Delorme und drei weitere Männer in die Schweiz führt, an die Broye zur Brücke von Salavaux.

Andere Romane von Marcel de Carlini sind weniger wegen ihrer Textgestaltung interessant, sondern deswegen, weil sie vorausweisen auf das, was in den nächsten Jahrzehnten folgen wird: Sie spielen im Theater- oder Radiomilieu (z. B. Le crime du studio 4, 1940, das im real existierenden Radiostudio Genève spielt). Une sonnerie dans l'ombre, ein weiterer Theaterkrimi, erschien 1943 unter dem Pseudonym Fred Marchal. Ausserdem hat de Carlini gemeinsam mit Claude Varennes zwei Texte geschrieben, die so dialoglastig sind, dass sie ohne Umwege im Theater oder im Radio gespielt werden könnten. Varennes selber bemühte sich um eine kritische Auseinandersetzung mit der Geschichte des Kriminalromans, vor allem in A l'ombre de Sherlock Holmes. Le roman policier face à la réalité policière (1944). In diesem Text (mit einer Widmung an Marcel de Carlini, der die Polizeiarbeit in seinen Krimis ernst nehme, und einem Vorwort von François Fosca) vergleicht Varennes die Romanhandlung mit der Realität, referiert traditionelle Detektivromane und vergleicht je einen Fall von Sherlock Holmes, Hercule Poirot, Joseph Rouletabille und Kommissar Maigret mit der Wirklichkeit. Es ist gleichermassen spannend und bemühend, wie der Autor zu beweisen versucht, wie viele Fehler die literarischen Detektive begehen, eine gewisse Rechthaberei, die ihn mit Henri Mutrux verbindet (siehe weiter hinten).

Georges Hoffmann schrieb unter anderem 1945 La maison des sortilèges, eine an die Tradition der Gothic Novels anknüpfende Geschichte, die durch die Beschreibung der Genfer Bourgeoisie allerdings merklich entschärft wird. In einer sprachlich dichten Beschreibung zu Beginn wird die Gegend zwischen Champel und Florissant lebendig, ein kleines Refugium mit hoher Wohnqualität. In einem dieser Häuser wohnt die berühmte Schauspielerin Dominique Francoeur, die bald einen jungen, attraktiven Kolumbianer namens Miguel Iquitos heiraten will. Der jedoch – man ahnt es – hat ein Verhältnis zu der jungen Léna (Hélène Fedorovna). Im Weiteren mischen sich Paul Jurançon, der Neffe der Schauspielerin, Lionnel Bellicaud, ein Anwalt aus Paris, und ein Weiser des tibetischen Hochlands namens Tsong Khapa ein. Da haben der Brigadier de Police Rémy Vivien, genannt »Le Bouledogue«, und der Untersuchungsrichter de Bouillane allerhand zu tun, insbesondere nachdem Dominique nach ihrer Theater-Abschiedsvorstellung im Gartenpavillon tot aufgefunden wird. Ein gefälschtes Selbstmordbekennerschreiben liegt neben der Leiche, man findet Bücher über Magie und Spiritismus, aber ein kleines Bild fehlt. Todesdrohungen, ein Skorpion in der Wohnung, schwarze Messen im »Haus der Hexerei« von Tsong Khapa: »Tout à coup le magicien s'abattit sur le cadavre, son corps épousant étroitement le corps inanimé. La bouche du sorcier se posa sur la bouche glacée et dure de la morte. Lionnel cru entendre une vague mélopée, comme si le mage récitait inlassablement le même formule magique, l'obligeant à forcer le passage des dents serrées, insufflant entre les lèvres du cadavre les mots qui commandent à la vie et à la mort. Cela dura longtemps, dans un silence haletant que rompait seul le ronronnement vague des mêmes mots répétés sans relâche. Puis on eut l'impression qu'un mouvement imperceptible animait le corps glacé de la morte. Lionnel se pencha pour mieux voir.« Aber dann war doch alles anders als vermutet. Lena hat Dominique mit Hilfe des Hexers umgebracht, aber der liebesblinde Paul Jurançon gibt ein Geständnis als Alleintäter ab.

Am 11. Oktober 1946 begann, was in der Westschweiz Radiogeschichte schreiben sollte: das Montagabend-Hörspiel, »les soirées d'écoute religieuse avec les parents […] le silence qui était tel que seul était autorisé le cliquetis des aiguilles du tricot […] le fond sonore qui accompagnait les longues nuits d'études«. Durtal – Picoche – Gallois waren die drei magischen Wörter, und sie bewirkten etwas, was in der Deutschschweiz unmöglich schien: die Identifikation eines grossen Publikums über Jahrzehnte hinweg mit einer Hörspielserie. Georges Hoffmann und Marcel de Carlini waren die Initianten, im Lauf der Jahre kamen Isabelle Villars und Jacques Bron dazu oder lösten die verstorbenen Begründer ab.

Bereits 1949 erschien ein erstes Buch von Hoffmann und De Carlini mit dem Titel LES AVENTURES DE ROLAND DURTAL, GALLOIS, PICOCHE & CIE. (mit einem Vorwort von – wen wunderts – François Fosca). Dies ist eine erste Sammlung von Dialogen, die teilweise bereits vorhanden waren oder vorbereitet wurden in diversen Romanen, manchmal auch in Büchern, die nicht erschienen sind. Radio

Genève (das heutige Radio de la Suisse Romande) produzierte die Sendungen um Inspecteur Gallois, den Polizisten der Untersuchungsbehörden aus Paris, um Roland Durtal, den Amateur-Detektiv, Ethnologen und Steinsammler, und um Picoche, den Automechaniker. Alle drei zusammen bieten einen Querschnitt durchs Volk, konsequenterweise sind sie nicht nur Ermittler, sondern manchmal auch Verdächtige. In LE MYSTÈRE DE LA MAISON ROUGE lernen wir das »rote Haus« von Sylvain Frémont in Mercy-le-Vieux kennen, das den Ruf hat, Unglück zu bringen, denn dort sind bereits drei seiner ehemaligen Bewohner getötet worden. Cyprien Paccard, ein alter Säufer, gibt am Ende die Taten zu, weil er eine Schatztruhe voller Geld versteckt weiss. Es sind diese kleinen Dramen, die einem jeden bekannt vorkommen, die die Faszination der Radiosendungen ausmachen, eine Begeisterung, die auch noch in der neusten Publikation von Jacques Bron von 1998 zu spüren ist: TROIS ENQUÈTES DE PICOCHE. Wieder einmal erinnert ein Kommissar an die lange Tradition von schwerfälligen, liebenswürdigen Männern, die bei Vallotton und seinem Potterat beginnt: »Le patron c'est le commissaire divisionnaire Gallois, un petit gros sanglé dans un costume gris, portant boutons de manchette et cravate Cardin. Un visage banal, impénétrable comme on dirait dans les romans, aux joues légèrement couperosés, signe que le commissaire ne dédaigne pas la bonne chère et ne crache pas dans son verre. Les cheveux sont encore presque noirs (certains chuchotent qu'ils se les teint, mais c'est pur malveillance), alors que la moustache, taillée en brosse, est plutôt du genre poivre et sel. Il a des yeux bleus, ce qui éclaire cette face qui se veut sévère, mais qui dissimule assez mal un caractère plutôt jovial et bon enfant. Gallois s'avance d'une démarche légèrement chaloupée due à son embonpoint.« Inzwischen allerdings ist auch diese langlebige Serie zu Ende gegangen, als einziger Autor ist der letztgenannte noch am Leben und hält die Erinnerung an ein einzigartiges Stück Radiogeschichte aufrecht.

Wie eingangs bereits erwähnt, gab es eine Anzahl von französischen Autoren, die während der Jahre des Zweiten Weltkriegs in der Schweiz im Exil lebten oder hier unter Pseudonym schrieben. Von Alfred Brossel und Georges Dejean ist dies bekannt, weil in der

Schweizerischen Landesbibliothek Bücher mit entsprechenden Widmungen vorhanden sind, bei andern nimmt man diesen Umstand aufgrund des Romaninhalts an.

Von Jean de Fontanes weiss man weiter nichts. Seine Texte spielen in Genf und im umliegenden Frankreich. Besonders interessant ist L'ESPIONNE DE GENÈVE (1944), das mit der Hommage an die Studenten eines Ästhetikprofessors beginnt. Dann jedoch tauchen wir in die Wahnwelten des Ägyptologen Jean Duclos ab, der in alten Hieroglyphen die Formel zweier chemischer Mixturen gefunden hat, die ihn in zweitausend Jahren wieder zum Leben erwecken sollen. Konsequenterweise tötet er sich selber, damit ihm diese Gnade zuteil wird. Gleichzeitig versucht eine internationale Verschwörung von Spionen eine Erfindung in ihre Hand zu bringen, an der ein Chemiker in den unterirdischen Welten Genfs arbeitet. Es geht um einen Motor, der mit Wasser angetrieben wird, eine bahnbrechende Entdeckung, die in diesen Kriegszeiten mehr als ein Menschenleben wert ist. Dieser Apparat wird im Text mit einem Funktionsschema dargestellt, leider jedoch am Ende durch eine Explosion unwiederbringlich zerstört und im See versenkt. Jedenfalls eine faszinierende Geschichte.

Die vier in Genf publizierten Krimis von Alfred Brossel spielen in London, Frankreich und Belgien. In L' AFFAIRE DES DIAMANTS NOIRS lesen wir 1944 nach den einleitenden Seiten über den Diamantenhandel folgende Zeilen: »Tout ce long préambule, inutile dira-t-on, n'a d'autre raison que de répondre à cette question posée par de nombreux lecteurs presque cotidiennement: Comment fait-on un roman policier. Les lignes précédentes fournissent la réponse à cette interrogation mainte fois formulé.« Dies führt mich zu einer früheren Bemerkung über die Randnotizen in Büchern zurück, denn ein Leser hat das Wort »inutile« unterstrichen und mit einem »oui!« begleitet.

Georges Dejan hat als Widmung auf das Vorsatzblatt von LES GRIFFES DU MALIN (1944) geschrieben: »En hommage de la part de l'auteur retour en France par les évènements.« LE MEURTRIER DE LORD BRIXHAM (1943), der erste Text von Dejan und die erste Nummer in der langen Serie *L'Enquête* der *Editions Utiles* spielt in Frankreich, wurde aber schon früh ins Englische übersetzt und mit folgenden Worten vom Verleger gelobt:»Le meilleur roman policier français qui lui ait été soumis."

Der Belgier André Duquesne hat offenbar ebenfalls einige Jahre in der Schweiz verbracht und später in Frankreich viele weitere Bücher unter verschiedenen Pseudonymen publiziert. In Genf hat er sich seines Pseudonyms Jehan van Rhyn bedient und unter diesem Namen 1945/46 fünf Kriminalromane veröffentlicht (ein sechster ist nur in einem Klappentext erwähnt, aber nicht aufzufinden). In ihnen allen leitet ein Knut Larsen,»le jeune détective suédois qui dirigeait le bureau ›Enquêtes Policières‹« die Ermittlungen, dreimal begleitet von einem Inspecteur Alvérel, zweimal vom Inspecteur Richard Vandenmarsch. Die Handlungsorte sind mit einer Ausnahme (die belgische Stadt Mons) nicht erwähnt.

Roger Girod hat unter seinem Namen wie auch unter dem Pseudonym Roger Philippon(d) veröffentlicht. Seine Geschichten spielen auf der französischen Seite des Genfersees und im angrenzenden Savoyen, als Ermittler treten Inspecteur Mercier und sein jüngerer Kollege Guamblin auf. Interessant ist eine Bemerkung in L'ETUDIANT DE SOFIA (1945):»Il disait ›en ville‹, comme tous les habitants de la région, sans penser que Genève était en Suisse.«

Einige weitere Autoren der Genfer Serienproduktion konnten nicht zugeordnet werden. Es wäre allerdings nicht überraschend, wenn sich hinter dem einen oder andern Namen ein Schweizer verbergen würde.

Eine nicht richtig einzuordnende Erscheinung aus dieser Zeit ist Lieutenant-Colonel Henri Georges Mutrux aus Sion. Eine lange polizeiliche Laufbahn und seine Arbeit als international bekannter Experte bestimmen sein Leben. Bereits in den Dreissigerjahren schreibt er über Finger- und Handabdrücke, für die er Forschungsreisen nach Afrika unternimmt, deren Ergebnisse nicht frei sind von zumindest einer herablassenden Haltung, um nichts Schlimmeres zu suggerieren. Gegen Ende seiner Laufbahn regt er sich immer mehr über die Amateure des literarischen Handwerks auf, und er schreibt eine umfangreiche Untersuchung mit dem Titel SHERLOCK HOLMES ROI DES TRICHEURS (1977). In diesem Buch beklagt er sich auf einem maschinengeschriebenen Vorsatzblatt bitterlich über die Missachtung, die seinem Werk zuteil wird. Er weist in umfangreichen Listen nach, was Conan Doyle bei Edgar Allan Poe abgeschrieben oder von ihm übernommen hat, er erstellt aber auch eine Liste der Qualitäten und Fehler Sherlock Holmes, die mit der Bemerkung endet:»Met les nerfs de son entourage en boule en grattant les cordes de son instrument.«

In den Vierzigerjahren schreibt Mutrux drei Kriminalromane. Alles fängt 1941 mit L'OASIS INFERNALE an, das das gesamte Fachwissen und die persönlichen Erfahrungen des Autors verarbeitet. »J'ai toujours dit qu'il devrait être défendu de se lancer dans les ›detective novels‹ sans avoir fait un stage dans un laboratoire de criminalistique«, lässt er eine seiner Figuren sagen. Dann beginnt eine Reise in die Berberwüste nach Tunesien, die mit allen Versatzstücken der orientalischen Exotik durchsetzt ist. Ein Feuer zerstört ein chemisches Labor, Handspuren führen zu den Tätern, hinter denen der Orang-Utan Makombo vermutet wird (was ein Orang-Utan in einer Oase der Sahara zu suchen hat, bleibt das Geheimnis des Autors). Nummernrätsel müssen dechiffriert werden, bevor sich die Kreatur an ihren Unterdrückern für die begangenen Misshandlungen rächen und eine Fabrik dem Feuertod übergeben kann.

Dieser Makombo stirbt im nächsten Roman, den der Autor diesmal mit Buchstaben-, Wort- und Satzrätseln spickt und mit einem langen Gedicht beendet, das den Fall resümiert. Im letzten Text kommt ein Direktor einer Seeländer Uhrenfabrik ums Leben, der in unsaubere Geschäfte verwickelt ist, weil er präzise Zeitmessinstrumente herstellt. Ermordet wird er von einem zweifelhaften »Africano«, und der Autor kann noch einmal sein Wissen über Fingerabdrücke ausbreiten. Trotz der manchmal seltsam anmutenden literarischen Ambitionen des Polizisten Henri Mutrux kommt bei diesem Autor wohl so viel Erfahrung und Wissen zur Anwendung wie bei kaum einem andern.

Jacques Henriod schreibt 1943 LE CRIME DU CUVIER, ein Roman, der die Todesstrafe in der Schweiz zum Thema hat und sich mit der letzten Exekution im Kanton Neuchâtel beschäftigt.

Jacques-W. Aeschlimann beschäftigt sich ein Jahr später mit der Jagd nach den Mördern eines Drogenhändlers in Genf, der Verbindungen nach Java hat. Dadurch werden verschiedene politische und andere Attentate in Lausanne und Genf in Gang gesetzt und deren Urheber von einer ganzen Armada von Polizisten gejagt.

Den Abschluss dieses Jahrzehnts macht 1950 Vincent Vincent (den wir in den Zwanzigerjahren schon kennen gelernt haben) mit der Publikation seines Theaterstücks L'AFFAIRE DES DIAMANTS. Es adaptiert E. T. A. Hoffmanns Novelle DAS FRÄULEIN VON SCUDÉRI und wurde bei seiner ersten Aufführung 1944 in Paris von den Nazi-Besatzern in lächerlicher Art und Weise zensuriert. An diesem Stück lässt sich beispielhaft ermessen, weshalb es in dieser Zeit nicht interessant war, sich in Frankreich literarisch zu betätigen.

Es dauerte ein halbes Jahrzehnt, bis der französischsprachige Kriminalroman in der Westschweiz wieder an Boden gewann. Um Roland Berger herum (geboren 1920) finden wir über die nächsten vierzig Jahre hinweg ein komplexes Konglomerat von Pseudonymen und teilweise nicht deklarierten Schreibgemeinschaften. Roland Berger, der mich mit diesen Detailinformationen versorgt hat, bezeichnet sich selber als »écrivain à quatre mains«. Er stellte die Zusammenarbeit mit verschiedenen Kollegen dem eigenen Schreiben voran, indem er als »Scénariste« die Ideen lieferte, die dann von seinen Kollegen zu Romanen ausformuliert und von Berger wieder überprüft wurden. Aus der Kombination von Vor- und Nachnamen der beiden Autoren entstanden so eine ganze Reihe von Pseudonymen. Aus Roland Berger und Maurice Maïer wurde Maurice Roland (ein Pseudonym, das Roland Berger nach dem frühen Tod seines Freundes mit der Zustimmung der Witwe für sich allein weiter benutzte). Gemeinsam mit Paul Alexandre erschien 1956 der Roman VOIR LONDRES ET MOURIR (1957 deutsch: LONDON SEHEN UND STERBEN), der gleich den *Grand Prix du roman d'aventures* gewann, ein Preis, der bei dieser Gelegenheit zum ersten Mal einstimmig verliehen worden war.

Die Geschichte ist schnell erzählt. Das Ehepaar Taylor lebt glücklich in Milwaukee, als eines Tages Patricia ans Sterbebett ihrer Mutter in London gerufen wird. Dort verschwindet sie spurlos. Als Dave ihr nachreist, gerät er in ein Gewirr von Intrigen und unerklärlichen Geschehnissen, bis er am Schluss merkt, dass er von seiner Frau und ihrem Liebhaber in eine Falle gelockt worden ist. Die ganze Angelegenheit beginnt mit einem Unfall, der sich zehn Jahre zuvor in den USA ereignet hat. Spannend ist der psychologische Aufbau der Handlung und die Enthüllung der Ereignisse, die Dave Schritt für Schritt vornimmt und dank der er sein Leben neu erfindet.

1958 erscheint GENÈVE VAUT BIEN UNE MESSE (1961 deutsch: GENF IST EINE MESSE WERT) von Paul Alexandre und Maurice Maïer (unter Mitarbeit von Roland Berger). Annette Lehmann stürzt gleich zu Anfang bei einer Brücke in Genf einen steilen Abhang hinunter. »Vingt-six ans. Docteur en chimie. Directrice des Laboratoires Lehmann, dont elle possède les trois quart sinon la totalité. Un joli magot. Avec cela, championne de natation, de tennis, de ski [...] Seulement, elle est catholique. Et d'origine juive, à ce qu'il paraît.« Und damit hat nicht nur sie in der militant protestantischen Genfer Bourgeoisie Probleme, sondern auch der Franzose Gilbert Marinier, der sich ohne Geld und Ziel in den reichen Familien herumtreibt, geduldet ist, bis er schliesslich verstossen wird. Er will sich an der Stadt, die sein Leben kaputt gemacht hat, rächen, und so wird am Anfang des Textes der Verdacht aufgebaut, er sei der Mörder von Annette Lehmann. In subtiler Verknüpfung werden nun die Familiengeschichten ausgebreitet, das abgeschottete Leben der Reichen, die Intrigen, die sich nicht mit Gerüchten zufrieden geben, sondern bis zu Anschlägen führen und letztlich zum Mord. Da zerbricht das so sorgfältig aufgebaute Gefüge der geschlossenen Gesellschaft, und es zeigt sich, dass die Gefährdung nicht von aussen kommt, sondern von innen heraus wirkt und die Selbstzerstörung in Gang setzt.

Etwa zehn Jahre später beginnt die Zusammenarbeit von Roland Berger mit französischen Autoren. Unter Claude Roland (gemeinsam mit Claude Joste) entstehen zwei Krimis, zwei weitere unter André Berger (mit André Picot), dazu einige Hörspiele, sowie – wiederum als Zweierteam gezeichnet – zwei Bücher unter Maurice Roland und André Picot, 1968 zum Beispiel Z COMME ZURICH (deutsch 1971: Z WIE ZÜRICH). Diesmal spielt die Intrige in zwei Zürcher Familien, die – wen wunderts – mit dem Bankenmilieu zu tun haben. Zwischen diesen Menschen bestehen komplexe Verknüpfungen, die zur Katastrophe führen müssen. Der Finanzmagnat Kurt Fischer hält dabei alle Fäden in der Hand und lässt die Beteiligten wie Puppen tanzen. Selbst der Pariser Polizeikommissar im Ruhestand, Rousseau, genannt »Alter Bär«, der seine in Zürich lebende Tochter besucht und sich in den Fall einmischt, muss erkennen, dass er auf fremdem Territorium agiert und selber zum Spielball des Täters wird.

In den Neunzigerjahren beendet Roland Berger seine weit gesponnene schriftstellerische Tätigkeit mit einer weiteren Kooperation, diesmal mit dem Genfer Strafrechtsprofessor Philippe Graven mit EN DÉSESPOIR DE CAUSE (1994).

1958 erscheint in Colombier bei Neuchâtel OPÉRATION MASSACRE von Jack Ener (über den Autor ist nichts bekannt). Es ist eine Spionagegeschichte, die in Berlin mit dem Mord an einer Polin beginnt, den die Ich-Erzählerin Selma (wie man aber erst im Verlauf des Textes erfährt) im Auftrag der Sowjetunion begangen hat. Damit beginnt eine Verfolgungsjagd durch Berlin und im 10. Kapitel eine Flucht in die Schweiz, die zuerst nach Genf ins Hotel Luxor und in den exklusiven Nachtclub »Mazot« führt. Schliesslich will die Heldin ins Wallis reisen. Unterwegs ist bei Martigny eine Umleitung angezeigt. Auf diesem Weg stirbt Selma auf einem Bahnübergang in ihrem Auto, eine Szene, die in einer ungewöhnlichen Verdichtung der Perspektive erzählt wird.

Ein Jahr später erscheint Jean Peitrequins LES YEUX CLOS, eine Geschichte, die in London spielt (und man fragt sich, weshalb der Autor nicht den Mut hatte, sie zum Beispiel in Lausanne anzusiedeln). Der melancholische junge Australier Gérald Mattison erblindet nach einem Autounfall. Eines Tages verirrt er sich. Mattison wähnt sich nach einem langen Heimweg in seiner Wohnung. Plötzlich hört er die Sängerin Angelina Rusconi und den an ihr begangenen Mord, wird selber niedergeschossen und von der Polizei aufgegriffen. Er hält die Mordwaffe in seiner Hand und besitzt keine Ausweispapiere mehr. Er gilt als Mörder, insbesondere, als bekannt wird, dass jemand unter dem von ihm angegebenen Namen beerdigt worden ist. Zwei Jahre später nimmt der Reporter Collins die Spur wieder auf und ermittelt den wahren Schuldigen, der es meisterhaft geschafft hat, seine Spuren zu verwischen. Am Schluss bringt er den Mörder dazu, sich selber zu erschiessen. Damit ist auch den Fünfzigerjahren Gerechtigkeit getan.

Die Sechzigerjahre sehen eine zweite bedeutende Welle von französischsprachigen Autoren in der Schweiz. Diesmal sind es die Stars des Genres: Georges Simenon, Frédéric Dard, José Giovanni. Bei jedem dieser Schriftsteller sehen wir ein anderes Verhältnis zu unserem Land. Simenon verbringt hier als berühmter Autor seine zweite Lebenshälfte am Genfersee hauptsächlich im Kreis seiner zerrütteten Familie. Frédéric Dard schreibt den grössten Teil seiner Romane im Freiburgerland und pflegt enge Kontakte zu Schweizer Kollegen. José Giovanni lebt abgeschieden in einem Walliser Bergdorf und stirbt als schweizerisch-französischer Doppelbürger. Zweifellos beeindruckt und beeinflusst diese Menge von literarischer Schaffenskraft insbesondere die Westschweizer Krimiautoren.

1956 verlegt Georges Simenon (1903–1989) seinen Wohnsitz ins Waadtland. Er kommt als einer der berühmtesten Krimiautoren der Welt in die Schweiz. Natürlich wollen wir ihn hier nicht als Schweizer Autor reklamieren, die Belgier wären zu Recht entrüstet über ein solches Ansinnen. Dennoch bleibt anzumerken, dass Simenon etwa ein Drittel seiner literarischen Arbeit in der Schweiz geleistet hat. Darunter fallen 25 Maigret-Romane (von circa 75), 27 Nicht-Maigret-Romane (etwa ein Viertel des Lebenswerks), vor allem aber fast alle autobiografischen Schriften, die er als Tonband-Diktate hinterlässt, der Hauptbeschäftigung im Alter, nachdem Georges Simenon 1973 mit dem Verfassen von fiktiven Texten aufgehört hat. MAIGRET ET MONSIEUR CHARLES (1972) ist der letzte einer langen Serie von immer wieder neu aufgelegten Romanen, und es ist im späten Werk in jeder Zeile die Resignation nicht nur des Autors, sondern auch seines Helden zu spüren:»Er liess die Schultern hängen, und sein Blick war müde. Gerade eben hatte er über seine restliche Karriere entschieden. Er bereute nichts, aber es blieb doch eine gewisse Melancholie in ihm zurück. Mechanisch und tiefernst schob er die Pfeifen auf der Schreibunterlage herum, so dass sie mehr oder weniger geometrische Figuren bildeten oder an dieses oder jenes Tier erinnerten.« Wenige Jahre vor dem Ruhestand will man den zähen Kämpfer gegen das Unrecht in dieser Welt zum Direktor der Kriminalpolizei ernennen, aber Maigret möchte lieber an der Spitze seiner Kriminalbrigade bleiben:»Er musste aus dem Büro herauskommen, an der frischen Luft sein, bei jeder neuen Ermittlung eine andere Welt entdecken. Er brauchte die Bistros, wo er so oft wartend am Tresen stand und eine Halbe trank oder einen Calvados, je nach den Umständen. Er musste in seinem Büro geduldig mit einem Verdächtigen ringen können, der nichts sagen wollte, und manch mal, nach Stunden, ein dramatisches Geständnis von ihm erhalten.« Dies ist der Abgesang auf einen grossen Detektiv, der in seinem letzten Fall einen Notar suchen soll, der nach vielen kurzzeitigen Frauenbekanntschaften aus dem Leben seiner Frau verschwindet. Diese Figur ist in übertragenem Sinne auch ein Abgesang auf den Autor selbst, dessen Leben ja nicht arm an amourösen Abenteuern und familiären Tragödien war. Ein exzessives literarisches Leben, das sich für einmal nicht vom wirklichen trennen lässt, findet also in der Schweiz einen letzten Augenblick der Ruhe.

José Giovanni (1923–2004) hatte bereits etwa die Hälfte seiner schriftstellerischen Tätigkeit hinter sich, als er 1969 ins Wallis zog, in ein Chalet, das er nach einem seiner Romane »Le deuxième souffle – Der zweite Atem« nannte, was seine Lebenssituation ziemlich genau umschreibt. Man kannte ihn aber nicht nur als Autor von Gauner- und Kriminalromanen, die einen starken Realitätsbezug aufweisen, sondern vor allem auch als eng mit dem Film verbundenen Menschen, sei dies als Drehbuchautor oder als Regisseur. Während des Zweiten Weltkriegs war Giovanni Mitglied der Résistance, bevor er sich nach dem Krieg einer Verbrecherbande unter seinem Onkel anschloss. Nach einem Überfall, bei dem fünf Menschen starben, verurteilte man ihn zum Tode, eine Strafe, die später in Zwangsarbeit umgewandelt wurde. Sein Vater hatte Briefe von den Eltern der Opfer gesammelt, die seinem Sohn Vergebung anboten. Deshalb wurde José Giovanni letztlich begnadigt. LE TROU (1957, deutsch 1962: DAS LOCH) schildert dieses Leben in der Gefangenschaft mit vielen autobiografischen Zügen und mit den Beschreibungen von realen Personen, die damals Giovannis Mithäftlinge waren. Manu Borelli und Roland Darbant bereiten nicht zum ersten Mal eine Flucht vor, diesmal aus dem Santé-Gefängnis, nachdem Borelli wieder dort einsitzt: »Die Häftlinge kamen aus dem Gefängniskrankenhaus in Fresnes. Man wurde bekanntlich in Fresnes schnell gesund.« Giovanni erzählt vom Gefängnisalltag, vom Klima der Häftlinge untereinander und zwischen den Gefangenen und den Wärtern, von Verhören und der alltäglichen Angst. Besonders deutlich wird dies an den Hoffnungen auf eine Zukunft in Freiheit:»In allen Zellen sprach man von Frauen, aber in der Zelle Nr. 11/6 rief dieses Thema einen besonders tiefen Widerhall hervor, weil die Häftlinge hier hofften, bald wieder frei zu sein. Bald würden sie wieder das volle Leben geniessen können, das Leben mit seinen glänzenden Schaufenstern, mit seinen Bürgersteigen, die fe icht von einem Regen glänzen, den man am Grossstadtabend nicht fühlt. Wie berauschend musste es sein, mit der Menge auf den Strassen zu verschmelzen, eins mit ihr zu werden, unter Menschen zu sein und trotzdem allein zu bleiben.« Nach langen Vorbereitungen steht der Ausbruch kurz bevor, wird aber von einem Mithäftling verraten, der die Flüchtenden damit in die Verzweiflung der Dunkelzellen zurückstösst. José Giovanni ist mit diesem, seinem ersten Roman nicht nur der Abschied vom Gaunerleben geglückt, sondern auch der Start in eine atemlose künstlerische Tätigkeit, von der er sich in seiner Bergeinsamkeit erholt.

Ein weiterer Autor der Superlative ist Frédéric Dard (1921–2000). In der französischen Provinz geboren und aufgewachsen, beginnt er in den Vierzigerjahren zu schreiben. Er erhöht den Rhythmus seiner literarischen Tätigkeit permanent und arbeitet sich in eine familiäre Krise hinein, die ihn nach einem Selbstmordversuch zur Scheidung von seiner ersten Frau treibt. Er lässt bei ihr seinen Sohn Patrice zurück, der später das Werk seines Vaters mit Texten zu Comics ergänzt und letztlich für ihn weiter schreibt. Dard zieht mit seiner jungen Geliebten Françoise de Caro 1966 (nach anderen Quellen 1968) ins freiburgische Bonnefontaine, wo er sie 1969 heiratet und wo er bis an sein Lebensende wohnt. Dort erarbeitet er auch einen grossen Teil seines viel gelesenen Lebenswerks – insgesamt gegen 300 Romane – und pflegt regelmässigen Kontakt zu neuen Freunden und Bekannten.

Frédéric Dard hat unter gegen vierzig Pseudonymen gearbeitet, sein Name jedoch ist ein Synonym für seinen Serienhelden San-Antonio, dessen Grosserfolg Ende der Siebziger-, Anfang der Achtzigerjahre mit regelmässigen Auflagen von gegen einer halben Million Exemplaren einsetzt. Die Serie erreichte Kultstatus. Dafür sprechen drei Gründe: Erstens das Personal der Romane um den Ich-Erzähler, den Polizisten San-Antonio, zweitens eine eigens für diese Serie entwickelte Sprache, drittens eine für die französische Kultur dieser Zeit unbekannte Respektlosigkeit im Umgang mit allen Tabus, insbesondere mit Sexualität (die heute manchmal be:eits etwas pubertär anmutet). In SUCETTE BOULEVARD zum Beispiel wälzt sich eine Demonstration durch eine Stadt, durch die »rue Bouffebite« und die »rue Bouffechaglatte« bis zur »rue Bouffemerde, laquelle est particulièrement étroite«, wo eine Autobombe den Umzug stoppt.

San-Antonio umgibt sich mit einer Anzahl von wiederkehrenden Figuren, Verwandten und Bekannten, die comicartig überzeichnet sind. Commissaire Antoine San-Antonio (Sana) selber, der kluge Schönling als James Bond-Parodie und Frauenheld; Inspecteur Bérurier (Béru) als fresssüchtiger Fettwanst, der neben seiner plumpen Trägheit alles mit sich bringt, was man dem Dorfpolizisten zumutet; Pinaud (Pinuche), der Kollege aus dem Kommissariat, Kettenraucher mit bleierner Visage; daneben Antoines Mutter Félicie und die ganze Sippe Bérurier, darunter Berthe (»la Grosse« genannt) und Marie-Marie (die Nichte und Verlobte von San-Antonio, die 1968 zum ersten Mal in den Romanen auftaucht, nachdem der Autor mit seiner jungen Geliebten in ein neues Leben aufbricht). Mit einigen weiteren Akteuren zusammen bilden sie eine Schicksalsgemeinschaft, die beliebig eingesetzt werden kann. Da es sich in einem gewissen Sinne nicht nur um Kriminal-, sondern auch um wilde Abenteuerromane handelt, wird die ganze Welt zur Aktionsfläche, nichts ist unmöglich in Zeit und Raum.

Die verschiedenen Figuren bringen auch alle möglichen Sprachschattierungen in den Text, so dass es nicht nur beim Adaptieren der Gassen- und Kneipensprache bleibt. Frédéric Dard entwickelt im Verlauf seines Schreibens einen eigenen Wortschatz, bei dem heute manchmal unklar ist, welche Elemente aus der Umgangssprache eingeflossen sind und womit Dard die französische Alltagssprache selber beeinflusst hat (es gibt darüber einige aussagekräftige Untersuchungen). Ein Beispiel aus PLEIN LES MOUSTACHES: »Merde, c'est une femme! Une personne rondouillarde, avec un foulard noué sur sa tignasse crépue. Y a gourance. Fourvoyance! Forfaiture! Haute trahison du sort. Du coquin de sort! Je me suis mélangé les pinceaux. La navrance m'empare. Ça me biche au creux de l'estom', me descend plus bas, dans les œufs de Pâques, dévale jusqu'aux pieds où ça m'occasionne des crampes de l'écrivain.«

Da wird schnell klar, weshalb die San-Antonio-Reihe bisher nicht übersetzt worden ist und nur einzelne Texte von Frédéric Dard auf Deutsch erhältlich sind. Ein weiterer Grund mag in der mangelnden Affinität der deutschen Kultur zum Comic und zu der damit einhergehenden Übertreibung liegen. San-Antonio nämlich richtet mit der grossen Kelle an, Subtilität ist seine Sache nicht, wo eine Kanone Argumente ersetzen kann, tut sie es auch. Und dennoch sind die Texte voller Ironie und zynischem Understatement. Noch einmal SUCETTE BOULEVARD: »M. Deloigne appartenait à cette confrérie que l'auteur du présent ouvrage a surnommé *les concodaks*, parce qu'ils ne sauraient se déplacer dans les lieux les plus anonymes, les moins dignes d'intérêt, sans balader sur leur abdomen ςeux appareils photographiques (l'un pour la couleur, l'autre pour le noiréblanc) ainsi qu'un matériel aussi lourd que mystérieux et plus impressionant que réellement utile. [...] *Roussillon* fendait les flots bleus de la Méditerranée en direction de la Sardaigne lorsque M. Deloigne interpréta la crête d'une vague comme étant la grosse virgule dorsale d'un dauphin. [...] Son épouse s'aperçut de son absence à l'heure du dîner, c'est-à-dire trois heures après que se fût opérée l'irrémédiable perte d'un Nikon et d'un Leica. Elle commença tout de même à manger le colin mayonnaise en se disant que son mari ne savait pas nager.«

Die jahrzehntelange grosse Verbreitung der San-Antonio-Reihe lässt auch einen faszinierenden Einblick in die Entwicklung der Umschlaggestaltung zu. Sie bewegt sich von den gemäldeartigen Darstellungen der frühen Jahre über die Erotikfotos der Siebziger bis zu Umschlagzeichnungen in Pop-Art in den Achtzigern und Comic-Zeichnungen – z. B. von Wolinski – in den Neunzigern. Dies korrespondiert mit dem Einfallsreichtum des Autors, der immer wieder an den Kapitelüberschriften sichtbar wird. In SUCETTE BOULEVARD beispielsweise werden sie folgendermassen gezählt: »Chapitre pommier – hideux – étroit – quartz – quinte – saucisse – chaussette – pituite – n'œuf – du roi d'ys – bonze – de la midouze – Thérèse – qu'à torse – rugby – de l'avocat qui portait le même nom que le numéro du roi qu'il defendit (en vain) – conneclusion«.

Bérurier wird sogar Namenspate für eine Anarcho-Punk-Band namens »Les Béruriers Noirs«, die mit VIVA BERTAGA! einen Buchtitel als LP-Titel übernimmt und einen Song über diesen ungebärdigen Revolutionär singt. Die Berührungsängste zwischen den verschiedenen künstlerischen Ausdrucksweisen wie Literatur-Comic-Musik sind in Frankreich viel geringer als im deutschen Sprachraum, und die erwähnten Gattungen befruchten sich gegenseitig

Die Dard/San-Antonio-Fan- und Sammelgemeinde nutzt übrigens die neusten Technologien und hat im Internet mehrere, teilweise hervorragend dokumentierte Seiten zusammengestellt. Dieser Support von Seiten der Leserschaft beweist die breite Akzeptanz von Frédéric Dard und erhöht den Kultstatus seines erfolgreichen Helden. Die weiteren Werke des Autors waren bei weitem nicht so erfolgreich wie diese Serie, die auf dem Umschlag nicht einmal den Namen ihres Schöpfers trägt.

Im Umfeld von Frédéric Dard stossen wir auf die beiden Namen Marcel-Georges Prêtre (1922–1995) und Marc Waeber (1920–1986). Die beiden firmieren unter dem Pseudonym François Chabrey (und eventuell François Baincy). Es gibt Gerüchte, die besagen, dass Dard viele seiner Werke an andere Autoren verkauft habe, manche nur in Details abgeändert vom Original. In diesem Zusammenhang wird Prêtre immer wieder genannt. Dard war mit Prêtre eng befreundet, und so ist nie geklärt worden, welchen Wahrheitsgehalt die Gerüchte haben oder welchen Anteil Prêtre an der gemeinsamen Tätigkeit mit Waeber gehabt hat (plausibel ist der Zusammenhang von Frédéric Dards Umzug in die Schweiz und der beinahe gleichzeitig beginnenden Serienproduktion von François Chabrey). Jedenfalls sind unter dem Namen Marcel-Georges Prêtre einig / Dutzend Romane und eine ganze Serie von Hörspielen für Radio Lausanne erschienen, und das Publikationsregister von François Chabrey weist über hundert Einträge auf. Marc Waeber hat unter seinem Namen zwischen 1964 und 1971 für Radio Lausanne 48 Stücke in der Serie *Les dossiers secrets du commandant de Saint Hilaire* und 36

Stücke für *Les enquêtes de Patrick O'Connor* geschrieben. Seltsam ist, dass Waeber in einer Selbstdeklaration für den Schweizer Schriftstellerverband alle diese Stücke unter seinem Namen aufführt (ohne Erwähnung von Prêtre), während bei Prêtre eine gemeinsame Autorschaft postuliert wird. Die Sache harrt einer genaueren Untersuchung.

Marcel-Georges Prêtre hat bereits in den späten Fünfzigerjahren mit dem Schreiben von Abenteuerromanen begonnen, die einen nach Afrika und Südamerika führen oder aktuelle Probleme zum Thema haben. ECHEC AUX NEUTRONS! (1962) erzählt die Geschichte eines kleinen Schokoladefabrikanten, der per Zufall einen Explosivstoff erfindet, der Atombomben und Raketen entschärfen kann. Klar, dass auch die amerikanischen und russischen Geheimdienste daran teilhaben wollen. Für uns interessant ist der Innenklappentext, den Marc Waeber geschrieben hat: »Marcel-G. Prêtre n'a certainement pas l'ambition d'entrer à l'Académie française, ni celle de voir un jour son œuvre devenir classique et prendre place dans les manuels scolaires de littérature. ... C'est en effet la caractéristique du style de Prêtre d'être très vivant. Dans ses romans, on ne philosophe pas à longueur de page, on n'introspecte pas les ailes de mouches, on agit. Un récit de Prêtre, c'est toujours un peu imaginativement délirant, mais c'est aussi joyeusement dynamique. Ça bouge et c'est inattendu.«

Für Fleuve Noir – also denselben Verlag wie Frédéric Dard und viele andere – haben Prêtre und Waeber unter dem Pseudonym François Chabrey eine Serie von Spionageromanen um den Agenten Nummer eins der NSA National Security Agency in Washington geschrieben. Im ersten Band von 1967, LA VINGT-CINQUIÈME IMAGE, heisst er noch Franck, später dann Frankie Matthews, genannt Matt. Er kämpft im Namen des US-Geheimdienstes gegen alles Böse in der Welt. Im Vorwort täuscht der Autor vor, seine Schwester, »Karen Lungstrom, fille d'un industriel suédois, est née à Stockholm peu avant la fin de la dernière guerre mondiale, un jour de mai, sous le signe de taureau«. Sie sei in einem Frauenarmeekorps gewesen, habe aber inzwischen in den Auswärtigen Dienst gewechselt und beliefere den Autor mit Ideen, die sie Gesprächen mit weit gereisten Menschen entnehme. Matt selber ist eine Lichtfigur: »Frankie Matthews,

Matt, avait légèrement dépassé la trentaine. Il mesurait un mètre quatre-vingt-cinq, pesait quatre-vingt kilos, avait les épaules larges et les hanches étroites, les cheveux noirs et courts, à peine striés de gris, un sourire ravageur, de fortes pommettes qui trahissaient ses origines indiennes, et des yeux étranges dont il était difficile de dire s'ils étaient bleus ou verts. Incollable en électronique, parlant aussi bien le russe que l'allemand, imbattable en karaté et parfaitement décontracté en toutes circonstances.« (MATT FACE À LA PARANO, 1985) Dieses Klischee von einem Mann, der nach fünfundzwanzig Jahren Dienst – denn die Serie beginnt 1967 – erst gut dreissig Jahre alt ist, wird nirgends ironisch gebrochen und verliert seine Existenzberechtigung spätestens mit dem Ende des Kalten Kriegs. Wenn man Matt mit San-Antonio sowie die stilistischen Unterschiede vergleicht, bleibt eigentlich wenig Grund für eine Autorschaft von Frédéric Dard. Nach dem heutigen Stand der Dinge müssen wir also davon ausgehen, dass sich der Freiburger Grossrat Waeber, der auch im Bolz – der gemischtsprachigen Mundart der Freiburger Unterstadt – geschrieben hat, und ein Autor aus dem Berner Jura zum literarisch erfolgreichen Kampf gegen die Geheimdienste dieser Welt zusammengetan haben. Marcel-Georges Prêtre scheint der Ideenlieferant für die gemeinsame Buchproduktion gewesen zu sein, François Chabrey – wie erwähnt – das gemeinsame Pseudonym mit Marc Waeber. Die Krimis, welche nicht im Spionagemilieu spielen, erschienen in einer frühen Phase unter François Baincy, später dann unter dem Namen Marcel-Georges Prêtre.

Einige weitere Namen aus den Sechzigerjahren wären noch zu erwähnen. Gabriel Veraldi ist verantwortlich für L'AFFAIRE (1960 erstmals unter dem Pseudonym William Schmitt erschienen, 1969 neu aufgelegt). Es geht um eine deutsch-französische Spionageaffäre zwischen Stuttgart und Strassburg, der ein wirklicher Vorfall zu Grunde gelegen haben soll. Dabei hat die E. N. A. (Ecole Nationale d'Administration) einen unheilvollen Einfluss:»[...] ses élèves constituent une mafia si influente qu'elle à été surnommé énarchie‹, gouvernement de l'E. N. A.« 1983 schreibt Veraldi eine Einführung in den Spionageroman mit dem Titel LE ROMAN D'ESPIONNAGE.
Charles-François Landry veröffentlicht zwei Romane, die man

entfernt als Krimis bezeichnen könnte, der eine davon, LES ÉTÉS COURTS, ist die Geschichte einer Mordphantasie, die einen besonders schönen Sommer belastet.

Ein ansonsten unbekannter Robert De publiziert 1969 in Degersheim (wohl im Eigenverlag) eine hübsche Geschichte mit dem Titel LE HOLD-UP AUQUEL HITLER AVAIT AUSSI PENSÉ. Im Zweiten Weltkrieg hat die Schweizer Nationalbank die Goldreserven im *Réduit* (der Alpenfestung) eingebunkert, und zwar im »Monte Prosa«. Max, Elektromechaniker in der grossen Elektrozentrale Andermatt, heiratet die fesche Suzy in Genf. Dabei lernen die beiden vier Korsen und einen jungen Genfer kennen. Diese Bösewichte wollen den Goldschatz rauben, was dank der Wachsamkeit des tapferen Schweizer Militärs natürlich schief geht.

Robert Junod beginnt Mitte der Sechzigerjahre mit dem Schreiben von Krimis und Hörspielen (am Anfang unter dem Pseudonym Robert J. Nod). CENT GRAMME DE POUDRE (1965) erzählt die Geschichte eines Heroinschmuggels, der mit Mord endet. Die beiden Hauptfiguren wollen miteinander unter neuen Identitäten nach Brasilien flüchten. Der Ich-Erzähler Maret wird aufgrund einer Denunziation verhaftet, während Jacqueline allein ins Flugzeug steigt. Dieses stürzt über dem Meer ab, so dass die Polizei nicht zu Unrecht behaupten kann, sie habe Marets Leben mit seiner Festnahme gerettet. Allerdings verschwindet mit Jacqueline auch die letzte Möglichkeit, aus der Drogensache rauszukommen. Im Jahre 2002 taucht Junod erneut als Krimiautor auf und veröffentlicht DE SI BEAU JOURS À LEVALLOIS. Dabei geht es um einen Banküberfall mit Geiselnahme. Junod nimmt ein Thema wieder auf, das er beinahe fünfundzwanzig Jahre zuvor in DIMANCHE À TUER (1968) schon einmal gestaltet hat: Jemand wird eines Verbrechens angeklagt, das er nicht begangen hat. Diesmal ist es der nach zwanzigjähriger Arbeit entlassene Bankangestellte Alain, über den eine Bande an die Bank herankommen wollte. Nun muss der Überfall anders ablaufen. Alain aber verstrickt sich in die Affäre (»Ma vie, enfin, prend un sens.«), verbündet sich mit der Mittäterin Dany, lässt sich von seiner eigenen Frau scheiden, schreibt einen Entlastungsbrief für Dany, in dem er behauptet, sie getötet zu haben, und stirbt nach einem Autounfall. Ein Brief, der in Brasilien nicht zugestellt werden konnte, kommt zurück und erklärt Kommissar Barnier die wahre Geschichte. Alains Versuch, sein Image als ewiger Versager loszuwerden, gelingt ihm bis über den Tod hinaus nicht. Von allen Junod-Texten ist dieser letzte bestimmt der kompakteste.

Jean Laroche schreibt von Mitte der Sechziger- bis in die Achtzigerjahre hinein eine ganze Reihe von Romanen, die fast immer auch ein kriminalistisches Element aufweisen. Gleichzeitig sind es bedächtige Bauern- und Heimatgeschichten, die einen präzisen Einblick in die ländliche Lebenswelt der Westschweiz geben und oft in einem historischen Zusammenhang spielen. Als Beispiel möge LE GRAIN DE BLÉ (1980) dienen. Im heissen, trockenen Sommer 1928 soll der Getreidebauer Ferdinand die Ex-Prostituierte Yvonne Colombe heiraten. Er wirft sie jedoch wieder aus seinem Haus. In der Folge wird Yvonne mit einem Knüppel erschlagen. Der Bauernroman schlägt in einen Krimi um, der im Waadtländer Jura spielt. Leider ist Inspektor Cavin von der Lausanner Kriminalpolizei nicht in der Lage, den Fall zu lösen, so dass man Chefinspektor Albert de Londres vom Scotland Yard hinzuzieht, der dann Licht in diese ländliche Tragödie bringt. Nachdem der Verdacht zuerst auf Ferdinand fällt, soll später ein Motorradrennfahrer schuld sein, der das gestohlene Geld für sein Hobby braucht. Ein illegaler Spielklub bringt uns schliesslich zum Ex-Liebhaber und Zuhälter von Yvonne, der dank der englischen Mithilfe des Mordes überführt wird.

DU CHAMPAGNE POUR VÉRONIQUE (1971) nennt Henri-Charles Tauxe seinen etwas verrückten Krimi mit viel Lokalkolorit aus dem Lausanne Ende der Sechzigerjahre. Stanne, der Ich-Erzähler, ermittelt im Mord an Stéphane Karlen, Nationalrat und Ehemann der Véronique (»Une voix qui ressemblait à celle de Jeanne Moreau [...]«). Es geht um Drogengeschäfte und eine Mittelmeer-Nordafrika-Connection. Gegen Ende gerät Stanne in die Fänge einer monströs verwachsenen Gerda Kehl, ehemalige Lageraufseherin und Sadistin von Auschwitz und Dachau, die die Fäden der ganzen Affäre in ihren Händen hält. »Au centre de la salle, sur une espèce de ring, un trône incrusté de faux diamants et recouvert de splendides peaux de fauves supportait une sorte de monstruosité animale, vêtue à la coloniale, d'un pantalon et d'un blouson blancs, fumant une cigare à faire vomir un régiment de légionnaires. En m'approchant de la chose, je vis que ce que j'avais pris pour un gorille égaré parmi les hommes était, en réalité, une femme. Et mes espoirs de survie fondirent comme neige au soleil lorsque je la reconnus [...]«

Auch Fernand Berset beschäftigt sich mit seiner spionagegefährdeten Heimat, in HELVÉTIQUEMENT VÔTRE (1971), FANTASIA CHEZ LES HELVÈTES (1972), SWISS MAFIA (1973) und LES SUISSES S'EXCITENT (1974). In einer Zeit, in der die Agentinnen barbusig am Strand herum liegen oder durch die Strassen laufen, immer mit einer Pistole im Anschlag (jedenfalls, was die Fantasie der Buchumschlaggestalter betrifft), erfindet Berset wilde Geschichten um Freddy Chapuis –»ce paisible Vaudois« – vom K27, »autrement dit le Service Secret helvétique«. Im ersten Fall geht es um die Uhren der Firma »Schblinz & Vachoud«, die in den unpassendsten Momenten explodieren. So etwas grenzt natürlich an Landesverrat in einem Land, in dem die Uhrenindustrie damals eine der grössten Wertschöpfungen erreichte.

Im zweiten Text schickt Werner Zimmerli, der Chef vom K27, seinen »cher colosse vaudois à la manchette meurtrière« in einen Kampf mit befreundeten Geheimdiensten, das heisst mit dem Gegner. Ein über jeden Verdacht erhabener Nationalrat, eine Meisterin im Handgranatenwerfen, ein hypnotisierender Pornograph und ein Grieche, der den christlichen Westen verteidigt, ergeben eine Personalmischung mit Sprengwirkung.

»A Lausanne, rares sont les rues dont les deux extrémités se situent au même niveau. Dans cette foutue ville, on est toujours en train de grimper ou de descendre. Et, phénomène curieux, il semble que les montées soient beaucoup plus nombreuses que les descentes.« So beginnt der dritte Roman, in dem sich ein grosser Patron der Mafia in der Schweiz niederlassen will. Und, fast noch schlimmer, eine Hippiekommune schockiert die Bevölkerung. Da helfen nur Zimmerli und Chappuis sowie die kräftige Irma, »la dévoreuse d'hommes du K27«.

Die letzte Mission führt Freddy Chapuis nach Guyana, wo er die europäische Rakete sabotieren soll, weil man die Schweizer nicht einmal darum gebeten hat, ihr technologisches Know-how im Bereich der Zeitmessung beizusteuern. Gut, es gibt auch noch handfestere Gründe für den Auftrag, und eine hartnäckige Gegnerin in der schwarzen Rebecca, einer fabelhaft schönen und ausserordentlich gefährlichen Frau »au corps de félin aux abois«.

Von diesen beinahe schon parodistischen Spionageromanen verabschiedet sich Fernand Berset Mitte der Siebzigerjahre und meldet sich erst 2002 wieder zurück mit seinem wohl schönsten Buch ON DESCEND À LAUSANNE, in dem er zwar das Spionagemilieu teilweise wieder aufleben lässt, vor allem aber ein subtiles Porträt seiner Heimatstadt liefert. Wir machen darin einen Zeitsprung in die Waadtländer Metropole im Jahr 1956, kurz nach dem Ungarnaufstand, als es in den politischen Kreisen auf die Jagd nach Kommunisten ging. Der Schuhwarenhausbesitzer Samuel Löwenfeld wird bei der Prostituierten Marguerite Chapuisat tot aufgefunden. Um einen Skandal zu vermeiden, wird die Leiche still und heimlich abtransportiert, unter Mithilfe des Schauspielers der Truppe »des Faux-Nez« (die es wirklich gab und der Berset angehörte). Es ist dies der Ich-Erzähler Jonathan Lamargel, und er verwickelt sich nach und nach in Widersprüche und gerät in Schwierigkeiten, weil ihn auf der einen Seite die Polizei bedrängt, auf der andern die Verbrecher um die Witwe Löwenfeld herum. Nachdem er zuerst mit der trauernden Hinterbliebenen das Bett teilen darf (und damit in einem zweiten Mordfall kein Alibi aufweisen kann), nimmt ihn Kommissar Morax in die Mangel und verlangt von Jonathan, seine kommunistischen Freunde auszuspionieren. »Faudrait quand même pas vous croire sorti d'affaire. A la fin du compte, faudra bien qu'on trouve un coupable. C'est l'ordre public qui veut ça.«

Die Affäre nimmt eine unerwartete Wendung, als sich Stadler, der Vertraute von Madame Löwenfeld, als Waffenhändler herausstellt. Er hütet in seiner Wohnung Gemälde, welche die Nazis den Juden gestohlen haben, liefert aber gleichzeitig Waffen an die algerische Unabhängigkeitsbewegung FLN. Konsequenterweise interessiert sich auch ein skrupelloser französischer Geheimdienst für die Sache. Johanna, Stadlers Tochter und nun Geliebte Jonathans, wird derart unter Druck gesetzt, dass sie sich vor einen Zug wirft. Jonathan aber wandert nach Kanada aus und kommt erst 25 Jahre später in die Schweiz zurück, um seine sterbende Mutter zu pflegen. »Parfois, il m'arrive de me demander si ce fameux mois de novembre 56 a existé ailleurs que dans mon imagination. Mais les années de onze mois, ça n'existe pas. Tout le monde sait ça.«

Die Achtzigerjahre bringen einen neuen Aufschwung mit Autoren, die nun den Weg aus der Schweiz heraus gehen, in Paris erfolgreich sind und sich dort niederlassen (Delacorta, Oppel) und mit einer Reihe von jungen Autorinnen und Autoren, die sich davon anregen lassen und ab den Neunzigerjahren für Aufsehen sorgen.

Daniel Odier hat unter seinem Pseudonym Delacorta in den späten Siebziger- und den Achtzigerjahren Furore gemacht. Schnell geschrieben, den Nerv der Zeit treffend, klar und geradlinig erzählt, das sind die Erfolgsmerkmale seiner Serie mit den sechs Titeln NANA, DIVA, LUNA, LOLA, VIDA und ALBA. Die zentrale Figur ist Serge Gorodish, eine buddha-ähnliche Erscheinung, die neben seiner Anziehungskraft auf (vor allem junge) Frauen auch eine enorme kriminelle Energie aufweist. Im ersten Teil der Serie bewegt er sich noch in der französischen Provinz, wo er eine Kleinstadt durch genaue Beobachtung der Bürger und anonyme Drohungen aus ihrem Gefüge reisst. Die »Vampire der roten Hand«, eine pubertäre Rockergang, trägt das Ihre zum Chaos bei. Gegen Schluss kämpft jeder gegen jeden, und die angewandten Mittel werden immer brutaler. Die Ingredienzien von Delacortas Romanen geben den Zeitgeist genau wieder. Musik zwischen Rock'n'Roll und Oper, Sex, Gewalt und Gorodishs spirituelle Gelassenheit setzen der bürgerlichen Welt in unerträglichem Masse zu. Dass sich der Mystiker in die kleine, hübsche Diebin Nana verliebt und sie mit nach Paris nimmt, erhöht die Erwartungen der Leserschaft, die denn auch im Nachfolgeband DIVA mit der Opernsängerin Cynthia Hawkins erfüllt werden, ganz besonders in der Verfilmung durch Jean-Jacques Beineix (1981), die Kultstatus erreicht hat. Daniel Odier zeichnet sich durch ein weit gefächertes literarisches Schaffen aus. Er lebt heute in Paris als Lehrer für tantrischem Buddhismus.

Jean Dumur ist verantwortlich für zwei Krimis, die einen engen Bezug zur helvetischen Politrealität haben: »Notre première rencontre date du jour de l'élection à la tête du Conseil national d'un député vaudois, un solide vigneron membre de ›Liberté et Patrie‹. Il y inspire une confiance à toute épreuve. D'une part, il n'intervient que certain d'avoir la majorité des parlementaires avec lui; d'autre part, il fait à ses collègues, quels que soient les partis, un rabais de dix pour cent par carton de douze bouteilles.« POUR TOUT L'OR DU MONDE (1983) heisst der Rechenschaftsbericht des Ich-Erzählers Jean-Marie Dubois, Korrespondent des *Journal romand*, der im Untersuchungsgefängnis über sein vergangenes Leben nachsinnt: »J' appartiens à cette espèce dont la tartine tombe fatalement sur le mauvais côté.« Er lernt die anziehende Gina kennen, Serviertochter im »Café national«, mit der er den Plan ausheckt, vom Café zum Safe der Nationalbank (die auf der andern Seite des Bundesplatzes liegt) einen Tunnel zu graben und nach erfolgtem Golddiebstahl mit ihr nach Paraguay zu flüchten. Das Unternehmen scheitert kläglich, ebenso der von ihm geplante Selbstmord. Es bleibt nur die Reise nach Südamerika und der Redakteursposten in einer Zeitung in Asuncion.

In SWISSCHOC, zwei Jahre später geschrieben, wird ein Generaldirektor eines Grossunternehmens gekidnappt, nämlich der »fameuse multinationale du chocolat et du café en poudre«. Der Entführte wird nach der Befreiung selber zum Entführer eines Bankdirektors und entwickelt einen diabolischen Plan, der die demokratische Ordnung der Schweiz gefährdet. Über Jean Dumur schreibt einer, der es wissen muss, nämlich Frédéric Dard, im Vorwort zu diesem Buch: »Au fil des différentes interviews qu'il fit de moi, je sus le découvrir à travers ses questions; car j'ai un groin de sanglier pour déterrer les truffes rares de l'amitié. Son intelligence me fascinait. Je devinais son âme en peine, toute cette intense fraternité qu'il ne parvient pas toujours à cacher, les yeux clairs n'étant pas équipés pour cela. Nous devînmes amis.«

Die Editions Zoé in Genf starteten 1983 eine Reihe von Büchern, die verschiedene Elemente des Spannungsromans zusammenführten, Science Fiction, Krimi usw. Jean-Bernard Billeter schickt in COMME UNE HÉLICE seinen Protagonisten Julien nach Kalifornien in die boomende Informatikregion, wo er sich in eine geheimnisvolle Frau namens Phita verliebt und einige Ungereimtheiten aufdeckt. Der Roman erinnert jedoch eher an ein Road Movie als an einen Krimi.

Ein ebensolcher Grenzgänger ist Jean-Gabriel Zufferey, der 1982 in JULIUS FAIT LE MORT seinem Helden Julius Magma nach einer Krebsdiagnose noch ein halbes Jahr zu leben gibt, Zeit, in der er mit seiner Frau Lola und seiner Tochter Nanie die wildesten Abenteuer erlebt. Unter anderem »begegnet« er dem grossen verstorbenen Schriftsteller Balthazar Waag. Nachdem Julius in seinem Testament alles und jeden mit seiner Wut bedenkt, erfährt er, dass die Analysen des Arztes falsch waren. Dies führt zu einem radikalen Wandel: Im nächsten Buch nennt sich der Autor Julius Magma, und der Name seiner Figur ist zugleich der Titel des Textes: GOLO WAAG, ein Kommissar, der von einem Mann namens Lafcadio Haas eine Notiz erhält. Darin erklärt der, er habe in eben dieser Nacht einen Mann getötet, nachdem er seine Krebsdiagnose erhalten habe. Es trifft einen Bundesrat, und dieser Mord zieht weitere nach sich. Golo Waag ist verständlicherweise überfordert, bis er den Bundesanwalt Alexander Haas um Rat bittet. Friedensaktivisten, rechte Politpopulisten, Presseleute und Berner Politprominenz bevölkern den Roman, der mit einigen Überraschungen aufwartet und – wie schon der erste – Georg Christoph Lichtenberg als literarische Referenz anführt.

Der in Bern aufgewachsene und lebende Philippe Schweizer beginnt seine Autorenlaufbahn (neben seiner Tätigkeit als Anwalt) 1984 mit VOLT-FACE, einem Kriminalroman, der noch überwiegend der traditionellen Erzählweise folgt, zu der Schweizer überraschenderweise 1996 mit COMBAT SINGULIER zurückfindet. Dazwischen entwickelt er ein Panoptikum an skurrilen Gestalten, das er durch eine verrückt gewordene Sprache spiegelt, so verrückt wie seine Figuren. Am deutlichsten wird dies in LA BALLADE DES TORDUS (1991). Die sprachgewaltigen Wortkaskaden, Gassenslang und wilde Vergleiche bringen einem trotz allem Aberwitz die schweizerische Realität nahe: »La consternation acheva de blanchir au rouleau la voix lactée d'Arthur Lupine.« Oder: »Schmidhuber pâlit de deux degrés Oechsle.«

Die Geschichte des Romans ist kaum nachzuerzählen. Carlos Graemschnitt-Robinnsonn ist so etwas wie eine James Bond-Figur auf Speed, die mit ihren drei Ratten Esther, Jasper und Hyacinthe zusammenlebt und – wenn sie neben dem Essen und Trinken Zeit hat – die internationale Verbrecherwelt aufmischt, denn die Frau eines Staatssekretärs wird ermordet. Trotz all dem Vergnügen, das man heute beim Lesen empfindet, fragt man sich, ob sich die sprechenden Namen wie Malgorzata Kozanostra, Indira Mottenschutz oder Rodion Ilich Spidigonzalez nicht ebensobald abnutzen wie beispielsweise diejenigen in DER ARZT ALS GIFTMISCHER aus dem 19. Jahrhundert. Wie auch immer, geben wir uns dem ungeteilten Vergnügen hin, auch wenn wir von der bezaubernden Florita Galapiann Abschied nehmen müssen: »Florita était vêtue d'un caraco de satin noir entrouvert d'où partaient deux jambes somptueusement gigotées, plus longues qu'une grève de contrôleurs aériens.«

Der schweizerisch-französische Doppelbürger Jean-Hugues Oppel gilt als einer der wichtigsten Krimiautoren französischer Sprache und hat neben zahlreichen Romanen auch eine ganze Menge von Krimis für Kinder geschrieben. Er hat Mitte der Achtzigerjahre als Autor begonnen und gibt auf die Frage nach seiner Moivation die einzig glaubwürdige Antwort: »Pour devenir riche, célèbre, faire des voyages et rencontrer des filles«, um dann fortzufahren: »Jusquà présent je vous confirme ... les voyages.« Sein Lieblingsbuch AMBERNAVE (1998) ist eine Paraphrase von John Steinbecks VON MENSCHEN UND MÄUSEN. Im Hafen Ambernave geht unter den Matrosen die Angst um: Krise, Schliessung des Hafens, Zerstörung des alten Geländes. Die Fischer aus Island und anderswo bringen bereits vergifteten Fisch an Land. In dichten sprachlichen Bildern zeichnet Oppel eine sterbende Kultur, in der Alkohol als eine MST gilt, eine »Maladie Socialement Transmissible«. Emile Lebaron, ein hungriger alter Säufer mit einem ebenso hungrigen kleinen Köter begegnet einem stummen Riesen, den er »Johé« nennt und der sich als Serienmörder herausstellt, der im Wesentlichen seinen Instinkten gehorcht. Das grosse Monster greift jeden sofort an, der den Hund anfasst. Emile, auch »patte folle« genannt, liefert dem Chef einer chinesischen Triade Informationen, insbesondere über illegale Einwanderer. Aber auch zwei Polizisten geraten in die Fänge der beiden Unzertrennlichen: »Brison meurt en songeant qu'il fera quand même l'ouverture du journal télévisé, mais pas à la rubrique qu'il espérait, et toujours en uniforme.« Letztlich verrät Emile seinen Gefährten Johé gegen Geld an den Verbrecherboss, und es kommt zum

Showdown mit den chinesischen Killern. Nur das Monster und der kleine Hund überleben und gehen den Pfad der Vernichtung weiter, am Ende mit dem hübschen Mädchen Magali. Atemlos verfolgt man den Zerstörungszug zwischen kaputten Häusern und zerfallenen Fabrikhallen. Nur dass Emile neben all den offensichtlichen Parallelen auch noch Steinbeck lesen muss – möchte man dem Autor zurufen –, ist übertrieben.

1990 meldet sich Corinne Jaquet erstmals mit einem Band von Kurzgeschichten zu Wort, schreibt anschliessend die Geschichte der Genfer Kriminalpolizei (LA SECRÈTE À 100 ANS), bevor sie ab 1997 mit inzwischen sechs Polizeikrimis auf den Markt kommt. Ihre Heldin ist die Gerichtsreporterin Alix-Désirée Beauchamps, die hauptsächlich mit dem Inspecteur Norbert Simon, der später zum Kommissar befördert wird, zusammenarbeitet. Sie lösen den Fall des neu gewählten Regierungsrats, der an den Fenstern des Regierungsgebäudes erhängt aufgefunden wird. Sie finden den Mörder einer behinderten reichen Witwe, den Täter im Fall eines getöteten Grafikers, der Banknoten zeichnet, und den eines Topmodels, der die beiden in die Welt der Mode, der Reichen und Schönen führt. Und sie lösen das Rätsel um eine tote Frau am Strand, allerdings um den Preis einer schweren Verletzung des Kommissars, die ihn im nächsten Fall an sein Krankenbett fesselt.

In LES DEGRÉS-DE-POULE lernen wir 2003 ein weiteres Genfer Quartier kennen. Vor dem Gerichtsgebäude wird ein Toter gefunden, nachdem bereits vier Menschen – vermeintlich unabhängig voneinander – unter seltsamen Umständen ums Leben gekommen sind. Simon muss die Ermittlungen wohl oder übel an seinen Kollegen Mallaury abgeben, der sich nun auf die Suche nach dem Täter macht, denn es folgen noch weitere Morde, und die Polizei muss von einem Serienkiller ausgehen. Der Täter selber kommt im Text wie in Blitzlichtbildern zu Wort, nach und nach versteht man sein Handeln, kann aber das Motiv erst gegen Schluss erkennen (es soll hier nicht verraten werden, da dieses Buch noch erhältlich ist). Interessant ist die Handlungspsychologie des Täters: Er wird nach den ersten Morden langsam müde, will aber seine »Arbeit« anständig zu Ende bringen. Diese qualvolle Pervertierung des protestantischen

Arbeitsethos charakterisiert das Verhalten in der Genfer Gesellschaft. »En fait, il savait qu'il le tuerait en rentrant, mais il ne savait pas encore comment. [...] C'est à ce moment-là qu'il avait vu l'engin en fonte noire posé sur le tapis. Il paraissait lourd. Quand cet imbécile d'ivrogne était tombé à plat ventre au milieu du salon, il n'avait eu qu'à lacher l'objet sur sa tête. Il n'avait pas aimé le bruit que cela avait fait.« Wie auch frühere Texte von Corinne Jaquet hat dieser Fall wieder mit einer Geschichte zu tun, die weit in die Vergangenheit zurückreicht. Die Lösung hängt mit einem Prozess vor Geschworenengericht aus dem Jahr 1965 zusammen.

Corinne Jaquet publiziert ihre Bücher in den Editions Luce Wilquin in der *Collection Noir Pastel*, in der auch weitere Schweizer veröffentlicht worden sind. Luce Wilquin arbeitet in Belgien, hat aber vorher zwanzig Jahre in der Schweiz gelebt und ist deshalb zu einer wichtigen Anlaufstelle für Krimiautoren französischer Sprache geworden.

Meines Wissens sind seit 1990 nur vier Westschweizer Krimiautoren auf Deutsch übersetzt worden: Delacorta, Jean-Jacques Fiechter, Jacques Neirynck und Anne Cuneo. Fiechter gelang di·s mit seinen beiden Romanen. »Avec TIRÉ À PART (1993; deutsch 1994: MANUSKRIPT MIT TODESFOLGE), le ›livre qui tue‹, Jean-Jacques Fiechter a sans doute produit l'un des ouvrages les plus diaboliques et les plus subtiles de la littérature« policière francophone contemporaine«, urteilt die Universitätsbibliothek Lausanne auf ihrer umfangreichen Homepage, auf der sie eine grosse Zahl von Westschweizer Autoren vorstellt. Die Handlung: In Vichy erwartet der englische Verleger Sir Edward Lamb die Verleihung des Prix Goncourt an seinen Jugendfreund aus Alexandria, Nicolas Fabry, für sein Buch »Die Pflicht zur Liebe«. Man erfährt rasch, dass in Ägypten (übrigens dem Land, in dem Fiechter aufgewachsen ist) etwas zwischen den beiden vorgefallen sein muss, in dessen Zentrum eine schöne Frau namens Yasmina steht. Sie war Edwards erste Liebe, sein einziger Ausstieg aus dem Schattenreich, in dem er gefangen ist, im Gegensatz zur Lichtgestalt von Nicolas, dem Liebling der Nation. Nachdem die schwangere Yasmina ermordet aufgefunden wird, bricht Edwards Welt zusammen, und er kehrt nach London zurück. »Ich beschloss, mein persönliches Unglück zu vergessen, um mich in den Dienst des universellen Unglücks zu stellen.« Die beinahe homoerotische Anziehung der beiden Männer zueinander geht so weit, dass Edward Nicolas Manuskripte nicht nur ins Englische übersetzt, sondern sie gar noch verbessert, denn eigentlich ist er der wahre Autor ihrer gemeinsamen Lebensgeschichte (»Dieses andere Ich, das mir das Blut aussaugte und mich am Leben hinderte.«). Als nun Nora Afnazi, eine weitere orientalische Schönheit, in ihr Leben tritt, beginnt mit Edward eine unheilvolle Wandlung. In Erinnerungssequenzen erfährt man überdies, dass Nicolas derjenige war, der sich an Yasmina verging, sie schwängerte und für ihren Tod verantwortlich war. Mit einer raffiniert eingefädelten Fälschung will Edward nun das Erfolgsbuch von Nicolas als Plagiat erscheinen lassen, was natürlich zu vielen weiteren Verwicklungen führt, die hier nicht im Detail nachgezeichnet werden können. Diabolisch ist deshalb bestimmt der richtige Ausdruck für diesen fein gesponnenen Krimi, der auch sprachlich voll zu überzeugen vermag.

Jacques Neirynck ist in Belgien aufgewachsen, wurde durch Heirat Franzose, durch Einbürgerung Schweizer (man sieht, die Verbindungslinien zwischen Belgien und der Schweiz gehen weit über den Wohnsitz von Georges Simenon hinaus) und wird letztlich Nationalrat der christdemokratischen Partei. Neben Dutzenden von Sachpublikationen aus dem Bereich Elektrotechnik schreibt er Kriminalromane, deren bedeutendster LE MANUSCRIT DU SAINT-SÉPULCRE ist (1994; deutsch 1999: DIE LETZTEN TAGE DES VATIKAN). Er beginnt mit einem Untersuchungsauftrag: Theo de Fully soll das Alter des Turiner Grabtuches bestimmen, um seine Echtheit zu dokumentieren. In Rom trifft er überdies seine Geschwister, den Priester Emmanuel, der Gott schwarzen Humor zuschreibt, und die Ärztin Colombe. Theo gelingt es nicht nur, den Nachweis des erwünschten Alters zu erbringen, er findet auf einer Reise nach Jerusalem auch eine Grabkammer mit einem zum Schweisstuch passenden Leichnam. Dies wiederum stürzt den Vatikan in eine Krise, denn damit wäre das Dogma der Auferstehung widerlegt. Es kommt in der Folge zu verhängnisvollen Intrigen und einer spannenden Geschichte, in der unter anderem das Verhältnis von Religion und Wissenschaft thematisiert wird. Neirynck hat auch in seinem weiteren Büchern bewiesen, dass ihm das Christentums näher steht als andere Inhalte, denn der Roman, von dem man sich Einsichten in die Welt der Politik erhoffte, L'ATTAQUE DU PALAIS FÉDÉRAL (2004) ist eine herbe Enttäuschung im Vergleich zu seinem Texten um den Vatikan herum.

Michel Bory schreibt ab 1979 (und beendet 1996) seinen Roman LA LIMOUSINE ET LE BUNGALOW, und zwar den grössten Teil während seines Gefängnisaufenthalts wegen einer »militärischen Angelegenheit«. Deshalb ist es nicht verwunderlich, dass eine politische Affäre im Zentrum des Geschehens steht. Eine Bundesrätin vor ihrer Zeit (das heisst als in der Schweizer Regierung noch keine Frauen vertreten waren) verbringt ihre Sommerferien in Estavayer-le-Lac. Sie ist als siebte Person zwischen drei linken und drei rechten Ministern gewählt worden und soll durch eine wohl vorbereitete Affäre zum Rücktritt gezwungen werden, damit man eine bürgerliche Regierung installieren kann. Thomas Duc, der Chauffeur, soll sie beobachten und einer Drittperson Bericht erstatten. Thomas verliebt sich in die Bundesrätin, die ihn schliesslich als Liebhaber missbraucht. Gestürzt werden soll sie jedoch durch gefälschte Fotos von lesbischem Nudismus und entsprechenden Sexszenen, aufgenommen aus einem Vogelhäuschen heraus. Der Roman ist durchzogen von Erinnerungen der Magistratin, von einem Selbstmord und von der Beschreibung des politischen Systems der Schweiz, das demjenigen einer Bananenrepublik ähnelt. Ganz am Schluss kommt Inspecteur Alexandre Perrin ins Spiel, der es von der Waadtländer Kriminalpolizei zum Serienhelden in Michel Borys weiteren Geschichten schafft und dessen Name die Titelseiten von inzwischen acht Kriminalromanen ziert.

BISBILLE EN HELVÉTIE (2000) heisst die zweite Kollaboration zwischen Yvan Dalain und Frédéric Christian. Es ist ein weiterer Roman, der die Querelen im politischen System der Schweiz zu einem absurden Höhepunkt treibt. Die Familie Gordan will sich im griechischen Kalima ein gemütliches Rentnerdasein aufbauen und macht finanzielle Versprechungen, die sie nach der Volksabstimmung von 1992, die mit einer Ablehnung des EWR-Vertrags endete, nicht einlösen kann. Sie wird deshalb aus Griechenland ausgewiesen und kommt völlig verarmt in der Schweiz an. Da die Deutschschweiz bei der Abstimmung den Ausschlag gegeben hat, gründet Albert Gordan in seinem Hass die »Front de Libération de la Romandie«, inszeniert zur Finanzierung einen Überfall auf die griechische Bank in Genf und findet sich als Chef einer surrealen, zu allem bereiten Armee von Wirrköpfen und serbischen Söldnern. Gordan rutscht in den politischen Faschismus ab, was ihn aber nicht daran hindert, von der russischen Mafia eine Rakete mit Atomsprengkopf zu kaufen, mit der er das Bundeshaus in Bern vernichten will.

Yvan Dalain hat eine Karriere als Fotograf und Regisseur hinter sich, als er nach seiner Pensionierung zu schreiben beginnt. Seine Plots widerspiegeln Ereignisse der jüngeren Schweizergeschichte, so dass Dalain in einer absurden Überzeichnung eine Realität generiert, wie sie unter bestimmten Umständen hätte entstehen können.

Anne Cuneo wurde in Paris geboren, wuchs nach dem Tod des Vaters in verschiedenen italienischen Waisenhäusern, nach dem Krieg in Lausanne auf und wohnt jetzt in Zürich. Deswegen erstaunt es wenig, dass die Protagonistin ihrer bislang drei Kriminalromane (sie hat die Liebe zu diesem Genre erst spät entdeckt) Marie Machiavelli heisst, Italienerin ist, als Finanzberaterin in Lausanne und zusammen mit ihrer Sekretärin Sophie auch als Ermittlerin arbeitet. In einem ersten Buch behandelt Cuneo einen komplexen Mordfall in der Zürcher Zentralbibliothek. »Postraub, Drogen, Erpressung und Sex-Business, mit dem auch noch ein Justizirrtum und ein drohender Politskandal verknüpft sind. Viel Arbeit für die tapfere Marie Machiavelli, und viel Stoff für einen einzigen Roman«, urteilte der *Tages-Anzeiger*. Im zweiten Buch geht es um das Eintreiben von geschuldetem Geld, Nachtclubs und um einen mit Pornokassetten handelnden Politiker. Le sourire de Lisa (2001; deutsch 2003: Lisas Lächeln. Marie Machiavellis dritter Fall) beginnt auf der Herbstmesse in Basel mit der Schaustellerfamilie Girot und einer Jacqueline, die sich in Yves Boisselier verliebt, der wiederum als neunjähriger Junge für den Tod einer Cousine – Lisa May – verantwortlich gewesen sein soll, aber vom Gericht freigesprochen wurde. Yves erzählt Marie in der Melanesienabteilung des Museums der

Kulturen in Basel seine Kindheitserinnerungen, insbesondere jene an den Tag des Todes von Lisa. Nun beginnt eine langwierige Ermittlung, die unterbrochen wird von Dopingskandalen im Radrennsport und Erkundigungen über EPO, was aber nichts mit dem eigentlichen Fall zu tun hat. Man wird den Verdacht nicht los, dass die Autorin möglichst viele aktuelle Themen in den Roman packen will. Die Lösung des Falles findet Marie zusammen mit Jean-Marc Léon, Inspektor der Waadtländer Kriminalpolizei, als die beiden die Beweismittelkiste noch einmal untersuchen und dabei auf eine Kamera und Fotos stossen, die den damaligen Untersuchungsbehörden unerklärlicherweise unbekannt geblieben sind. Das Bild von Lisa als Unschuld vom Lande wandelt sich im Verlauf des Textes, und wir erfahren mehr über die eigentlichen Themen, nämlich Inzest und Gewalt gegen Frauen. Die Aktualität wird in Cuneos Romanen nirgends ironisch gebrochen, sondern sehr ernsthaft abgehandelt, was ein genaues Bild unserer Zeit ergibt und diese Texte für spätere Generationen als Dokumentation bestimmt interessant macht. Das primäre Ziel von Cuneo liegt denn auch eher im Transfer dieser gesellschaftspolitischen Ideen als in der literarischen Gestaltung oder in einem sorgfältig ausgearbeiteten Plot.

Drei weitere Frauen machen Ende der Neunzigerjahre auf sich aufmerksam. Das pure Gegenteil von Anne Cuneo ist Dunia Miralles, die in SWISS TRASH (2000) nicht aus dem distanzierten Blick der Kommissarin über Gewalt und harte Drogen schreibt, sondern ihre Geschichte aus dem eigenen Erleben heraus erzählt. In diesem Sinne ist das Buch auch kein Kriminalroman, in der genauen Darstellung der Drogenszene, der Abhängigkeiten und der daraus entstehenden Gewalt ist es der kriminellen Wirklichkeit jedoch näher als eine literarisierte Version. »Swiss Trash est un livre de survie. Un livre que j'ai écrit pour me prouver que j'existais: mon but dans la vie a toujours été l'écriture«, sagt die Autorin in einem Interview über ihr Buch, das nicht unter den Weihnachtsbaum passt.

Schon eher dorthin gehörten die beiden Romane von Annick Mahaim, obwohl ihr Inhalt auch nicht harmlos ist. Charlotte Morlet, eben erst pensionierte Postangestellte, zuständig für die Suche nach Empfängern von ungenau adressierten Sendungen, sucht als letzte Amtshandlung nach einer durchzechten Nacht den Besitzer eines fehlgeleiteten Fax'. Dabei trifft sie auf ZHONG (das ist auch der Titel des Buches – 2000), der ihr von einem chinesischen Babyhändlerring berichtet, welcher seine menschliche Fracht aus Kanton über Hongkong nach Paris schickt. Charlotte also reist nach China. Der Text ist aus der Perspektive von Léon geschrieben, der als Ich-Erzähler fungiert und manchmal sogar die Leser anspricht. Ungewöhnlich daran ist eigentlich nur, dass Léon Charlottes Hund ist, von dem wir erfahren, wie ein Tier leidet, wenn es statt nachts noch ausgeführt zu werden, von seiner besoffenen Herrin auf den Balkon geschickt wird, um sein Geschäft zu verrichten.

Die dritte im Bunde ist Josyane Stahl. Sie hat ihre Jugend in der Sowjetunion verbracht und lebt heute zwischen Genf und Moskau. Sie schreibt Krimis aus dem neuen Russland, aus der Welt der Emporkömmlinge, Neureichen und Gangster. Die Beschreibung dieses Lebens und viele, von der Autorin offenbar für notwendig gehaltene Erklärungen (die immerhin fundiert sind) geben den Rahmen zu Ermittlungen in der Art von Agatha Christie. MEURTRE À LA DATCHA (2001) grenzt den Handlungsort auf Krakovo ein, wo drei Familien und ihre Gäste den Sommer verbringen. Ein Mord bringt die Inspektoren Arkadi Bogdanov und Vassili Frolov sowie ihre Helfer ins Spiel: den Fotografen Vadim Klimenko, Abraham Ioffé, einen alten weisen Mann, von der jüdischen Tradition geprägt, und Mara Abramova, die Nichte des Inspektors Arkadi. In POULET À LA VODKA (2002) suchen sie ein aus einem Heim verschwundenes Mädchen und lernen die Moskauer Vorstädte kennen, während es sie in BAÏKALALAÏKA (2004) in den fernen Osten verschlägt, wo in der Transsibirischen Eisenbahn eine Geschichte von Eifersucht und Mord abläuft.

Auch die Theorie kommt in diesen Jahren nicht zu kurz. André Vanoncini legt mit LE ROMAN POLICIER (1995) in der Taschenbuchserie *Que sais-je* eine gleichermassen kompakte und kompetente Einführung in das Thema »Kriminalroman« vor. Er bleibt nicht bei den altbekannten Genreeinteilungen stehen, sondern erweitert seinen Blick auf die Randgebiete, sei es inhaltlich oder geographisch, natürlich mit einem Schwergewicht auf der französischsprachigen Literatur.

Vier Schweizer Autoren sind mit Texten in der französischen Kultserie Le Poulpe vertreten. Die Figur des freien Privatdetektivs Gabriel Lecouvreur, alias Le Poulpe, wurde von Jean-Bernard Pouy 1995 ins Leben gerufen. Seither haben sich Dutzende von Autoren um diese Figur gekümmert und ihre Geschichte fortgeschrieben, jeder in seiner Art und an dem Ort, an dem es ihm gerade passt.

Jean-Jacques Busino (über den Autor später mehr) schickt den Serienhelden in Au nom du piètre qui a l'essieu (1998) auf der Suche nach einer seltenen Radachse in die Gegend um Genf, wo er Lise Orsini, die Witwe eines Geschichtsprofessors, kennen lernt. Von dort gerät er in ein Konglomerat von antisemitischen Russen, einer gewinnsüchtigen Emmaus-Bruderschaft und einer Studentin, die sich ihr Leben mit Prostitution verdient. Professor Orsini hat sein letztes Werk, das von Le Poulpe zur Veröffentlichung gebracht wird, über den Zusammenhang zwischen humanitären Hilfsorganisationen und rechtsextremen Diktaturen geschrieben, was zu seiner Ermordung geführt hat. Nachdem er den Fall gelöst hat, geht Lecouvreur zurück nach Paris. Im Text werden mehrfach die Krimis von Paul Milan gelobt, was uns zum nächsten Autor führt.

Dieser Paul Milan – der Name soll das Pseudonym eines Westschweizer Journalisten sein – schreibt in Légitime défonce (1998) über Genf und seine Vorstädte, aus denen Jugendbanden auf Einbruchstour in die reiche »Hauptstadt« aufbrechen. Einer dieser Kleinkriminellen lässt sich von einem Hausbesitzer erwischen, wird am Bein schwer verletzt, tötet seinen Angreifer und wird selber zum gejagten Tier, das von der Polizei und selbst von Le Poulpe, der sich für einmal auf der »falschen« Seite wiederfindet, verfolgt wird. Die klassische Fluchtsituation wird aus verschiedenen Perspektiven geschildert, und es erstaunt, dass sowohl die Jäger als auch der Gejagte letztlich die Situation geniessen.

Grégoire Carbasse schickt die Russenmafia in die Schweiz. L'Helvète underground (1998) – mit Anklängen an die Avantgardeband Velvet Underground – schildert ein Schlachtfeld, das mit dem Mord und der Enthauptung der Prostituierten Anna Radnovona in Paris beginnt und sich an die Gestade des Genfersees ausbreitet.

Cédric Suillot schliesslich reist 2000 mit Le Poulpe nach Budapest, wo eine Frau im Historischen Museum auf Fotos des Aufstands von 1956 ein Gesicht erkennt. Während die Dreissigjahrfeier noch im Untergrund stattfinden muss, wäre heute eine Aufarbeitung der Vergangenheit das Gebot der Stunde. Die Mörder aber sind bereits im Museum. In ihrer Verzweiflung will sich die Historikerin mit einem Sprung aus dem Fenster retten, stürzt jedoch zu Tode. Aber Le Poulpe löst auch diesen Fall, nachdem er sich in Genf vor dem Weiterflug nach Budapest mit zwielichtigen Figuren getroffen hat.

Wesentlich gnadenloser geht es bei Cédric Comtesse in seinem Roman LES FILLES ROSES N'ONT PAS DE FANTÔME (1999) zu. Der schwarze Ich-Erzähler Eric erlebt einen Schicksalstag. Dem Autoverkäufer läuft seine weisse Frau davon, er soll aus der Wohnung gejagt werden, und Paris steht vor der wahrscheinlichen Machtübernahme durch die extreme Rechte. In dieser Situation verfällt er der verlockenden Welt der Telefonsexwerbung. Dieser direkte Zugang zu seinen Fantasiefiguren dominiert nach und nach Erics ganzes Dasein und lässt ihn in eine zunehmende Verwahrlosung rutschen. Ein Marabut, der zu helfen vorgibt, schickt Eric in die übelsten Keller, in denen nur noch die hoffnungslosesten Drogenabhängigen vegetieren. Sex der brutalsten und menschenverachtendsten Art überdeckt das Verlangen nach Liebe, und es besteht der Verdacht, dass Eric auch vor dem Töten nicht zurückschreckt. Jedenfalls gewinnen die Faschisten die Wahl, Eric attackiert ihren Chef und wird das erste Opfer der wieder eingeführten Todesstrafe. Ein Roman wie eine Bombe, aber nur für Leser mit stahlharten Nerven.

Jacques Guyonnet brilliert in der noch nicht vollendeten Trilogie ORIANE PARK (auch FRÉQUENCE FEMME I–III) mit einer Reihe von wilden, anarchischen, chaotischen Texten, die keinem Genre zuzuordnen sind, sich bewegen zwischen Thriller und Science Fiction und in der Deutschschweiz wohl kaum einen Verlag fänden. Natürlich haben wir auch hier das Problem (oder das Wunder) der innovativen Sprache, die nicht zu übersetzen ist. Ebensowenig kann man einen »Inhalt« zusammenfassen. Guyonnet erfindet eine Traumwelt, in der alles Platz findet: Semtex und schöne Frauen, Echelon und islamische Selbstmordkommandos. Er nennt das Gebilde mit dem Titel ON A VOLÉ LE BIG BANG (2000) einen »roman policier théologique et faiblement sexuel«. Der Ich-Erzähler »Jack l'éventreur, El Estripador« löst die komplexen Probleme mit seinem Freund Waechter. Diese Probleme drehen sich um Oriane Park, Prototyp aller Frauen und Mörderin, seit jeher Jungfrau, ohne einen Orgasmus erlebt zu haben, und gleichzeitig die Göttin Kali. Im Prinzip geht es um die Frau an sich, um das schwarze Loch, um das sich alle Mythen ranken. Wie der Autor, der auch Komponist und Orchesterchef ist, das alles zusammenbringt, ist vergnüglich, wenn auch etwas selbstverliebt. Er ergänzt den Text mit Fotos, Noten, Liedern, Gedichten und bleibt jederzeit ungeheuer einfallsreich mit vielen Bezügen auf aktuelle Ereignisse, auf Religion, Literatur und Musik.

Bei Ken Wood (Marc Lamunière) betreten wir wieder internationalen Boden mit LA PEAU DE SHARON (2000). George Slater, eine junge Anwältin, angeklagt, ihren brutalen Mann umgebracht zu haben, wehrt sich mit allen Mitteln gegen eine perfide Verfolgung und verstrickt sich immer mehr in eine Welt von politischen Intrigen, Sex und Gewalt. Das Buch spielt in den USA.

MEURTRES EN SÉRAIL (2002) von Charaf Abdessemed bringt uns in die oberen Gesellschaftsschichten Algeriens, die von einer Serie von Morden an Frauen erschüttert wird. Der junge, unerfahrene Rechtsmediziner Farid Ouz soll zusammen mit Inspecteur Hani den Serienkiller finden. Der Autor gewährt einen tiefen Einblick in die zerrütteten Strukturen eines von Islamismus und Militarismus zerrissenen Landes, in dem die Moral der Führungsschicht schon längst zerbröckelt ist.

Daniel Zufferey hat mit L'ÉTOILE D'OR (1998) den Grand Prix du roman policier gewonnen. Bestimmt hängt dies mit seiner Fähigkeit zusammen, komplexe politische Bezüge auf eine klar verständliche persönliche Ebene herunterzubrechen und dabei aktuelle Bezüge aus der schweizerischen Gesellschaft aufzunehmen. In diesem preisgekrönten Roman lernen wir Christoph Meyer kennen, Polizist für spezielle Angelegenheiten unter dem Bundesrat Gianluca Ferragamo. »Ce titre ronflant et nébuleux couvrait des activités peu avouables: on lui confiait toutes les enquêtes criminelles gênantes pour l'Etat. Il ne les menait jamais à terme; son travail se limitait à l'élimination des preuves matérielles qui impliquaient certains hauts fonctionnaires. Une fois ce toilettage accompli, Christoph remettait ces dossiers nettoyés à l'autorité judiciaire ordinaire qui pouvait ensuite les jeter en pâture aux médias.« Meyer recherchiert im Milieu von Neonazis und Skinheads. Nachdem drei pensionierte Bankiers per Post tödliche Gasfläschchen erhalten, geht ein gewaltiges Unbehagen durch die Berner Politwelt, denn der Skandal um das Nazigold auf Schweizer Banken ist in allen Köpfen präsent. Rainer Steinemann (Bundesrat in spe) und seine zweite Frau Hélène leben in einem gutbürgerlichen Haushalt, als ihr ältester Sohn Werner entführt wird. Michael, der jüngere Bruder, wollte eigentlich als Schwuler über den Massenmord an den Homosexuellen in den Nazi-Konzentrationslagern schreiben, wird jedoch von seinem Professor zurückgehalten und meldet sich von der Uni ab.

Hélène ist die Tochter einer vom Schwiegervater ausgebeuteten und ins KZ abgeschobenen rumänischen Roma-Prostituierten. In einem monströsen Komplott erfüllt diese Frau ihren lange gehegten Racheplan: Sie erledigt ihre Feinde und entführt ihre Stiefkinder. Der politische Skandal, der sich anbahnt, wird missbraucht für einen familiären Konflikt. Der schweiz-, wenn nicht gar weltweite Ansatz des Plots reduziert sich auf persönliche Querelen, was den politisch gross angelegten Plan etwas fragwürdig macht.

Mit Jean-Jacques Busino schliessen wir die Übersicht über den Westschweizer Kriminalroman ab und begeben uns gleichzeitig auf einen Pfad, der in die Welt hinaus und in die Zukunft führt. Busino, Autor von »romans noirs«, schreibt über Dinge, die mit seinem unmittelbaren Erleben zu tun haben. Er steht auf der Seite der Benachteiligten und Unterdrückten und bewegt sich auf musikalischem und philosophischem Gebiet ebenso gewandt wie in den Abgründen der verlorenen Psyche. Busino durchsetzt seine Texte darüber hinaus mit Zitaten aus Film und Literatur. Sein gnadenloses Meisterwerk heisst DIEU À TORT (1996). Es schildert das langsame Abgleiten von Pierre-Henri Audemar, genannt Pommard, in einen düsteren Abgrund. Der ganze Text ist eine musikalische Notation in verschiedenen Geschwindigkeiten. Am Anfang steckt der Musiker und Produzent Pommard in einer Lebenskrise. Der Mann mit dem langen Rossschwanz in einem 200-Quadratmeter-Loft zerstört die Erinnerungen an sein Leben, allem voran die Schallplatten. Eine Sängerin, die er entdeckt und aufbaut, lässt ihn hängen und geht zu einem grossen Konzern. Pommard nimmt die vom Psychiater verschriebenen Medikamente nicht mehr. Er will nicht mehr denken, er will handeln. Er darf keine Musik mehr schreiben, aber er darf mit Menschen spielen und entwickelt einen ungebärdigen Hass auf die Frauen. Er masturbiert zur Musik von Frank Zappa vor dem Bildschirm mit Fotos von jüdischen KZ-Leichen. Und das ist erst der Anfang. »En un mois, il avait changé d'avis sur tout. Il reprenait une à une les choses qu'il pensait être vitales et se reposait la question, comme si c'était la première fois. D'ailleurs, en se levant ce matin, Pommard s'était dit qu'il avait oublié le goût du sang de Christ. Plus précisément, Dieu lui était apparu pendant la nuit et lui avait donné carte blanche, tout en lui portant une reconnaissance éternelle pour ce qu'il allait faire.« Auf der Suche nach dem perfekten musikalischen Mix, nach der Stimme Gottes, beginnt er als Auserwählter Gottes Menschen umzubringen, ihre Klagetöne aufzunehmen und ihre Stimmbänder herauszuschneiden. Von der Anlage her erinnert der Wahn Pommards an Patrick Süskinds Jean-Baptiste Grenouille aus DAS PARFÜM. Der mörderische Alptraum des nicht zu stoppenden Monsters Pommard wird erst nach und nach durchschaut von Kommissar Claude Estopey, der kurz vor der Pensionierung steht und vielleicht deshalb besonders sensibel auf die Produktionen hört, die aus Pommards Studio kommen. In einem Song entdeckt Estopey das musikalische Geständnis, das jedoch nicht als Beweismittel herangezogen werden kann. Wie in einem Film-Abspann erfährt man schliesslich das weitere Schicksal der handelnden Personen. Pommard sitzt letztlich »nur« wegen Vergewaltigung und trifft in seiner Zelle einen blonden Jungen, der Mundharmonika spielt. Entzückt schreit Pommard: »Je vais faire de toi une idole.«

Es verwundert nicht, dass Jean-Jacques Busino auch selbst unter die Musiker gegangen ist und seine Texte mit der Live-Band »Daddy's Arms« als Performance auf die Bühne bringt. Da die Westschweiz arm an Leseanlässen ist, bereichert der Autor Literatur-Abende auf diese ganz besondere Weise. Ich erinnere mich gern an einen Auftritt anlässlich der Expo.02 auf der Arteplage Yverdon, als »Daddy's

Arms« gegen eine beissende Brise anspielten, vom frierenden Publikum im Stich gelassen, und wie ein Teppich von elektronischer Musik und mysteriösen Textfetzen vom bläulichen Nebel der »Wolke« mitgerissen wurde.

Materialien

Stefan Brockhoff: Zehn Gebote für den Kriminalroman
(Zürcher Illustrierte, Nr. 6, 5. Februar 1937)

Eine »Selbstanzeige« von Stefan Brockhoff, dem Autor des in der nächsten Nummer beginnenden neuen Romans 3 KIOSKE AM SEE

Ein Kriminalroman ist ein Spiel. Ein Spiel zwischen den einzelnen Figuren des Romans und ein Spiel zwischen Autor und Leser. Auf den ersten Blick scheint der Autor sehr im Vorteil. Er teilt die Karten aus und wacht eifersüchtig darüber, dass sein Partner nur eine ganz bestimmte Auswahl in die Hand bekommt. Aber gerade darum, gerade weil er wie ein lieber Gott die Lose schütteln und austeilen darf, sollte es ihm eine Pflicht sein, seine Leser beim Spiel nicht zu betrügen und gewisse Gesetze einzuhalten, ohne die jeder Kriminalroman zu einem unfairen Schwindel wird. Eine Tafel der Gebote und Verbote habe ich darum zusammengestellt, und ich vertraue sie den Lesern meines neuen Romans hiermit an, damit sie während des Spiels, zu dem wir uns jetzt zusammensetzen, auch prüfen können, ob fair gespielt wird oder nicht. Ich weiß, dass ich es mir damit schwer mache, denn ich lege mich auf Regeln fest, die ich einhalten muss, und ohne die zu spielen viel leichter für mich wäre. Aber ich hoffe, so fair zu spielen, dass ich es wagen kann, mir auf die Finger schauen zu lassen. Also geben Sie acht, die 10 Gebote des Kriminalromans werden jetzt offenbart.

1. Alle rätselhaften Ereignisse, die im Verlauf des Romans geschehen, müssen am Schluss erklärt und aufgelöst werden. Wenn am Anfang 10 Einbrüche, 20 Entführungen, 30 Morde vorkommen, so müssen am Ende 10 Einbrüche, 20 Entführungen, 30 Morde aufgeklärt sein. Haben Sie keine Angst, dass es bei mir so grausam zugeht!

Aber das, was bei mir geschieht, findet seine Aufklärung – im Gegensatz zu einem gewissen Klassiker des Kriminalromans, bei dem das Dreifache passiert, dafür aber nur die Hälfte aufgelöst wird.

2. Die Ereignisse, die vor dem Leser ausgebreitet werden, dürfen nicht nur dazu erfunden sein, den Leser irre zu führen. Alles was geschieht, muss seinen berechtigten Platz haben in dem Gesamtgefüge des Romans. Wer Episoden erfindet, nur um den Verdacht des Lesers in eine falsche Richtung zu lenken, ist ein unehrlicher Spielpartner.

3. Der Erzähler soll nicht um jeden Preis originell sein wollen. Wenn ein Mord geschieht, dann soll er mit den landesüblichen Mitteln geschehen, als da sind Revolver, Schiessgewehr, Gift und andere schöne Errungenschaften des menschlichen Geistes. Es gibt Kriminalromanautoren, die sich Tag und Nacht den Kopf darüber zerbrechen: wie bringe ich jemand besonders originell um. Sie erfinden zu diesem Zweck geheimnisvoll-undurchsichtige Apparate, Todesstrahlen, abgerichtete Tiere und ähnliches. Es gibt eine Grenze, wo das Raffinierte schon wieder dumm wird.

4. Der Täter soll ein Mensch sein, gewiss ein böser Mensch (im allgemeinen), aber immerhin ein Mensch. Er soll nicht überirdische Kräfte besitzen, nicht mit okkulten Mitteln arbeiten, sondern seine Taten so ins Werk setzen, wie das Menschen gemeinhin zu tun pflegen. Er soll nicht über unbegrenzte Möglichkeiten verfügen, nicht das rätselhafte Haupt einer 200köpfigen Bande sein, nicht der verkappte Chef eines riesigen staatlichen Polizeiapparates, dem alle Mittel zu Gebote stehen. Auch auf geheimnisvoll unterirdische Gänge, prompt arbeitende Falltüren und ähnlichen, romantischen Zauber soll der Erzähler tunlichst verzichten. Sonst macht der Autor es sich zu leicht und dem Leser zu schwer.

5. Auch der Detektiv soll ein Mensch sein, gewiss ein geschickter und findiger Mensch, aber immerhin ein Mensch. Er soll weder Allweisheit noch Allgegenwärtigkeit besitzen, weil das Eigenschaften sind, über die ein Mensch im allgemeinen nicht verfügt. Um zu finden, muss er suchen, um aufzuklären, muss er sein menschliches

Gehirn in Bewegung setzen. Ein Detektiv, der wie der liebe Gott alles schon vorher errät, der »zufällig« bei allem dabei ist, dem hundert Lichter auf einmal aufgehen, ist zwar eine sehr imponierende Erscheinung, aber seine Eigenschaften sind zu schön, um wahr zu sein.

6. Ein Kriminalroman soll den Kampf zwischen den list'gen Taten eines Verbrechers und den klugen, planmässigen Überlegungen des Detektivs darstellen, der ihm auf seine Schliche kommt. Er soll hingegen kein Kriegsbericht sein, in dem Materialschlachten und Heeresbewegungen erzählt werden, in dem das Waffenarsenal ganzer Völker aufgeboten wird und die Leichen rechts und links nur so fallen. Spannend zu sein – das ist seine Aufgabe, aber spannend zu sein mit den sparsamsten Mitteln – das ist seine Kunst.

7. Der Täter muss in dem Geflecht der Handlungen und Personen an der richtigen Stelle stehen. Der Leser muss ihn kennen, aber er darf ihn nicht erkennen. Er muss eine genügend grosse Rolle spielen, damit man für ihn und seine Taten auch Interesse aufbringt; er darf also nicht eine Figur sein, die völlig nebensächlich am Rande des Geschehens steht. Doch er darf anderseits nicht zu weit in den Vordergrund gerückt werden, weil er sich sonst zu leicht verrät. Genau den richtigen Platz für ihn auszukalkulieren, das ist eine Hauptaufgabe des Autors.

8. Nicht alles, was geschieht, kann in einem Kriminalroman gezeigt werden. Motive, Täter, Ausführungsmittel müssen meist im Dunkel bleiben, aber von allem, was geschieht, muss der Leser etwas erfahren, sei es den endgültigen Effekt, sei es irgendeine Folgewirkung, sei es irgendein Indiz, das auf die Tat hinweist. Nie darf etwas passieren, von dem der Leser erst ganz am Schluss in der Aufklärung erfährt, dass es überhaupt passiert ist. Gewiss, der Erzähler muss vieles verstecken, aber er darf es nie ganz verstecken, ein kleines Zipfelchen wenigstens muss immer herausschauen.

9. Der Autor soll seinen Leser nicht ermüden. Endlose Gerichtsverhandlungen, ausführliche Protokolle, umständliche Lokaltermine sind zu vermeiden. Was zur Kenntnis der Tatsachen unbedingt not-

wendig ist, muss natürlich seinen Platz haben, aber alles, was seinen Platz hat, muss für die Handlung und deren Auflösung wirklich unvermeidlich sein. Gewiss, der Leser wird während der Lektüre nicht immer ermessen können, was diese Szene oder jenes Gespräch für eine Bedeutung hat. Aber am Schluss muss er erfahren, dass es überhaupt bedeutsam war und in welcher Hinsicht.

10. Es ist wünschenswert, dass der Leser die entscheidenden Ereignisse wirklich vorgeführt bekommt und miterlebt. Er soll nach Möglichkeit das Gefühl haben, dass er bei allem dabei war. Nicht irgendeine Person in dem Roman soll ihm nachträglich erzählen, ob und wo etwas geschehen, sondern er soll diese Geschehnisse mit eigenen Augen sehen. Vermittelte Berichte wirken leicht langweilig und schwächen in jedem Fall die unmittelbare Wucht der Ereignisse ab. Der Leser soll die handelnden Figuren und deren Tun mit seinen Augen verfolgen können. Er soll nicht mitanhören, was man ihm erzählt, sondern mitansehen, was wirklich geschieht. Er soll dabei sein.

Das sind die 10 Gebote, nach denen wir spielen wollen. Ich hoffe, dass ich gegen sie nicht gefehlt habe. In meinem ersten Roman, SCHUSS AUF DIE BÜHNE, gab es vielleicht noch einige Blindschüsse, aber mein zweiter, MUSIK IM TOTENGÄSSLEIN, spielte schon eine richtigere Melodie. Und jetzt hoffe ich, dass Sie mir für meinen dritten, 3 KIOSKE AM SEE, eine gute Note ausstellen können und dass Sie sich mit ihm so angenehm unterhalten, wie man das bei einem ehrlichen, fairen Spiel zu tun wünscht. Passen Sie gut auf, und wenn Sie merken, dass ich gegen die Spielregeln sündige, beschweren Sie sich bei mir.

Friedrich Glauser: Offener Brief über die »Zehn Gebote für den Kriminalroman«

La Bernerie [Frankreich], den 25. 3. 37

Sehr geehrter und lieber Kollege Brockhoff,

vor einiger Zeit haben Sie vom Sinai der *Zürcher Illustrierten* herab zehn Gebote für den Kriminalroman erlassen, und über die Forderungen, die Sie aufstellen, hätte ich gerne mit Ihnen diskutiert. Einige Behauptungen haben meinen Widerspruch und meine Kritik geweckt – nur hätte ich Ihnen gerne meine Bemerkungen mündlich mitgeteilt. Es scheint mir ungerecht, dass Sie einen Monolog von mir schweigend über sich ergehen lassen müssen, ohne korrigierend, richtigstellend eingreifen zu können, falls mir ein Irrtum unterläuft oder ein Missverstehen Ihrer Gedanken. Da wir aber – genau wie die beiden Königskinder – nicht zusammenkommen können, muss unsere Auseinandersetzung, unsere friedliche und freundliche Auseinandersetzung, in den Spalten der *Zürcher Illustrierten* vor ‚ich gehen.

Sie wird die Form eines kleinen Sängerkrieges annehmen, in welchem das Publikum die Rolle der Elisabeth (so hieß die Dame doch, für die Wagner den Einzug der Sänger komponiert hat?) übernehmen wird. Ohne Musikbegleitung. Und das ist gut so.

Ich habe immer gefunden, das Alte Testament habe mit der Aufstellung der Zehn Gebote – deren Übertretung, nebenbei bemerkt, uns immer noch den Stoff für unsere Romane liefert – einen bedauerlichen Präzedenzfall geschaffen. Alle Leute, die den dunklen Drang verspüren, ihren geplagten Mitmenschen Vorschriften zu machen, fühlen sich seither verpflichtet, ihr Thema in zehn Teile zu gliedern, auch wenn es mit fünf, vier oder drei Geboten erschöpft wäre. So hat man uns geplagt mit den Zehn Geboten für die Hausfrau und den Zehn Geboten für den Junggesellen – auch Staubsaugerbesitzer und Radiohörer wurden für würdig erachtet, mit der Zahl zehn geplagt zu werden.

Zehn Gebote! ... Sei's drum. Und meinetwegen Zehn Gebote für den Kriminalroman. Vielleicht erlauben Sie mir die Bemerkung, dass ein Roman, als Menschenprodukt, als lebloses Ding, mit Geboten nicht viel anfangen kann. Die Gebote gelten eigentlich für den Verfasser. Aber ich will gern zugeben, dass die Formel: »Zehn Gebote für den Kriminalromanschriftsteller« nicht gerade sehr wohllautend geklungen hätte …

Dafür geben Sie mir vielleicht etwas anderes zu: dass nämlich ein Teil Ihrer Forderungen sich von selbst versteht. Der Londoner Detection Club, der einige Schriftsteller der in Frage stehenden Gattung gruppiert – Agatha Christie, Dorothy Sayers, Crofts, Cunningham –, schreibt in seinen Statuten seinen Mitgliedern das vor, was Sie, lieber Kollege, ausspinnen: Wahrscheinlichkeit der Handlung, Verzichten auf Banden samt Chefs, faires Spiel, Vermeiden unnötiger Sensation, anständige Sprache.

Anständige Sprache. In unserem Falle anständiges Deutsch. Dies Postulat habe ich in Ihren Geboten vermisst. Mit Unrecht wahrscheinlich; es schien Ihnen wohl, dieses Postulat, so selbstverständlich, dass Sie es nicht weiter erwähnt haben.

Der Kriminalroman, wie er heute in den angelsächsischen Ländern blüht, gedeiht und wuchert, ist, wie Sie ganz richtig sagen, ein Spiel; ein Spiel, das nach gewissen Regeln gespielt wird. Die Einhaltung dieser Regeln versteht sich gewöhnlich von selbst – nur ist es manchmal schwer, diese Regeln einzuhalten. Da werden Sie mir recht geben.

Durch das Spielerische, das in ihm steckt, ist der Kriminalroman verwandt mit seinem salonfähigeren Bruder, der sich kurzweg »Roman« nennt und darauf Anspruch erhebt, zu den Kunstwerken zu zählen. Und diese Kunstwerke wurden gelesen, bis sie Kunstprodukte wurden, künstliche Produkte, Angelegenheiten gewisser Cliquen, einiger Snobs. Bis in ihnen nur noch Seelenzerfaserung getrieben wurde oder der Autor in Philosophie, Psychologie, Metaphysik machte und die Hauptanforderungen des Romans vergass, als da sind: Fabulieren, Erzählen, Darstellen von Menschen, ihrem Schicksal, der Atmosphäre, in der sie sich bewegen. Auch Spannung musste der gute Roman enthalten. Es war eine andere Art Spannung als die, welche in Kriminalromanen herrscht, aber eine Spannung musste vorhanden sein. Und weil der Roman die Spannung als unkünstlerisch verwarf, erlebte der verachtete Bruder, der Kriminalroman, jenen Erfolg, der ihn in den Augen gewisser Leute zum Parvenü stempelte.

Doch all dies wissen Sie ja besser als ich, und nicht, um Ihnen einen Vortrag über die Entwicklung des Romans zu halten, schreibe ich Ihnen. Doch war diese Vorrede nötig.

Denn: Der Kriminalroman hat von allen Eigenschaften, die den Roman ausmachen, einzig die Spannung beibehalten. Eine besondere Art Spannung. Ein wenig fabuliert er auch, jedoch ohne die sicheren Pfade zu verlassen. Und freiwillig verzichtet er auf das Wichtigste: das Darstellen der Menschen und ihres Kampfes mit dem Schicksal.

Menschen und ihr Schicksal! Bewusst verzichtet der Kriminalroman auf diese künstlerische Eigenschaft. Er ist, in seiner heutigen Form, durchaus formal-logisch, abstrakt. Und dies möchte ich Ihnen vor allem auf Ihre »Zehn Gebote« antworten: Ein Roman, nach diesem Rezept geschrieben, ist schicksalslos. Der Mord, der ein-, zwei-, dreifache Mord, am Anfang, in der Mitte und vielleicht auch gegen Ende geschieht nur, um einer Denkmaschine Stoff zu logischen Deduktionen zu geben. Ich gebe zu, das kann reizvoll sein. Als die Methode neu war – denken Sie an den MORD IN DER RUE MORGUE und an den Vater aller Sherlock Holmes, Hercule Poirots, Philo Vances, Ellery Queens, an den Großvater aller Inspektoren, Kommissäre von Scotland-Yard: an den Chevalier Dupin E. A. Poes –, als die Methode neu war, war sie sogar künstlerisch, aber vielleicht doch nur, weil sie ein Dichter handhabte. Jetzt aber ist sie abgegriffen – um nicht zu sagen abgeschmackt.

Ein sogenannter guter Kriminalroman – mag sein aufklärender Held nun zur Behörde gehören oder privat detektiven – ist wohl stets folgendermaßen konstruiert:

Am Anfang schuf der Autor das Personenverzeichnis und setzte es, um die Gehirntätigkeit des Lesers zu schonen, auf die Kehrseite des Titelblatts. Im ersten Kapitel passiert der Mord. Hernach sind die Seiten öde und leer bis zum Auftauchen des Schlaumeiers. Dieser ist ein Mensch, »gewiss ein geschickter und findiger Mensch« (wie Sie schreiben) mit einem Psychologenblick. Diesen Blick benutzt er dazu, um Geheimnisse zu enträtseln. Und jede Person des Verzeichnisses trägt ein solches im Busen – und sorgsam wahrt sie es. Aber das nützt ihr nicht viel. Der Schlaumeier erscheint, wirft der Person seinen Psychologenblick in einen unsichtbaren Einwurf, zieht am Ring und empfängt Geständnis samt notwendigem Indizium. Nur die Hand braucht er auszustrecken. Der gleiche Vorgang wiederholt sich bei den anderen Personen – und wenn der Schlaumeier bei allen seinen Psychologenblick eingeworfen und sein Ticket empfangen hat, geht er hin, wie mit einem simplen Rabattsparmarkenbüchli, und kauft sich den Täter. Die Lösung aber blühet ihm als Blümlein am Wege. Das Blümlein Lösung steckt sich der Schlaumeier aufs Hütelein oder verziert mit ihm sein Knopfloch und wandert weiter, anderen Taten zu. Der Täter jedoch, der »gewiss ein böser Mensch ist (im allgemeinen)« wie Sie schreiben –, der Täter büsst seine Untaten unter dem elektrischen Stuhl, auf dem Fallbeil oder über dem Galgen – wenn er es nicht vorzieht, Selbstmord zu begehen. Gut. Alles gut und recht! Aber warum ist der Täter »gewiss ein böser Mensch«? Gibt es gewiss böse Menschen im allgemeinen und ungewiss gute im besonderen? Gibt es überhaupt gute und böse Menschen? Sind Menschen nicht einfach Menschen – weder Bestien noch Heilige –, durchschnittliche Menschen, keine Heroen, keine Schlaumeier, keine geschickten, findigen, keine gewiss bösen, sondern einfach Menschen, mögen sie nun Glauser, Brockhoff, Hitler, Riedel heißen oder Emma Künzli und Guala? Haben wir Schreiber nicht die Pflicht – auch wenn wir Spannung machen, auch wenn wir idealisieren –, immer und immerfort (ohne zu predigen, versteht sich) darauf hinzuweisen, dass nur ein winziger, ein kaum sichtbarer Unterschied besteht zwischen dem »gewiss bösen Menschen (im allgemeinen)« und dem »geschickten, findigen mit den planmäßigen Überlegungen«?

Sie sehen, Fragen plagen mich wie Bremen im Juli: Aber, wenn Sie Falltüren, Banden, geheimnisvoll undurchsichtige Apparate, die Todesstrahlen entsenden, wenn Sie bereit sind, den »romantischen Zauber« abzuschaffen, und ihn verpönen, dann müssen Sie auch die Einteilung in böse und gute Menschen abschaffen. Denn diese Einteilung ist genauso ein fauler romantischer Zauber wie die armen Falltüren und die Requisiten einer Zeit, die naiver war als die unsrige.

Die Handlung eines Kriminalromans lässt sich in anderthalb Seiten gut und gerne erzählen. Der Rest – die übrigen hundertachtundneunzig Schreibmaschinenseiten – sind Füllsel. Es kommt nun darauf an, was man mit diesem Füllsel anstellt. Die meisten Kriminalromane sind bestenfalls verlängerte Anekdoten – denn in unserer chaotischen Zeit unterscheidet man die literarischen Ordnungen nicht mehr nach dem Inhalt, sondern einzig und allein nach der Länge: Drei Seiten: short story, Kurzgeschichte. Fünfzehn bis zwanzig Seiten: Novelle. Hundert Seiten: Kurzroman. Ja, das gibt es auch! Lachen Sie bitte nicht. Der Kurzroman ist von Leuten erfunden worden, die nicht Englisch konnten und eine short novel, die einfach eine Erzählung war, mit Kurzroman übersetzt haben. Über hundert Seiten beginnt der Roman, der Kriminalroman, dies Zwitterding zwischen einem Kreuzworträtsel und einem Schachproblem ...

Warum ist er nicht mehr? Warum strebt er nicht höher?

Die Leute, die in ihm auftreten, sind weiter nichts (gewöhnlich, es gibt Ausnahmen) als Bahnhofsautomaten: rot, blau, grün, gelb angemalt. Bahnhofsautomaten, in deren unsichtbaren Einwurf der Schlaumeier statt eines vulgären Zwanzigrappenstückes seinen Psychologenblick einwirft. Keine Menschen. Sie stehen, diese Automaten (und Sie kennen sie wie ich: die Millionärsgattin oder Millionärstochter, den Haushofmeister, der gewöhnlich Butler heißt, den Arzt – schurkisch oder nicht –, das Zimmermädchen, den Sekretär und wie sie alle heissen), sie stehen im luftleeren Raum. Denn all die Landhäuser, all die buildings, all die Millionärspaläste, die uns vorgesetzt werden, haben nicht einmal die greifbare Wirklichkeit eines zugigen Bahnsteiges (der Ort, wo die Automaten eigentlich stehen sollten) mit seinem Geruch nach Kohlenrauch, mit seinem Gepäckraum, in dem es nach Leder und Tabak riecht, mit der monotonen Musik seiner Signalapparate ...

Spannung ist ein vorzügliches Element; sie erleichtert dem Publikum die Anstrengung des Lesens. Sie lenkt den Geist, den von Sorgen geplagten Geist, von den Widerwärtigkeiten des Lebens ab, sie hilft vergessen. Genau wie irgendein Schnaps, genau wie irgendein Wein. Aber wie es auch echten Kirsch und Façon gibt, gerade so gibt es die echte Spannung und die Fuselspannung – verzeihen Sie das neue Wort. Und Fuselspannung nenne ich jede Spannung, die nur ein Ziel kennt: die Auflösung, das Ende des Buches. Sie gestattet nicht, diese Ersatzspannung, jede Seite des Buches als Gegenwart zu betrachten, in welcher der Leser minuten- oder sekundenlang lebt.

Dass diese kurzen Zeitabschnitte, diese Minuten und Sekunden sich ihm zu Stunden, zu Tagen, zu Monaten weiten können, genau wie im Traum, das Wecken dieses Gefühls würde mir erst die Echtheit der Spannung beweisen. Solange die Spannung die Gegenwart verneint, muss die Zukunft die Rechnung bezahlen. Beim Lesen eines Buches geht es noch harmlos zu. Einzig ein öder Geschmack im Munde, ein leeres Gefühl im Kopfe zeigt an, dass die Spannung verfälscht war. Sie hat auf eine Lösung hingearbeitet, sie hat es versäumt, die guten Traumbilder zu wecken, nichts klingt nach, weil nichts in uns zum Klingen gebracht worden ist.

Diese Hast nach der Zukunft auf Kosten der Gegenwart – ist sie nicht der Fluch unserer Zeit? Wir haben überhaupt vergessen, dass es eine Gegenwart gibt, die gelebt werden will. Wir haben vergessen, dass es sich lohnt, diese Gegenwart zu leben und sie nicht zu verschlingen wie ein Fresser, der Suppe, Fleisch, Gemüse l inunterschlingt, weil er nur an den Kuchen denkt, der am Ende der Mahlzeit winkt. Oder wie ein Rennfahrer benimmt sich der heutige Mensch, der durch die schönste Gegend keucht, nur um irgendeinen farbigen Pullover zu erringen, in dem er nicht schöner aussehen wird – im Gegenteil, er wird seine Ähnlichkeit mit einem kranken Äfflein nur deutlicher machen.

Besinnung und Besinnlichkeit im Lesen zu wecken, auch mit unseren bescheidensten Kräften und Mitteln, sollte für uns eine Pflicht sein. Glauben Sie mir, es lohnt sich, diejenigen zu enttäuschen, die nach den ersten zehn Seiten des Buches gleich am Ende nachblättern, um nur so schnell als möglich zu erfahren, wer der Täter ist ...

Wie einverstanden bin ich mit Ihnen, wenn Sie schreiben, der Täter müsse eine genügend grosse Rolle spielen, damit man für ihn und seine Taten Interesse aufbringe. Wie aber, wenn es uns gelingen könnte, die Spannung des Buches so zu gestalten, dass es dem Leser fast gleichgültig ist, wer der Täter ist? Wenn es uns gelingt, den Leser mit viel Hinterlist in unser Traumgespinst zu locken, wenn er mit uns träumt in kleinen Zimmern, die er nie gesehen hat, wenn er mit Menschen spricht, die ihm plötzlich wirklicher scheinen als seine nächsten Bekannten, wenn er Dinge des täglichen Lebens, die er nicht mehr beachtet, weil sie ihm allzu geläufig geworden sind, plötzlich in neuer Beleuchtung sieht, im Lichte unseres Scheinwerfers, den wir für ihn erfunden haben? Wie aber, wenn es uns gelänge, jedes Kapitel unserer Geschichte mit einer anderen Spannung zu laden, nicht der primitiven, die ihn vorwärts hetzt, einer anderen, habe ich gesagt! Wenn es uns gelingt, Sympathien und Antipathien in ihm zu wecken für unsere Geschöpfe, für die Häuser, in denen sie wohnen, für die Spiele, die sie spielen, für das Schicksal, das über ihnen schwebt und sie bedroht oder ihnen lächelt?

Das alles tat früher der »Roman« schlechthin, das Kunstwerk. Wäre es nicht eine lohnende Aufgabe für uns, ihm wieder Leser zuzuführen durch seinen verachteten Bruder, den Kriminalroman? Vielleicht gelingt es uns, dem Kriminalroman die Verachtung zu nehmen, die Leute von Geschmack, Leute von Unterscheidungsvermögen ihm entgegenbringen? Und wenn wir es ganz geschickt anstellen, wenn wir es verstehen, auch die andere, die »Kriminalspannung« nicht ablaufen zu lassen, so wird es uns vielleicht gelingen, jene zu erreichen, die nur John Kling oder Nick Carter lesen ... Wir brauchen und sollten uns nicht schämen, Kriminalliteratur zu produzieren. Haben nicht auch Grössere, als wir es sind, Verbrechen und ihre Aufklärung geschildert? Hat Schiller nicht den PITAVAL übersetzt und Conrad nicht den GEHEIMAGENTEN geschrieben? Und Stevenson seinen SELBSTMÖRDERKLUB?

Aber so wenig ein gutes Kochbuch allein genügt, um ein Risotto kunstgerecht zuzubereiten, so wenig genügen »Zehn Gebote«, um einen guten Kriminalroman zu schreiben. Sie werden verzeihen, wenn ich mir erlaubt habe, Ihre Forderungen mit einigen anderen zu ergänzen. Neu sind meine Forderungen nicht – und wahrscheinlich hätte ich sie nie formulieren können, wenn ich sie nicht angewandt gesehen hätte. Und bevor ich von einem dieser Verwirklicher kurz spreche, müssen Sie mir erlauben, *meine* Forderungen zusammenzufassen:

Vermenschlichen! Die Bahnhofsautomaten zu Menschen machen. Und vor allem die Denkmaschine, den Schlaumeier mit der Blümchenlösung im Knopfloch nicht mehr idealisieren. Ich weiss mich einig mit Ihnen in dieser Forderung. Schreiben Sie nicht auch, er müsse ein Mensch sein? Ich möchte weitergehen. Er braucht gar nicht findig und geschickt zu sein. Es genügt, wenn er über Einfühlungsvermögen und einen gesunden Menschenverstand verfügt. Vor

allem aber: Er muss uns nahegebracht werden und nicht mehr in jenen fernen Höhen schweben, in denen man nach einem Regen trocken bleibt und in der alle Rasierklingen tadellos schneiden. Er muss herunter von seinem Sockel, der Schlaumeier! Er muss reagieren, wie Sie und ich. Versehen wir ihn mit diesen Reaktionen, geben wir ihm Familie, eine Frau, Kinder – warum soll er immer Junggeselle sein? Und wenn er doch unbeweibt durchs Leben pilgern soll, einzig darauf bedacht, kriminelle Rätsel zu lösen, so soll er wenigstens eine Freundin haben, die ihm das Leben sauer macht ...
Warum ist er immer tadellos gekleidet? Warum hat er immer genügend Geld? Warum kratzt er sich nicht, wenn's ihn beisst, und warum schaut er nicht ein wenig dumm drein – wie ich –, wenn er etwas nicht versteht? Warum entschliesst er sich nicht, Kontakt mit seinen Mitmenschen zu suchen, die Atmosphäre zu erleben, in der die Leute leben, die ihn beschäftigen? Warum nimmt er nicht teil an deren Schicksal? Warum isst er nicht mit ihnen zu Mittag und flucht innerlich über die angebrannte Suppe – wieviel Spannung kann in einer angebrannten Suppe verborgen sein! – oder hört sich mit ihnen einen Vortrag über die Ehe von einem berühmten Professor am Radio an? Bei solchen Darbietungen gehen die Menschen aus sich heraus – sie gähnen. Wie aufschlussreich kann solch ein Gähnen sein ...
Und wenn des Schlaumeiers Stehkragen verschwitzt ist – welche Offenbarung! Ganz zu schweigen von einem zerrissenen Socken! ...

Nein, ich treibe nicht Schindluder, ich sabotiere unsere Diskussion nicht. Ich habe vom Schicksal gesprochen, von seiner Unvernunft. Dürfen wir verschweigen, dass es Formen annimmt, die tragisch und lächerlich zugleich sind? Dürfen wir vom Schicksal nur dann sprechen, wenn es glattgebügelt aussieht wie eine Hose, die gerade aus der Werkstatt des Schneiders kommt, oder wenn es schwarz ist wie ein frischgefärbtes Trauerkleid?

Bei einem Autor habe ich all das vereinigt gefunden, was ich bei der gesamten Kriminalliteratur vermisst habe. Der Autor heißt Simenon, und er hat einen Typus geschaffen, der, obwohl er einige Vorläufer hatte, nie mit einer solchen Leidenschaftlichkeit gesehen worden ist: den Kommissär Maigret. Ein durchschnittlicher Sicherheitsbeamter, vernünftig, ein wenig verträumt. Nicht der Kriminalfall an sich, nicht die Entlarvung des Täters und die Lösung ist

Hauptthema, sondern die Menschen und besonders die Atmosphäre, in der sie sich bewegen. Besonders die Atmosphäre: ein kleiner Hafen und sein »elegantes« Café – im GELBEN HUND; die Schleuse eines Binnenkanals – im FUHRMANN VON DER PROVIDENCE; ein Provinzstädtlein im Süden – im VERRÜCKTEN VON BERGERAC; ein Pariser Mietshaus – im CHINESISCHEN SCHATTENSPIEL. Doch wozu die Liste verlängern? Merkwürdig an diesen Romanen – die eigentlich längere Novellen sind – ist folgendes: Man bleibt gleichgültig, im Grunde, gegen die Lösung, obwohl die Fabel meist nach bewährtem Rezept hergestellt ist. Aber es weht zwischen den schwarzen Druckzeilen jene Traumluft, es scheint jenes Licht, das auch die bescheidensten, kleinsten Dinge zum Leben erweckt – zu einem bisweilen gespenstischen Leben. Der Täter? Er ist ein Mensch unter anderen, wie es im alltäglichen Leben auch der Fall ist. Und dass er entlarvt wird, ist gar nicht so wichtig, es gibt kein Aufatmen am Ende, keinen Theatercoup, die Geschichte hat eigentlich kein Ende, sie hört auf – es ist ein Abschnitt des Lebens, aber das Leben läuft weiter, unlogisch, packend, traurig und grotesk zugleich.

Ich möchte Georges Simenon danken. Was ich kann, habe ich von ihm gelernt. Er war mein Lehrer, sind wir nicht alle jemandes Schüler? ...

Ich schweife ab. Wahrscheinlich wissen Sie all diese Dinge, die ich vorgebracht habe, viel besser als ich. Leider habe ich noch nie die Gelegenheit gehabt und das Vergnügen, einen Ihrer Romane zu lesen. Aber ich bin ganz sicher, dass alle Vorwürfe, die ich hier gegen die Gattung »Kriminalroman«, seine »Helden«, seine »Schlaumeier« erhebe, Sie nicht treffen. Ich bin überzeugt, dass Sie mit Ihrem Roman 3 KIOSKE AM SEE großen Erfolg errungen haben. Wenn mein Brief bisweilen den Eindruck einer Belehrung erweckt haben sollte, so bitte ich Sie zu glauben, dass mir dies fern lag. Es handelte sich für mich mehr darum, einige Gedanken klar formulieren zu können. Und wie soll man dies tun, wenn man nicht versucht, diese Gedanken in Worte zu kleiden?

In guter Freundschaft verbleibe ich Ihr ergebener
Glauser

Biographien

1. Einleitung

Die folgende Biographie und Bibliographie ist die erste vollständige Übersicht über den schweizerischen Kriminalroman. Sie wurde nach sorgfältigem Studium der vorhandenen Unterlagen zusammengestellt. Aufgrund der teilweise ungünstigen Quellenlage sind jedoch einzelne Fehler und Auslassungen nicht ausgeschlossen.

Bei den bibliographischen Angaben wurde unterschieden zwischen deutsch (inklusive einzelne italienischsprachige Autor/innen) und französisch, zwischen alphabetischer und chronologischer Abfolge sowie zwischen Primär- und Sekundärliteratur. Dabei wurden nur die Erstausgaben der Bücher berücksichtigt (und allenfalls veränderte spätere Ausgaben), nicht aber weitere Auflagen, Taschenbuch- oder Buchclubausgaben und üblicherweise auch keine Übersetzungen. Wer sich dafür interessiert, wende sich an den Katalog der Schweizerischen Landesbibliothek (www.helveticat.ch).

Nicht bibliographiert wurden einzeln erschienene Erzählungen und Kurzgeschichten. Eine Grauzone existiert bei Theaterstücken, Hörspielen und Drehbüchern für Film und Fernsehen.

Im französischsprachigen Bereich erfordern die umfangreichen Werke von Frédéric Dard, Marcel-Georges Prêtre, François Chabrey und Georges Simenon (sofern es seine Tätigkeit in der Schweiz betrifft) eine Ausgliederung aus der allgemeinen Liste, da die schiere Anzahl der Publikationen jeden Rahmen sprengen würde.

Alle Korrekturen, Anmerkungen und Ergänzungen sowie Hinweise auf fehlende Autor/innen, Werke oder Neuerscheinungen sind willkommen und werden an dieser Stelle bereits verdankt. Anschrift: Paul Ott, Kasernenstr. 39, CH-3013 Bern, +41 (0)31 333 15 64; E-Mail: paulott@datacomm.ch

2. Kurzbiographien deutschsprachiger Autoren

Die biographischen Angaben beschränken sich auf die Lebensdaten und den Aufenthalt in der Schweiz.

* Schweizer Herkunft des Autors/der Autorin nicht geklärt oder fragwürdig.

Cristina Achermann: 24. 3. 1959 Madrid, lebt in Zürich

Franz Heinrich Achermann: 1. 7. 1881 St. Erhard-Knutwil im Kanton Luzern – 18. 4. 1946 Kriens

Hans Peter Aegler *

Gustav F. Aeschbach: 11. 9. 1920 – 14. 12. 1992 Aarau

Giovanni Airoldi: 16. 1. 1823 Lugano – 3. 8. 1894 Lugano

Brigitt Albrecht: Solothurn, lebt in Wien

Elisabeth Altenweger: 1. 1. 1946 Laupen, lebt in Langnau (Bern)

Paul Altheer: 23. 6. 1887 Wattwil – 10. 5. 1959 Zürich

Wilhelm Ammann: 19. Jahrhundert

Monika Amos: Pseudonym von **Hedi Fritz-Niggli**, lebt in Zürich

Frank Arnau: Pseudonym von **Heinrich Schmitt:** 9. 3. 1894 Wien – 11. 12. 1976 München, wuchs teilweise in der Schweiz auf, lebte 1970–1976 in Bissone bei Lugano, Heimatort Genève

Matthyas Arter

Cäsar von Arx: 23. 5. 1895 Basel – 14. 7. 1949 Niedererlinsbach

Werner Augsburger: 6. 5. 1894 Schangnau – 30. 11. 1975 Bern

Urs Augstburger: 1965 Brugg, lebt in Ennetbaden (AG)

Christoph Badertscher: 15. 7. 1966 Gossau, lebt in Bern

Kathrin Bänziger

Willi Bär: 1. 3. 1955 Schaffhausen, lebt in Schaffhausen

Kaethe Baumann: 4. 12. 1914 Elberfelde (D) – 3. 12. 1995 Lutry, seit 1939 in der Schweiz, vorwiegend in Zürich; die erste Frau von Konrad Baumann, Verlagsleiter des ABC-Verlags; Pseudonyme: **K. Baumann, Jack Miller, Jack Millers, Katrin Hart, Kathrin Hart**

Walther Baumann: 1925

Dieter Bedenig: 18. 8. 1940, lebt in Solothurn

Erwin Beyeler: 21. 2. 1952 Schaffhausen, lebt in Schaffhausen

Christine Bider

Jürg Bleiker

Walter Blickensdorfer: eigentlich Blickenstorfer: 6. 3. 1921 Wollishofen – 9. 2. 1969 Unterengstringen

Hans Blum: 1841 Leipzig – 31. 1. 1910 Rheinfelden, seit 1899 in Rheinfelden (Schweiz)

Mona Bodenmann: 15. 10. 1958 Aarau, lebt in Küsnacht

Peter Böhi

Ferdinand Bolt: 12. 2. 1899 Meersburg, nachher Ermatingen/TG

Hanspeter Born

Wolfgang Bortlik: 1952 München, lebt in Basel

Paul Bösch: 1946 Zürich, lebt in Zürich

Georg Joseph Bossard: 19. Jahrhundert

Ulrich Brand: Pseudonym von Hans Karschunke-Brand: 3. 3. 1914 Basel

Max Braunschweig: 31. 7. 1898 Basel – 29. 6. 1984 Zürich

Beat Brechbühl: 28. 7. 1939 Oppligen, lebt in Pfyn

Paul Brettschneider: 19. Jahrhundert

Stefan Brockhoff: Pseudonym von Dieter Cunz (4. 8. 1910 Höstenbach/Hessen-Nassau – 17. 2. 1969 Worthington/Ohio), Oskar Seidlin (Pseudonym von Oskar Koplowitz: 17. 2. 1911 Königshütte/Oberschlesien – 11. 12. 1984 Bloomington/Indiana) und Richard Plant (eigentlich Richard Plaut): 22. 7. 1910 Frankfurt a. M. – 3. 3. 1998 New York). Alle drei haben von 1933/34 an in der Schweiz gelebt (Basel und Lausanne) und sind 1938 gemeinsam in die USA emigriert; alle gemeinsam geschriebenen Kriminalromane entstanden in der Schweiz

Marcel Bucher: 6. 10. 1929 Luzern, lebt in Zürich

Hanspeter Bundi: 30. 1. 1953 Medel (GR), lebt in Meikirch

Alex Capus: eigentlich Alexandre Michel Ernest Capus: 23. 7. 1961 Mortagne-au-Perche, lebt in Olten

Siegfried Chambre: 16. 2. 1961 Wiesenhaid (Rumänien), seit 1984 in der Schweiz, lebt in Rubigen

Wen-huei Chu: 4. 6. 1948 Taitung (Taiwan), ist Schweizer, lebt in Otelfingen

Pil Crauer: 7. 1. 1943 Luzern

Claude Cueni: 13. 1. 1956 Basel, lebt in Binningen

Frank Demenga: 4. 1. 1958 Bern, lebt in Umiken

John W. Denzler

Monika Dettwiler: 17. 4. 1948 Zürich, lebt in Schlieren

Mitra Devi: 30. 10. 1963, Pseudonym von Beatrice Hänseler, lebt in Zürich

Robert Dexter: 2. 1. 1909 Basel – 11. 6. 1988 Oberwil

Cécile Dietsche

Walter Matthias Diggelmann: 5. 7. 1927 Zürich – 29. 11. 1979 Zürich

Fritz H. Dinkelmann: 14. 2. 1950 Zürich, lebt in Biel

Fred Donati: eigentlich Alfred Donati

Margaret Donati

James Douglas: Pseudonym von Ulrich Kohli: 31. 12. 1942 Schwarzenburg, lebt in Feldmeilen

Friedrich Dürrenmatt: 5. 1. 1921 Konolfingen – 14. 12. 1990 Neuchâtel

Jon Durschei: Pseudonym von Werner Bucher, 19. 8. 1938 Zürich, lebt in Zelg-Wolfhalden

Klaus Ebnöther

A. S. Edger: Pseudonym von Adolf Saager: 20. 4. 1879 – 31. 8. 1949 Massagno bei Lugano, lebte seit spätestens 1923 in Massagno

Rudolf Eger: 16. 1. 1885 Wien – 18. 2. 1965 München, lebte in Zürich; Heimatort Affoltern

Peter Eggenberger: 14. 1. 1939 Walzenhausen, lebt in Zelg-Wolfhalden

Viviane Egli: 6. 5. 1956 Zollikofen, lebt in Zürich

Heinrich Eichenberger: 24. 10. 1935 Zürich

Paul Elgers*: eigentlich Paul Schmidt-Elgers: 23. 3. 1915 Berlin

Susanne Ellensohn: 13. 3. 1943 Kindberg (Österreich), lebt in St. Gallen

Haymo Empl: 23. 8. 1971

Franz Joseph End

Susanne Erb: 11. 8. 1929 Zürich, lebt in Zürich

Heinrich Escher: 23. 4. 1789 Zürich – 9. 2. 1870 Hottingen/Zürich

Georg Felix: Pseudonym von Georg Felix Feigenwinter

Arthur von Felten: lebte in den Dreissigerjahren in Zürich – (8.) 7. 1965 (Zürich)

Reto Luzius Fetz: 1942

Rosmarie (Davies) Fischer: 19. 3. 1932 Zürich, lebt in Zürich

Fritz Adolf Flückiger

Hannes Flückiger: 1922

Max Frei: Pseudonym von Armin Arnold: 1. 9. 1931 Zug, lebt in Laupersdorf

Peter Frei

Jakob Frey: 13. 5. 1824 Gontenschwil/AG – 30. 12. 1875 Bern

Volker Fuhlrott*

Priska Furrer: 1957, lebt in Bern

Hans Peter Gansner: 20. 3. 1953 Chur, lebt in Marcorens (F)

Hansruedi Gehring: 6. 5. 1939 Zürich, lebt in Bern

Emilio Geiler: ? – 8. 4. 1971

Jakob Paul Gillmann: 25. 4. 1953 Frutigen, lebt in Moosseedorf

Friedrich Glauser: eigentlich Frédéric Charles Glauser: 4. 2. 1896 Wien – 8. 2. 1938 Nervi bei Genua

Roger Graf: 27. 11. 1958 Zürich, lebt in Zürich

A. Gredinger

Werner Gutmann: 30. 12. 1914 Thun – 2003 Münsingen

Heidi Haas: 1. 1. 1940 Aarau, lebt in New York

Dr. Wilhelm Häring*: eigentlich Georg Wilhelm Heinrich Häring: 29. 6. 1798 Breslau – 16. 12. 1871 Arnstadt/Thüringen

Louis Hagendorn: Pseudonym von **Lukas Meier**: 14. 6. 1971 Wolhusen, lebt in Bern

Nold Halder: 31. 10. 1899 Lenzburg – 1. 2. 1967 Aarau

Eveline Hasler: 22. 3. 1933 Glarus

Alexander Heimann: 27. 6. 1937 Ferenberg – 28. 5. 2003 Bern

Daniel Himmelberger: 24. 1. 1957 Bern, lebt in Bern

Heinrich Hirzel: 1818 – 1871

Julius Eduard Hitzig*: eigentlich **Isaac Elias Itzig**: 26. 3. 1780 Berlin – 26. 11. 1849 Berlin

Rudolf Hochglend: Pseudonym von **Rudolf Eger**

Arthur Honegger: 27. 9. 1924 St. Gallen, lebt in Krummenau

Peter Höner: 17. 1. 1947 Eupen (Belgien), lebt in Zürich

Edgar Hoog

Urs Hostettler: 14. 9. 1949 Bern, lebt in Bern

Heinrich Huber: eigentlich **Theodor Heinrich Huber**, 29. 10. 1904 Fällanden – 20. 10. 1982 Schaffhausen

Coril-Sarilos Hujser: Pseudonym von **Charles-Louis Joris**

Katharina Huter: 1947 Davos

Kurt Hutterli: 18. 8. 1944 Bern, lebt in Kanada

Susie Ilg: 1935, lebt in Schaffhausen

Sam Jaun: 30. 9. 1935 Wyssachen, lebt in Bern und Berlin

Charles-Louis Joris: 23. 2. 1952 Visp, lebt in Visp

Richard Katz: 21. 10 1888 Prag – 8. 11. 1968 Muralto, emigrierte in die Schweiz, 1941 nach Brasilien

Charles Keller

Christoph Keller: 27. 12. 1963 St. Gallen

Hermann Kesser: eigentlich **Hermann Kaeser**: 4. 8. 1880 München – 5. 4. 1952 Basel, seit ca. 1900 in Zürich, später Basel

Leo Kipfer

Olivia Kleinknecht: 21. 5. 1960 Stuttgart, lebt in Filzbach

Clemens Klopfenstein: 19. 10. 1944 Täuffelen, lebt in Bevagna (Italien)

Ulrich Knellwolf: 17. 8. 1942 Niederbipp, lebt in Zollikon

John Knittel: eigentlich **Hermann Emanuel Knittel**: 24. 3. 1891 Dharwar/Indien – 26. 4. 1970 Maienfeld

Jodok W. Kobelt

Fritz Kobi: 17. 11. 1938 Flamatt, lebt in Bern

Jakob Kopp: 23. 4. 1786 – 22. 1. 1859

Dora Koster: 5. 6. 1939 St. Gallen, lebt in Zürich

Tim Krohn: 9. 2. 1965 Wiedenbrück (D), aufgewachsen in Glarus, lebt in Zürich

Walter Kunz

Leo Lapaire: 26. 11. 1893 Fontenais bei Pruntrut – 5. 2. 1963 Berr

Paul Lascaux: Pseudonym von Paul Ott, 16. 5. 1955 Romanshorn, lebt in Bern

Louis P. Laskey: Pseudonym von Peter Haffner: 1953 Zürich, lebt in Kalifornien

Erich Leimlehner: 14. 11. 1940 Windhaag bei Freistadt in Oberösterreich, seit 1965 in der Schweiz, lebt in Liestal

Gertrud Lendorff: 13. 5. 1900 Lausen – 26. 7. 1986 Basel

Hans Leuenberger-Schärer

Little Brother

Carl Albert Loosli: 5. 4. 1877 Schüpfen bei Bern – 22. 5. 1959 Bümpliz

Marie-Louise Lüscher: 4. 6. 1913 Zürich

Katarina Madovcik: Mädchenname, eigentlich Katarina Graf Mullis: 18. 11. 1952 Skalica (Slowakei), lebt in Zürich

Urs Mannhart: 1975, lebt in Bern

Saro Marretta: 4. 11. 1940 Ribera (I), lebt in Köniz

Virgilio Masciadri: 23. 11. 1963 Aarau, lebt in Aarau

Trudi Maurer-Arn: 26. 11. 1918 Spiez, lebt in Spiez

Niklaus Meienberg: 11. 5. 1940 St. Gallen – 22. 9. 1993 Zürich

Carlo Meier: 7. 4. 1961 Zürich, lebt in Zug

Markus Melzl

Pascal Mercier: Pseudonym von Peter Bieri: 23. 6. 1944 Bern, lebt in Berlin

Felix Mettler: 21. 11. 1945 Adliswil, lebt in Namibia

E. Y. Meyer: eigentlich Peter Meyer: 11. 10. 1946 Liestal, lebt in Bern

Johann Ludwig Meyer: 1782 – 1852

Jack Miller: Pseudonym von Kaethe Baumann

Jack Millers: Pseudonym von Kaethe Baumann

Markus Moor: 17. 5. 1956 Aarau, lebt in Rheinfelden

Fred Morand: Pseudonym von Max Morell

Fred Morell: Pseudonym von Max Morell

Max Morell: 3. 5. 1916 Arbon – 6. 8. 1994 Winterthur (in einzelnen Bibliographien ist von einem Pseudonym von Max Reck die Rede, aber die Einwohnergemeinde Meilen kann dies nicht bestätigen)

Milena Moser: 13. 7. 1963 Zürich, lebt in San Francisco; Tochter von Paul Pörtner, Schwester von Stephan Pörtner

Jutta Motz: 2. 9. 1943 in Halle an der Saale, lebt seit 1978 in Zürich

Käthi Mühlemann: 22. 8. 1956 Frauenfeld, lebt in Oberengstringen

Kurt A. Mühlemann

Hans Mühlethaler: 9. 7. 1930 Zollbrück, lebt in Paris

Albert Alois Müller: 19. 6. 1898 Kriens – 5. 1. 1976 Luzern

Walter Heinz Müller

Oscar Müller-Seifert*

Ruben M. Mullis: 21. 7. 1965 Davos, lebt in Zürich

Adolf Muschg: 13. 5. 1934 Zürich, lebt in Zürich

Robert Naef: 1931

Marcus P. Nester: 30. 5. 1977 Basel, lebt in Zürich

Andreas A. Noll: 21. 2. 1965 Muzzano, lebt in Heitenried

Michael Noonan: lebt in Gland (Waadt)

Hans Jakob Nydegger: 3. 7. 1884 Herzogenbuchsee – 21. 8. 1948 Wallisellen

Armin Och: eigentlich Armin Ochs: 2. 6. 1934 Kilchberg/ZH, lebt in Zürich

Silvio Pacozzi: 10. 4. 1962 Brig, lebt in Brig

Caspar Patzen

Max Paul: Pseudonym von Max Morell

Siegfried Pestalozzi: 17. 9. 1908 Zürich

Liaty Pisani: 10. 5. 1950 Mailand, lebt im Tessin

Friedrich Plewka: 23. 3. 1930 Münster (D), lebt seit 1957 in Ittingen in der Schweiz

Paul Pörtner: 25. 1. 1925 Wuppertal – 16. 11. 1984 München; Vater von Milena Moser und Stephan Pörtner, Schweizer Bürger, 1959–1976 meist in Zumikon

Stephan Pörtner: 24. 11. 1956 Zürich, lebt in Zürich; Sohn von Paul Pörtner, Bruder von Milena Moser

Andreas Pritzker: 4. 12. 1945 Windisch, lebt in Brugg

Marcel Probst: 1964 Grenchen

Hans Räber: 18. 5. 1917 Basel, lebt in Therwil

Eduard Redelsperger-Gerig

Urs Richle: 24. 6. 1965 Wattwil, lebt in Genève

Curt (Kurt) Richter*: 21. 1. 1887 Mährisch/Ostrau – 23. 1. 1952 Ascona

Iris E. Riesen: 5. 6. 1950 in Bern, wohnt in Mühledorf

Bettina Robertson: Zürich, lebt in Hongkong

Georges Roos

Jean-Claude Rubin: 26. 4. 1964 Delémont, lebt im Baselbiet

Eva Rüetschi: 1944 Basel, lebt in Reinach

Jack Sanders: Pseudonym der Autorin J. Kohler (evtl. Frau oder Schwester von Fritz Kohler, Illustrator)

Joel Dominque Sante: 1954

Roger Sattler

Urs Schaub: 1951 Basel, lebt in Berlin und Linden (Bern)

Harro Julius Caesar Scheideler*: 24. 11. 1939 Dortmund, hielt sich in den Sechzigerjahren unter anderem in der Schweiz auf

Martin Schips: 13. 6. 1919 Zürich – 1968

Johann Nepomuk Schleuniger: 29. 6. 1810 Aarau – 9. 10. 1874 Klingnau

Susy Schmid: eigentlich Susanne Heimann-Schmid: 18. 12. 1964 Gebenstorf, lebt in Wettingen

Ueli Schmid: eigentlich Ulrich Rudolf Schmid: 12. 3. 1951 Frutigen, lebt in Konolfingen

Hans Schmidiger: 1947, lebt in Oberburg

Werner Schmidli: 30. 9. 1939 Basel, lebt in Basel

Hansjörg Schneider: 27. 3. 1938 Aarau, lebt in Basel

Kaspar Schnetzler: 29. 5. 1942 Zürich, lebt in Herrliberg

Viktor Schobinger: 22. 12. 1934 Wädenswil, lebt in Zürich

Thomas Schucany

Ernst Schulthess

Wolf Schwertenbach: Pseudonym von Dr. Paul E. Meyer-Schwarzenbach: 4. 8. 1894 Zürich – 15. 9. 1966 Ermatingen

Constantin Seibt

Jacob Senn: 19. Jahrhundert

Walter Serner: eigentlich Walter Eduard Seligmann: 15. 1. 1889 Karlsbad – 1942 verschollen als KZ-Insasse, wohl an der Ostfront; lebte von 1915 bis 1919 (und bis 1929 in verschiedenen kurzen Aufenthalten) in der Schweiz, vor allem in Zürich und Genf

Robert Siegrist: 14. 8. 1955 Basel, lebt in Hölstein

Joseph Spillmann: 22. 4. 1842 Zug – 23. 2. 1905 Luxemburg

Martin Spirig: 1. 4. 1947 Zürich

Michael Spittler: lebt in Zürich

Lorenz Stäger: 23. 12. 1942 Muri, lebt in Wohlen (Aargau)

Hans Stalder: 28. 12. 1921 Solothurn, lebt in Ittigen

Robert Stalder: 1940 Biel, lebt in Basel

Dieter Stamm: lebt in Biel

Hugo Stamm: 21. 3. 1949 Schaffhausen, lebt in Zürich

Peter Staub: lebt in Olten

Roger Steck: 28. 2. 1929 Bern, lebt in Bern

Wilhelm Stegemann: 24. 6. 1905 Basel – Zürich

Otto Steiger: 4. 8. 1909 Uetendorf, lebt in Zürich

Matthias Steinmann: 27. 5. 1942 Konolfingen, lebt in Konolfingen

Fritz Stolz

Peter Studer: 7. 4. 1932 Basel, lebt in Riehen

Martin Suter: 29. 2. 1948 Zürich, lebt auf Ibiza und in Guatemala

Peter Sutermeister: 28. 5. 1916 Feuerthalen/SH, lebt in Altavilla

Jodocus Deodatus Hubertus Temme: 22. 10. 1798 Lette (Herrschaft Rheda) – 1881 Zürich (seit 1852 in der Schweiz)

Vincenzo Todisco: 29. 7. 1964 Stans, lebt in Rhäzüns

Paul Townend: 14. 3. 1925 Kenilworth (GB), seit 1952 in der Schweiz, lebt in Wilen am Sarnersee

Barbara Traber: 23. 2. 1943 Thun, lebt in Worb

Georg Trottmann: 4. 2. 1920 Turbenthal (ZH)

Friedrich von Tschudy: 1820 – 1886

Adrien Turel: 5. 6. 1890 St. Petersburg – 29. 6. 1957

Lotti Ullmann: 16. 2. 1944 Zürich, lebt in Zürich

Augusto Vassalli: 14. 8. 1942 Lugano, lebt in Basel

Robert Vieli: 9. 5. 1935 Chur, lebt in Chur

Carl Ewald Vogler*

Priska Vogt Kahvecioglu: lebt in Bern

Walter Vogt: 31. 7. 1927 Zürich – 21. 9. 1988 Bern

Anton Vollert*: 1828 – 1897

John Fred Vuilleumier: eigentlich Johann Frédéric Vuilleumier, 1. 12. 1893 Basel – 22. 8. 1976 Riehen

Emil Waldvogel

Christa Weber: 11. 1. 1952 Zürich, lebt in Zürich

David Wechsler: 1918 Zürich

Jürg Weibel: 19. 8. 1944 Bern, lebt in Basel

Marianne Weissberg: 30. 9. 1952 Zürich, lebt in Zürich

Renate Welling: Pesudonym von Ursula Guggenheim-von Wiese und Kaiserswaldau: 21. 4. 1905 Berlin, Heimatort St. Gallen

Rolf Wesbonk: 1. 7. 1942 Adliswil, lebt in Stäfa

Karl Wilczynski: 4. 9. 1894 Grünberg/Schlesien – 13. 2. 1959 Mannheim, nach 1942 freier Schriftsteller in Zürich

Josef Winteler: 27. 5. 1932

Paul Wittwer: 1959

Helmut Werner Wolfer: 7. 12. 1922 Stein am Rhein

Verena Wyss: eigentlich Verena Wyss-Hammer: 15. 6. 1945 Zürich, lebt in Wangen bei Olten

Ernst Zahn: 24. 1. 1867 Zürich – 12. 2. 1952 Meggen (LU)

Peter Zeindler: 18. 2. 1934 Zürich, lebt in Zürich

Peter Zihlmann: 1938

Emil Zopfi: 4. 1. 1943 Wald, lebt in Obstalden (Glarus)

Adrian Zschokke: 1952, lebt in Zürich

Tom Zürcher: 16. 3. 1966 Zürich, lebt in Zürich

Thomas Zwygart: 1964, lebt in Bern

3. Kurzbiographien französischsprachiger Autoren

Die biographischen Angaben beschränken sich auf die Lebensdaten und den Aufenthalt in der Schweiz.

* Schweizer Herkunft des Autors/der Autorin nicht geklärt oder fragwürdig.

Charaf Abdessemed: 1970 Algerien, lebt seit 1995 in Genève

Jacques-W. Aeschlimann: 15. 8. 1905 Genève

Paul Alexandre: polnischer Herkunft, lebte in der Schweiz

François Baincy: Pseudonym von Marcel-Georges Prêtre (?)

André Berger: Pseudonym von **Roland Berger** und **André Picot** (F)

Roland Berger: 1920 Genève, lebt in Genève

Fernand Berset: 1931 Genève, lebt seit 1960 in Paris

Jean-Bernard Billeter: 9. 4. 1946 Neuchâtel, lebt in Genève

Michel Bory: 10. 5. 1943 Lausanne, lebt in Grandson

Jacques Bron: 18. 2. 1927 Lausanne, lebt in Pully

Alfred Brossel*: hat sich wohl während des Zweiten Weltkrieges in der Schweiz aufgehalten

Jean-Jacques Busino: 16. 1. 1965 Genève, lebt in Versoix

Grégoire Carbasse: 1970, lebt in New York

Marcel de Carlini: 1956 verstorben

François Chabrey: Pseudonym von **Marcel-Georges Prêtre** und **Marc Waeber**

Wilfred Chopard*

Frédéric Christian: Pseudonym von **Frédéric Bähler:** 1954, lebt in Onex

Cédric Comtesse: lebt in Genève

Peter Coram: Pseudonym von **François Fosca/Georges de Traz**

Anne Cuneo: 6. 9. 1936 Paris, lebt in Zürich

Yvan Dalain: 17. 2. 1927, lebt in Montreux

Frédéric Dard: 29. 6. 1921 Jallieu (Isère), heute Bourgoin-Jallieu – 6. 6. 2000 Bonnefontaine, lebte seit 1968 (nach anderen Quellen 1966) in der Schweiz (Kanton Fribourg)

Robert De

Georges Dejean*: hat sich wohl während des Zweiten Weltkrieges in der Schweiz aufgehalten

Delacorta: Pseudonym von **Daniel Odier:** 17. 5. 1945 Genève, lebt in Paris

Jean Dumur: Pseudonym von **Jean Aeschbacher:** 10. 1. 1930 Lausanne – 2. 2. 1986 Genève

André Duquesne*: 1911 Belgien – 1979 Belgien: Aufenthalt in der Schweiz während des Zweiten Weltkriegs

Jack Ener*

Jean-Jacques Fiechter: 25. 5. 1927 Alexandria, lebt in Préverenges

Bruno Fischer

Jean de Fontanes*

François Fosca: Pseudonym von Georges de Traz: 30. 8. 1881 Paris – 9. 3. 1980 Genève

André Germiquet*

José Giovanni: 22. 6. 1923 Paris – 24. 4. 2004 Lausanne, französisch-schweizerischer Doppelbürger, lebte seit 1969 im Wallis

Roger Girod*

Philippe Graven: 8. 9. 1932 Luzern, lebt in Genève

Jacques Guyonnet: März 1933 Genève, lebt in Genève

Jaques Henriod*

Georges Hoffmann: 1. 9. 1894 – 29. 10. 1962

Camylle Hornung

Corinne Jaquet: eigentlich Corinne Martin, schreibt unter ihrem Mädchennamen: 26. 2. 1959 Genève, lebt in Veyrier bei Genève

Robert Junod: 1928

Charles-François Landry: 19. 3. 1909 Lausanne – 28. 2. 1973 Glérolles (Provence)

Lucien Langlois: geboren in Frankreich, lebte in Lausanne

Jean Laroche

Julius Magma: Pseudonym von Jean-Gabriel Zufferey

Annick Mahaim: 23. 10. 1951 Lausanne, lebt in Lausanne

Maurice Maïer: 1921 Genève – 1950 (?) Genève

Noël Maintray*: wohnte zumindest in den 1930er-Jahren in den USA

Charles Maître

Fred Marchal: Pseudonym von Marcel de Carlini

Dunia Miralles: lebt in La-Chaux-de-Fonds

Paul Milan: Pseudonym eines Westschweizer Journalisten

Henri Mutrux: eigentlich Henri-Georges Mutrux-Haag: 13. 1. 1906 Ste. Croix – 14. 11. 1992 Sion

Pierre Naftule: 1960 Genève

Jacques Neirynck: 17. 8. 1931 Uccle (Belgien), lebt in Ecublens

Robert J. Nod: Pseudonym von Robert Junod

Jean-Hugues Oppel: 9. 11. 1957 Paris, Heimatort Neuchâtel und Frankreich, lebt in Nogent-sur-Marne (F)

Jean Peitrequin: 5. 10. 1902 Lausanne – 1969 (1949 Stadtpräsident von Lausanne)

Roger Philippond* (auch: Philippon): Pseudonym von Roger Girod

Marcel-Grorges Prêtre: 17. 5. 1922 Granges – 25. 5. 1995 Môtiers

Charles Ferdinand Ramuz: 24. 9. 1878 Lausanne – 23. 5. 1947 Pully

Jehan van Rhyn*: Pseudonym von André Duquesne

Edouard Rod: 31. 4. 1857 Nyon – 29. 1. 1910 Grasse

Claude Roland: Pseudonym von Roland Berger und Claude Joste (Pseudonym von Claude Goldstein, F)

Maurice Roland: Pseudonym von Roland Berger und Maurice Maïer für VOIR LONDRES ET MOURIR, nach dem Tod von Maurice Maïer hat Roland Berger das Pseudonym für sich behalten

André Roubaix*

René Roulet

Robert Schmid

William Schmitt: Pseudonym von Gabriel Veraldi

Philippe Schweizer: 18. 5. 1956 Bern, lebt in Bern

Georges Simenon*: 12. 2. 1903 Liège – 4. 9. 1989 Lausanne, lebte seit 1957 in der Schweiz

Christian Simmen: Lausanne

André Soder*

Shod Spassky et Camille Fischer: Pseudonym von Philippe Schweizer

Anne-Marie Speich

Josyane Stahl: 2. 3. 1952 Strasbourg (F), lebt in Carouge/Genève

Cédric Suillot: lebt in Lausanne

Henri-Charles Tauxe: 26. 11. 1933 Morges, lebt in Corseaux

Terval: Pseudonym von Franz Walter

Rodolphe Töpffer: 31. 1. 1799 Genève – 8. 6. 1846 Genève

Benjamin Vallotton: 10. 1. 1877 Gryon /Waadt) – 19. 5. 1962 Sanary-sur-Mer (F)

Claude Varennes*

Gabriel Veraldi: 1926 Lausanne

Pierre Verdon: 1904 - 14. 8. 1951 Fribourg

Ariste Vertuchet

Isabelle Villars: Pseudonym von Violette Habib, geborene Pictet

Vincent Vincent: Pseudonym von Emmanuel Vincent: geboren in Lausanne

Ariste Vuilleumier

Henri Vuilleumier: lebte in Bern

Berthe Vulliemin: 23. 7. 1894 Lausanne

Marc Waeber: eigentlich Marc-Joseph Waeber: 7. 5. 1920 – 15. 8. 1986

Ken Wood: Pseudonym von Marc Lamunière: 12. 2. 1921 Lausanne, lebt in Lausanne

Daniel Zufferey: 14. 5. 1969 Sion, lebt in Montreux

Jean-Gabriel Zufferey: 12. 10. 1944 Wallis – Januar 1992

Bibliographien

In der folgenden Bibliographie sind – so weit bekannt – alle Schweizer Krimis mit dem Erscheinungsjahr der Originalausgabe (Romane und Erzählungssammelbände, aber keine einzeln erschienenen Erzählungen) sowie die wichtigste Sekundärliteratur aufgeführt.

* Schweizer Herkunft des Autors/der Autorin oder der Bezug zur Schweiz nicht geklärt oder fragwürdig.

1. Primärliteratur deutsch alphabetisch

Cristina Achermann: Tango criminal. Zelg-Wolfhalden 1993: orte-Verlag

Franz Heinrich Achermann: Moskau oder Konnersreuth? Baden 1935: Verlag der Buchdruckerei A.G.

Franz Heinrich Achermann: Die Tote von Scotland Yard. Olten 1941: Verlag Otto Walter

Franz Heinrich Achermann: Detektiv-Wachtmeister Strübi & Sohn. Zürich 1949: NZN-Verlag

Hans Peter Aegler*: Abrechnung nach drei Jahren. Kriminalroman. Einsiedeln 1968: Waldstatt Verlag

Gustav F. Aeschbach: Operation Juraviper. Aarau 1980: G. F. Aeschbach

Giovanni Airoldi: Graf Lermi (ca. 1890)

Brigitt Albrecht: Jeschek und Jones – Wiener Blut. Hamburg 2002: Argument Verlag

Brigitt Albrecht: Jeschek und Jones – Schwarz weiss schwarz. Hamburg 2004: Argument Verlag

Elisabeth Altenweger: Chrysanthemen. Spionageroman. Gümligen 1989: Zytglogge Verlag

Elisabeth Altenweger: Riegel. Bern-Krimi. Bern 1995: Zytglogge Verlag

Paul Altheer: Die 13 Katastrophen (Innentitel: Die dreizehn Katastrophen). Detektivroman. Zürich, Leipzig, Berlin 1926: Orell-Füssli Verlag

Paul Altheer: Der Ermordete spekuliert. Bern 1938: Verlag A. Francke

Paul Altheer: Diamanten auf Parsenn. Zürich 1942: Aehren Verlag

Paul Altheer: Legion der Rächer. Olten 1942: Verlag Otto Walter AG

Paul Altheer: Marijuana – das neue Gift. Kriminal-Roman. Affoltern am Albis 1955: Aehren Verlag

Wilhelm Ammann: Die Kriminal-Prozedur gegen Jakob Müller von Stechenrain, im Kanton Luzern, Mörder des seligen Herrn Grossrath (Joseph) Leu von Ebersol, in populärer Darstellung. Zürich 1846: Schulthess

Monika Amos: Der strahlende Tod. Kriminalroman. Stäfa 1997: Rothenhäusler Verlag

Anonymus: Der Arzt als Giftmischer oder das Rechtsgefühl des Nicht-Juristen. Eine Criminalgeschichte. Basel 1866: Chr. Krüsi

Anonymus: Geschichte der Verbrecher X. Hermann, F. Deisler, J. Föller und Jos. Studer, durch das Kriminalgericht zu Basel den 14. Jul. 1819, teils zum Thode, theils zur Kettenstrafe verurtheilt. Nebst den Bildnissen derselben und jenen der Beschuldigten Rosina Leber (die Schwester Hermanns) und Maria Waidel (sowie Katharina Ruetschin, vorgeblich verwittwte Meyer). Nach den Prozessakten bearbeitet und zur Warnung herausgegeben. Basel (1819): Schweighauser

Anonymus: Kriminalgeschichten: 1. Joseph Anton Egger von Tabla⁺, Todtschläger und Leichenräuber. 2. Sebastian Hohl von Trogen, Goldmacher und Mädchenschänder. Aktengetreu erzählt. St. Gallen (1860–1880): Verlag des »Anzeigers«

Frank Arnau et al.: Die verschlossene Tür. Kriminalgeschichte. Berlin 1932: Die literarische Welt (in Buchform hrsg. von Armin Arnold. Bonn 1984: Bouvier, H. Grundmann)

Frank Arnau: Der geschlossene Ring. Baden-Baden 1929: Merlin-Verlag (Neufassung: Frankfurt a. M. 1957: Frankfurter Societätsdruckerei)

Frank Arnau: Der Kämpfer im Dunkel. Leipzig 1930: W. Goldmann Verlag

Frank Arnau: Lautlos wie sein Schatten. Berlin 1931: Verlag Knaur

Frank Arnau: Männer der Tat. Hannover 1933: Steegmann Verlag

Frank Arnau: Auch sie kannten Felix Umballer. Hannover 1953: Lehning

Frank Arnau: Pekari Nr. 7. Frankfurt a. M. 1956: Verlag Ullstein

Frank Arnau: Tanger – nach Mitternacht. Frankfurt a. M. 1957: Verlag Ullstein

Frank Arnau: Mordkommission Hollywood. Frankfurt a. M. 1957: Verlag Ullstein

Frank Arnau: Verwandlung nach Mitternacht. Frankfurt a. M. 1957: Frankfurter Societätsdruckerei

Frank Arnau: Heisses Pflaster Rio. Frankfurt a. M. 1958: Verlag Ullstein

Frank Arnau: Nur tote Zeugen schweigen. Ein Kriminalbericht aus dem karibischen Raum. Frankfurt a. M. 1959: Verlag Ullstein

Frank Arnau: Lautlos wie sein Schatten. Frankfurt a. M. 1959: Verlag Ullstein

Frank Arnau: Der perfekte Mord. Bad Wörishofen 1960: Aktueller Buchverlag

Frank Arnau: Der letzte Besucher. Frankfurt a. M. 1960: Verlag Ullstein

Frank Arnau: Das andere Gesicht. Ein Kriminalroman mit Oberinspektor Brewer. Frankfurt a. M. 1960: Verlag Ullstein

Frank Arnau: Das Rätsel der Monstranz. Ein heiterer Kriminalroman. Frankfurt a. M. 1961: Verlag Ullstein

Frank Arnau: Die Dame im Chinchilla. Ein Kriminalroman mit Oberinspektor Brewer. Frankfurt a. M. 1961: Verlag Ullstein

Frank Arnau: Heroin AG. Ein Kriminalroman mit Oberinspektor Brewer. Frankfurt a. M. 1962: Verlag Ullstein

Frank Arnau: Im Schatten der Sphinx. Ein Kriminalroman mit Oberinspektor Brewer. Frankfurt a. M. 1962: Verlag Ullstein

Frank Arnau: Der Mord war ein Regiefehler. Ein Kriminalroman mit Kriminalrat Reyder. Frankfurt a. M. 1963: Verlag Ullstein

Frank Arnau: Schuss ohne Echo. Ein Kriminalroman mit Haupkommissar Reyder. Frankfurt a. M. 1963: Verlag Ullstein (Neufassung von: Der perfekte Mord 1960)

Frank Arnau: Mit heulenden Sirenen. Ein Kriminalroman mit Oberinspektor Brewer. Frankfurt a. M. 1966: Verlag Ullstein

Frank Arnau: Das verbrannte Gesicht. Ein Kriminalroman mit Oberinspektor Brewer. Frankfurt a. M. 1969: Verlag Ullstein

Matthyas Arter: Franz Padlauer. Zürich 1998: Brainwork Verlag

Cäsar von Arx: Opernball 13 (Spionage). Schauspiel in drei Akten. Leipzig, Stuttgart und Zürich 1932: Rascher & Cie. A.-G.

Werner Augsburger: Verräterische Rauchzeichen am Verbano. Schweizer Spionage-Roman. Bern 1944: Buchverlag Verbandsdruckerei

Urs Augstburger: Für immer ist morgen. Zürich 1997: Verlag Ricco Bilger

Urs Augstburger: Chrom. Zürich 1999: Verlag Ricco Bilger

Christoph Badertscher: Toboggan oder Das gestohlene Bild. Zürich 2004. Verlag Nagel & Kimche

Kathrin Bänziger: Dani, Michi, Renato und Max. Recherchen über den Tod vier junger Menschen. Zürich 1988: Limmat-Verlag

Willi Bär: Tobler. Zürich 1990: Limmat Verlag

Willi Bär: Doppelpass. Zürich 1994: Limmat Verlag

Kaethe Baumann: Achtung Überfall. Kriminalroman. Zürich 1945: ABC Verlag

Walther Baumann: Von Fall zu Fall. Criminelles aus Alt Zürich. Zürich 2000: Verlag Neue Zürcher Zeitung

Dieter Bedenig: Mord auf St. Urs. Solothurn 2004: Weissenstein Verlag

Ernst Beyeler: Kern. Eine Kriminalnovelle. Schaffhausen 2004: Meier Buchverlag

Christine Bider: Störfälle und Filmrisse. 18 Kriminalgeschichten der etwas anderen Art. Belp 2002: BoD

Hannes Binder: Der Chinese. Krimi-Comic nach Friedrich Glauser. Zürich 1988: Arche-Verlag

Hannes Binder: Krock & Co. Krimi-Comic nach Friedrich Glauser. Zürich 1990: Arche-Verlag

Hannes Binder: Knarrende Schuhe. Bilder-Krimi nach Friedrich Glauser. Zürich 1992: Arche-Verlag

Hannes Binder: Wachtmeister Studer im Tessin. Eine Fiktion. Bern 1996: Zytglogge-Verlag

Hannes Binder: Glausers Fieber. Zürich 1998: Limmat-Verlag

Jürg Bleiker: Flugwetter im April. Krimi. Elgg 2001: Gorio-Verlag

Walter Blickensdorfer: Die Gejagten. Zürich 1953: Schweizer Druck- und Verlagshaus

Hans Blum: Aus dem alten Pitaval: Französische Rechts- und Culturbilder aus den Tagen Ludwig's des Dreizehnten, Vierzehnten und Fünfzehnten. Leipzig 1885: C. F. Winter

Hans Blum: Aus geheimen Akten: Heitere und ernste Erzählungen aus dem Rechtsleben. Berlin 1889

Hans Blum: Geheimnisse eines Verteidigers: Heitere und ernste Erzählungen aus dem Rechtsleben. Berlin 1889

Hans Blum: Auf dunklen Pfaden: Heitere und ernste Erzählungen aus dem Rechtsleben. Berlin 1892

Hans Blum: Aus Leben und Praxis: Ernste und heitere Erzählungen. Berlin 1896

Hans Blum: Spannende Geschichten: Criminalnovellen und andere Erzählungen. Berlin 1902: Gebrüder Paetel

Hans Blum: Neue Novellen: Aus dem Leben. Berlin 1904: Gebrüder Paetel

Hans Blum: Die Überbande: Kriminalroman, frei nach den Akten erzählt. Berlin 1904: Gebrüder Paetel

Hans Blum: Eine dunkle Tat. Nach alten Akten erzählt. Dessau 1908: Mohr (Des Volkes Lieblingsbücher 5)

Hans Blum: Die Tat der Johannisnacht. Dessau 1908: Mohr (Des Volkes Lieblingsbücher 7)

Mona Bodenmann: Tod einer Internatsschülerin. Zelg-Wolfhalden 2000: orte-Verlag

Peter Böhi: Gnadenlos. Thriller. Norderstedt 2002: BoD

Ferdinand Bolt: Mela. Kriminalroman. Zürich 1923: Tages-Anzeiger für Stadt und Kanton Zürich (Nr. 261–286, 6. November bis 5. Dezember 1923)

Hanspeter Born: Mord in Kehrsatz. Wie aus einer Familientragödie ein Justizskandal wurde. Zürich 1989: Weltwoche-ABC-Verlag

Hanspeter Born: Unfall in Kehrsatz. Eine Hypothese. Zürich 1990: Weltwoche-ABC-Verlag

Wolfgang Bortlik: Hektische Helden. Zürich 2002. Limmat Verlag

Paul Bösch: Meier 19. Eine unbewältigte Polizei- und Justizaffäre. Zürich 1997: Limmat Verlag

Georg Joseph Bossard: Leiden und Tod des Johann Bättig von Hergiswyl in den Criminalgefängnissen der Stadt Luzern. Luzern 1844

Ulrich Brand: Billeteur Börlin. Zürich 1941: Schweizer Spiegel Verlag

Max Braunschweig: Schicksale vor den Schranken. Berühmte Schweizer Kriminalprozesse aus vier Jahrhunderten. Zürich 1943: Schweizer Druck- und Verlagshaus

Beat Brechbühl: Kneuss. Zwei Wochen aus dem Leben eines Träumers und Querulanten, von ihm selber aufgeschrieben. Zürich 1970: Diogenes

Paul Brettschneider: Die schwersten Verbrechen unter den zivilisierten Völkern, ihre Enthüllungen, Prozesse & Blutsühne. St. Gallen 1870

Stefan Brockhoff: Schuss auf die Bühne. Leipzig 1935: Goldmann Verlag

Stefan Brockhoff: Musik im Totengässlein. Leipzig 1936: Goldmann Verlag

Stefan Brockhoff: Drei Kioske am See. Leipzig 1937: Goldmann Verlag

Stefan Brockhoff: Verwirrung um Veronika. Ein heiterer Roman. Zürich 1938: Zürcher Illustrierte Nr. 33 (12. 8. 1938) bis Nr. 40 (30. 9. 1938)

Stefan Brockhoff: Zwischenlandung in Zermatt (In Richard Plauts Lebensgeschichte erwähnt: Leipzig 1938: Goldmann; aber nirgends bibliographiert). Neuauflage: Begegnung in Zermatt. Leipzig 1955: Goldmann Verlag

Marcel Bucher: Shiva. Bern 1971: Kandelaber Verlag

Hanspeter Bundi: Bruderrache. Protokoll eines erbärmlichen Mordes. Basel 2000: Lenos-Verlag

Alex Capus: Fast ein bisschen Frühling. Salzburg 2002: Residenz Verlag

Siegfried Chambre: Domina Domini. Melbourne 2004 (gedruckt in Köniz): Gaya Wordworld Pty. Ltd.

Wen-huei Chu: Die Mordversionen. Triesen 2002: Octavopress

Pil Crauer: Das Leben und Sterben des unwürdigen Diener Gottes und mörderischen Vagabunden Paul Irniger. Basel 1981: Lenos-Velag

Claude Cueni: Ad acta. Aarau 1981: Sauerländer

Claude Cueni: Weisser Lärm. Frankfurt a. M. 1983: S. Fischer

Claude Cueni: Schneller als das Auge. Zürich 1987: Diogenes

Claude Cueni: Der vierte Kranz. Zürich 1989: Benziger

Frank Demenga: Fat-ex. Bern 1999: Zytglogge Verlag

John W. Denzler: Die dritte Säule. Kriminalroman mit Tretminen. Gümligen 1979: Zytglogge Verlag

Monika Dettwiler Rustici: Berner Lauffeuer. Bern 1998: Zytglogge Verlag

Monika Dettwiler: Das Siegel der Macht. Stuttgart 2000: Verlag Weitbrecht

Mitra Devi: Die Bienenzüchterin. Zürich 2003: kameru-Verlag

Robert Dexter: Eine Stadt hat Angst. Kriminalroman. Basel 1971: Buchverlag National-Zeitung

Robert Dexter: Sturmgewehre für den Osten. Spionageroman. Basel 1972: Buchverlag National-Zeitung

Cécile Dietsche: Hanna Steffens Fall. Zürich 1947: Orell Füssli Verlag

Walter Matthias Diggelmann: Hexenprozess. Die Teufelsaustreiber von Ringwil. Bern 1969: Benteli

Fritz H. Dinkelmann: Das Opfer. Frankfurt a. M. 1985: Suhrkamp Verlag

Fritz H. Dinkelmann: Gerichtsreportagen. Nach eigener Aussage. Gümligen 1978: Zytglogge Verlag (überarbeitete Ausgabe unter: Nach eigener Aussage. Frankfurt a. M. 1987: Suhrkamp Verlag)

Margaret und Fred Donati: Auskunft gibt Professor Bergeret. Kriminalroman. Zürich 1942: Schweizer Druck- und Verlagshaus

James Douglas: Brennpunkt Philadelphia. Frankfurt a. M., Berlin 1994: Ullstein Verlag

James Douglas: Goldauge. München 1996: L. Müller

James Douglas: Der Sintfluter. München 1998: F. A. Herbig

James Douglas: Atemlos nach Casablanca. München 2000: Edition Bernburg

James Douglas: Des Teufels Botschafter. München 2004: Herbig Verlag

Friedrich Dürrenmatt: Der Richter und sein Henker. Einsiedeln 1952: Benziger

Friedrich Dürrenmatt: Der Verdacht. Einsiedeln 1953: Benziger

Friedrich Dürrenmatt: Der Besuch der alten Dame. Eine tragische Komödie. Zürich 1956: Arche-Verlag

Friedrich Dürrenmatt: Die Panne. Zürich 1956: Arche-Verlag

Friedrich Dürrenmatt: Das Versprechen. Requiem auf den Kriminalroman. Zürich 1958: Arche-Verlag

Friedrich Dürrenmatt: Justiz. Zürich 1985: Diogenes

Friedrich Dürrenmatt: Der Auftrag oder Vom Beobachten des Beobachters der Beobachter. Zürich 1986: Diogenes

Friedrich Dürrenmatt: Durcheinandertal. Zürich 1989: Diogenes

Jon Durschei/Irmgard Hierdeis: Mord in Mompé. Zürich 1987: orte-Verlag

Jon Durschei: Mord über Waldstatt. Zürich 1988: orte-Verlag

Jon Durschei: War's Mord auf der Meldegg? Zürich 1992: orte-Verlag

Jon Durschei: Mord am Walensee. Zürich 1993: orte-Verlag

Jon Durschei: Mord in Luzern. Zürich 1994: orte-Verlag

Jon Durschei: Mord im Zürcher Oberland. Zürich 1995: orte-Verlag

Jon Durschei: Mord in Stein am Rhein. Zelg-Wolfhalden 1998: orte-Verlag

Klaus Ebnöther: Nachtbuch. Ein Krimi aus dem Niederdorf. Zürich 1980: Schweizer Verlagshaus

Klaus Ebnöther: Der schwarze Engel mit dem Flammenschwert. Wavre 1982: Onewa-Verlag

Klaus Ebnöther: Friedensbomben. Wavre 1985: Onewa-Verlag

Klaus Ebnöther: Das Luder von Bazenberg. Frauenfeld 1991: Huber

A. S. Edger: Das Verschwörernest im Tessin. Zürich, Leipzig, Berlin 1925: Orell Füssli Verlag

Rudolf Eger: Junge Dame reist allein. Kriminalroman. Olten 1943: Verlag Otto Walter AG

Peter Eggenberger: Mord in der Fremdenlegion. Herisau 2000: Appenzeller Verlag

Viviane Egli: Engel im falschen Zug. Zelg-Wolfhalden 1999: orte-Verlag

Viviane Egli: Finale in Wollishofen. Zelg-Wolfhalden 2002: orte-Verlag

Heinrich Eichenberger: Die Rauchmelder. Roman einer Wirtschaftsspionage. München 2001: Universitas in der F. A. Herbig Verlagsbuchhandlung

Heinrich Eichenberger: Fluchtpunkt Monte Carlo. München 2003: Universitas in der F. A. Herbig Verlagsbuchhandlung

Paul Elgers*: Der Fall Caspar Trümpy. Rudolstadt (DDR) 1976: Greifenverlag

Susanne Ellensohn: Der Tote in Basel. Wien 1982: Europäischer Verlag

Haymo Empl: Milzbrand. Eine Stadtgeschichte. (Wetzlar) 2001: Verlagshaus No. 8

Haymo Empl: Belladonna. (Wetzlar) 2002: Verlagshaus No. 8

Franz Joseph End: Kriminalgeschichten: Betrachtungen und Erinnerungen. Luzern 1921: Separat-Abdruck aus dem »Luzerner Tagblatt«

Susanne Erb: Krimis, Krimis ... Zürich 2001: Eigenverlag

Heinrich Escher: Geschichtliche Darstellung und Prüfung der über die denunzierte Ermordung Herrn Schultheiss Kellers sel. von Luzern verführten Kriminalprozedur. Aarau 1826

Georg Felix: Die Münzkönigin steht Kopf. Basler Kriminalroman. Basel 1978: Mond-Buch-Verlag

Georg Felix: Der Wirt vom Spalenberg. Basler Kriminalroman. Basel 1979: Mond-Buch-Verlag

Arthur von Felten: Element 91. Ein Kriminalroman ohne Detektiv. Frauenfeld und Leipzig 1936: Verlag von Huber & Cie.

Reto Luzius Fetz: Im Schatten des Greiff. Leipzig 2004: Reclam

Rosmarie Davies Fischer: Porto Siesta. Das aufregende Wochenende der Mrs. Park. Schaffhausen 1982: Schweizer Autoren Verlag, Meier Verlag

F(ritz) A(dolf) Flückiger: Die Suche nach René Almond. Ein Zürcher Kriminalroman. Wetzikon 1957: Buchdruckerei Wetzikon und Rüti

Hannes Flückiger: Das obskure Doppelleben des Erwin S. Berlin 2003: Frieling & Partner

Max Frei: Die Tote im Zuger See. Chemnitz 1998: Chemnitzer Verlag

Max Frei: Neun Tote im Emmental. Chemnitz 1998: Chemnitzer Verlag

Max Frei: Skelette im Hauensteintunnel. Chemnitz 1999: Chemnitzer Verlag

Max Frei: Drei Tote im Altersheim. Kriminalnovellen. Zürich 2003: Moros-Verlag

Max Frei: Rache! Rache! Rache! Ein Kriminalroman und acht Kriminalgeschichten. Laupersdorf 2004: A. A. I. S.

Peter Frei: Werkspionage. Olten 1945: Verlag Otto Walter AG

Jakob Frey: Der Verbrecher in Gedanken. In: Neue Schweizerbilder: 1877

Volker Fuhlrott: RisikoLos – Ein VersicherungsFall. Norderstedt 2002: BoD

Hans Peter Gansner: Sechs Fälle für Pascale Fontaine. Kriminalnovellen aus Frankreich. Berlin 2000: Karin Kramer Verlag

Hans Peter Gansner: Mein ist die Rache. Ein brand-heisser Fall für Pascale Fontaine. Berlin 2001: Karin Kramer Verlag

Hansruedi Gehring: Rätselhafter Tod in Zähringen. Zelg-Wolfhalden 2001. orte-Verlag

Emilio Geiler: Echtes Falschgeld. Bellinzona 1964: Casagrande-Verlag

Friedrich Glauser: Wachtmeister Studer (Schlumpf Erwin Mord). Zürich 1936: Morgarten Verlag

Friedrich Glauser: Matto regiert. Zürich 1936: Jean-Christophe-Verlag

Friedrich Glauser: Die Fieberkurve. Zürich 1938: Morgarten-Verlag

Friedrich Glauser: Der Chinese. Zürich 1939: Morgarten-Verlag

Friedrich Glauser: Der Tee der drei alten Damen. Zürich 1940: Morgarten-Verlag

Friedrich Glauser: Krock & Co. (Die Speiche). Zürich 1941: Morgarten-Verlag (als: Wachtmeister Studer greift ein. Zürich 1955: Büchergilde Gutenberg)

Friedrich Glauser: Wachtmeister Studers erste Fälle. Zürich 1986: Arche Verlag

Friedrich Glauser: Mattos Puppentheater. Das erzählerische Werk Bd. 1, 1915–1929 (hrsg. von Bernhard Echte und Manfred Papst). Zürich 1992: Limmat-Verlag

Friedrich Glauser: Der alte Zauberer. Das erzählerische Werk Bd. 2, 1930–1933 (hrsg. von Bernhard Echte und Manfred Papst). Zürich 1992: Limmat-Verlag

Friedrich Glauser: König Zucker. Das erzählerische Werk Bd. 3, 1934–1936 (hrsg. von Bernhard Echte unter Mitarbeit von Manfred Papst). Zürich 1993: Limmat-Verlag

Friedrich Glauser: Gesprungenes Glas. Das erzählerische Werk Bd. 4, 1937-1938 (hrsg. von Bernhard Echte unter Mitarbeit von Manfred Papst). Zürich 1993: Limmat-Verlag

Friedrich Glauser: Schlumpf Erwin Mord: Wachtmeister Studer. Zürich 1995: Limmat-Verlag

Friedrich Glauser: Matto regiert. Zürich 1995: Limmat-Verlag

Friedrich Glauser: Die Fieberkurve. Zürich 1995: Limmat-Verlag

Friedrich Glauser: Der Tee der drei alten Damen. Zürich 1996: Limmat-Verlag

Friedrich Glauser: Der Chinese: Wachtmeister Studers dritter Fall. Zürich 1996: Limmat-Verlag

Friedrich Glauser: Die Speiche: Krock & Co. Zürich 1996: Limmat-Verlag

Roger Graf: Die haarsträubenden Fälle des Philip Maloney. Zürich 1992: Edition Sec 52

Roger Graf: Ticket für die Ewigkeit. Ein Fall für Philip Maloney. Zürich 1994: R. Bilger

Roger Graf: Tödliche Gewissheit. Zürich 1995: Haffmans

Roger Graf: Zürich bei Nacht. Zürich 1996: Haffmans

Roger Graf: Tanz an der Limmat. Ein Marco-Biondi-Roman. Zürich 1997: Haffmans

Roger Graf: Kurzer Abgang. Zürich 1998: Kein & Aber

Roger Graf: Philip Maloney. Dreissig rätselhafte Fälle. Zürich 1998: Kein & Aber

Roger Graf: Philip Maloney und der Mord im Theater. Dreissig haarsträubende Fälle. Zürich 2000: Kein & Aber

Roger Graf: Philip Maloney. Die Leiche im Moor. haarsträubende Fälle. Bern 2000: Scherz

Roger Graf: Philip Maloney. Der Womper. Bern 2001: Scherz

Roger Graf: Philip Maloney. Zum Kuckuck. Bern 2002: Scherz

Roger Graf: Die Frau am Fenster. Zürich 2003: Ammann Verlag

A. Gredinger: Du sollst nicht töten (oder schreckliche Folgen einer unbesonnenen Lüge. Eine wahre spannende Criminalgeschichte aus Anfangs der 30er Jahre des vorigen Jahrhunderts). Wetzikon 1916: J. Wirz

Werner Gutmann: Der Ussland-Schwyzer. E bärndütsche Krimi. Bern 1997: Fischer Media Verlag

Heidi Haas: Ophelia in der Gletscherspalte. Zürich 1984: Orte-Verlag

Louis Hagendorn: Der Abgang. Bern 2000: AutorInnenverlag

Louis Hagendorn: Black Day. Melbourne 2001 (gedruckt in Köniz): Gaya Wordworld Pty. Ltd.

Nold Halder: Leben und Sterben des berüchtigten Gauners Bernhart Matter. Eine Episode aus der Rechts-Sittengeschichte des 19. Jahrhunderts. Aarau 1947: Kommissionsverlag H. R. Sauerländer & Co.

Eveline Hasler: Anna Göldin. Letzte Hexe. Zürich 1982: Benziger

Alexander Heimann: Lisi. Bern 1980: Edition Erpf

Alexander Heimann: Die Glätterin. Bern 1982: Edition Erpf

Alexander Heimann: Bellevue. Bern 1984: Edition Erpf

Alexander Heimann: Nachtquartier. Kreuzlingen 1987: Edition Erpf bei Neptun

Alexander Heimann: Honolulu. Muri bei Bern 1990: Cosmos Verlag

Alexander Heimann: Wolfszeit. Muri bei Bern 1993: Cosmos Verlag

Alexander Heimann: Dezemberföhn. Muri bei Bern 1996: Cosmos Verlag

Alexander Heimann: Muttertag. Muri bei Bern 2001: Cosmos Verlag

Hans Heusser: Johnny Dale. Basel 1972: Buchverlag National-Zeitung

Daniel Himmelberger: Der Strassenmörder. Bern 1993: Edition Erpf

Heinrich Hirzel: Hans Jakob Kündig. Sein Leben, Verbrechen und Ende. Zürich 1859

Julius Eduard Hitzig, Wilhelm Häring, Anton Vollert: Der neue Pitaval. Eine Sammlung der interessantesten Criminalgeschichten aller Länder aus ölterer und neuerer Zeit. Leipzig 1842–1890

Rudolf Hochglend: Postfach 84. Kriminalroman. Zürich 1941: Albert Müller Verlag

Peter Höner: Rafiki Beach Hotel. Zürich 1990: Limmat Verlag

Peter Höner: Elefantengrab. Zürich 1992: Limmat Verlag

Peter Höner: Seifengold. Zürich 1995: Limmat Verlag

Peter Höner: Wiener Walzer. Mord im Euronight 467. Zürich 2003: Limmat Verlag

Arthur Honegger: Dobermänner reizt man nicht. Frauenfeld 1988: Verlag Huber

Edgar Hoog: Der Mord im Tresor. Kriminalroman. Zürich 1943: Fraumünster-Verlag A. G., Die grünen Kriminal 5

Edgar Hoog: Ein Schuss im Rittersaal. Kriminalroman. Zürich 1944: Fraumünster-Verlag A. G., Die grünen Kriminal 10

Heinrich Huber: Verhörrichter Dr. Onophrius Meyer. Kriminalroman. Schaffhausen 1976: Verlag Meier

Heinrich Huber: Das blaue Licht. Kriminalroman. Schaffhausen 1978: P. Meili

Heinrich Huber: Das Skelett in der »Staa-Rolli-Süd«. Kriminalroman. Schaffhausen 1983: P. Meili

Coril-Sarilos Hujser: Des Priors Leiden und Wirken. (Visp) 1992: Edition »Les oenocrates réunis«

Katharina Huter: Todesengel im Luzernischen. Zelg-Wolfhalden 2004: orte-Verlag

Kurt Hutterli: Baccalà. Kriminalgeschichten aus dem Tessin. Bern 1989: Edition Hans Erpf

Susie Ilg: Moneten, Morde, Mannesehr. 13 Geschichten aus Schaffhauser Gerichten. Schaffhausen 1996: Verlag am Platz

Sam Jaun: Der Weg zum Glasbrunnen. München 1983: W. Heyne

Sam Jaun: Die Brandnacht. Zürich 1986: Benziger

Sam Jaun: Fliegender Sommer. Muri bei Bern 2000: Cosmos Verlag

Sam Jaun: Die Zeit hat kein Rad. Muri bei Bern 2004: Cosmos Verlag

JIM STRONG ABENTEUER. Heftromane. Zürich 1945–1947 (45 Bände) und 1950–1952 (38 Bände). Jim Strong Editions

Richard Katz: Per Hills schwerster Fall. Ein ernsthafter Kriminalroman. Zürich 1951: Fretz & Wasmuth AG

Charles Keller: Kid Lindsley. Das Leben und Werden eines Weltmeisters. Zürich 1944: Selbstverlag des Autors

Christoph Keller: Ich hätte das Land gern flach. Frankfurt a. M. 1996: S. Fischer

Hermann Kesser: Das Verbrechen der Elise Geitler. Frankfurt a. M. 1912: Rütten & Loening

Leo Kipfer: Nebengeräusche. Roman (Umschlag: Kriminalroman) zwischen London und Genf. Bern 1936: Hans Feuz Verlag

Klasse 3a, Städtisches Realgymnasium Bern-Neufeld: Der Richter und sein Henker. Comic auf der Grundlage des Romans von Friedrich Dürrenmatt. Bern 1988: Zytglogge-Verlag

Olivia Kleinknecht: Zum Frühstück Mord. Zürich 2003: Edition Epoca

Ulrich Knellwolf: Roma Termini. Zürich 1992: Arche Verlag

Ulrich Knellwolf: Tod in Sils Maria. Zürich 1993: Arche Verlag (erweiterte Ausgabe 2004)

Ulrich Knellwolf: Klassentreffen. Zürich 1995: Arche Verlag

Ulrich Knellwolf: Adam, Eva & Konsorten. 16 biblische Kriminalfälle. Zürich 1996: Jordan

Ulrich Knellwolf: Schönes Sechseläuten. Zürich 1997: Arche Verlag

Ulrich Knellwolf: Auftrag in Tartu. Zürich 1999: Nagel & Kimche

Ulrich Knellwolf: Den Vögeln zum Frass. Zürich 2001: Nagel & Kimche

Ulrich Knellwolf: Sturmwarnungen. Zürich 2004: Nagel & Kimche

John Knittel: Therese Etienne. Zürich 1928: Orell Füssli

John Knittel: Via Mala. Zürich 1934: Orell Füssli

Jodok W. Kobelt: Der Tod lebt auf der Spreuerbrücke. Ein Kriminalfall in Luzern. Luzern 1990: Verlag Anzeiger Luzern

Jodok W. Kobelt: Zu verkaufen wegen Todesfalls. Ein Kriminalfall in Luzern. Luzern 1991: Verlag Anzeiger Luzern

Fritz Kobi: Mama, entweder du oder ich. Bern 1978: Zytglogge-Verlag

Fritz Kobi: Alpina 2020. Öko-Thriller. Gümligen 1991: Enzo-Verlag

Fritz Kobi: Krieg der Schwestern. Muri bei Bern 1994: Enzo-Verlag

Fritz Kobi: Zurück zur Lust. Melbourne 2001 (gedruckt in Köniz): Gaya Wordworld Pty. Ltd.

Fritz Kobi: Heisser Dampf. Berlin 2003: B. Gmünder (überarbeitete Neuausgabe von: Krieg der Schwestern)

Jakob Kopp: Der Kriminalgerichtspräsident Georg Josef Bossard von Sursee und der beinzichtigte Raubmörder Johann Bättig von Hergiswil. Luzern 1844: Meyer'schen Buchdruck

Dora Koster: Mücken im Paradies. Ein Politkrimi. Zürich 1981: Orte-Verlag

Tim Krohn: Der Schwan in Stücken. Zürich 1994: Ammann Verlag

Walter Kunz: Kleiner Schweizer Pitaval. 20 Kriminalfälle aus Städten und Dörfern der Schweiz. Hamburg 1965: Verlag Kriminalistik

Leo Lapaire: Die ewige Maske. Zürich 1934: Kommissionsverlag Rescher u. Co. AG

Leo Lapaire: Narren am Werk. Kriminalroman. Zürich 1940: Verlag Oprecht

Leo Lapaire: Der neue Horizont. Kriminalroman. Zürich 1942: Verlag Oprecht

Paul Lascaux: Arbeit am Skelett. Zürich 1987: orte-Verlag

Paul Lascaux: Der Teufelstrommler. Zürich 1990: orte-Verlag

Paul Lascaux: Totentanz. Kriminelle Geschichten. Zelg-Wolfhalden 1996: orte-Verlag

Paul Lascaux: Kelten-Blues. Zelg-Wolfhalden 1998: orte-Verlag

Paul Lascaux: Der Lückenbüsser. München 2000: Verlag der Criminale

Paul Lascaux: Europa stirbt. Kriminelle Geschichten. München 2001: Verlag der Criminale

Louis P. Laskey: Herz auf Eis. Zürich 2000: Haffmans

Erich Leimlehner: Missa solemnis. Norderstedt 2002: BoD

Gertrud Lendorff: Clelia und die seltsamen Steine. Zürich 1942: Albert Müller Verlag

Gertrud Lendorff: Clelia und der gläserne Fisch. Zürich 1943: Albert Müller Verlag

Little Brother: Die Höllen-Routine. Ein Computer-Politkrimi (oder: Eine Art Politkrimi). Zürich 1981: eco-verlag

C(arl) A(lbert) Loosli: Die Schattmattbauern. Bümpliz 1932: Verlagsgenossenschaft C. A. Loosli Werke (vom Autor bereinigte Fassung: Zürich 1943: Büchergilde Gutenberg)

Felix Loser: Der Besuch der alten Dame. Nach Friedrich Dürrenmatt. Bern 1991: Zytglogge-Verlag

Marie-Louise Lüscher: Euphemia und die sieben Särge. Heiterer Kriminalroman. Schaffhausen 1981: Schweizer-Autoren-Verlag

Katarina Madovcik, Ruben M. Mullis: Die 25. Stunde. Zürich 2000: KaMeRu-Verlag

Urs Mannhart: Luchs. Zürich 2004: bilgerverlag

Saro Marretta: Pronto, commissario ... ? 16 racconti gialli del commissario Astolfio Bongo (2 Bände). Roma 1996: Bonacci

Saro Marretta: Elementare commissario! 8 racconti gialli del commissario Astolfio Bongo. Roma 2000: Bonacci

Virgilio Masciadri: Schnitzeljagd in Monastero. Zelg-Wolfhalden 2003: orte-Verlag

Trudi Maurer-Arn: Der wyss Jaguar. Münsingen 1987: Fischer-Verlag

Trudi Maurer-Arn: Träffpunkt Spital. Münsingen 1991: Fischer-Verlag

Niklaus Meienberg: Die Erschiessung des Landesverräters Ernst S. Darmstadt 1977: Luchterhand

Carlo Meier: Keine Leiche in Damaskus. Bern 1992: Edition Hans Erpf

Carlo Meier: Horu. Muri bei Bern 1995: Cosmos-Verlag

Carlo Meier: Die Kaminski-Kids: Übergabe drei Uhr morgens. Basel/Giessen 1999: Brunnen Verlag

Carlo Meier: Die Kaminski-Kids: Mega Zoff!. Basel/Giessen 2000: Brunnen Verlag

Carlo Meier: Die Kaminski-Kids: Hart auf hart. Basel/Giessen 2001: Brunnen Verlag

Carlo Meier: Die Kaminski-Kids: Unter Verdacht. Basel/Giessen 2002: Brunnen Verlag

Carlo Meier: Die Kaminski-Kids: Auf der Flucht. Basel/Giessen 2003: Brunnen Verlag

Markus Melzl: Vom Bullen zum Entertainer. Streifzüge durch das kriminelle Basel. Basel 1999: GS-Verlag

Pascal Mercier: Perlmanns Schweigen. Berlin 1995: A. Knaus Verlag

Pascal Mercier: Der Klavierstimmer. München 1998: A. Knaus Verlag

Felix Mettler: Der Keiler. Zürich 1990: Ammann Verlag

Felix Mettler: Made in Africa. Zürich 1994: Ammann Verlag

E. Y. Meyer: Venezianisches Zwischenspiel. Zürich 1997: Ammann Verlag

Johann Ludwig Meyer: Die schwärmerischen Greuelscenen in Wildenspuch, Canton Zürich. Zürich 1823 (zweite Auflage Zürich 1824 unter: Schwaermerische Greuelscenen oder Kreuzigungsgeschichte einer religiösen Schwaermerinn in Wildenspuch, Canton Zürich)

Jack Miller: Spione. Zürich 1946: ABC-Verlag

Jack Millers: Das rote Cabriolet. Zürich 1947: ABC-Verlag (neu erschienen unter Katrin Hart: Das rote Cabriolet. Bern 1954: Romanquelle Hallwag Verlag)

Markus Moor: Notizen über einen beiläufigen Mord. Zürich 2000: Edition 8

Fred Morand: Die Panzertüre. Kriminalroman. Zürich 1943: ABC Verlag (als: Max Morell: La porte blindée. Neuchâtel, Paris 1950: V. Attinger)

Fred Morand: Sensation in Paris. Kriminalroman. Zürich 1943: ABC Verlag

Fred Morell: Das Phantom von London. Kriminal-Roman. Bern-Wabern 1939: Verlag Robert Barth

Max Morell: Madame verhext Zürich. Ein Unterhaltungs- und Kriminalroman. Bülach 1942: K. Graf

Max Morell: Rückkehr ins andere Leben (Erste Paul Vanel-Serie, Band 1). Zürich 1943: ABC Verlag

Max Morell: Menschen in der Nacht (Erste Paul Vanel-Serie, Band 2). Zürich 1943: ABC Verlag (Hommes dans la nuit. Neuchâtel, Paris 1945: V. Attinger)

Max Morell: Klub der Wesenlosen (Erste Paul Vanel-Serie, Band 3). Zürich 1943: ABC Verlag

Max Morell: Die Geissel von Zürich (Erste Paul Vanel-Serie, Band 4). Zürich 1943: ABC Verlag

Max Morell: Menschen mit zwei Gesichtern (Zweite Paul Vanel-Serie, Band 1). Zürich 1944: Schweizer Druck- und Verlagshaus

Max Morell: Phantom-Kommando (Zweite Paul Vanel-Serie, Band 2). Zürich 1944: Schweizer Druck- und Verlagshaus

Max Morell: Sumpf; Mordfall Merk; Die Kriminalnovelle. Zürich 1944: R. Schaltegger

Max Morell: Der Reigen der toten Zwerge (Zweite Paul Vanel-Serie, Band 3). Zürich 1945: Schweizer Druck- und Verlagshaus

Max Morell: Der Tod heiratet (Zweite Paul Vanel-Serie, Band 4). Zürich 1945: Schweizer Druck- und Verlagshaus

Max Morell: Vanel und die Hexer (Zweite Paul Vanel-Serie, Band 5). Zürich 1945: Schweizer Druck- und Verlagshaus

Max Morell: Gespenster-Schloss (auch: Die Sterne von Afrika) (Zweite Paul Vanel-Serie, Band 6). Zürich 1945: Schweizer Druck- und Verlagshaus

Max Morell: Apartment-Hotel. Zürich 1945: Schweizer Druck- und Verlagshaus

Max Morell: Chez Morell. Heftroman-Serie: 15 Bände nachgewiesen, 10 angekündigt, aber nicht mehr erschienen. Darunter: Scotland Yrad: Arsenik (Nr. 2); Verbrechen als Wissenschaft (Nr. 4); Flucht in den Tod (Nr. 6); Vanel und die weissen Augen (Nr. 7). Darunter: Psychologische Thriller: Rätsel im Strand-Hotel (Nr. 9); Der Dämon im Blut (Nr. 11); Drei schwarze Streichhölzer (Nr. 12); Tödlicher Traum (Nr. 14); Letztes Abenteuer (Nr. 15). Winterthur 1946: Schloss-Verlag

Max Morell: Insel der Träume. Schaffhausen 1977: Verlag Meier

Max Morell: Finale in Bangkok. Schaffhausen 1977: Verlag Meier

Milena Moser: Gebrochene Herzen. Zürich 1990: Krösus Verlag

Milena Moser: Die Putzfraueninsel. Zürich 1991: Krösus Verlag

Milena Moser: Das Schlampenbuch. Zürich 1992: Krösus Verlag

Milena Moser: Mein Vater und andere Betrüger. Reinbek 1996: Rowohlt Verlag

Milena Moser: Artischockenherz. München 1999: Karl Blessing Verlag

Milena Moser: Bananenfüsse. München 2001. Karl Blessing Verlag

Milena Moser: Sofa, Yoga, Mord. München 2003: Karl Blessing Verlag

Jutta Motz: Drei Frauen und das Kapital. München 1998: Piper

Jutta Motz: Drei Frauen auf der Jagd. München 2000: Piper

Jutta Motz: Drei Frauen und die Kunst. München 2001: Piper

Käthi Mühlemann: Tod nach Redaktionsschluss (Innentitel: Mord nach Redaktionsschluss). Zürich 1989: orte-Verlag

Kurt A. Mühlemann: Der Prozess Rudenz. Zürich 1962: Stauffacher Verlag

Hans Mühlethaler: Die Fowlersche Lösung. Bern 1978: Zytglogge Verlag

Walter Heinz Müller: Geld aus Amerika. Kriminalroman. Zofingen 1955: Selbstverlag des Verfassers

Albert Alois Müller: Die gestohlene Bibel. Olten und Konstanz 1935: Verlag Otto Walter

Oscar Müller-Seifert*: Blaue Punkte. Kriminal-Roman. Liestal 1921: Selbstverlag des Verfassers (Copyright 1921 by Euternia Verlag, Rendsburg-Leipzig)

Adolf Muschg: Mitgespielt. Zürich 1969: Arche-Verlag

Adolf Muschg: Albissers Grund. Frankfurt a. M. 1974: Suhrkamp Verlag

Robert Naef: Bassano und die Auskunftsperson. Kriminalnovelle. Bern 1981: Edition Erpf

Marcus P. Nester: Das leise Gift. Zürich 1982: Benziger

Marcus P. Nester, Clemens Klopfenstein: Die MIGROS-Erpressung. Gümligen 1978: Zytglogge-Verlag

Andreas A. Noll: www.nur-unter-16.com. Ein Internet-Thriller. 2002: n.book verlag

Michael Noonan: Die Rache. Norderstedt 2002: BoD

Hans Jakob Nydegger: Mädchenraub. Junge Mädchen in Gefahr. Walter Kern's wundersame Erlebnisse. Wädenswil 1930: Jak. Villiger & Cie.

Armin Och: Zürich Paradeplatz. Bern, München 1976: Scherz

Armin Och: Die Diplomaten. Zürich 1978: Schweizer Verlagshaus

Armin Och: Der Don von Zürich. München 1980: Lichtenberg

Armin Och: Die Zürich-Affäre. München 1983: Droemersche Verlagsanstalt Th. Knaur Nachfolger

Armin Och: Die Doppelspieler. Bergisch Gladbach 1987: Gustav Lübbe Verlag GmbH

Armin Och: Spion zwischen den Fronten. München 1987: Droemersche Verlagsanstalt Th. Knaur Nachfolger

Armin Och: Insidergeschäfte. München 1988: Droemersche Verlagsanstalt Th. Knaur Nachfolger

Armin Och: Plötzlich im Februar. München 1989: Droemersche Verlagsanstalt Th. Knaur Nachfolger

Armin Och: Tödliches Risiko

Paul Ott (Hg.): Im Morgenrot. Die besten Kriminalgeschichten aus der Schweiz. Bern, München, Wien 2001: Scherz Verlag

Paul Ott (Hg.): Mords-Lüste. Erotische Kriminalgeschichten. Frankfurt a. M. 2003: Scherz bei S. Fischer

Silvio Pacozzi: Die Dixie-Bande und das Geheimnis des weissen Drachen. Visp 1997: Rotten Verlag

Caspar Patzen: Eine Kriminalerzählung. Stockersepp vor dem Kantons-Kriminalgericht zu Chur im Jahr 1816. Nach Original-Akten bearbeitet. Buchs 1892

Max Paul: Vier von der Tankstelle. Ein lustiger und spannender Roman für Gross und Klein. Zürich 1953: Schweizer Druck- und Verlagshaus

Max Paul: Ein Auto voller Abenteuer. Roman für die Jugend. Zürich 1959: Schweizer Druck- und Verlagshaus

Max Paul: Duell über der Schlucht. Ein Vanel-Abenteuer. Zürich 1963: Schweizer Druck- und Verlagshaus

Siegfried Pestalozzi: Nummer Zwo Sieben und Achtzig. Thalwil 1960: Castel-Verlag

Liaty Pisani: Der Spion und der Analytiker (ursprünglich: Tod eines Forschers). Zürich 1991: Diogenes Verlag (italienisch. Specchio di notte)

Liaty Pisani: Der Spion und der Dichter. Zürich 1997: Diogenes Verlag (Originalausgabe, nicht auf Italienisch erschienen)

Liaty Pisani: Der Spion und der Banker. Zürich 1999: Diogenes Verlag (italienisch. Agguato a Montségur)

Liaty Pisani: Der Spion und der Schauspieler (ursprünglich: Schweigen ist Silber). Zürich 2000: Diogenes Verlag (italienisch: Un silenzio colpevole)

Liaty Pisani: Die Nacht der Macht. Der Spion und der Präsident. Zürich 2002: Diogenes Verlag (italienisch: La spia e il presidente)

Liaty Pisani: Stille Elite. Der Spion und der Rockstar. Zürich 2004: Diogenes Verlag

Friedrich Plewka: Von Mord war nie die Rede. Kriminalerzählung. Berlin 2000: Frieling

Paul Pörtner: Scherenschnitt. Kriminalstück zum Mitspielen. Köln 1963: Kiepenheuer & Witsch

Stephan Pörtner: Köbi der Held. Zürich 1998: Krösus Verlag

Stephan Pörtner: Kein Konto für Köbi. Zürich 2000: Krösus Verlag

Stephan Pörtner: Köbi Krokodil. Zürich 2002: Krösus Verlag

Andreas Pritzker: Filberts Verhängnis. Zürich 1990: Benziger

Marcel Probst: Engelstod. Norderstedt 2003: BoD

Hans Räber: Postlagernd Elsa 666. Liestal 1944: Verlag Lüdin AG

Hans Räber: Der Tod trägt Handschuhe. Zürich 1956: Büchergilde Gutenberg

Hans Räber: Der Tod hat Verspätung. Riehen 1958: Schudel

Johann Jakob Raeber: Bewegte Vergangenheit. Aus den Erinnerungen eines Schweizer Landjägers. Zürich 1960: Schweizer Druck- und Verlagshaus

Eduard Redelsperger-Gerig: Der Saccharinschmuggler: Ein Sittenroman aus der Gegenwart, nach authentischem Material erzählt. Gossau-St. Gallen 1914: Argus-Verlag

Urs Richle: Der weisse Chauffeur. Frankfurt a. M. 1996: Gatza bei Eichborn

Urs Richle: Hand im Spiel. Frankfurt a. M. 1998: Eichborn

Urs Richle: Fado Fantastico. Zürich 2001: Nagel & Kimche

Curt (Kurt) Richter: Angeklagter schweigt. Zürich, Leipzig 1938: Morgarten-Verlag

Iris E. Riesen: Leonie in Gefahr. Zürich 2001: Bajazzo Verlag

Bettina Robertson: Gefährliches Damenspiel. München 2004: Verlag der Criminale

Georges Roos: Da war in der Leiche ein Loch. Bern, München 1996: Scherz Verlag

Jean-Claude Rubin: Kommissar Flick. Im Zeichen der Fliege. Egg 2003: Thesis Verlag

Eva Rüetschi: Sesseltanz mit Dame. Eine politische Kriminalgeschichte. Basel 2002: Opinio Verlag

Eva Rüetschi: Geld kostet Leben. Basel 2004: Opinio Verlag

Jack Sanders: Der geheimnisvolle Schatten. Zürich 1948: Verlag der Perez Kriminalromane

Jack Sanders: Der lächelnde Tod. Zürich 1958: Verlag der Perez Kriminalromane

Joel Dominique Sante: Todesblüten aus Caracas. Norderstedt 2002: BoD

Roger Sattler: Hotel Himmel. Frankfurt a. M. 1954: Parma-Edition

Urs Schaub: Tanner. Zürich 2003: Pendo

J. H. Scheideler: Mörder sind mir unsympathisch. Zürich: telstar-Verlag

J. H. Scheideler: Die Dame kam zu früh. Zürich: telstar-Verlag

J. H. Scheideler: Die Toten von Castello Giorgia. Zürich: telstar-Verlag

J. H. Scheideler: Mord ist kein Geschäft. Zürich: telstar-Verlag

J. H. Scheideler: Der Mörder im Trenchcoat. Zürich: telstar-Verlag

J. H. Scheideler: Die sieben Schlüssel. Zürich: telstar-Verlag

J. H. Scheideler: Insel der blauen Bohnen. Zürich: telstar-Verlag

J. H. Scheideler: Das heisse Geschäft. Zürich: telstar-Verlag

J. H. Scheideler: Mord im Wüstensand. Zürich: telstar-Verlag

J. H. Scheideler: Die geliehene Leiche. Zürich: telstar-Verlag

J. H. Scheideler: Staatsanwälte leben kurz. Zürich: telstar-Verlag

J. H. Scheideler: Ein Mann – ein Mord; Kein Lohn für die Angst; Noch eine Stunde zu leben; Mord ist nichts für feine Leute; Mit freundlichen Grüssen vom Boss; Du sollst nicht töten, Marianne; Die Madonna mit den langen Fingern; Der nächste Tote kommt bestimmt; Ein neuer Mord macht alles gut. Das Erscheinen dieser Bände ist nicht gesichert. Lugano: telstar-Verlag

Hans Schmidiger: Vo Landjeger u Polizischte. Oberburg 2004: Eigenverlag

Martin Schips: Die grünen Augen. Abenteuerlicher Kriminalroman. Lausanne (ca. 1940): Kreis-Verlag

Johann Nepomuk Schleuniger: Aktenmässiger Bericht über die Ermordung des Herrn Ratsherrn Joseph Leu von Ebersol. Luzern 1845

Susy Schmid: Die Bergwanderung und andere Grausamkeiten. Muri bei Bern 1999: Cosmos Verlag

Susy Schmid: Himmelskönigin. Muri bei Bern 2003: Cosmos Verlag

Ueli Schmid: Die Tote in Brüggers Dorf. Bern 2000. Edition Hans Erpf

Werner Schmidli: Der Mann am See. Zürich 1985: Nagel & Kimche

Werner Schmidli: Guntens stolzer Fall. Zürich 1989: Nagel & Kimche

Werner Schmidli: Der Mann aus Amsterdam. Zürich, Frauenfeld 1993: Nagel & Kimche

Werner Schmidli: Schlitzohr. Zürich, Frauenfeld 1997: Nagel & Kimche

Werner Schmidli: Schabernack. Kriminalgeschichten. Muri bei Bern 2001: Cosmos Verlag

Werner Schmidli: Teufel und Beelzebub. Muri bei Bern 2002: Cosmos Verlag

Werner Schmidli: Bergfest. Muri bei Bern 2003: Cosmos Verlag

Hansjörg Schneider: Silberkiesel. Zürich 1993: Ammann Verlag

Hansjörg Schneider: Flattermann. Zürich 1995: Ammann Verlag

Hansjörg Schneider: Das Paar im Kahn. Zürich 1999: Ammann Verlag

Hansjörg Schneider: Tod einer Ärztin. Zürich 2001: Ammann Verlag

Hansjörg Schneider: Hunkeler macht Sachen. Zürich 2004: Ammann Verlag

Kaspar Schnetzler: Fader. Eine Kriminalgeschichte. St. Gallen 1987: Narziss-&-Ego-Verlags-AG

Viktor Schobinger: Der Ääschme trifft simpaatisch lüüt. Züri 1979: Selbstverlag

Viktor Schobinger: Der Ääschme laat e melody nöd loos. Züri 1979: Selbstverlag

Viktor Schobinger: Der Ääschmen und de doorffkönig. Züri 1980: Selbstverlag

Viktor Schobinger: Der Ääschmen und s mager gäissli. Züri 1981: Selbstverlag

Viktor Schobinger: Em Ääschme wiirt en mord aagchündt. Züri 1983: Selbstverlag

Viktor Schobinger: Der Ääschme wett en fall nöd lööse. Züri 1986: Selbstverlag

Viktor Schobinger: Em Ääschme läit me schtäi in wääg. Züri 1996: Schobinger-Verlaag

Viktor Schobinger: Der Ääschmen und der äifach mord. Züri 1996: Schobinger-Verlaag

Viktor Schobinger: En alte fall vom Ääschme. Züri 1997: Schobinger-Verlaag

Viktor Schobinger: Der Ääschmen und de mord im schloss. Züri 1997: Schobinger-Verlaag

Viktor Schobinger: Der Ääschmen und di riiche toote. Zürich 1998: Schobinger-Verlaag

Viktor Schobinger: Vor em Ääschme gönd all läden abe. Zürich 1999: Schobinger-Verlaag

Viktor Schobinger: Der Ääschmen und d hère mit de grawatte. Zürich 1999: Schobinger-Verlaag

Viktor Schobinger: Der Ääschme bringt urue i s doorff. Zürich 2000: Schobinger-Verlaag

Viktor Schobinger: Der Ääschmen und di goldig schtripptisöös. Zürich 2001: Schobinger-Verlaag

Viktor Schobinger: Em Ääschme chund en gott i d quèèri. Zürich 2002: Schobinger-Verlaag

Viktor Schobinger: Em Ääschme sini versouet wienacht. Zürich 2003: Schobinger-Verlaag

Viktor Schobinger: En alte schuelkoleeg vom Ääschme. Zürich 2004: Schobinger-Verlaag

Thomas Schucany: Gabathulers gesammelte Morde, Band I. Kirchberg/Luzern/Berlin-West 1976: Steinach Verlag

Thomas Schucany: Gabathulers gesammelte Morde, Band II. Kirchberg/Luzern/Berlin-West 1976: Steinach Verlag

Ernst Schulthess: Der Schuss ins Zimmer. Kriminalroman. Bern und Leipzig 1933: Bergland Verlag

Wolf Schwertenbach: Meinand Resich. Zürich 1931: Grethlein & Co.

Wolf Schwertenbach: Mord um Malow. Horw-Luzern und Leipzig 1933: Montana-Verlag

Wolf Schwertenbach: D. K. D. R. im Gotthard-Express, Horw-Luzern und Leipzig 1934: Montana-Verlag

Dr. Paul Meyer-Schwarzenbach (Wolf Schwertenbach): Der unsichtbare Henker. Kriminalstück in vier Akten. Zürich 1937: Kantorowitz (Uraufführung: Schauspielhaus Zürich, 31. 3. 1938)

Wolf Schwertenbach: Die Frau die es nicht war. Zürich und Leipzig 1939: Morgarten-Verlag

Jacob Senn (Hrsg.): Die interessantesten Kriminalgeschichten aus alter und neuer Zeit: Ein Buch zur Unterhaltung, Warnung und Belehrung für Jung und Alt, nach den vorgelegenen Akten bearbeitet und herausgegeben. St. Gallen 1865: Altwegg-Weber

Walter Serner: Letzte Lockerung manifest dada. Hannover 1920: Paul Steegemann Verlag (entstanden 1915–1918; Neuausgabe unter: Letzte Lockerung. Ein Handbrevier für Hochstapler und solche, die es werden wollen. Berlin 1927: Paul Steegemann Verlag)

Walter Serner: Zum blauen Affen. Hannover 1921: Paul Steegemann Verlag (die Geschichten entstanden bereits zwischen 1915 und 1919 in Zürich und Genf)

Walter Serner: Der elfte Finger. Hannover 1923: Paul Steegemann Verlag (als »Der isabelle Hengst« bereits 1922 im Verlagsprospekt)

Walter Serner: Die Tigerin. Berlin 1925: Elena Gottschalk Verlag

Walter Serner: Der Pfiff um die Ecke. Zweiundzwanzig Spitzel- und Detektivgeschichten. Berlin 1925: Elena Gottschalk Verlag

Walter Serner: Die tückische Strasse. Wien 1926: Dezember-Verlag

Walter Serner: Posada oder der grosse Coup im Hotel Ritz. Ein Gauner-Stück in drei Akten. Wien 1926: Dezember-Verlag

Joseph Spillmann: Ein Opfer des Beichtgeheimnisses. Frei nach einer wahren Begebenheit erzählt. 1896

Martin Spirig: Schreckensodyssee einer Staatsanwältin. Norderstedt 2002: BoD

Michael Spittler, Constantin Seibt: Das Un-Glück. Ein Schlüsselroman. Zürich 1991: Paranoia City Verlag

Lorenz Stäger: Niese nie im Beichtstuhl. Wohlen 2001: Solix Verlag

Hans Stalder: Brandfall 1935. Schweizer Kriminalroman. Bern 1941: Verlag Freies Volk

Hans Stalder: Der Spion. Schweizer Kriminalroman. Bern 1943: Verlag Freies Volk

Robert Stalder: Ein Schatten zuviel. Basel 1995: Lenos Verlag

Dieter Stamm: Tod in Biel. Biel 2004: Verlag W. Gassmann

Hugo Stamm: Tod im Tempel. Zürich 2003: Pendo Verlag

Peter Staub: »Hudere-Waser«. Ein Thriller aus Olten. Zürich 2004: edition 8

Roger Steck: Di verchehrti Wält. E bärndütsche Kriminalroman über d Grächtigkeit uf Ärde. Bern 2003: Licorne-Verlag

Wilhelm Stegemann: ... und J. G. Curmann schweigt. Rorschach 1937: E. Löpfe-Benz

Otto Steiger: Die Tote im Wasser. Zürich 1993: Pendo Verlag

Matthias Steinmann: Nachtfahrt. Zürich 1993: Benziger Verlag

Matthias Steinmann: Die Weynzeichen-Recherche. Melbourne 2001 (gedruckt in Köniz): Gaya Wordworld Pty. Ltd.

Fritz Stolz: Kirchgasse 9. Ein theologischer Kriminalroman. Zürich 1995: Pano Verlag

Peter Studer: Rätselhaftes Duell in Basel. Kriminalroman. Basel 1989: Buchverlag Basler Zeitung

Peter Studer: Raben lässt man fliegen. Kriminalroman. Basel 1990: Buchverlag Basler Zeitung

Peter Studer: Die Tote vom Claraplatz. Kriminalroman. Basel 1992: Buchverlag Basler Zeitung

Peter Studer: Ein fast perfekter Massenmord. Kriminalroman. Basel 1993: Buchverlag Basler Zeitung

Peter Studer: Grossindustrieller in Basel ermordet. Kriminalroman. Basel 1994: Buchverlag Basler Zeitung

Peter Studer: Der Heuchler vom Nadelberg. Kriminalroman. Basel 1996: Buchverlag Basler Zeitung

Peter Studer: Mysteriöser Totentanz in Riehen. Kriminalroman. Basel 1997: Buchverlag Basler Zeitung

Martin Suter: Small world. Zürich 1997: Diogenes

Martin Suter: Die dunkle Seite des Mondes. Zürich 2000: Diogenes

Martin Suter: Ein perfekter Freund. Zürich 2002: Diogenes

Jodocus Deodatus Hubertus Temme: Deutsche Criminalgeschichten. 1858

Jodocus Deodatus Hubertus Temme: Berliner Polizei- und Criminalgeschichten in humoristischer Färbung. 1858

Jodocus Deodatus Hubertus Temme: Der Prozess Arbenz. Leipzig 1859

Jodocus Deodatus Hubertus Temme: Temme's Criminal-Novellen. 1860–63 (Neuausgabe einer Einzelgeschichte: Der tolle Graf. Eine Kriminal-Geschichte. Paderborn 1991: F. Schöning)

Jodocus Deodatus Hubertus Temme: Alte Criminal-Bibliothek aus vier Jahrhunderten (2 Bde.). Hamburg/Leipzig 1869

Jodocus Deodatus Hubertus Temme: Der Studentenmord in Zürich. Criminalgeschichte. Leipzig 1872: Verlag der Dürr'schen Buchhandliung

Jodocus Deodatus Hubertus Temme: Criminal-Novellen (3 Bde.). Berlin 1873: Wedekind und Schwieger

Jodocus Deodatus Hubertus Temme: Im Amtshause zu Sinningen. 1876 (neu als: Mord beim Sandkrug. Ein verwickelter Kriminalfall aus der Zeit der Postkutsche. Freiburg i. Br. 1981: Herder)

Vincenzo Todisco: Il culto di Gutenberg. Locarno 1999: Dadò (deutsch: Das Krallenauge. Zürich 2001: Rotpunktverlag)

Vincenzo Todisco: Quasi un western. Bellinzona 2003: Casagrande (deutsch: Wie im Western. Zürich 2004: Rotpunktverlag)

Paul Townend: Died O'Wednesday. London 1959: Collins

Paul Townend: The Man on the End of the Rope. London 1960: Collins (deutsch: Eigerjagd. Zürich 2001: AS Verlag)

Paul Townend: The Road to El Saida. London 1961: Collins

Paul Townend: Zoom! London 1972: William Heinemann Ltd. (deutsch: Stirb auf Sardinien. Reinbek bei Hamburg 1974: Rowohlt)

Barbara Traber: Café de Préty. Zelg-Wolfhalden 2000: orte-Verlag

Georg Trottmann: Böse Geschichten aus dem »Wellenberg«, gewesenem Kriminalturm, in der Limmat zu Zürich. Zürich und München 1974: Artemis-Verlag

Georg Trottmann: Am Ende noch der Schornsteinfeger. Elf und eine halbe Zürcher Kriminalgeschichte. Zürich und München 1975: Artemis-Verlag

Friedrich von Tschudy: Landammann Suter. Kriminalgeschichte aus Appenzell Innerrhoden. Trogen 1884 (Neuausg. Trogen 1967: Buchdruckerei Fritz Meili)

Adrien Turel: Die Greiselwerke. Zürich 1942: Europa-Verlag

Lotti Ullmann: Der Pool. Bern 1999: Zytglogge-Verlag

Augusto Vassalli: Generalsjagd. Zürich 1989: orte-Verlag

Augusto Vassalli: Der Zweck heiligt die Mörder. Zürich 1996: Schweizer Verlagshaus

Robert Vieli: Der Torso im See. Berlin 1994: Frieling und Partner

Robert Vieli: Ermittlungen in der Provinz. Ein Bündner Gaunerroman. Stäfa 1998: Rothenhäusler Verlag

Carl Ewald Vogler*: Der Bodenseepirat. Ein Roman von der deutsch-schweizerischen Grenze. Olten und Konstanz 1934: Verlag Otto Walter A.-G.

Priska Vogt Kahvecioglu, Priska Furrer: Der Tod und der Dozent. Bern 1995: AutorInnenverlag

Walter Vogt: Melancholie. Die Erlebnisse des Amateur-Kriminalisten Beno von Stürler. Zürich 1967: Diogenes Verlag

Walter Vogt: Schizogorsk. Zürich 1977: Arche Verlag

John Fred Vuilleumier: Die Verteidigung. Basel 1924: Druck und Verlag der National-Zeitung AG

John Fred Vuilleumier: Sie irren, Herr Staatsanwalt. Zürich, Leipzig 1937: Orell Füssli Verlag, 338 S. (erweiterte Ausgabe: Zürich 1962: Schweizer Druck- und Verlagshaus, 421 S.)

John Fred Vuilleumier: Steven Madigan. Ein Roman aus New York. Zürich 1941: Schweizer Druck- und Verlagshaus

Emil Waldvogel: Das Tal der fliegenden Drachen. Zürich 1943: Schweizer Druck- und Verlagshaus

Christa Weber: Schwarzer Samt. Solothurn, Düsseldorf 1994: Benziger

Christa Weber: Schauplatz Hôtel des Dunes. Solothurn, Düsseldorf 1996: Benziger

Christa Weber: Auf den Knien. Fulda 1998: Verlag freier Autoren

David Wechsler: Spiel ohne Regeln. Zürich, Stuttgart 1955: Artemis Verlag

Jürg Weibel: Die seltsamen Abenteuer des Herrn von Z. Kreuzlingen, Bern 1988: Edition Erpf bei Neptun.

Jürg Weibel: Tod in den Kastanien. Bern 1990: Edition Erpf

Jürg Weibel: Beethovens Fünfte. Basel 1996: Xenon Verlag

Renate Welling: Der Todessprung. Zürich 1943: Albert Müller Verlag

Rolf Wesbonk: Dillmann. Kein Katzenfall. Bern 1993: H. Erpf

Rolf Wesbonk: Dillmann. Nein zu Eigenstein. Bern 1995: H. Erpf

Rolf Wesbonk: Dillmann. Schattenspiele. Bern 1998: H. Erpf

Karl Wilczynski: Im Zwielicht. Winterthur 1947: Mondial-Verlag AG

Josef Winteler: Testament. Räterschen 2000: Selbstverlag des Autors

Josef Winteler: Jakobsleiter. Tschudis nächster Fall. Räterschen 2002: Selbstverlag des Autors

Paul Wittwer: Eiger, Mord und Jungfrau. Bern 2004: Nydegg Verlag

Helmut Werner Wolfer: Flirt mit dem Tod. Basel 1948: Kriminalkreis-Verlag

Verena Wyss: Langsame Flucht. Zürich, Köln 1982: Benziger

Verena Wyss: Versiegelte Zeit. Zürich, Frauenfeld 1985: Nagel & Kimche

Verena Wyss: Die Untersuchungsrichterin. Zürich, Frauenfeld 1994: Nagel & Kimche

Verena Wyss: Verdecktes Spiel. Zürich, Frauenfeld 1997: Nagel & Kimche

Ernst Zahn: Die Mutter. In: Firnwind. Stuttgart 1906: Deutsche Verlags-Anstalt

Peter Zeindler: Tarock. München 1982: Knaur

Peter Zeindler: Die Ringe des Saturns. München 1984: Knaur

Peter Zeindler: Der Zirkel. Zürich 1985: Benziger

Peter Zeindler: Widerspiel. Wien 1987: P. Zsolnay

Peter Zeindler: Der Schattenagent. Wien 1989: P. Zsolnay

Peter Zeindler: Die Feuerprobe. Zürich 1991: Arche Verlag

Peter Zeindler: Das Sargbukett oder Sophies erster Fall. Zürich 1992: Arche Verlag

Peter Zeindler: Der Schläfer. Agentenroman. Zürich 1993: Arche Verlag

Peter Zeindler: Mord im Zug. Böse Geschichten. Zürich 1994: Arche Verlag

Peter Zeindler: Ausgetrieben. Zürich 1995: Arche Verlag

Peter Zeindler: Salon mit Seerosen. Zürich 1996: Arche Verlag

Peter Zeindler: Aus Privatbesitz. Zürich 1998: Arche Verlag

Peter Zeindler: Abgepfiffen. Best of Foul Play. Reinbek 1998: Rowohlt

Peter Zeindler: Abschied in Casablanca. Sembritzki auf Mission in Marokko. Zürich 2000: Arche Verlag

Peter Zeindler: Das Lächeln des andern. Zürich 2002: Arche Verlag

Peter Zeindler: Bratwurst für Prominente. Hamburg 2002: Europa Verlag

Peter Zeindler: Toter Strand. Zürich 2004: Arche Verlag

Peter Zeindler (Hg.): Banken, Blut und Berge. Kriminalgeschichten aus der Schweiz. Reinbek 1995: Rowohlt

Peter Zihlmann: Der Fall Plumey. Die Ware Wahrheit: Genève 1995

Emil Zopfi: Der Computerdieb. Zürich 1986: Benziger Verlag

Emil Zopfi: Londons letzter Gast. Zürich 1999: Limmat Verlag

Emil Zopfi: Steinschlag. Zürich 2002: Limmat Verlag

Adrian Zschokke: Rote Blätter aus Agasul. Zürich 1991: Krösus Verlag

Adrian Zschokke: Loveresse. Zürich 1993: Krösus Verlag

Adrian Zschokke: Ifakara. Zürich 2000: Krösus Verlag

Tom Zürcher: Högo Sopatis ermittelt. Frankfurt a. M. 1998: Eichborn Verlag

Tom Zürcher: Tote Fische reden nicht. Würzburg 1999: Chili im Arena Verlag

Thomas Zwygart: Mord im Blauen Bähnli. Worb 1998: Kulturverein Atelier

2. Primärliteratur deutsch chronologisch

* Schweizer Herkunft des Autors/der Autorin oder der Bezug zur Schweiz nicht geklärt oder fragwürdig.

1800–1899

Anonymus: Geschichte der Verbrecher X. Hermann, F. Deisler, J. Föller und Jos. Studer, durch das Kriminalgericht zu Basel den 14. Jul. 1819, teils zum Thode, theils zur Kettenstrafe verurtheilt. Nebst den Bildnissen derselben und jenen der Beschuldigten Rosina Leber (die Schwester Hermanns) und Maria Waidel (sowie Katharina Ruetschin, vorgeblich verwittwte Meyer). Nach den Prozessakten bearbeitet und zur Warnung herausgegeben. Basel (1819): Schweighauser

Johann Ludwig Meyer: Die schwärmerischen Greuelscenen in Wildenspuch, Canton Zürich. Zürich 1823 (zweite Auflage Zürich 1824 unter: Schwaermerische Greuelscenen oder Kreuzigungsgeschichte einer religiösen Schwaermerinn in Wildenspuch, Canton Zürich)

Heinrich Escher: Geschichtliche Darstellung und Prüfung der über die denunzierte Ermordung Herrn Schultheiss Kellers sel. von Luzern verführten Kriminalprozedur. Aarau 1826

Julius Eduard Hitzig, Wilhelm Häring, Anton Vollert: Der neue Pitaval. Eine Sammlung der interessantesten Criminalgeschichten aller Länder aus ölterer und neuerer Zeit. Leipzig 1842-1890

Georg Joseph Bossard: Leiden und Tod des Johann Bättig von Hergiswyl in den Criminalgefängnissen der Stadt Luzern. Luzern 1844

Jakob Kopp: Der Kriminalgerichtspräsident Georg Josef Bossard von Sursee und der beinzichtigte Raubmörder Johann Bättig von Hergiswil. Luzern 1844: Meyer'schen Buchdruck

Johann Nepomuk Schleuniger: Aktenmässiger Bericht über die Ermordung des Herrn Ratsherrn Joseph Leu von Ebersol. Luzern 1845

Wilhelm Ammann: Die Kriminal-Prozedur gegen Jakob Müller von Stechenrain, im Kanton Luzern, Mörder des seligen Herrn Grossrath (Joseph) Leu von Ebersol, in populärer Darstellung. Zürich 1846: Schulthess

Jodocus Deodatus Hubertus Temme: Deutsche Criminalgeschichten. 1858

Jodocus Deodatus Hubertus Temme: Berliner Polizei- und Criminalgeschichten in humoristischer Färbung. 1858

Heinrich Hirzel: Hans Jakob Kündig. Sein Leben, Verbrechen und Ende. Zürich 1859

Jodocus Deodatus Hubertus Temme: Der Prozess Arbenz. Leipzig 1859

Jodocus Deodatus Hubertus Temme: Temme's Criminal-Novellen. 1860–63 (Neuausgabe einer Einzelgeschichte: Der tolle Graf. Eine Kriminal-Geschichte. Paderborn 1991: F. Schöning)

Anonymus: Kriminalgeschichten: 1. Joseph Anton Egger von Tablat, Todtschläger und Leichenräuber. 2. Sebastian Hohl von Trogen, Goldmacher und Mädchenschänder. Aktengetreu erzählt. St. Gallen (1860-1880): Verlag des »Anzeigers«

Jacob Senn (Hrsg.): Die interessantesten Kriminalgeschichten aus alter und neuer Zeit: Ein Buch zur Unterhaltung, Warnung und Belehrung für Jung und Alt, nach den vorgelegenen Akten bearbeitet und herausgegeben. St. Gallen 1865: Altwegg-Weber

Anonymus: Der Arzt als Giftmischer oder das Rechtsgefühl des Nicht-Juristen. Eine Criminalgeschichte. Basel 1866: Chr. Krüsi

Jodocus Deodatus Hubertus Temme: Alte Criminal-Bibliothek aus vier Jahrhunderten (2 Bde.). Hamburg/Leipzig 1869

Paul Brettschneider: Die schwersten Verbrechen unter den zivilisierten Völkern, ihre Enthüllungen, Prozesse & Blutsühne. St. Gallen 1870

Jodocus Deodatus Hubertus Temme: Der Studentenmord in Zürich. Criminalgeschichte. Leipzig 1872: Verlag der Dürr'schen Buchhandliung

Jodocus Deodatus Hubertus Temme: Criminal-Novellen (3 Bde.). Berlin 1873: Wedekind und Schwieger

Jodocus Deodatus Hubertus Temme: Im Amtshause zu Sinningen. 1876 (neu als: Mord beim Sandkrug. Ein verwickelter Kriminalfall aus der Zeit der Postkutsche. Freiburg i. Br. 1981: Herder)

Jakob Frey: Der Verbrecher in Gedanken. In: Neue Schweizerbilder: 1877

Friedrich von Tschudy: Landammann Suter. Kriminalgeschichte aus Appenzell Innerrhoden. Trogen 1884 (Neuausg. Trogen 1967: Buchdruckerei Fritz Meili)

Hans Blum: Aus dem alten Pitaval: Französische Rechts- und Culturbilder aus den Tagen Ludwig's des Dreizehnten, Vierzehnten und Fünfzehnten. Leipzig 1885: C. F. Winter

Hans Blum: Aus geheimen Akten: Heitere und ernste Erzählungen aus dem Rechtsleben. Berlin 1889

Hans Blum: Geheimnisse eines Verteidigers: Heitere und ernste Erzählungen aus dem Rechtsleben. Berlin 1889

Giovanni Airoldi: Graf Lermi (ca. 1890)

Hans Blum: Auf dunklen Pfaden: Heitere und ernste Erzählungen aus dem Rechtsleben. Berlin 1892

Caspar Patzen: Eine Kriminalerzählung. Stockersepp vor dem Kantons-Kriminalgericht zu Chur im Jahr 1816. Nach Original-Akten bearbeitet. Buchs 1892

Hans Blum: Aus Leben und Praxis: Ernste und heitere Erzählungen. Berlin 1896

Joseph Spillmann: Ein Opfer des Beichtgeheimnisses. Frei nach einer wahren Begebenheit erzählt. 1896

Hans Blum: Spannende Geschichten: Criminalnovellen und andere Erzählungen. Berlin 1902: Gebrüder Paetel

Hans Blum: Neue Novellen: Aus dem Leben. Berlin 1904: Gebrüder Paetel

Hans Blum: Die Überbande: Kriminalroman, frei nach den Akten erzählt. Berlin 1904: Gebrüder Paetel

Ernst Zahn: Die Mutter. In: Firnwind. Stuttgart 1906: Deutsche Verlags-Anstalt

Hans Blum: Eine dunkle Tat. Nach alten Akten erzählt. Dessau 1908: Mohr (Des Volkes Lieblingsbücher 5)

Hans Blum: Die Tat der Johannisnacht. Dessau 1908: Mohr (Des Volkes Lieblingsbücher 7)

Hermann Kesser: Das Verbrechen der Elise Geitler. Frankfurt a. M. 1912: Rütten & Loening

Eduard Redelsperger-Gerig: Der Saccharinschmuggler: Ein Sittenroman aus der Gegenwart, nach authentischem Material erzählt. Gossau-St. Gallen 1914: Argus-Verlag

A. Gredinger: Du sollst nicht töten (oder schreckliche Folgen einer unbesonnenen Lüge. Eine wahre spannende Criminalgeschichte aus Anfangs der 30er Jahre des vorigen Jahrhunderts). Wetzikon 1916: J. Wirz

Walter Serner: Letzte Lockerung manifest dada. Hannover 1920: Paul Steegemann Verlag (entstanden 1915-1918; Neuausgabe unter: Letzte Lockerung. Ein Handbrevier für Hochstapler und solche, die es werden wollen. Berlin 1927: Paul Steegemann Verlag)

Franz Joseph End: Kriminalgeschichten: Betrachtungen und Erinnerungen. Luzern 1921: Separat-Abdruck aus dem »Luzerner Tagblatt"

Oscar Müller-Seifert*: Blaue Punkte. Kriminal-Roman. Liestal 1921: Selbstverlag des Verfassers (Copyright 1921 by Euternia Verlag, Rendsburg-Leipzig)

Walter Serner: Zum blauen Affen. Hannover 1921: Paul Steegemann Verlag (die Geschichten entstanden bereits zwischen 1915 und 1919 in Zürich und Genf)

Ferdinand Bolt: Mela. Kriminalroman. Zürich 1923: Tages-Anzeiger für Stadt und Kanton Zürich (Nr. 261-286, 6. November – 5. Dezember 1923)

Walter Serner: Der elfte Finger. Hannover 1923: Paul Steegemann Verlag (als »Der isabelle Hengst« bereits 1922 im Verlagsprospekt)

John Fred Vuilleumier: Die Verteidigung. Basel 1924: Druck und Verlag der National-Zeitung AG

A. S. Edger: Das Verschwörernest im Tessin. Zürich, Leipzig, Berlin 1925: Orell Füssli Verlag

Walter Serner: Die Tigerin. Berlin 1925: Elena Gottschalk Verlag

Walter Serner: Der Pfiff um die Ecke. Zweiundzwanzig Spitzel- und Detektivge-schichten. Berlin 1925: Elena Gottschalk Verlag

Paul Altheer: Die 13 Katastrophen (Innentitel: Die dreizehn Katastrophen). De-tektivroman. Zürich, Leipzig, Berlin 1926: Orell-Füssli Verlag

Walter Serner: Die tückische Strasse. Wien 1926: Dezember-Verlag

Walter Serner: Posada oder der grosse Coup im Hotel Ritz. Ein Gauner-Stück in drei Akten. Wien 1926: Dezember-Verlag

John Knittel: Therese Etienne. Zürich 1928: Orell Füssli

Frank Arnau: Der geschlossene Ring. Baden-Baden 1929: Merlin-Verlag (Neu-fassung: Frankfurt a. M. 1957: Frankfurter Societätsdruckerei)

1930–1939

Frank Arnau: Der Kämpfer im Dunkel. Leipzig 1930: W. Goldmann Verlag

Hans Jakob Nydegger: Mädchenraub. Junge Mädchen in Gefahr. Walter Kern's wundersame Erlebnisse. Wädenswil 1930: Jak. Villiger & Cie.

Frank Arnau: Lautlos wie sein Schatten. Berlin 1931: Verlag Knaur

Wolf Schwertenbach: Meinand Resich. Zürich 1931: Grethlein & Co.

Frank Arnau et al.: Die verschlossene Tür. Kriminalgeschichte. Berlin 1932: Die literarische Welt (in Buchform hrsg. von Armin Arnold. Bonn 1984: Bouvier, H. Grundmann)

Cäsar von Arx: Opernball 13 (Spionage). Schauspiel in drei Akten. Leipzig, Stuttgart und Zürich 1932: Rascher & Cie. A.-G.

C(arl) A(lbert) Loosli: Die Schattmattbauern. Bümpliz 1932: Verlagsgenossen-schaft C. A. Loosli Werke (vom Autor bereinigte Fassung: Zürich 1943: Büchergilde Gutenberg)

Frank Arnau: Männer der Tat. Hannover 1933: Steegmann Verlag

Ernst Schulthess: Der Schuss ins Zimmer. Kriminalroman. Bern und Leipzig 1933: Bergland Verlag

Wolf Schwertenbach: Mord um Malow. Horw-Luzern und Leipzig 1933: Mon-tana-Verlag

John Knittel: Via Mala. Zürich 1934: Orell Füssli

Leo Lapaire: Die ewige Maske. Zürich 1934: Kommissionsverlag Rescher u. Co. AG

Wolf Schwertenbach: D.K.D.R. im Gotthard-Express, Horw-Luzern und Leip-zig 1934: Montana-Verlag

Carl Ewald Vogler*: Der Bodenseepirat. Ein Roman von der deutsch-schweize-rischen Grenze. Olten und Konstanz 1934: Verlag Otto Walter A.-G.

Franz Heinrich Achermann: Moskau oder Konnersreuth? Baden 1935: Verlag der Buchdruckerei A.G.

Stefan Brockhoff: Schuss auf die Bühne. Leipzig 1935: Goldmann Verlag

Albert Alois Müller: Die gestohlene Bibel. Olten und Konstanz 1935: Verlag Otto Walter

Stefan Brockhoff: Musik im Totengässlein. Leipzig 1936: Goldmann Verlag

Arthur von Felten: Element 91. Ein Kriminalroman ohne Detektiv. Frauenfeld und Leipzig 1936: Verlag von Huber & Cie.

Friedrich Glauser: Wachtmeister Studer (Schlumpf Erwin Mord). Zürich 1936: Morgarten Verlag

Friedrich Glauser: Matto regiert. Zürich 1936: Jean-Christophe-Verlag

Leo Kipfer: Nebengeräusche. Roman (Umschlag: Kriminalroman) zwischen London und Genf. Bern 1936: Hans Feuz Verlag

Stefan Brockhoff: Drei Kioske am See. Leipzig 1937: Goldmann Verlag

Wilhelm Stegemann: ... und J. G. Curmann schweigt. Rorschach 1937: E. Löpfe-Benz

Dr. Paul Meyer-Schwarzenbach (Wolf Schwertenbach): Der unsichtbare Henker. Kriminalstück in vier Akten. Zürich 1937: Kantorowitz (Uraufführung: Schauspielhaus Zürich, 31. 3. 1938)

John Fred Vuilleumier: Sie irren, Herr Staatsanwalt. Zürich, Leipzig 1937: Orell Füssli Verlag, 338 S. (erweiterte Ausgabe: Zürich 1962: Schweizer Druck- und Verlagshaus, 421 S.)

Paul Altheer: Der Ermordete spekuliert. Bern 1938: Verlag A. Francke

Stefan Brockhoff: Verwirrung um Veronika. Ein heiterer Roman. Zürich 1938: Zürcher Illustrierte Nr. 33 (12. 8. 1938) – Nr. 40 (30. 9. 1938)

Stefan Brockhoff: Zwischenlandung in Zermatt (In Richard Plauts Lebensgeschichte erwähnt: Leipzig 1938: Goldmann; aber nirgends bibliographiert).. Neuauflage: Begegnung in Zermatt. Leipzig 1955: Goldmann Verlag

Friedrich Glauser: Die Fieberkurve. Zürich 1938: Morgarten-Verlag

Curt (Kurt) Richter: Angeklagter schweigt. Zürich, Leipzig 1938: Morgarten-Verlag

Friedrich Glauser: Der Chinese. Zürich 1939: Morgarten-Verlag

Fred Morell: Das Phantom von London. Kriminal-Roman. Bern-Wabern 1939: Verlag Robert Barth

Wolf Schwertenbach: Die Frau die es nicht war. Zürich und Leipzig 1939: Morgarten-Verlag

1940–1949

Friedrich Glauser: Der Tee der drei alten Damen. Zürich 1940: Morgarten-Verlag

Leo Lapaire: Narren am Werk. Kriminalroman. Zürich 1940: Verlag Oprecht

Franz Heinrich Achermann: Die Tote von Scotland Yard. Olten 1941: Verlag Otto Walter

Ulrich Brand: Billeteur Börlin. Zürich 1941: Schweizer Spiegel Verlag

Friedrich Glauser: Krock & Co. (Die Speiche). Zürich 1941: Morgarten-Verlag (als: Wachtmeister Studer greift ein. Zürich 1955: Büchergilde Gutenberg)

Rudolf Hochglend: Postfach 84. Kriminalroman. Zürich 1941: Albert Müller Verlag

Hans Stalder: Brandfall 1935. Schweizer Kriminalroman. Bern 1941: Verlag Freies Volk

John Fred Vuilleumier: Steven Madigan. Ein Roman aus New York. Zürich 1941: Schweizer Druck- und Verlagshaus

Paul Altheer: Diamanten auf Parsenn. Zürich 1942: Aehren Verlag

Paul Altheer: Legion der Rächer. Olten 1942: Verlag Otto Walter AG

Margaret und Fred Donati: Auskunft gibt Professor Bergeret. Kriminalroman. Zürich 1942: Schweizer Druck- und Verlagshaus

Leo Lapaire: Der neue Horizont. Kriminalroman. Zürich 1942: Verlag Oprecht

Gertrud Lendorff: Clelia und die seltsamen Steine. Zürich 1942: Albert Müller Verlag

Max Morell: Madame verhext Zürich. Ein Unterhaltungs- und Kriminalroman. Bülach 1942: K. Graf

Adrien Turel: Die Greiselwerke. Zürich 1942: Europa-Verlag

Max Braunschweig: Schicksale vor den Schranken. Berühmte Schweizer Kriminalprozesse aus vier Jahrhunderten. Zürich 1943: Schweizer Druck- und Verlagshaus

Rudolf Eger: Junge Dame reist allein. Kriminalroman. Olten 1943: Verlag Otto Walter AG

Edgar Hoog: Der Mord im Tresor. Kriminalroman. Zürich 1943: Fraumünster-Verlag A. G., Die grünen Kriminal 5

Gertrud Lendorff: Clelia und der gläserne Fisch. Zürich 1943: Albert Müller Verlag

Fred Morand: Die Panzertüre. Kriminalroman. Zürich 1943: ABC Verlag (als: Max Morell: La porte blindée. Neuchâtel, Paris 1950: V. Attinger)

Fred Morand: Sensation in Paris. Kriminalroman. Zürich 1943: ABC Verlag

Max Morell: Rückkehr ins andere Leben (Erste Paul Vanel-Serie, Band 1). Zürich 1943: ABC Verlag

Max Morell: Menschen in der Nacht (Erste Paul Vanel-Serie, Band 2). Zürich 1943: ABC Verlag (Hommes dans la nuit. Neuchâtel, Paris 1945: V. Attinger)

Max Morell: Klub der Wesenlosen (Erste Paul Vanel-Serie, Band 3). Zürich 1943: ABC Verlag

Max Morell: Die Geissel von Zürich (Erste Paul Vanel-Serie, Band 4). Zürich 1943: ABC Verlag

Hans Stalder: Der Spion. Schweizer Kriminalroman. Bern 1943: Verlag Freies Volk

Emil Waldvogel: Das Tal der fliegenden Drachen. Zürich 1943: Schweizer Druck- und Verlagshaus

Renate Welling: Der Todessprung. Zürich 1943: Albert Müller Verlag

Werner Augsburger: Verräterische Rauchzeichen am Verbano. Schweizer Spionage-Roman. Bern 1944: Buchverlag Verbandsdruckerei

Edgar Hoog: Ein Schuss im Rittersaal. Kriminalroman. Zürich 1944: Fraumünster-Verlag A. G., Die grünen Kriminal 10

Charles Keller: Kid Lindsley. Das Leben und Werden eines Weltmeisters. Zürich 1944: Selbstverlag des Autors

Max Morell: Sumpf; Mordfall Merk; Die Kriminalnovelle. Zürich 1944: R. Schaltegger

Max Morell: Menschen mit zwei Gesichtern (Zweite Paul Vanel-Serie, Band 1). Zürich 1944: Schweizer Druck- und Verlagshaus

Max Morell: Phantom-Kommando (Zweite Paul Vanel-Serie, Band 2). Zürich 1944: Schweizer Druck- und Verlagshaus

Hans Räber: Postlagernd Elsa 666. Liestal 1944: Verlag Lüdin AG

Kaethe Baumann: Achtung Überfall. Kriminalroman. Zürich 1945: ABC Verlag

Peter Frei: Werkspionage. Olten 1945: Verlag Otto Walter AG

JIM STRONG ABENTEUER. Heftromane. Zürich 1945-1947 (45 Bände) und 1950-1952 (38 Bände). Jim Strong Editions

Max Morell: Der Reigen der toten Zwerge (Zweite Paul Vanel-Serie, Band 3). Zürich 1945: Schweizer Druck- und Verlagshaus

Max Morell: Der Tod heiratet (Zweite Paul Vanel-Serie, Band 4). Zürich 1945: Schweizer Druck- und Verlagshaus

Max Morell: Vanel und die Hexer (Zweite Paul Vanel-Serie, Band 5). Zürich 1945: Schweizer Druck- und Verlagshaus

Max Morell: Gespenster-Schloss (auch: Die Sterne von Afrika) (Zweite Paul Vanel-Serie, Band 6). Zürich 1945: Schweizer Druck- und Verlagshaus

Max Morell: Apartment-Hotel. Zürich 1945: Schweizer Druck- und Verlagshaus

Jack Miller: Spione. Zürich 1946: ABC-Verlag

Max Morell: Chez Morell. Heftroman-Serie: 15 Bände nachgewiesen, 10 angekündigt, aber nicht mehr erschienen. Darunter: Scotland Yrad: Arsenik (Nr. 2); Verbrechen als Wissenschaft (Nr. 4); Flucht in den Tod (Nr. 6); Vanel und die weissen Augen (Nr. 7). Darunter: Psychologische Thriller: Rätsel im Strand-Hotel (Nr. 9); Der Dämon im Blut (Nr. 11); Drei schwarze Streichhölzer (Nr. 12); Tödlicher Traum (Nr. 14); Letztes Abenteuer (Nr. 15). Winterthur 1946: Schloss-Verlag

Cécile Dietsche: Hanna Steffens Fall. Zürich 1947: Orell Füssli Velag

Nold Halder: Leben und Sterben des berüchtigten Gauners Bernhart Matter. Eine Episode aus der Rechts-Sittengeschichte des 19. Jahrhunderts. Aarau 1947: Kommissionsverlag H. R. Sauerländer & Co.

Jack Millers: Das rote Cabriolet. Zürich 1947: ABC-Verlag (neu erschienen unter Katrin Hart: Das rote Cabriolet. Bern 1954: Romanquelle Hallwag Verlag)

Karl Wilczynski: Im Zwielicht. Winterthur 1947: Mondial-Verlag AG

Jack Sanders: Der geheimnisvolle Schatten. Zürich 1948: Verlag der Perez Kriminalromane

Helmut Werner Wolfer: Flirt mit dem Tod. Basel 1948: Kriminalkreis-Verlag

Franz Heinrich Achermann: Detektiv-Wachtmeister Strübi & Sohn. Zürich 1949: NZN-Verlag

Martin Schips: Die grünen Augen. Abenteuerlicher Kriminalroman. Lausanne (ca. 1940): Kreis-Verlag

Richard Katz: Per Hills schwerster Fall. Ein ernsthafter Kriminalroman. Zürich 1951: Fretz & Wasmuth AG

Friedrich Dürrenmatt: Der Richter und sein Henker. Einsiedeln 1952: Benziger

Frank Arnau: Auch sie kannten Felix Umballer. Hannover 1953: Lehning

Walter Blickensdorfer: Die Gejagten. Zürich 1953: Schweizer Druck- und Verlagshaus

Friedrich Dürrenmatt: Der Verdacht. Einsiedeln 1953: Benziger

Max Paul: Vier von der Tankstelle. Ein lustiger und spannender Roman für Gross und Klein. Zürich 1953: Schweizer Druck- und Verlagshaus

Roger Sattler: Hotel Himmel. Frankfurt a. M. 1954: Parma-Edition

Paul Altheer: Marijuana – das neue Gift. Kriminal-Roman. Affoltern am Albis 1955: Aehren Verlag

Walter Heinz Müller: Geld aus Amerika. Kriminalroman. Zofingen 1955: Selbstverlag des Verfassers

David Wechsler: Spiel ohne Regeln. Zürich, Stuttgart 1955: Artemis Verlag

Frank Arnau: Pekari Nr. 7. Frankfurt a. M. 1956: Verlag Ullstein

Friedrich Dürrenmatt: Der Besuch der alten Dame. Eine tragische Komödie. Zürich 1956: Arche-Verlag

Friedrich Dürrenmatt: Die Panne. Zürich 1956: Arche-Verlag

Hans Räber: Der Tod trägt Handschuhe. Zürich 1956: Büchergilde Gutenberg

Frank Arnau: Tanger – nach Mitternacht. Frankfurt a. M. 1957: Verlag Ullstein

Frank Arnau: Mordkommission Hollywood. Frankfurt a. M. 1957: Verlag Ullstein

Frank Arnau: Verwandlung nach Mitternacht. Frankfurt a. M. 1957: Frankfurter Societätsdruckerei

F(ritz) A(dolf) Flückiger: Die Suche nach René Almond. Ein Zürcher Kriminalroman. Wetzikon 1957: Buchdruckerei Wetzikon und Rüti

Frank Arnau: Heisses Pflaster Rio. Frankfurt a. M. 1958: Verlag Ullstein

Friedrich Dürrenmatt: Das Versprechen. Requiem auf den Kriminalroman. Zürich 1958: Arche-Verlag

Hans Räber: Der Tod hat Verspätung. Riehen 1958: Schudel

Jack Sanders: Der lächelnde Tod. Zürich 1958: Verlag der Perez Kriminalromane

Frank Arnau: Nur tote Zeugen schweigen. Ein Kriminalbericht aus dem karibischen Raum. Frankfurt a. M. 1959: Verlag Ullstein

Frank Arnau: Lautlos wie sein Schatten. Frankfurt a. M. 1959: Verlag Ullstein

Max Paul: Ein Auto voller Abenteuer. Roman für die Jugend. Zürich 1959: Schweizer Druck- und Verlagshaus

Paul Townend: Died O'Wednesday. London 1959: Collins

Frank Arnau: Der perfekte Mord. Bad Wörishofen 1960: Aktueller Buchverlag

Frank Arnau: Der letzte Besucher. Frankfurt a. M. 1960: Verlag Ullstein

Frank Arnau: Das andere Gesicht. Ein Kriminalroman mit Oberinspektor Brewer. Frankfurt a. M. 1960: Verlag Ullstein

Siegfried Pestalozzi: Nummer Zwo Sieben und Achtzig. Thalwil 1960: Castel-Verlag

Johann Jakob Raeber: Bewegte Vergangenheit. Aus den Erinnerungen eines Schweizer Landjägers. Zürich 1960: Schweizer Druck- und Verlagshaus

Paul Townend: The Man on the End of the Rope. London 1960: Collins (deutsch: Eigerjagd. Zürich 2001: AS Verlag)

Frank Arnau: Das Rätsel der Monstranz. Ein heiterer Kriminalroman. Frankfurt a. M. 1961: Verlag Ullstein

Frank Arnau: Die Dame im Chinchilla. Ein Kriminalroman mit Oberinspektor Brewer. Frankfurt a. M. 1961: Verlag Ullstein

Paul Townend: The Road to El Saida. London 1961: Collins

Frank Arnau: Heroin AG. Ein Kriminalroman mit Oberinspektor Brewer. Frankfurt a. M. 1962: Verlag Ullstein

Frank Arnau: Im Schatten der Sphinx. Ein Kriminalroman mit Oberinspektor Brewer. Frankfurt a. M. 1962: Verlag Ullstein

Kurt A. Mühlemann: Der Prozess Rudenz. Zürich 1962: Stauffacher Verlag

Frank Arnau: Der Mord war ein Regiefehler. Ein Kriminalroman mit Kriminalrat Reyder. Frankfurt a. M. 1963: Verlag Ullstein

Frank Arnau: Schuss ohne Echo. Ein Kriminalroman mit Haupkommissar Reyder. Frankfurt a. M. 1963: Verlag Ullstein (Neufassung von: Der perfekte Mord 1960)

Max Paul: Duell über der Schlucht. Ein Vanel-Abenteuer. Zürich 1963: Schweizer Druck- und Verlagshaus

Paul Pörtner: Scherenschnitt. Kriminalstück zum Mitspielen. Köln 1963: Kiepenheuer & Witsch

Emilio Geiler: Echtes Falschgeld. Bellinzona 1964: Casagrande-Verlag

Walter Kunz: Kleiner Schweizer Pitaval. 20 Kriminalfälle aus Städten und Dörfern der Schweiz. Hamburg 1965: Verlag Kriminalistik

Frank Arnau: Mit heulenden Sirenen. Ein Kriminalroman mit Oberinspektor Brewer. Frankfurt a. M. 1966: Verlag Ullstein

Walter Vogt: Melancholie. Die Erlebnisse des Amateur-Kriminalisten Beno von Stürler. Zürich 1967: Diogenes Verlag

Hans Peter Aegler*: Abrechnung nach drei Jahren. Kriminalroman. Einsiedeln 1968: Waldstatt Verlag

Frank Arnau: Das verbrannte Gesicht. Ein Kriminalroman mit Oberinspektor Brewer. Frankfurt a. M. 1969: Verlag Ullstein

Walter Matthias Diggelmann: Hexenprozess. Die Teufelsaustreiber von Ringwil. Bern 1969: Benteli

Adolf Muschg: Mitgespielt. Zürich 1969: Arche-Verlag

J. H. Scheideler: Mörder sind mir unsympathisch. Zürich: telstar-Verlag

J. H. Scheideler: Die Dame kam zu früh. Zürich: telstar-Verlag

J. H. Scheideler: Die Toten von Castello Giorgia. Zürich: telstar-Verlag

J. H. Scheideler: Mord ist kein Geschäft. Zürich: telstar-Verlag

J. H. Scheideler: Der Mörder im Trenchcoat. Zürich: telstar-Verlag

J. H. Scheideler: Die sieben Schlüssel. Zürich: telstar-Verlag

J. H. Scheideler: Insel der blauen Bohnen. Zürich: telstar-Verlag

J. H. Scheideler: Das heisse Geschäft. Zürich: telstar-Verlag

J. H. Scheideler: Mord im Wüstensand. Zürich: telstar-Verlag

J. H. Scheideler: Die geliehene Leiche. Zürich: telstar-Verlag

J. H. Scheideler: Staatsanwälte leben kurz. Zürich: telstar-Verlag

J. H. Scheideler: Ein Mann – ein Mord; Kein Lohn für die Angst; Noch eine Stunde zu leben; Mord ist nichts für feine Leute; Mit freundlichen Grüssen vom Boss; Du sollst nicht töten, Marianne; Die Madonna mit den langen Fingern; Der nächste Tote kommt bestimmt; Ein neuer Mord macht alles gut. Das Erscheinen dieser Bände ist nicht gesichert. Lugano: telstar-Verlag

1970–1979

Beat Brechbühl: Kneuss. Zwei Wochen aus dem Leben eines Träumers und Querulanten, von ihm selber aufgeschrieben. Zürich 1970: Diogenes

Marcel Bucher: Shiva. Bern 1971: Kandelaber Verlag

Robert Dexter: Eine Stadt hat Angst. Kriminalroman. Basel 1971: Buchverlag National-Zeitung

Robert Dexter: Sturmgewehre für den Osten. Spionageroman. Basel 1972: Buchverlag National-Zeitung

Hans Heusser: Johnny Dale. Basel 1972: Buchverlag National-Zeitung

Paul Townend: Zoom! London 1972: William Heinemann Ltd. (deutsch: Stirb auf Sardinien. Reinbek bei Hamburg 1974: Rowohlt)

Adolf Muschg: Albissers Grund. Frankfurt a. M. 1974: Suhrkamp Verlag

Georg Trottmann: Böse Geschichten aus dem »Wellenberg«, gewesenem Kriminalturm, in der Limmat zu Zürich. Zürich und München 1974: Artemis-Verlag

Georg Trottmann: Am Ende noch der Schornsteinfeger. Elf und eine halbe Zürcher Kriminalgeschichte. Zürich und München 1975: Artemis-Verlag

Paul Elgers*: Der Fall Caspar Trümpy. Rudolstadt (DDR) 1976: Greifenverlag

Heinrich Huber: Verhörrichter Dr. Onophrius Meyer. Kriminalroman. Schaffhausen 1976: Verlag Meier

Armin Och: Zürich Paradeplatz. Bern, München 1976: Scherz

Thomas Schucany: Gabathulers gesammelte Morde, Band I. Kirchberg/Luzern/Berlin-West 1976: Steinach Verlag

Thomas Schucany: Gabathulers gesammelte Morde, Band II. Kirchberg/Luzern/Berlin-West 1976: Steinach Verlag

Niklaus Meienberg: Die Erschiessung des Landesverräters Ernst S. Darmstadt 1977: Luchterhand

Max Morell: Insel der Träume. Schaffhauen 1977: Verlag Meier

Max Morell: Finale in Bangkok. Schaffhauen 1977: Verlag Meier

Walter Vogt: Schizogorsk. Zürich 1977: Arche Verlag

Fritz H. Dinkelmann: Gerichtsreportagen. Nach eigener Aussage. Gümligen 1978: Zytglogge Verlag (überarbeitete Ausgabe unter: Nach eigener Aussage. Frankfurt a. M. 1987: Suhrkamp Verlag)

Georg Felix: Die Münzkönigin steht Kopf. Basler Kriminalroman. Basel 1978: Mond-Buch-Verlag

Heinrich Huber: Das blaue Licht. Kriminalroman. Schaffhausen 1978: P. Meili

Fritz Kobi: Mama, entweder du oder ich. Bern 1978: Zytglogge-Verlag

Hans Mühlethaler: Die Fowlersche Lösung. Bern 1978: Zytglogge Verlag

Marcus P. Nester, Clemens Klopfenstein: Die MIGROS-Erpressung. Gümligen 1978: Zytglogge-Verlag

Armin Och: Die Diplomaten. Zürich 1978: Schweizer Verlagshaus

John W. Denzler: Die dritte Säule. Kriminalroman mit Tretminen. Gümligen 1979: Zytglogge Verlag

Georg Felix: Der Wirt vom Spalenberg. Basler Kriminalroman. Basel 1979: Mond-Buch-Verlag

Viktor Schobinger: Der Ääschme trifft simpaatisch lüüt. Züri 1979: Selbstverlag

Viktor Schobinger: Der Ääschme laat e melody nöd loos. Züri 1979: Selbstverlag

1980–1989

Gustav F. Aeschbach: Operation Juraviper. Aarau 1980: G. F. Aeschbach

Klaus Ebnöther: Nachtbuch. Ein Krimi aus dem Niederdorf. Zürich 1980: Schweizer Verlagshaus

Alexander Heimann: Lisi. Bern 1980: Edition Erpf

Armin Och: Der Don von Zürich. München 1980: Lichtenberg

Viktor Schobinger: Der Ääschmen und de doorffkönig. Züri 1980: Selbstverlag

Pil Crauer: Das Leben und Sterben des unwürdigen Diener Gottes und mörderischen Vagabunden Paul Irniger. Basel 1981: Lenos-Velag

Claude Cueni: Ad acta. Aarau 1981: Sauerländer

Dora Koster: Mücken im Paradies. Ein Politkrimi. Zürich 1981: Orte-Verlag

Little Brother: Die Höllen-Routine. Ein Computer-Politkrimi (oder: Eine Art Politkrimi). Zürich 1981: eco-verlag

Marie-Louise Lüscher: Euphemia und die sieben Särge. Heiterer Kriminalroman. Schaffhausen 1981: Schweizer-Autoren-Verlag

Robert Naef: Bassano und die Auskunftsperson. Kriminalnovelle. Bern 1981: Edition Erpf

Viktor Schobinger: Der Ääschmen und s mager gäissli. Züri 1981: Selbstverlag

Klaus Ebnöther: Der schwarze Engel mit dem Flammenschwert. Wavre 1982: Onewa-Verlag

Susanne Ellensohn: Der Tote in Basel. Wien 1982: Europäischer Verlag

Rosmarie Davies Fischer: Porto Siesta. Das aufregende Wochenende der Mrs. Park. Schaffhausen 1982: Schweizer Autoren Verlag, Meier Verlag

Alexander Heimann: Die Glätterin. Bern 1982: Edition Erpf

Marcus P. Nester: Das leise Gift. Zürich 1982: Benziger

Verena Wyss: Langsame Flucht. Zürich, Köln 1982: Benziger

Peter Zeindler: Tarock. München 1982: Knaur

Claude Cueni: Weisser Lärm. Frankfurt a. M. 1983: S. Fischer

Heinrich Huber: Das Skelett in der »Staa-Rolli-Süd«. Kriminalroman. Schaffhausen 1983: P. Meili

Sam Jaun: Der Weg zum Glasbrunnen. München 1983: W. Heyne

Armin Och: Die Zürich-Affäre. München 1983: Droemersche Verlagsanstalt Th. Knaur Nachfolger

Viktor Schobinger: Em Ääschme wiirt en mord aagchündt. Züri 1983: Selbstverlag

Frank Arnau et al.: Die verschlossene Tür. Kriminalgeschichte. Hrsg. von Armin Arnold. Bonn 1984: Bouvier, H. Grundmann

Heidi Haas: Ophelia in der Gletscherspalte. Zürich 1984: Orte-Verlag

Alexander Heimann: Bellevue. Bern 1984: Edition Erpf

Peter Zeindler: Die Ringe des Saturns. München 1984: Knaur

Fritz H. Dinkelmann: Das Opfer. Frankfurt a. M. 1985: Suhrkamp Verlag

Friedrich Dürrenmatt: Justiz. Zürich 1985: Diogenes

Klaus Ebnöther: Friedensbomben. Wavre 1985: Onewa-Verlag

Werner Schmidli: Der Mann am See. Zürich 1985: Nagel & Kimche

Verena Wyss: Versiegelte Zeit. Zürich, Frauenfeld 1985: Nagel & Kimche

Peter Zeindler: Der Zirkel. Zürich 1985: Benziger

Friedrich Dürrenmatt: Der Auftrag oder Vom Beobachten des Beobachters der Beobachter. Zürich 1986: Diogenes

Friedrich Glauser: Wachtmeister Studers erste Fälle. Zürich 1986: Arche Verlag

Sam Jaun: Die Brandnacht. Zürich 1986: Benziger

Viktor Schobinger: Der Ääschme wett en fall nöd lööse. Züri 1986: Selbstverlag

Emil Zopfi: Der Computerdieb. Zürich 1986: Benziger Verlag

Claude Cueni: Schneller als das Auge. Zürich 1987: Diogenes

Jon Durschei/Irmgard Hierdeis: Mord in Mompé. Zürich 1987: orte-Verlag

Alexander Heimann: Nachtquartier. Kreuzlingen 1987: Edition Erpf bei Neptun

Paul Lascaux: Arbeit am Skelett. Zürich 1987: orte-Verlag

Trudi Maurer-Arn: Der wyss Jaguar. Münsingen 1987: Fischer-Verlag

Armin Och: Die Doppelspieler. Bergisch Gladbach 1987: Gustav Lübbe Verlag

Armin Och: Spion zwischen den Fronten. München 1987: Droemersche Verlagsanstalt Th. Knaur Nachfolger

Kaspar Schnetzler: Fader. Eine Kriminalgeschichte. St. Gallen 1987: Narziss-&-Ego-Verlags-AG

Peter Zeindler: Widerspiel. Wien 1987: P. Zsolnay

Hannes Binder: Der Chinese. Krimi-Comic nach Friedrich Glauser. Zürich 1988: Arche-Verlag

Jon Durschei: Mord über Waldstatt. Zürich 1988: orte-Verlag

Arthur Honegger: Dobermänner reizt man nicht. Frauenfeld 1988: Verlag Huber

Klasse 3a, Städtisches Realgymnasium Bern-Neufeld: Der Richter und sein Henker. Comic auf der Grundlage des Romans von Friedrich Dürrenmatt. Bern 1988: Zytglogge-Verlag

Armin Och: Insidergeschäfte. München 1988: Droemersche Verlagsanstalt Th. Knaur Nachfolger

Jürg Weibel: Die seltsamen Absenzen des Herrn von Z. Kreuzlingen, Bern 1988: Edition Erpf bei Neptun

Elisabeth Altenweger: Chrysanthemen. Spionageroman. Gümligen 1989: Zytglogge Verlag

Hanspeter Born: Mord in Kehrsatz. Wie aus einer Familientragödie ein Justizskandal wurde. Zürich 1989: Weltwoche-ABC-Verlag

Claude Cueni: Der vierte Kranz. Zürich 1989: Benziger

Friedrich Dürrenmatt: Durcheinandertal. Zürich 1989: Diogenes

Kurt Hutterli: Baccalà. Kriminalgeschichten aus dem Tessin. Bern 1989: Edition Hans Erpf

Peter Studer: Rätselhaftes Duell in Basel. Kriminalroman. Basel 1989: Buchverlag Basler Zeitung

Käthi Mühlemann: Tod nach Redaktionsschluss (Innentitel: Mord nach Redaktionsschluss). Zürich 1989: orte-Verlag

Armin Och: Plötzlich im Februar. München 1989: Droemersche Verlagsanstalt Th. Knaur Nachfolger

Werner Schmidli: Guntens stolzer Fall. Zürich 1989: Nagel & Kimche

Augusto Vassalli: Generalsjagd. Zürich 1989: orte-Verlag

Peter Zeindler: Der Schattenagent. Wien 1989: P. Zsolnay

Armin Och: Tödliches Risiko

Willi Bär: Tobler. Zürich 1990: Limmat Verlag

Hannes Binder: Krock & Co. Krimi-Comic nach Friedrich Glauser. Zürich 1990: Arche-Verlag

Hanspeter Born: Unfall in Kehrsatz. Eine Hypothese. Zürich 1990: Weltwoche-ABC-Verlag

Alexander Heimann: Honolulu. Muri bei Bern 1990: Cosmos Verlag

Peter Höner: Rafiki Beach Hotel. Zürich 1990: Limmat Verlag

Jodok W. Kobelt: Der Tod lebt auf der Spreuerbrücke. Ein Kriminalfall in Luzern. Luzern 1990: Verlag Anzeiger Luzern

Paul Lascaux: Der Teufelstrommler. Zürich 1990: orte-Verlag

Felix Mettler: Der Keiler. Zürich 1990: Ammann Verlag

Milena Moser: Gebrochene Herzen. Zürich 1990: Krösus Verlag

Andreas Pritzker: Filberts Verhängnis. Zürich 1990: Benziger

Peter Studer: Raben lässt man fliegen. Kriminalroman. Basel 1990: Buchverlag Basler Zeitung

Jürg Weibel: Tod in den Kastanien. Bern 1990: Edition Hans Erpf

Klaus Ebnöther: Das Luder von Bazenberg. Frauenfeld 1991: Huber

Jodok W. Kobelt: Zu verkaufen wegen Todesfalls. Ein Kriminalfall in Luzern. Luzern 1991: Verlag Anzeiger Luzern

Fritz Kobi: Alpina 2020. Öko-Thriller. Gümligen 1991: Enzo-Verlag

Felix Loser: Der Besuch der alten Dame. Nach Friedrich Dürrenmatt. Bern 1991: Zytglogge-Verlag

Trudi Maurer-Arn: Träffpunkt Spital. Münsingen 1991: Fischer-Verlag

Milena Moser: Die Putzfraueninsel. Zürich 1991: Krösus Verlag

Liaty Pisani: Der Spion und der Analytiker (ursprünglich: Tod eines Forschers). Zürich 1991: Diogenes Verlag (italienisch. Specchio di notte)

Michael Spittler, Constantin Seibt: Das Un-Glück. Ein Schlüsselroman. Zürich 1991: Paranoia City Verlag

Peter Zeindler: Die Feuerprobe. Zürich 1991: Arche Verlag

Adrian Zschokke: Rote Blätter aus Agasul. Zürich 1991: Krösus Verlag

Hannes Binder: Knarrende Schuhe. Bilder-Krimi nach Friedrich Glauser. Zürich 1992: Arche-Verlag

Jon Durschei: War's Mord auf der Meldegg? Zürich 1992: orte-Verlag

Friedrich Glauser: Mattos Puppentheater. Das erzählerische Werk Bd. 1, 1915-1929 (hrsg. von Bernhard Echte und Manfred Papst). Zürich 1992: Limmat-Verlag

Friedrich Glauser: Der alte Zauberer. Das erzählerische Werk Bd. 2, 1930-1933 (hrsg. von Bernhard Echte und Manfred Papst). Zürich 1992: Limmat-Verlag

Roger Graf: Die haarsträubenden Fälle des Philip Maloney. Zürich 1992: Edition Sec 52

Peter Höner: Elefantengrab. Zürich 1992: Limmat Verlag

Coril-Sarilos Hujser: Des Priors Leiden und Wirken. (Visp) 1992: Edition »Les oenocrates réunis«

Ulrich Knellwolf: Roma Termini. Zürich 1992: Arche Verlag

Carlo Meier: Keine Leiche in Damaskus. Bern 1992: Edition Hans Erpf

Milena Moser: Das Schlampenbuch. Zürich 1992: Krösus Verlag

Peter Studer: Die Tote vom Claraplatz. Kriminalroman. Basel 1992: Buchverlag Basler Zeitung

Peter Zeindler: Das Sargbukett oder Sophies erster Fall. Zürich 1992: Arche Verlag

Cristina Achermann: Tango criminal. Zelg-Wolfhalden 1993: orte-Verlag

Jon Durschei: Mord am Walensee. Zürich 1993: orte-Verlag

Friedrich Glauser: König Zucker. Das erzählerische Werk Bd. 3, 1934-1936 (hrsg. von Bernhard Echte unter Mitarbeit von Manfred Papst). Zürich 1993: Limmat-Verlag

Friedrich Glauser: Gesprungenes Glas. Das erzählerische Werk Bd. 4, 1937-1938 (hrsg. von Bernhard Echte unter Mitarbeit von Manfred Papst). Zürich 1993: Limmat-Verlag

Alexander Heimann: Wolfszeit. Muri bei Bern 1993: Cosmos Verlag

Daniel Himmelberger: Der Strassenmörder. Bern 1993: Edition Erpf

Ulrich Knellwolf: Tod in Sils Maria. Zürich 1993: Arche Verlag (erweiterte Ausgabe 2004)

Werner Schmidli: Der Mann aus Amsterdam. Zürich, Frauenfeld 1993: Nagel & Kimche

Hansjörg Schneider: Silberkiesel. Zürich 1993: Ammann Verlag

Otto Steiger: Die Tote im Wasser. Zürich 1993: Pendo Verlag

Matthias Steinmann: Nachtfahrt. Zürich 1993: Benziger Verlag

Peter Studer: Ein fast perfekter Massenmord. Kriminalroman. Basel 1993: Buchverlag Basler Zeitung

Rolf Wesbonk: Dillmann. Kein Katzenfall. Bern 1993: H. Erpf

Peter Zeindler: Der Schläfer. Agentenroman. Zürich 1993: Arche Verlag

Adrian Zschokke: Loveresse. Zürich 1993: Krösus Verlag

Willi Bär: Doppelpass. Zürich 1994: Limmat Verlag

James Douglas: Brennpunkt Philadelphia. Frankfurt a. M., Berlin 1994: Ullstein Verlag

Jon Durschei: Mord in Luzern. Zürich 1994: orte-Verlag

Roger Graf: Ticket für die Ewigkeit. Ein Fall für Philip Maloney. Zürich 1994: R. Bilger

Fritz Kobi: Krieg der Schwestern. Muri bei Bern 1994: Enzo-Verlag

Tim Krohn: Der Schwan in Stücken. Zürich 1994: Ammann Verlag

Felix Mettler: Made in Africa. Zürich 1994: Ammann Verlag

Peter Studer: Grossindustrieller in Basel ermordet. Kriminalroman. Basel 1994: Buchverlag Basler Zeitung

Robert Vieli: Der Torso im See. Berlin 1994: Frieling und Partner

Christa Weber: Schwarzer Samt. Solothurn, Düsseldorf 1994: Benziger

Verena Wyss: Die Untersuchungsrichterin. Zürich, Frauenfeld 1994: Nagel & Kimche

Peter Zeindler: Mord im Zug. Böse Geschichten. Zürich 1994: Arche Verlag

Elisabeth Altenweger: Riegel. Bern-Krimi. Bern 1995: Zytglogge Verlag

Jon Durschei: Mord im Zürcher Oberland. Zürich 1995: orte-Verlag

Friedrich Glauser: Schlumpf Erwin Mord: Wachtmeister Studer. Zürich 1995: Limmat-Verlag

Friedrich Glauser: Matto regiert. Zürich 1995: Limmat-Verlag

Friedrich Glauser: Die Fieberkurve. Zürich 1995: Limmat-Verlag

Roger Graf: Tödliche Gewissheit. Zürich 1995: Haffmans

Peter Höner: Seifengold. Zürich 1995: Limmat Verlag

Ulrich Knellwolf: Klassentreffen. Zürich 1995: Arche Verlag

Carlo Meier: Horu. Muri bei Bern 1995: Cosmos-Verlag

Pascal Mercier: Perlmanns Schweigen. Berlin 1995: A. Knaus Verlag

Hansjörg Schneider: Flattermann. Zürich 1995: Ammann Verlag

Robert Stalder: Ein Schatten zuviel. Basel 1995: Lenos Verlag

Fritz Stolz: Kirchgasse 9. Ein theologischer Kriminalroman. Zürich 1995: Pano Verlag

Priska Vogt Kahvecioglu, Priska Furrer: Der Tod und der Dozent. Bern 1995: AutorInnenverlag

Rolf Wesbonk: Dillmann. Nein zu Eigenstein. Bern 1995: H. Erpf

Peter Zeindler: Ausgetrieben. Zürich 1995: Arche Verlag

Peter Zeindler (Hg.): Banken, Blut und Berge. Kriminalgeschichten aus der Schweiz. Reinbek 1995: Rowohlt

Hannes Binder: Wachtmeister Studer im Tessin. Eine Fiktion. Bern 1996: Zytglogge-Verlag

James Douglas: Goldauge. München 1996: L. Müller

Friedrich Glauser: Der Tee der drei alten Damen. Zürich 1996: Limmat-Verlag

Friedrich Glauser: Der Chinese: Wachtmeister Studers dritter Fall. Zürich 1996: Limmat-Verlag

Friedrich Glauser: Die Speiche: Krock & Co. Zürich 1996: Limmat-Verlag

Roger Graf: Zürich bei Nacht. Zürich 1996: Haffmans

Alexander Heimann: Dezemberföhn. Muri bei Bern 1996: Cosmos Verlag

Susie Ilg: Moneten, Morde, Mannesehr. 13 Geschichten aus Schaffhauser Gerichten. Schaffhausen 1996: Verlag am Platz

Christoph Keller: Ich hätte das Land gern flach. Frankfurt a. M. 1996: S. Fischer

Ulrich Knellwolf: Adam, Eva & Konsorten. 16 biblische Kriminalfälle. Zürich 1996: Jordan

Paul Lascaux: Totentanz. Kriminelle Geschichten. Zelg-Wolfhalden 1996: orte-Verlag

Saro Marretta: Pronto, commissario ... ? 16 racconti gialli del commissario Astolfio Bongo (2 Bände). Roma 1996: Bonacci

Milena Moser: Mein Vater und andere Betrüger. Reinbek 1996: Rowohlt Verlag

Urs Richle: Der weisse Chauffeur. Frankfurt a. M. 1996: Gatza bei Eichborn

Georges Roos: Da war in der Leiche ein Loch. Bern, München 1996: Scherz Verlag

Viktor Schobinger: Em Ääschme läit me schtäi in wääg. Züri 1996: Schobinger-Verlaag

Viktor Schobinger: Der Ääschmen und der äifach mord. Züri 1996: Schobinger-Verlaag

Peter Studer: Der Heuchler vom Nadelberg. Kriminalroman. Basel 1996: Buchverlag Basler Zeitung

Augusto Vassalli: Der Zweck heiligt die Mörder. Zürich 1996: Schweizer Verlagshaus

Christa Weber: Schauplatz Hôtel des Dunes. Solothurn, Düsseldorf 1996: Benziger

Jürg Weibel: Beethovens Fünfte. Basel 1996: Xenon Verlag

Peter Zeindler: Salon mit Seerosen. Zürich 1996: Arche Verlag

Monika Amos: Der strahlende Tod. Kriminalroman. Stäfa 1997: Rothenhäusler Verlag

Urs Augstburger: Für immer ist morgen. Zürich 1997: Verlag Ricco Bilger

Paul Bösch: Meier 19. Eine unbewältigte Polizei- und Justizaffäre. Zürich 1997: Limmat Verlag

Roger Graf: Tanz an der Limmat. Ein Marco-Biondi-Roman. Zürich 1997: Haffmans

Werner Gutmann: Der Ussland-Schwyzer. E bärndütsche Krimi. Bern 1997: Fischer Media Verlag

Ulrich Knellwolf: Schönes Sechseläuten. Zürich 1997: Arche Verlag

E. Y. Meyer: Venezianisches Zwischenspiel. Zürich 1997: Ammann Verlag

Silvio Pacozzi: Die Dixie-Bande und das Geheimnis des weissen Drachen. Visp 1997: Rotten Verlag

Liaty Pisani: Der Spion und der Dichter. Zürich 1997: Diogenes Verlag (Originalausgabe, nicht auf Italienisch erschienen)

Werner Schmidli: Schlitzohr. Zürich, Frauenfeld 1997: Nagel & Kimche

Viktor Schobinger: En alte fall vom Ääschme. Züri 1997: Schobinger-Verlaag

Viktor Schobinger: Der Ääschmen und de mord im schloss. Züri 1997: Schobinger-Verlaag

Peter Studer: Mysteriöser Totentanz in Riehen. Kriminalroman. Basel 1997: Buchverlag Basler Zeitung

Martin Suter: Small world. Zürich 1997: Diogenes

Verena Wyss: Verdecktes Spiel. Zürich, Frauenfeld 1997: Nagel & Kimche

Matthyas Arter: Franz Padlauer. Zürich 1998: Brainwork Verlag

Hannes Binder: Glausers Fieber. Zürich 1998: Limmat-Verlag

Monika Dettwiler Rustici: Berner Lauffeuer. Bern 1998: Zytglogge Verlag

James Douglas: Der Sintfluter. München 1998: F. A. Herbig

Jon Durschei: Mord in Stein am Rhein. Zelg-Wolfhalden 1998: orte-Verlag

Max Frei: Die Tote im Zuger See. Chemnitz 1998: Chemnitzer Verlag

Max Frei: Neun Tote im Emmental. Chemnitz 1998: Chemnitzer Verlag

Roger Graf: Kurzer Abgang. Zürich 1998: Kein & Aber

Roger Graf: Philip Maloney. Dreissig rätselhafte Fälle. Zürich 1998: Kein & Aber

Paul Lascaux: Kelten-Blues. Zelg-Wolfhalden 1998: orte-Verlag

Pascal Mercier: Der Klavierstimmer. München 1998: A. Knaus Verlag

Jutta Motz: Drei Frauen und das Kapital. München 1998: Piper

Stephan Pörtner: Köbi der Held. Zürich 1998: Krösus Verlag

Urs Richle: Hand im Spiel. Frankfurt a. M. 1998: Eichborn

Viktor Schobinger: Der Ääschmen und di riiche toote. Zürich 1998: Schobinger-Verlaag

Robert Vieli: Ermittlungen in der Provinz. Ein Bündner Gaunerroman. Stäfa 1998: Rothenhäusler Verlag

Christa Weber: Auf den Knien. Fulda 1998: Verlag freier Autoren

Rolf Wesbonk: Dillmann. Schattenspiele. Bern 1998: H. Erpf

Peter Zeindler: Aus Privatbesitz. Zürich 1998: Arche Verlag

Peter Zeindler: Abgepfiffen. Best of Foul Play. Reinbek 1998: Rowohlt

Tom Zürcher: Högo Sopatis ermittelt. Frankfurt a. M. 1998: Eichborn Verlag

Thomas Zwygart: Mord im Blauen Bähnli. Worb 1998: Kulturverein Atelier

Urs Augstburger: Chrom. Zürich 1999: Verlag Ricco Bilger

Frank Demenga: Fat-ex. Bern 1999: Zytglogge Verlag

Viviane Egli: Engel im falschen Zug. Zelg-Wolfhalden 1999: orte-Verlag

Max Frei: Skelette im Hauensteintunnel. Chemnitz 1999: Chemnitzer Verlag

Ulrich Knellwolf: Auftrag in Tartu. Zürich 1999: Nagel & Kimche

Carlo Meier: Die Kaminski-Kids: Übergabe drei Uhr morgens. Basel/Giessen 1999: Brunnen Verlag

Markus Melzl: Vom Bullen zum Entertainer. Streifzüge durch das kriminelle Basel. Basel 1999: GS-Verlag

Milena Moser: Artischockenherz. München 1999: Karl Blessing Verlag

Liaty Pisani: Der Spion und der Banker. Zürich 1999: Diogenes Verlag (italienisch. Agguato a Montségur)

Susy Schmid: Die Bergwanderung und andere Grausamkeiten. Muri bei Bern 1999: Cosmos Verlag

Hansjörg Schneider: Das Paar im Kahn. Zürich 1999: Ammann Verlag

Viktor Schobinger: Vor em Ääschme gönd all läden abe. Zürich 1999: Schobinger-Verlaag

Viktor Schobinger: Der Ääschmen und d hère mit de grawatte. Zürich 1999: Schobinger-Verlaag

Vincenzo Todisco: Il culto di Gutenberg. Locarno 1999: Dadò (deutsch: Das Krallenauge. Zürich 2001: Rotpunktverlag)

Lotti Ullmann: Der Pool. Bern 1999: Zytglogge-Verlag

Emil Zopfi: Londons letzter Gast. Zürich 1999: Limmat Verlag

Tom Zürcher: Tote Fische reden nicht. Würzburg 1999: Chili im Arena Verlag

Ab 2000

Walther Baumann: Von Fall zu Fall. Criminelles aus Alt Zürich. Zürich 2000: Verlag Neue Zürcher Zeitung

Mona Bodenmann: Tod einer Internatsschülerin. Zelg-Wolfhalden 2000: orte-Verlag

Hanspeter Bundi: Bruderrache. Protokoll eines erbärmlichen Mordes. Basel 2000: Lenos-Verlag

Monika Dettwiler: Das Siegel der Macht. Stuttgart 2000: Verlag Weitbrecht

James Douglas: Atemlos nach Casablanca. München 2000: Edition Bernburg

Peter Eggenberger: Mord in der Fremdenlegion. Herisau 2000: Appenzeller Verlag

Hans Peter Gansner: Sechs Fälle für Pascale Fontaine. Kriminalnovellen aus Frankreich. Berlin 2000: Karin Kramer Verlag

Roger Graf: Philip Maloney und der Mord im Theater. Dreissig haarsträubende Fälle. Zürich 2000: Kein & Aber

Roger Graf: Philip Maloney. Die Leiche im Moor. haarsträubende Fälle. Bern 2000: Scherz

Louis Hagendorn: Der Abgang. Bern 2000: AutorInnenverlag

Sam Jaun: Fliegender Sommer. Muri bei Bern 2000: Cosmos Verlag

Paul Lascaux: Der Lückenbüsser. München 2000: Verlag der Criminale

Louis P. Laskey: Herz auf Eis. Zürich 2000: Haffmans

Katarina Madovcik, Ruben M. Mullis: Die 25. Stunde. Zürich 2000: KaMeRu-Verlag

Saro Marretta: Elementare commissario! 8 racconti gialli del commissario Astolfio Bongo. Roma 2000: Bonacci

Carlo Meier: Die Kaminski-Kids: Mega Zoff!. Basel/Giessen 2000: Brunnen Verlag

Markus Moor: Notizen über einen beiläufigen Mord. Zürich 2000: Edition 8

Jutta Motz: Drei Frauen auf der Jagd. München 2000: Piper

Liaty Pisani: Der Spion und der Schauspieler (ursprünglich: Schweigen ist Silber). Zürich 2000: Diogenes Verlag (italienisch: Un silenzio colpevole)

Friedrich Plewka: Von Mord war nie die Rede. Kriminalerzählung. Berlin 2000: Frieling

Stephan Pörtner: Kein Konto für Köbi. Zürich 2000: Krösus Verlag

Ueli Schmid: Die Tote in Brüggers Dorf. Bern 2000. Edition Hans Erpf

Viktor Schobinger: Der Ääschme bringt urue i s doorff. Zürich 2000: Schobinger-Verlaag

Martin Suter: Die dunkle Seite des Mondes. Zürich 2000: Diogenes

Barbara Traber: Café de Préty. Zelg-Wolfhalden 2000: orte-Verlag

Josef Winteler: Testament. Räterschen 2000: Selbstverlag des Autors

Peter Zeindler: Abschied in Casablanca. Sembritzki auf Mission in Marokko. Zürich 2000: Arche Verlag

Adrian Zschokke: Ifakara. Zürich2000. Krösus Verlag

Jürg Bleiker: Flugwetter im April. Krimi. Elgg 2001: Gorio-Verlag

Heinrich Eichenberger: Die Rauchmelder. Roman einer Wirtschaftsspionage. München 2001: Universitas in der F. A. Herbig Verlagsbuchhandlung

Haymo Empl: Milzbrand. Eine Stadtgeschichte. (Wetzlar) 2001: Verlagshaus No. 8

Susanne Erb: Krimis, Krimis... Zürich 2001: Eigenverlag

Hans Peter Gansner: Mein ist die Rache. Ein brand-heisser Fall für Pascale Fontaine. Berlin 2001: Karin Kramer Verlag

Hansruedi Gehring: Rätselhafter Tod in Zähringen. Zelg-Wolfhalden 2001. orte-Verlag

Roger Graf: Philip Maloney. Der Womper. Bern 2001: Scherz

Louis Hagendorn: Black Day. Melbourne 2001 (gedruckt in Köniz): Gaya Wordworld Pty. Ltd.

Alexander Heimann: Muttertag. Muri bei Bern 2001: Cosmos Verlag

Ulrich Knellwolf: Den Vögeln zum Frass. Zürich 2001: Nagel & Kimche

Fritz Kobi: Zurück zur Lust. Melbourne 2001 (gedruckt in Köniz): Gaya Wordworld Pty. Ltd.

Paul Lascaux: Europa stirbt. Kriminelle Geschichten. München 2001: Verlag der Criminale

Carlo Meier: Die Kaminski-Kids: Hart auf hart. Basel/Giessen 2001: Brunnen Verlag

Milena Moser: Bananenfüsse. München 2001. Karl Blessing Verlag

Jutta Motz: Drei Frauen und die Kunst. München 2001: Piper

Paul Ott (Hg.): Im Morgenrot. Die besten Kriminalgeschichten aus der Schweiz. Bern, München, Wien 2001: Scherz Verlag

Urs Richle: Fado Fantastico. Zürich 2001: Nagel & Kimche

Iris E. Riesen: Leonie in Gefahr. Zürich 2001: Bajazzo Verlag

Werner Schmidli: Schabernack. Kriminalgeschichten. Muri bei Bern 2001: Cosmos Verlag

Hansjörg Schneider: Tod einer Ärztin. Zürich 2001: Ammann Verlag

Viktor Schobinger: Der Ääschmen und di goldig schtripptisöös. Zürich 2001: Schobinger-Verlaag

Lorenz Stäger: Niese nie im Beichtstuhl. Wohlen 2001: Solix Verlag

Matthias Steinmann: Die Weynzeichen-Recherche. Melbourne 2001 (gedruckt in Köniz): Gaya Wordworld Pty. Ltd.

Brigitt Albrecht: Jeschek und Jones – Wiener Blut. Hamburg 2002: Argument Verlag

Christine Bider: Störfälle und Filmrisse. 18 Kriminalgeschichten der etwas anderen Art. Belp 2002: BoD

Peter Böhi: Gnadenlos. Thriller. Norderstedt 2002: BoD

Wolfgang Bortlik: Hektische Helden. Zürich 2002. Limmat Verlag

Alex Capus: Fast ein bisschen Frühling. Salzburg 2002: Residenz Verlag

Wen-huei Chu: Die Mordversionen. Triesen 2002: Octavopress

Viviane Egli: Finale in Wollishofen. Zelg-Wolfhalden 2002: orte-Verlag

Haymo Empl: Belladonna. (Wetzlar): 2002Verlagshaus No. 8

Volker Fuhlrott: RisikoLos – Ein VersicherungsFall. Norderstedt 2002: BoD

Roger Graf: Philip Maloney. Zum Kuckuck. Bern 2002: Scherz

Erich Leimlehner: Missa solemnis. Norderstedt 2002: BoD

Carlo Meier: Die Kaminski-Kids: Unter Verdacht. Basel/Giessen 2002: Brunnen Verlag

Andreas A. Noll: www.nur-unter-16.com. Ein Internet-Thriller. 2002: n.book verlag

Michael Noonan. Die Rache. Norderstedt 2002: BoD

Liaty Pisani: Die Nacht der Macht. Der Spion und der Präsident. Zürich 2002: Diogenes Verlag (italienisch: La spia e il presidente)

Stephan Pörtner: Köbi Krokodil. Zürich 2002: Krösus Verlag

Eva Rüetschi: Sesseltanz mit Dame. Eine politische Kriminalgeschichte. Basel 2002: Opinio Verlag

Joel Dominique Sante: Todesblüten aus Caracas. Norderstedt 2002: BoD

Werner Schmidli: Teufel und Beelzebub. Muri bei Bern 2002: Cosmos Verlag

Viktor Schobinger: Em Ääschme chund en gott i d quèèri. Zürich 2002: Schobinger-Verlaag

Martin Spirig: Schreckensodyssee einer Staatsanwältin. Norderstedt 2002: BoD

Martin Suter: Ein perfekter Freund. Zürich 2002: Diogenes

Josef Winteler: Jakobsleiter. Tschudis nächster Fall. Räterschen 2002: Selbstverlag des Autors

Peter Zeindler: Das Lächeln des andern. Zürich 2002: Arche Verlag

Peter Zeindler: Bratwurst für Prominente. Hamburg 2002: Europa Verlag

Emil Zopfi: Steinschlag. Zürich 2002: Limmat Verlag

Mitra Devi: Die Bienenzüchterin. Zürich 2003: kameru-Verlag

Heinrich Eichenberger: Fluchtpunkt Monte Carlo. München 2003: Universitas in der F. A. Herbig Verlagsbuchhandlung

Hannes Flückiger: Das obskure Doppelleben des Erwin S. Berlin 2003: Frieling & Partner

Max Frei: Drei Tote im Altersheim. Kriminalnovellen. Zürich 2003: Moros-Verlag

Roger Graf: Die Frau am Fenster. Zürich 2003: Ammann Verlag

Peter Höner: Wiener Walzer. Mord im Euronight 467. Zürich 2003: Limmat Verlag

Olivia Kleinknecht: Zum Frühstück Mord. Zürich 2003: Edition Epoca

Fritz Kobi: Heisser Dampf. Berlin 2003: B. Gmünder (überarbeitete Neuausgabe von: Krieg der Schwestern)

Virgilio Masciadri: Schnitzeljagd in Monastero. Zelg-Wolfhalden 2003: orte-Verlag

Carlo Meier: Die Kaminski-Kids: Auf der Flucht. Basel/Giessen 2003: Brunnen Verlag

Milena Moser: Sofa, Yoga, Mord. München 2003: Karl Blessing Verlag

Paul Ott (Hg.): Mords-Lüste. Erotische Kriminalgeschichten. Frankfurt a. M. 2003: Scherz bei S. Fischer

Marcel Probst: Engelstod. Norderstedt 2003: BoD

Jean-Claude Rubin: Kommissar Flick. Im Zeichen der Fliege. Egg 2003: Thesis Verlag

Urs Schaub: Tanner. Zürich 2003: Pendo

Susy Schmid: Himmelskönigin. Muri bei Bern 2003: Cosmos Verlag

Werner Schmidli: Bergfest. Muri bei Bern 2003: Cosmos Verlag

Viktor Schobinger: Em Ääschme sini versouet wienacht. Zürich 2003: Schobinger-Verlaag

Hugo Stamm: Tod im Tempel. Zürich 2003: Pendo Verlag

Roger Steck: Di verchehrti Wält. E bärndütsche Kriminalroman über d Grächtigkeit uf Ärde. Bern 2003: Licorne-Verlag

Vincenzo Todisco: Quasi un western. Bellinzona 2003: Casagrande (deutsch: Wie im Western. Zürich 2004: Rotpunktverlag)

Brigitt Albrecht: Jeschek und Jones – Schwarz weiss schwarz. Hamburg 2004: Argument Verlag

Christoph Badertscher: Toboggan oder Das gestohlene Bild. Zürich 2004. Verlag Nagel & Kimche

Dieter Bedenig: Mord auf St. Urs. Solothurn 2004: Weissenstein Verlag

Ernst Beyeler: Kern. Eine Kriminalnovelle. Schaffhausen 2004: Meier Buchverlag

Siegfried Chambre: Domina Domini. Melbourne 2004 (gedruckt in Köniz): Gaya Wordworld Pty. Ltd.

James Douglas: Des Teufels Botschafter. München 2004: Herbig Verlag

Reto Luzius Fetz: Im Schatten des Greiff. Leipzig 2004: Reclam

Max Frei: Rache! Rache! Rache! Ein Kriminalroman und acht Kriminalgeschichten. Laupersdorf 2004: A. A. I. S.

Katharina Huter: Todesengel im Luzernischen. Zelg-Wolfhalden 2004: orte-
Verlag

Sam Jaun: Die Zeit hat kein Rad. Muri bei Bern 2004: Cosmos Verlag

Ulrich Knellwolf: Sturmwarnungen. Zürich 2004: Nagel & Kimche

Urs Mannhart: Luchs. Zürich 2004: bilgerverlag

Liaty Pisani: Stille Elite. Der Spion und der Rockstar. Zürich 2004: Diogenes
Verlag

Bettina Robertson: Gefährliches Damenspiel. München 2004: Verlag der Criminale

Eva Rüetschi: Geld kostet Leben. Basel 2004: Opinio Verlag

Hans Schmidiger: Vo Landjeger u Polizischte. Oberburg 2004: Eigenverlag

Hansjörg Schneider: Hunkeler macht Sachen. Zürich 2004: Ammann Verlag

Viktor Schobinger: En alte schuelkoleeg vom Ääschme. Zürich 2004: Schobinger-Verlaag

Dieter Stamm: Tod in Biel. Biel 2004: Verlag W. Gassmann

Peter Staub: »Hudere-Waser«. Ein Thriller aus Olten. Zürich 2004: edition 8

Andreas Sternweiler: Frankfurt, Basel, New York: Richard Plant. Berlin 1996:
Verlag Rosa Winkel

Paul Wittwer: Eiger, Mord und Jungfrau. Bern 2004: Nydegg Verlag

Peter Zeindler: Toter Strand. Zürich 2004: Arche Verlag

3. Ausgewählte Sekundär- und Begleitliteratur deutsch

Hans Amstutz, Ursula Käser-Leisibach, Martin Stern: Schweizertheater. Drama
und Bühne der Deutschschweiz bis Frisch und Dürrenmatt 1930-1950.
Zürich 2000: Chronos Verlag

Frank Arnau: Jenseits aller Schranken. Unterwelt ohne Maske. Frankfurt a. M.
1958: Verlag Ullstein

Frank Arnau: Kunst der Fälscher: Fälscher der Kunst. 3000 Jahre Betrug mit Antiquitäten. Düsseldorf 1959: Econ-Verlag (2., völlig neu bearbeitete Ausgabe: Düsseldorf 1969. Econ-Verlag)

Frank Arnau: Das Auge des Gesetzes. Macht und Ohnmacht der Kriminalpolizei. Düsseldorf 1962: Econ-Verlag

Frank Arnau: Warum Menschen Menschen töten. Düsseldorf 1964: Econ-Verlag

Frank Arnau: Der Fall Blomert. Eine kriminalwissenschaftliche Dokumentation.
München 1965: Verlag Kurt Hirsch

Frank Arnau: Der Fall Brühne-Ferbach. Autopsie eines Urteils. München 1965:
Verlag Kurt Hirsch

Frank Arnau: Jenseits der Gesetze. Kriminalität von den biblischen Anfängen bis zur Gegenwart. München 1966: Rütten & Loening

Frank Arnau: Schon vor der Prüfung durchgefallen. Der Fall Senatspräsident Seyfferth. München 1967: Verlag Kurt Hirsch

Frank Arnau: Die Straf-Unrechtspflege in der Bundesrepublik. München 1967: K. Desch Verlag

Frank Arnau: Menschenraub. München 1968: K. Desch Verlag

Frank Arnau: Die vorletzte Instanz. Das Doppelleben des Herrrn P. Roman. München 1969: Schneekluth

Frank Arnau: Tatmotiv Leidenschaft. Stuttgart 1971: Goverts-Krüger-Stahlberg-Verlag

Frank Arnau: Schon vor dem Urteil verurteilt. Autopsie eines Straf-un-rechtsverfahrens. Luzern 1973: Thesaurus-Verlag

Frank Arnau: Tätern auf der Spur. Auswahl aus dem Lebenswerk. Berlin 1974: Verlag Volk und Welt

Armin Arnold, Josef Schmidt: Reclams Kriminalromanführer. Stuttgart 1978: Philipp Reclam jun.

Armin Armold (Hrsg.): Sherlock Holmes auf der Hintertreppe. Aufsätze zur Kriminalliteratur. Bonn 1981: Bouvier-Verlag

Dr. Hans Blum: Lebenserinnerungen. Berlin 1907-1908: Vossische Buchhandlung

DER KLEINE EDGAR WALLACE. Roy MacCoy's kleiner Edgard Wallace. Magazin. Zürich und Basel, ca. 1950 (12 Ausgaben erschienen): Verlag André Hamann und W. Meyer-Wuillemin

Hervé Dumont: Geschichte des Schweizer Films. Spielfilme 1896–1965. Lausanne 1987: Schweizer Filmarchiv/Cinémathèque Suisse

Ernst Fischer: Vom Verdingbuben zum Strafuntersuchungsrichter. Affoltern a. A. 1948: Aehren-Verlag

FÖHN: Eine unterhaltsame Monatszeitschrift. Zürich, Januar 1935 bis September 1939: Buch und Zeitschriften AG

Brigitte Frizzoni: MordsFrauen. Detektivinnen und Täterinnen im »Frauenkrimi« der 80er und 90er Jahre. In: Schweizerisches Archiv für Volkskunde 95 (1999)

Frank Göhre: Zeitgenosse Glauser. Ein Porträt. Zürich 1988: Arche Verlag

P. E. Grimm: Detektive (Sammelbilder-Album Gloria). Spreitenbach 1975: Gloria-Verlag

Lukas Gschwend: Der Studentenmord von Zürich. Eine kriminalhistorische Untersuchung zur Tötung des Studenten Ludwig Lessing am 4. November 1835. Zürich 2002: Verlag Neue Zürcher Zeitung

Gabriela Holzmann: Schaulust und Verbrechen. Eine Geschichte des Krimis als Mediengeschichte (1850–1950). Stuttgart-Weimar 2001: Verlag J. B. Metzler

Bruno Knobel: Krimifibel. Solothurn 1968: Schweizer Jugend-Verlag

KRIMINAL-REVUE. Zürich 1948–1955 (80 Ausgaben erschienen): Verlag Union

KRIMINAL-SPIEGEL: Die spannende Unterhaltungs-Revue. Zürich, Januar 1942
– Januar 1960: Jean Frey Verlag

KRIMINALZEITUNG. Zürich 1937–1938: Jean Frey Verlag

Ulrike Leonhardt: Mord ist ihr Beruf. Eine Geschichte des Kriminalromans.
München 1990: C. H. Beck

LEXIKON DER DEUTSCHSPRACHIGEN KRIMI-AUTOREN. Unter Mitarbeit der aufgenommenen Autorinnen und Autoren. München 2002: Verlag der Criminale

MARABU. Kriminalroman-Magazin. Zürich 1950 (2 Ausgaben erschienen)

Edgar Marsch: Die Kriminalerzählung. München 1972 (1983 erweiterte Neuausgabe): Winkler Verlag

Johann Jakob Raeber: Bewegte Vergangenheit. Aus den Erinnerungen eines
Schweizer Landjägers. Zürich 1960: Schweizer Druck- und Verlagshaus

Rainer Redies: Über Wachtmeister Studer. Biographische Skizzen. Bern/München 1993: Edition Hans Erpf

Gerhard Saner: Friedrich Glauser. Eine Biographie. Zürich 1981: Suhrkamp
Verlag

Dr. Paul Meyer-Schwarzenbach (Wolf Schwertenbach): Morde in Zürich. Kritik
und Vorschläge zum zürcherischen Kriminaldienst. Zürich 1935: Verlag Oprecht & Helbling

Richard Plant: Taschenbuch des Films. Kleiner Führer für den intelligenten Filmbesucher. Zürich 1938: A. Züst

SCHWEIZER RUNDSCHAU: Verbrecher und Verbrechen. Heft 11/12, Zürich 1960:
Verlag der Buchdruckerei H. Börsigs Erben AG

SCHWEIZERISCHE KRIMINAL- UND DETEKTIVZEITUNG. Zürich 1923: Verlag W.
Witzig

Schweizerischer Schriftsteller-Verein (Hrsg.): Schweizer Schriftsteller der Gegenwart. Bern 1962: Francke Verlag

Schweizerischer Schriftsteller-Verband (Hrsg.): Schweiz: Schriftsteller der Gegenwart. Bern 1978: Buchverlag Verbandsdruckerei

Schweizerischer Schriftstellerinnen- und Schriftsteller-Verband (Hrsg.): Schriftstellerinnen und Schriftsteller der Gegenwart. Aarau 1988: Verlag Sauerländer

Schweizerischer Schriftstellerinnen- und Schriftsteller-Verband (Hrsg.): Schriftstellerinnen und Schriftsteller der Gegenwart. Aarau 2002: Verlag Sauerländer

Heiner Spiess, Peter Edwin Erismann: Friedrich Glauser: Erinnerungen von
Emmy Ball-Hennings et al. Zürich 1996: Limmat-Verlag

Dominique Strebel, Patrik Wülser (Hrsg.): Mordsspaziergänge. Zürich 2001:
Rotpunktverlag

Doris Stump, Maya Widmer, Regula Wyss: Deutschsprachige Schriftstellerinnen
in der Schweiz 1700 – 1945. Zürich 1994: Limmat Verlag

Jodocus Deodatus Hubertus Temme: Erinnerungen von Jodocus Deodatus Hubertus Temme (hrsg. von Stephan Born). Leipzig 1883: Keil

John Fred Vuilleumier: Sträfling Nummer 9669. Aus meiner freiwilligen Zuchthauszeit aus Amerika. Basel 1956: Gute Schriften

Klaus-Peter Walter: Lexikon der Kriminalliteratur: Autoren, Werke, Themen, Aspekte. Meitingen 1993ff: Corian-Verlag H. Wimmer

Klaus-Peter Walter: Reclams Krimi-Lexikon. Stuttgart 2002: Philipp Reclam jun.

Robert Weideli: Bibliographie – Jim Strong Abenteuer. Zürich 2000: Artus-Verlag

Waltraud Woeller: Illustrierte Geschichte der Kriminalliteratur. Leipzig 1984 (Frankfurt a. M. 1985): Insel Verlag

ZÜRCHER ILLUSTRIERTE. Zürich 1925 – Februar 1941: Conzett & Huber

4. Primärliteratur französisch alphabetisch

Charaf Abdessemed: Meurtres en sérail. Genève 2002: Editions Métropolis

Jacques-W. Aeschlimann: Quai Wilson. Roman policier. Neuchâtel 1946: Victor Attinger

Paul Alexandre et Maurice Maïer (beteiligt, aber ohne Namensnennung: Roland Berger): Genève vaut bien une messe. Paris 1958: Denoël (Genf ist eine Messe wert. Hamburg 1961: Verlag der Freizeit-Bibliothek)

Paul Alexandre et Maurice Roland: Voir Londres et mourir. Paris 1956: Editions Librairie des Champs-Elysées (London sehen und sterben. Genf, Frankfurt 1957: Verlag Helmut Kossodo)

André Berger: Ordonnance de non-lieu. Paris 1977: Editions Fleuve Noir

Roland Berger, Pierre Naftule: Scoop. Pièce policière. Lausanne 1987: Pierre-Marcel Favre

Fernand Berset: Helvétiquement vôtre. Paris 1971: Presses de la Cité

Fernand Berset: Fantasia chez les helvètes. Paris 1972: Presses de la Cité

Fernand Berset: Swiss mafia. Paris 1973: Presses de la Cité

Fernand Berset: Les Suisses s'excitent. Paris 1974: Presses de la Cité

Fernand Berset: On descend à Lausanne. Vevey 2002: Editions de l'Aire

Jean-Bernard Billeter: Les régles de quel jeu? Genève 1978: Editions noir

Jean-Bernard Billeter: Comme une hélice. Genève 1983: Editions Zoé

Michel Bory: Le barbare et les jonquilles. Lausanne 1995: RomPol

Michel Bory: L'inspecteur Perrin va en bateau. Lausanne 1995: RomPol

Michel Bory: Coup de théâtre: L'inspecteur Perrin monte sur les planches. Lausanne 1995: RomPol

Michel Bory: La limousine et le bungalow. Lausanne 1996: RomPol

Michel Bory: Perrin à Moudon. Lausanne 1996: RomPol

Michel Bory: L'inspecteur Perrin croit au Père Noël. Lausanne 1997: RomPol

Michel Bory: Les mensonges de l'inspecteur Perrin. Lausanne 2000: RomPol

Michel Bory: Bienvenue à New Hong-Kong. Lausanne 2001: RomPol

Michel Bory: Perrin creuse le canal du Rhône au Rhin. Lausanne 2003: RomPol

Jacques Bron: Tournant dangereux. Comédie policière gaie inédite en 3 actes. Le mois théâtral 237. Genève 1954: Editions Meyer & Cie.

Jacques Bron: Trois enquêtes de Picoche et autres histoires policières. Lausanne 1998: RomPol

Alfred Brossel*: L'énigme de la Place de la République. Genève 1944: Editions Utiles

Alfred Brossel*: Le mystère de Phoenix Park. Genève 1945: Editions Utiles

Alfred Brossel*: L'affaire des diamants noirs. Genève 1945: Editions Utiles

Alfred Brossel*: Un vol à la B.I.C. Genève, Thonon 1946: Ch. Grasset

Jean-Jacques Busino: Un café, une cigarette. Paris 1994: Editions Payot & Rivages

Jean-Jacques Busino: Dieu à tort. Paris 1996: Editions Payot & Rivages

Jean-Jacques Busino: Le bal des capons. Paris 1997: Editions Payot & Rivages

Jean-Jacques Busino: La dette du diable. Paris 1998: Editions Payot & Rivages

Jean-Jacques Busino: Au nom du piètre qui a l'essieu. Paris 1998: Editions Baleine, Le Poulpe 103

Jean-Jacques Busino: Le théorème de l'autre. Paris 2000: Editions Payot & Rivages

Grégoire Carbasse: L'Helvète underground. Paris 1998: Editions Baleine, Le Poulpe 105

Grégoire Carbasse: Des pépins dans la Grosse Pomme. Paris 2000: Hachette Tourisme (Le Polar du routard)

Marcel de Carlini: La villa du bord de l'eau. Genève 1943: Editions Utiles

Marcel de Carlini: Le mystère du Bois de Châtel. Genève 1943: Editions Utiles

Marcel de Carlini: Le crime du Studio 4. Genève 1940 und 1945: Perret-Gentil

Marcel de Carlini: Le magicien des voix (angekündigt)

Marcel de Carlini et Georges Hoffmann: Crime au clair de lune. Pièce policière en 2 actes. Le mois théâtral 163. Genève 1948: Editions Meyer & Cie.

Marcel de Carlini et Georges Hoffmann: Minuit ... Pièce policière en 2 actes. Le mois théâtral 215. Genève 1952: Editions Meyer & Cie.

Marcel de Carlini et Georges Hoffmann: Mort sans provisions. Pièce policière inédite en 2 actes. Le mois théâtral 264. Genève 1956: Editions Meyer & Cie.

Marcel de Carlini et Claude Varennes: Les clients du lézard bleu. Genève 1944: Editions de la Frégate

Marcel de Carlini et Claude Varennes: Sincères condoléances. Genève, Thonon 1946: Ch. Grasset

Cédric Comtesse: Les filles roses n'ont pas de fantôme. Paris 1999: Editions Baleines

Peter Coram: La femme décapitée. Paris 1937: Nouvelle Revue Critique (L'Empreinte)

Peter Coram: Séquence de meurtre. Paris 1937: Nouvelle Revue Critique (L'Empreinte)

Peter Coram: L'affaire Mercator. Paris 1938: Nouvelle Revue Critique (L'Empreinte)

Peter Coram: Ces messieurs de la famille. Genève 1943: Editions Utiles

Peter Coram: La corde pour le pendre. Paris 1948: Albin Michel (Le Limier)

Anne Cuneo: Ame de bronze: une enquête de Maria Machiavelli. Orbe 1998: Bernard Campiche (Ein Herz aus Eisen. Der erste Fall der Maria Machiavelli. Zürich 2000: Limmat Verlag)

Anne Cuneo: D'or et d'oublis: une enquête de Maria Machiavelli. Orbe 1999: Bernard Campiche (Vergesssen ist Gold. Der zweite Fall der Maria Machiavelli. Zürich 2001: Limmat Verlag)

Anne Cuneo: Le sourire de Lisa: une enquête de Maria Machiavelli. Orbe 2000: Bernard Campiche (Lisas Lächeln. Maria Machiavellis dritter Fall. Zürich 2003: Limmat Verlag)

Robert De: Le hold-up auquel Hitler avait aussi pensé. Roman policier. Degersheim 1969: Imprimerie E. Hälg

Yvan Dalain: Des ratés dans le collecteur. Neuchâtel 2003: Editions Ides et Calendes

Yvan Dalain et Frédéric Christian: Papet vaudois sauce sicilienne. Vevey 1997: Editions de l'Aire

Yvan Dalain et Frédéric Christian: Bisbille en Helvétie. Vevey 2000: Editions de l'Aire

Georges Dejean*: Le meurtrièr de Lord Brixham. Genève 1943: Editions utiles

Georges Dejean*: Le mort inconnu. Genève 1943: Editions Utiles

Georges Dejean*: La vengeance des Dantigo (L'emmuré). Genève 1943: Editions Utiles

Georges Dejean*: Les serviteurs de la haine (L'emmuré). Genève 1943: Editions Utiles

Georges Dejean*: Les griffes du malin. Genève 1944: Editions Utiles

Georges Dejean*: Le drame du manoir, vol. I: Le snob aux dents longues. Genève 1945: Editions Utiles

Georges Dejean*: Le drame du manoir, vol. II: La canne creuse. Genève 1945: Editions Utiles

Delacorta: Nana. Paris 1979: Edition Seghers (Nina. München 1984: Heyne)

Delacorta: Diva. Paris 1979: Edition Seghers (Diva. München 1985: Heyne)

Delacorta: Luna. Paris 1979: Edition Seghers (Luna. München 1986: Heyne)

Delacorta: Rock (später: Lola). Paris 1981: Fayard (Lola. München 1984. Heyne)

Delacorta: Papillons de nuit. Paris 1984: Hachette

Delacorta: Vida. Paris 1985: Mazarine

Delacorta: Alba. Paris 1985: Payot

Delacorta: Somnambule. Paris 1990: Marval

Delacorta: Rap à Babylone Beach. Paris 1992: Librairie des Champs-Elysées (Die Rapper von Babylon Beach. 1995)

Delacorta: Imago. Paris 1996: Hachette

Jean Dumur: Pour tout l'or du monde. 1983

Jean Dumur: Swisschoc. Lausanne 1985: P.-M. Favre

Jack Ener*: Opération massacre. Espionnage. Colombier 1958: Les Editions du Château

Jean-Jacques Fiechter: Tiré à part. Paris 1993: Editions Denoël (Manuskript mit Todesfolge. Bühl-Moos 1994: Elster Verlag)

Jean-Jacques Fiechter: L'ombre au tableau. Paris 1996: Denoël (Der verschollene Lorrain. Zürich 1998: Elster Verlag)

Jean de Fontanes*: La sanglante hypothèse. Genève 1943: Editions Utiles

Jean de Fontanes*: Le type du quatrième. Genève 1944: Editions Utiles

Jean de Fontanes*: L'espionne de Genève. Genève 1944: Editions Utiles

François Fosca: Du côté de chez Fyt. Genève 1943: Editions Utiles

François Fosca: La boîte de cèdre. Genève 1943: Editions de la Frégate (Die Dose aus Zedernholz. Olten 1946: Verlag Otto Walter)

François Fosca: L'homme qui tua Napoléon. Genève 1943: Editions Utiles

François Fosca: A tâtons ... Genève 1944: Editions Utiles

François Fosca: Le panier de crabes. Genève, Thonon 1945: Ch. Grasset

François Fosca: Silence! ... On tue ... Genève 1945: Perret-Gentil

André Germiquet*: Une douceur cruelle. Lausanne 1987: Editorel

André Germiquet*: Le défenseur. Neuchâtel: Editions Victor Attinger

José Giovanni: Le trou. Paris 1957: Gallimard (Das Loch. Bern 1962: Scherz Verlag)

José Giovanni: Le deuxième souffle. Paris 1958: Gallimard

José Giovanni: Classe tous risques. Paris 1958: Gallimard

José Giovanni: L'excommunié (1972: La scoumoune). Paris 1958: Gallimard

José Giovanni: Histoire de fou (1975: Le gitan). Paris 1959: Gallimard

José Giovanni: Les aventuriers. Paris 1960: Gallimard

José Giovanni: Le Haut-Fer (1973: Les grandes gueules). Paris 1962: Gallimard

José Giovanni: Ho! Paris 1968: Gallimard

José Giovanni: Les ruffians. Paris 1969: Gallimard

José Giovanni: Meurtre au sommet. Paris 1970: Gallimard (Aufstieg ohne Wiederkehr. München 1984: Heyne Verlag)

José Giovanni: Mon ami le traître. Paris 1977: Gallimard

José Giovanni: Le Musher. Paris 1978: Gallimard

José Giovanni: Un vengeur est passé. Paris 1982: J.-C. Lattès

José Giovanni: Le tueur du dimanche. Paris 1985: Gallimard

José Giovanni: Tu boufferas ta cocarde. Paris 1987: J.-C. Lattès

José Giovanni: La mort du poisson rouge. Paris 1997: R. Laffont

José Giovanni: Les chemins fauves. Paris 1999: R. Laffont

José Giovanni: Comme un vol de vautours. Paris 2003: A. Fayard

José Giovanni: Le pardon du grand nord. Paris 2004: Fayard

José Giovanni, Jean Schmitt: Les loups entre eux. Paris 1986: Librairie générale française

Roger Girod*: Le docteur tremble. Genève 1945: Perret-Gentil

Roger Girod*: L'étudiant de Sofia. Genève 1945: Perret-Gentil

Philippe Graven: Mourir au paradis. Chronique. Genève 1996: Editions Slatkine

Philippe Graven, Roland Berger: En désespoir de cause. Genève 1994: Editions Slatkine

Jean Guitton: J'ai peur ... chéri! ou La femme sans tête. Pièce policière comique en 4 actes. Le mois théâtral 161. Genève 1948. Editions Meyer & Cie.

Jacques Guyonnet: On a volé le Big Bang. Morges 2000: Les Editions réunis La Margelle et Melchior

Jacques Guyonnet: Les culs. Genève 2001: La Margelle

Jaques Henriod*: Le crime du cuvier. Genève 1943: Editions du Milieu du Monde

Georges Hoffmann: Ada Bess détective. Genève 1943: Editions de la Frégate

Georges Hoffmann: La maison des sortilèges. Genève, Thonon 1945: Ch. Grasset

Georges Hoffmann et Marcel de Carlini: Le mystère de la calanque. Pièce policière en 2 actes. Le mois théâtral 174. Genève 1949: Editions Meyer & Cie.

Georges Hoffmann: Le crime de Picoche. Pièce policière en 3 tableux. Le mois théâtral 255. Genève 1956: Editions Meyer & Cie.

Georges Hoffmann et Marcel de Carlini: Les aventures de Roland Durtal, Gallois, Picoche & Cie. Genève 1949: Editions du Seujet

Corinne Jaquet: Meurtres à Genève. Genève 1990: Slatkine

Corinne Jaquet: Le pendu de la Treille. Avin 1997: Editions Luce Wilquin

Corinne Jaquet: Café-crime à Champel. Avin 1998: Editions Luce Wilquin

Corinne Jaquet: Fric en vrac à Carouge. Avin 2000: Editions Luce Wilquin

Corinne Jaquet: Casting aux grottes. Avin 2000: Editions Luce Wilquin

Corinne Jaquet: Les Eaux-Vives en trompe-l'oeil. Avin 2002: Editions Luce Wilquin

Corinne Jaquet: Les Degrés-de-Poule. Avin 2003: Editions Luce Wilquin

Robert Junod: Dimanche à tuer. Lausanne 1968: Spes

Robert Junod: De si beaux jours à Levallois. Avin/Hannut 2002: L. Wilquin

Charles-François Landry: Les étés courts. Bienne 1964: Editions du Panorama

Lucien Langlois: 23.456 ou le drame de la rue de Passy. Pièce policière en 3 actes. Le mois théâtral 40. Genève 1938: Editions Meyer & Cie.

Jean Laroche: Les coupables. Lausanne 1968: Editions du Cygne

Jean Laroche: Le mystère des Rochers-de-Naye. Lausanne 1979: Editions au Lys rouge

Jean Laroche: Le grain de blé. Lausanne (1980): Editions au Lys rouge

Jean Laroche: Quand le soleil se couchera. Lausanne 1981: Editions Plantanida

Jean Laroche: Le viaduc. Lausanne 1981: Editions Plantanida

Jean Laroche: Le gosse de Paris. Lausanne 1984: Editions au Lys rouge

Jean Laroche: Les anges de Paris

Jean Laroche: Crimes nocturnes

Jean Laroche: Le stylet

Julius Magma: Golo Waag. Genève 1983: Editions Zoé

Annick Mahaim: Zhong. Une enquête de Charlotte & Léon. Vevey 2000: Editions de l'Aire

Annick Mahaim: Cong. Vevey 2002: Editions de l'Aire

Fred Marchal: Une sonnerie dans l'ombre. Genève 1943: Editions Utiles

Noël Maintray*: Ukulélé. Roman policier. Neuchâtel 1943: La Baconnière

Paul Milan: Légitime défonce. Paris 1998: Editions Baleine, Le Poulpe 104

Dunia Miralles: Swiss trash. Paris 2000: Editions Baleine - Le Seuil

Henri Mutrux: Le secret des Tissandiers. Film policier indédit. Sion 1938: Typoskript

Henri Mutrux: L'oasis infernale. Genève 1941: P.-F. Perret-Gentil

Henri Mutrux: L'étrange mort du professeur Choiseul. Neuchâtel (1942): V. Attinger

Henri Mutrux: Le chemin des étoiles. Neuchâtel 1943: V. Attinger

Jacques Neirynck: Le manuscrit du Saint-Sépulcre. Paris 1994: Editions du Cerf (Die letzten Tage des Vatikan. Reinbek bei Hamburg 1999: Rowohlt Verlag)

Jacques Neirynck: L'ange dans le placard. Paris 1999: Desclée de Brouwer

Jacques Neirynck: La prophétie du Vatican. Paris 2003: Presses de la Renaissance

Jacques Neirynck: L'attaque du Palais Fédéral. Lausanne 2004: Favre

Robert J. Nod: Pas d'ange au paradis. Paris 1964: Editions des Presses Internationales

Robert J. Nod: Cent gramme de poudre (titre original: Ma tête à couper). Paris 1965: Editions des Presses Internationales

Jean-Hugues Oppel: Barjot! Paris 1988: Gallimard

Jean-Hugues Oppel: Zaune. Paris 1991: Gallimard

Jean-Hugues Oppel: Piraña matador. Paris 1992: Gallimard

Jean-Hugues Oppel: Brocéliande sur Marne. Paris 1994: Editions Payot & Rivages

Jean-Hugues Oppel: Six-Pack. Paris 1996: Editions Payot & Rivages

Jean-Hugues Oppel: Ambernave. Paris 1998: Editions Payot & Rivages

Jean-Hugues Oppel: Ténèbre. Paris 1998: Editions Payot & Rivages

Jean-Hugues Oppel: Un tigre chaque matin. Paris 1998: La Loupiote

Jean-Hugues Oppel: Cartago. Paris 2000: Editions Payot & Rivages

Jean-Hugues Oppel: Chaton: Trilogie. Paris 2002: Editions Payot & Rivages

Jean-Hugues Oppel: Bande avant. Paris 2003: Liber Niger

Jean-Hugues Oppel, Dorison: Canine et Gunn. Paris 1983: Gallimard

Jean Peitrequin: Les yeux clos. Roman policier. Lausanne 1959: Editions de la Sirène

Roger Philippon*: Le docteur tremble. Genève 1945: Perret-Gentil

Roger Philippon*: L'étudiant de Sofia. Genève 1945: Perret-Gentil

Roger Philippon*: L'atelier des trois cadavres. Genève 1944: Editions Utiles

Roger Philippon*: Les cinq du studio Axa. Genève 1945: Editions Utiles (wahrscheinlich nicht erschienen)

André Picot (unter Mitwirkung von Roland Berger): Il faut mourir à point. Paris 1965: Librairie des Champs-Elysées

Charles Ferdinand Ramuz: Farinet ou la fausse monnaie. Lausanne 1932: Aujourd'hui (Farinet oder das falsche Geld. München 1933: R. Piper & Co.)

Jehan van Rhyn*: L'auto qui n'allait nulle part. Genève 1945: Perret-Gentil

Jehan van Rhyn*: ... Mais le chien aboya. Genève 1945: Perret-Gentil

Jehan van Rhyn*: On a tué un éditeur. Genève 1945: Perret-Gentil

Jehan van Rhyn*: Triple meurtre à Mons. Genève 1945: Perret-Gentil

Jehan van Rhyn*: L'assassin qu'on n'attendait pas. Genève 1946: Perret-Gentil

Edouard Rod: Le glaive et le bandeau. Lausanne – Paris 1910: Payot (Das entfesselte Schicksal. Berlin 1912: Erich Reiss Verlag; auch: Sein Schicksal: Roman aus dem Gerichtssaal. Autorisierte Übersetzung von R. Collin. Berlin 1913: Kronen-Verlag)

Claude Roland: Le démon de la chaire. Paris 1972: Editions Fleuve Noir

Claude Roland: La balustrade. Paris 1973: Editions Fleuve Noir

Maurice Roland: L'ombre et le silence. Paris 1967: Librairie des Champs-Elysées

Maurice Roland et André Picot: Z comme Zurich. Paris 1968: Denoël (Z wie Zürich. Wabern 1971: Büchler Verlag)

Maurice Roland et André Picot: Le bâton dans la fourmilière. Paris 1973: Librairie des Champs-Elysées

André Roubaix*: Une douceur cruelle. Lausanne 1981: Editorel

William Schmitt: L'affaire. 1960 (überarbeitete Ausgabe erschienen unter: Gabriel Veraldi. L'affaire. Paris 1969: Denoël)

Philippe Schweizer: Volt-face. Genève 1984: Editions Zoé

Philippe Schweizer: Rien ne sert de mourir. Lausanne 1986: Pierre-Marcel Favre

Philippe Schweizer: Les noces de carnage. Lausanne 1988: Pierre-Marcel Favre

Philippe Schweizer: Boomerang. Nouvelles noires. Genève 1989: JR éditions

Philippe Schweizer: Dame contre fou (L'Urêtre et le Néon). Genève 1989: JR éditions

Philippe Schweizer: La ballade des tordus. Genève 1991: Editions Rousseau

Philippe Schweizer: Noires. Nouvelles. Genève 1995: Editions Rousseau

Philippe Schweizer: Combat singulier. Lyon 1996: Chardon bleu éditions

Christian Simmen: La justice était absente. Paris 1982: La Pensée universelle

André Soder*: La sonate des adieux. Roman policier. La Chaux-de-Fonds 1933: Editions Pak

Shod Spassky et Camille Fischer: Double échec. (Genève) 1994: Editions Rousseau

Anne-Marie Speich: L'ombre des oubliettes. Genève 1974: chez l'auteur

Josyane Stahl: Meurtre à la datcha ou L'enterrement d'une vie de garçon. Avin 2001: Editions Luce Wilquin

Josyane Stahl: Poulet à la vodka ou L'enlèvement au bercail. Avin 2002: Editions Luce Wilquin

Josyane Stahl: Baïkalalaïka ou L'adieu au lac. Avin 2004: Editions Luce Wilquin

Cédric Suillot: Goulasch-moi les baskets! Paris 2000: Editions Baleine, Le Poulpe 177

Henri-Charles Tauxe: Du champagne pour Véronique. Roman policier. Lausanne 1971: Feuille d'avis de Lausanne

Henri-Charles Tauxe: La concierge métaphysique. 1991

Henri-Charles Tauxe: Le testament de la libellule. Conte philo-polar. Lausanne 2001: Editions L'Age d'homme

Rodolphe Töpffer: Le lac de Gers. Dans: Nouvelles genevoises. Paris 1841 (deutsch von Heinrich Zschokke: Der See von Gers. Aarau 1839)

Benjamin Vallotton: Portes entr'ouverts. Propos du Commissaire Potterat. Lausanne 1904: F. Rouge & Cie.

Benjamin Vallotton: Monsieur Potterat se marie ***. Lausanne 1906: F. Rouge & Cie.

Benjamin Vallotton: Ce qu'en pense Potterat. Lausanne 1915: F. Rouge & Cie.

Benjamin Vallotton: Polizeikommissär Potterat. Zürich 1920: Verein für Verbreitung guter Schriften

Benjamin Vallotton: Potterat revient. Lausanne 1941: F. Rouge & Cie. S. A.

Claude Varennes: Sous le masque d'Arsène Lupin. Genève 1945: Editions de la Frégate

Claude Varennes: Le mystère du Salon Grenat (angekündigt)

Gabriel Veraldi: Les espoir de bonne volonté. Paris 1966: Denoël

Gabriel Veraldi: L'affaire. Paris 1969: Denoël

Pierre Verdon: Un Conseiller d'Etat a été assassiné! ... Lausanne 1933: Editions »Civis«

Ariste Vertuchet: Villa à louer. Lausanne (ohne Datum): Spes

Vincent Vincent: Le rubis des Comtes Grimani-Walewice. Neuchâtel 1926: Imprimeries Réunies Borel & Seiler

Vincent Vincent: L'affaire des diamants. Drame inédit en 5 actes et 7 tableaux. Le mois théâtral 186. Genève 1950: Meyer & Cie.

Henri Vuilleumier: Les nuits de Lammermoor. Neuchâtel, Paris 1932: Editions Victor Attinger

Henri Vuilleumier: L'obsédée. Neuchâtel, Paris 1933: Editions Victor Attinger

Henri Vuilleumier: L'enigme d'une nuit. Neuchâtel, Paris 1934: Editions Victor Attinger

Henri Vuilleumier: L'auberge du Vieux-Bois. Genève 1943: Editions Utiles

Henri Vuilleumier: Les nouvelles nuits de Lammermoor. Roman policier. Berne 1943: Editions Boivin & Bitterli

Henri Vuilleumier: Le squelette à tout avoué!... Genève 1944: Editions Utiles

Henri Vuilleumier: »X« contre Pinkton. Genève 1945: Editions Utiles

Henri et Ariste Vuilleumier: Palast Hotel. Neuchâtel, Paris 1935: Editions Victor Attinger

Henri et Ariste Vuilleumier: La mort qui vient. Genève 1943: Editions Utiles

Berthe Vulliemin: Le drame de la Belle Escale. Lausanne 1932: Payot&Cie.

Ken Wood: La peau de Sharon. Paris 2000: Payot&Rivages

Daniel Zufferey: L'étoile d'or. Paris 1998: Librairie des Champs-Elysées

Daniel Zufferey: Douze ans de mensonge. Vevey 1998: Editions de l'Aire

Daniel Zufferey: Les entrailles du Christ-Roi. Vevey 1999: Editions de l'Aire

Daniel Zufferey: Meurtre en festival. Vevey 2004: Editions de l'Aire

Jean-Gabriel Zufferey: Julius fait le mort. Paris 1982: Presses de la Renaissance

5. Primärliteratur französisch chronologisch

Bis 1899

Rodolphe Töpffer: Le lac de Gers. Dans: Nouvelles genevoises. Paris 1841 (deutsch von Heinrich Zschokke: Der See von Gers. Aarau 1839)

1900–1939

Benjamin Vallotton: Portes entr'ouverts. Propos du Commissaire Potterat. Lausanne 1904: F. Rouge & Cie.

Benjamin Vallotton: Monsieur Potterat se marie ***. Lausanne 1906: F. Rouge & Cie.

Edouard Rod: Le glaive et le bandeau. Lausanne – Paris 1910: Payot (Das entfesselte Schicksal. Berlin 1912: Erich Reiss Verlag; auch: Sein Schicksal: Roman aus dem Gerichtssaal. Autorisierte Übersetzung von R. Collin. Berlin 1913: Kronen-Verlag)

Benjamin Vallotton: Ce qu'en pense Potterat. Lausanne 1915: F. Rouge & Cie.

Benjamin Vallotton: Polizeikommissär Potterat. Zürich 1920: Verein für Verbreitung guter Schriften

Vincent Vincent: Le rubis des Comtes Grimani-Walewice. Neuchâtel 1926: Imprimeries Réunies Borel & Seiler

Charles Ferdinand Ramuz: Farinet ou la fausse monnaie. Lausanne 1932: Aujourd'hui (Farinet oder das falsche Geld. München 1933: R. Piper & Co.)

Henri Vuilleumier: Les nuits de Lammermoor. Neuchâtel, Paris 1932: Editions Victor Attinger

Berthe Vulliemin: Le drame de la Belle Escale. Lausanne 1932: Payot&Cie.

Pierre Verdon: Un Conseiller d'Etat a été assassiné! ... Lausanne 1933: Editions »Civis«

Henri Vuilleumier: L'obsédée. Neuchâtel, Paris 1933: Editions Victor Attinger

Henri Vuilleumier: L'enigme d'une nuit. Neuchâtel, Paris 1934: Editions Victor Attinger

Henri et Ariste Vuilleumier: Palast Hotel. Neuchâtel, Paris 1935: Editions Victor Attinger

Peter Coram: La femme décapitée. Paris 1937: Nouvelle Revue Critique (L'Empreinte)

Peter Coram: Séquence de meurtre. Paris 1937: Nouvelle Revue Critique (L'Empreinte)

Peter Coram: L'affaire Mercator. Paris 1938: Nouvelle Revue Critique (L'Empreinte)

Lucien Langlois: 23.456 ou le drame de la rue de Passy. Pièce policière en 3 actes. Le mois théâtral 40. Genève 1938: Editions Meyer & Cie.

Henri Mutrux: Le secret des Tissandiers. Film policier indédit. Sion 1938: Typoskript

1940–1949

Benjamin Vallotton: Potterat revient. Lausanne 1941: F. Rouge & Cie. S. A.

Marcel de Carlini: Le crime du Studio 4. Genève 1940 und 1945: Perret-Gentil

Henri Mutrux: L'oasis infernale. Genève 1941: P.-F. Perret-Gentil

Henri Mutrux: L'étrange mort du professeur Choiseul. Neuchâtel, Paris (1942): Editions Victor Attinger

Henri Mutrux: Le clerc de lune

Marcel de Carlini: La villa du bord de l'eau. Genève 1943: Editions Utiles

Marcel de Carlini: Le mystère du Bois de Châtel. Genève 1943: Editions Utiles

Peter Coram: Ces messieurs de la famille. Genève 1943: Editions Utiles

Georges Dejean*: Le meurtrièr de Lord Brixham. Genève 1943: Editions Utiles

Georges Dejean*: Le mort inconnu. Genève 1943: Editions Utiles

Georges Dejean*: La vengeance des Dantigo (L'emmuré). Genève 1943: Editions Utiles

Georges Dejean*: Les serviteurs de la haine (L'emmuré). Genève 1943: Editions Utiles

Jean de Fontanes*: La sanglante hypothèse. Genève 1943: Editions Utiles

François Fosca: Du côté de chez Fyt. Genève 1943: Editions Utiles

François Fosca: La boîte de cèdre. Genève 1943: Editions de la Frégate (Die Dose aus Zedernholz. Olten 1946: Verlag Otto Walter)

François Fosca: L'homme qui tua Napoléon. Genève 1943: Editions Utiles

Jaques Henriod*: Le crime du cuvier. Genève 1943: Editions du Milieu du Monde

Georges Hoffmann: Ada Bess détective. Genève 1943: Editions de la Frégate

Noël Maintray*: Ukulélé. Roman policier. Neuchâtel 1943: La Baconnière

Fred Marchal: Une sonnerie dans l'ombre. Genève 1943: Editions Utiles

Henri Mutrux: Le chemin des étoiles. Neuchâtel 1943: V. Attinger

Henri Vuilleumier: Les nouvelles nuits de Lammermoor. Roman policier. Berne 1943: Editions Boivin & Bitterli

Henri Vuilleumier: L'auberge du Vieux-Bois. Genève 1943: Editions Utiles

Henri et Ariste Vuilleumier: La mort qui vient. Genève 1943: Editions Utiles

Alfred Brossel*: L'énigme de la Place de la République. Genève 1944: Editions Utiles

Marcel de Carlini et Claude Varennes: Les clients du lézard bleu. Genève 1944: Editions de la Frégate

Georges Dejean*: Les griffes du malin. Genève 1944: Editions Utiles,

Jean de Fontanes*: Le type du quatrième. Genève 1944: Editions Utiles

Jean de Fontanes*: L'espionne de Genève. Genève 1944: Editions Utiles

François Fosca: A tâtons ... Genève 1944: Editions Utiles

Roger Philippond*: L'atelier des trois cadavres. Genève 1944: Editions Utiles

Henri Vuilleumier: Le squelette à tout avoué!... Genève 1944: Editions Utiles

Alfred Brossel*: Le mystère de Phoenix Park. Genève 1945: Editions Utiles

Alfred Brossel*: L'affaire des diamants noirs. Genève 1945: Editions Utiles

Marcel de Carlini: Le magicien des voix (angekündigt)

Georges Dejean*: Le drame du manoir, vol. I: Le snob aux dents longues. Genève 1945: Editions Utiles

Georges Dejean*: Le drame du manoir, vol. II: La canne creuse. Genève 1945: Editions Utiles

François Fosca: Le panier de crabes. Genève, Thonon 1945: Ch. Grasset

François Fosca: Silence! ... On tue ... Genève 1945: Perret-Gentil

Roger Girod*: Le docteur tremble. Genève 1945: Perret-Gentil

Roger Girod*: L'étudiant de Sofia. Genève 1945: Perret-Gentil

Georges Hoffmann: La maison des sortilèges. Genève, Thonon 1945: Ch. Grasset

Roger Philippon*: Le docteur tremble. Genève 1945: Perret-Gentil

Roger Philippon*: L'étudiant de Sofia. Genève 1945: Perret-Gentil

Roger Philippond*: Les cinq du studio Axa. Genève 1945: Editions Utiles (wahrscheinlich nicht erschienen)

Jehan van Rhyn*: L'auto qui n'allait nulle part. Genève 1945: Perret-Gentil

Jehan van Rhyn*: ... Mais le chien aboya. Genève 1945: Perret-Gentil

Jehan van Rhyn*: On a tué un éditeur. Genève 1945: Perret-Gentil

Jehan van Rhyn*: Triple meurtre à Mons. Genève 1945: Perret-Gentil

Claude Varennes: Sous le masque d'Arsène Lupin. Genève 1945: Editions de la Frégate

Henri Vuilleumier: »X« contre Pinkton. Genève 1945: Editions Utiles

Jacques-W. Aeschlimann: Quai Wilson. Roman policier. Neuchâtel 1946: Victor Attinger

Alfred Brossel*: Un vol à la B.I.C. Genève, Thonon 1946: Ch. Grasset

Marcel de Carlini et Claude Varennes: Sincères condoléances. Genève, Thonon 1946: Ch. Grasset

Jehan van Rhyn*: L'assassin qu'on n'attendait pas. Genève 1946: Perret-Gentil

Peter Coram: La corde pour le pendre. Paris 1948: Albin Michel (Le Limier)

Marcel de Carlini et Georges Hoffmann: Crime au clair de lune. Pièce policière en 2 actes. Le mois théâtral 163. Genève 1948: Editions Meyer & Cie.

Jean Guitton: J'ai peur ... chéri! ou La femme sans tête. Pièce policière comique en 4 actes. Le mois théâtral 161. Genève 1948: Editions Meyer & Cie.

Georges Hoffmann et Marcel de Carlini: Le mystère de la calanque. Pièce policière en 2 actes. Le mois théâtral 174. Genève 1949: Editions Meyer & Cie.

Georges Hoffmann et Marcel de Carlini: Les aventures de Roland Durtal, Gallois, Picoche & Cie. Genève 1949: Editions du Seujet

1950–1959

Vincent Vincent: L'affaire des diamants. Drame inédit en 5 actes et 7 tableaux. Le mois théâtral 186. Genève 1950: Meyer & Cie.

Marcel de Carlini et Georges Hoffmann: Minuit ... Pièce policière en 2 actes. Le mois théâtral 215. Genève 1952: Editions Meyer & Cie.

Jacques Bron: Tournant dangereux. Comédie policière gaie inédite en 3 actes. Le mois théâtral 237. Genève 1954: Editions Meyer & Cie.

Paul Alexandre et Maurice Roland: Voir Londres et mourir. Paris 1956: Editions Librairie des Champs-Elysées (London sehen und sterben. Genf, Frankfurt 1957: Verlag Helmut Kossodo)

Georges Hoffmann: Le crime de Picoche. Pièce policière en 3 tableaux. Le mois théâtral 255. Genève 1956: Editions Meyer & Cie.

Marcel de Carlini et Georges Hoffmann: Mort sans provisions. Pièce policière inédite en 2 actes. Le mois théâtral 264. Genève 1956: Editions Meyer & Cie.Marcel de Carlini et Claude José Giovanni: Le trou. Paris 1957: Gallimard (Das Loch. Bern 1962: Scherz Verlag)

Paul Alexandre et Maurice Maïer (beteiligt, aber ohne Namensnennung: Roland Berger): Genève vaut bien une messe. Paris 1958: Denoël (Genf ist eine Messe wert. Hamburg 1961: Verlag der Freizeit-Bibliothek)

Jack Ener*: Opération massacre. Espionnage. Colombier 1958: Les Editions du Château

José Giovanni: Le deuxième souffle. Paris 1958: Gallimard

José Giovanni: Classe tous risques. Paris 1958: Gallimard

José Giovanni: L'excommunié (1972: La scoumoune). Paris 1958: Gallimard

José Giovanni: Histoire de fou (1975: Le gitan). Paris 1959: Gallimard

Jean Peitrequin: Les yeux clos. Roman policier. Lausanne 1959: Editions de la Sirène

1960–1969

José Giovanni: Les aventuriers. Paris 1960: Gallimard

William Schmitt: L'affaire. 1960 (überarbeitete Ausgabe erschienen unter: Gabriel Veraldi. L'affaire. Paris 1969: Denoël)

José Giovanni: Le Haut-Fer (1973: Les grandes gueules). Paris 1962: Gallimard

Charles-François Landry: Les étés courts. Bienne 1964: Editions du Panorama

Robert J. Nod: Pas d'ange au paradis. Paris 1964: Editions des Presses Internationales

Robert J. Nod: Cent gramme de poudre (titre original: Ma tête à couper). Paris 1965: Editions des Presses Internationales

André Picot (unter Mitwirkung von Roland Berger): Il faut mourir à point. Paris 1965: Librairie des Champs-Elysées

Gabriel Veraldi: Les espoir de bonne volonté. Paris 1966: Denoël

Maurice Roland: L'ombre et le silence. Paris 1967: Librairie des Champs-Elysées

José Giovanni: Ho! Paris 1968: Gallimard

Robert Junod: Dimanche à tuer. Lausanne 1968: Spes

Jean Laroche: Les coupables. Lausanne 1968: Editions du Cygne

Maurice Roland et André Picot: Z comme Zurich. Paris 1968: Denoël (Z wie Zürich. Wabern 1971: Büchler Verlag)

Robert De: Le hold-up auquel Hitler avait aussi pensé. Roman policier. Degersheim 1969: Imprimerie E. Hälg

José Giovanni: Les ruffians. Paris 1969: Gallimard

Gabriel Veraldi: L'affaire. Paris 1969: Denoël

Ariste Vertuchet: Villa à louer. Lausanne (ohne Datum): Spes

1970–1979

José Giovanni: Meurtre au sommet. Paris 1970: Gallimard (Aufstieg ohne Wiederkehr. München 1984: Heyne Verlag)

Henri-Charles Tauxe: Du champagne pour Véronique. Roman policier. Lausanne 1971: Feuille d'avis de Lausanne

Fernand Berset: Helvétiquement vôtre. Paris 1971: Presses de la Cité

Fernand Berset: Fantasia chez les helvètes. Paris 1972: Presses de la Cité

Claude Roland: Le démon de la chaire. Paris 1972: Editions Fleuve Noir

Fernand Berset: Swiss mafia. Paris 1973: Presses de la Cité

Claude Roland: La balustrade. Paris 1973: Editions Fleuve Noir

Maurice Roland et André Picot: Le bâton dans la fourmilière. Paris 1973: Librairie des Champs-Elysées

Fernand Berset: Les Suisses s'excitent. Paris 1974: Presses de la Cité

Anne-Marie Speich: L'ombre des oubliettes. Genève 1974: chez l'auteur

André Berger: Ordonnance de non-lieu. Paris 1977: Editions Fleuve Noir

José Giovanni: Mon ami le traître. Paris 1977: Gallimard

Jean-Bernard Billeter: Les régles de quel jeu? Genève 1978: Editions noir

José Giovanni: Le Musher. Paris 1978: Gallimard

Delacorta: Nana. Paris 1979: Edition Seghers (Nina. München 1984: Heyne)

Delacorta: Diva. Paris 1979: Edition Seghers (Diva. München 1985: Heyne)

Delacorta: Luna. Paris 1979: Edition Seghers (Luna. München 1986: Heyne)

Jean Laroche: Le mystère des Rochers-de-Naye. Lausanne 1979: Editions au Lys rouge

1980–1989

Jean Laroche: Le grain de blé. Lausanne (1980): Editions au Lys rouge

Delacorta: Rock (später: Lola). Paris 1981: Fayard

Jean Laroche: Quand le soleil se couchera. Lausanne 1981: Editions Plantanida

Jean Laroche: Le viaduc. Lausanne 1981: Editions Plantanida

Jean Laroche: Les anges de Paris

Jean Laroche: Crimes nocturnes

Jean Laroche: Le stylet

André Roubaix*: Une douceur cruelle. Lausanne 1981: Editorel

José Giovanni: Un vengeur est passé. Paris 1982: J.-C. Lattès

Christian Simmen: La justice était absente. Paris 1982: La Pensée universelle

Jean-Gabriel Zufferey: Julius fait le mort. Paris 1982: Presses de la Renaissance

Jean-Bernard Billeter: Comme une hélice. Genève 1983: Editions Zoé

Jean Dumur: Pour tout l'or du monde. 1983

Julius Magma: Golo Waag. Genève 1983: Editions Zoé

Jean-Hugues Oppel, Dorison: Canine et Gunn. Paris 1983: Gallimard

Delacorta: Papillons de nuit. Paris 1984: Hachette

Jean Laroche: Le gosse de Paris. Lausanne 1984: Editions au Lys rouge

Philippe Schweizer: Volt-face. Genève 1984: Editions Zoé

Delacorta: Vida. Paris 1985: Mazarine

Delacorta: Alba. Paris 1985: Payot

Jean Dumur: Swisschoc. Lausanne 1985: P.-M. Favre

José Giovanni: Le tueur du dimanche. Paris 1985: Gallimard

Philippe Schweizer: Rien ne sert de mourir. Lausanne 1986: Pierre-Marcel Favre

Roland Berger, Pierre Naftule: Scoop. Pièce policière. Lausanne 1987: Pierre-Marcel Favre

André Germiquet*: Une douceur cruelle. Lausanne 1987: Editorel

José Giovanni, Jean Schmitt: Les loups entre eux. Paris 1986: Librairie générale française

José Giovanni: Tu boufferas ta cocarde. Paris 1987: J.-C. Lattès

Jean-Hugues Oppel: Barjot! Paris 1988: Gallimard

Philippe Schweizer: Les noces de carnage. Lausanne 1988: Pierre-Marcel Favre

Philippe Schweizer: Boomerang. Nouvelles noires. Genève 1989: JR éditions

Philippe Schweizer: Dame contre fou (L'Urêtre et le Néon). Genève 1989: JR éditions

André Germiquet*: Le défenseur. Neuchâtel: Editions Victor Attinger

1990–1999

Delacorta: Somnambule. Paris 1990: Marval

Corinne Jaquet: Meurtres à Genève. Genève 1990: Slatkine

Jean-Hugues Oppel: Zaune. Paris 1991: Gallimard

Philippe Schweizer: La ballade des tordus. Genève 1991: Editions Rousseau

Henri-Charles Tauxe: La concierge métaphysique. 1991

Delacorta: Rap à Babylone Beach. Paris 1992: Librairie des Champs-Elysées (Die Rapper von Babylon Beach. 1995)

Jean-Hugues Oppel: Piraña matador. Paris 1992: Gallimard

Jean-Jacques Fiechter: Tiré à part. Paris 1993: Editions Denoël (Manuskript mit Todesfolge. Bühl-Moos 1994: Elster Verlag)

Jean-Jacques Busino: Un café, une cigarette. Paris 1994: Editions Payot & Rivages

Philippe Graven, Roland Berger: En désespoir de cause. Genève 1994: Editions Slatkine

Jacques Neirynck: Le manuscrit du Saint-Sépulcre. Paris 1994: Editions du Cerf (Die letzten Tage des Vatikan. Reinbek bei Hamburg 1999: Rowohlt Verlag)

Jean-Hugues Oppel: Brocéliande sur Marne. Paris 1994: Editions Payot & Rivages

Shod Spassky et Camille Fischer: Double échec. (Genève) 1994: Editions Rousseau

Michel Bory: Le barbare et les jonquilles. Lausanne 1995: RomPol

Michel Bory: L'inspecteur Perrin va en bateau. Lausanne 1995: RomPol

Michel Bory: Coup de théâtre: L'inspecteur Perrin monte sur les planches. Lausanne 1995: RomPol

Philippe Schweizer: Noires. Nouvelles. Genève 1995: Editions Rousseau

Michel Bory: La limousine et le bungalow. Lausanne 1996: RomPol

Michel Bory: Perrin à Moudon. Lausanne 1996: RomPol

Jean-Jacques Busino: Dieu à tort. Paris 1996: Editions Payot & Rivages

Delacorta: Imago. Paris 1996: Hachette

Jean-Jacques Fiechter: L'ombre au tableau. Paris 1996: Denoël (Der verschollene Lorrain. Zürich 1998: Elster Verlag)

Philippe Graven: Mourir au paradis. Chronique. Genève 1996: Editions Slatkine

Jean-Hugues Oppel: Six-Pack. Paris 1996: Editions Payot & Rivages

Philippe Schweizer: Combat singulier. Lyon 1996: Chardon bleu éditions

Michel Bory: L'inspecteur Perrin croit au Père Noël. Lausanne 1997: RomPol

Jean-Jacques Busino: Le bal des capons. Paris 1997: Editions Payot & Rivages

Yvan Dalain et Frédéric Christian: Papet vaudois sauce sicilienne. Vevey 1997: Editions de l'Aire

José Giovanni: La mort du poisson rouge. Paris 1997: R. Laffont

Corinne Jaquet: Le pendu de la Treille. Avin 1997: Editions Luce Wilquin

Jacques Bron: Trois enquêtes de Picoche et autres histoires policières. Lausanne 1998: RomPol

Jean-Jacques Busino: Au nom du piètre qui a l'essieu. Paris 1998: Editions Baleine, Le Poulpe 103

Jean-Jacques Busino: La dette du diable. Paris 1998: Editions Payot & Rivages

Grégoire Carbasse: L'Helvète underground. Paris 1998: Editions Baleine, Le Poulpe 105

Anne Cuneo: Ame de bronze: une enquête de Maria Machiavelli. Orbe 1998: Bernard Campiche (Ein Herz aus Eisen. Der erste Fall der Maria Machiavelli. Zürich 2000: Limmat Verlag)

Corinne Jaquet: Café-crime à Champel. Avin 1998: Editions Luce Wilquin

Paul Milan: Légitime défonce. Paris 1998: Editions Baleine, Le Poulpe 104

Jean-Hugues Oppel: Ambernave. Paris 1998: Editions Payot & Rivages

Jean-Hugues Oppel: Ténèbre. Paris 1998: Editions Payot & Rivages

Jean-Hugues Oppel: Un tigre chaque matin. Paris 1998: La Loupiote

Daniel Zufferey: L'étoile d'or. Paris 1998: Librairie des Champs-Elysées

Daniel Zufferey: Douze ans de mensonge. Vevey 1998: Editions de l'Aire

Cédric Comtesse: Les filles roses n'ont pas de fantôme. Paris 1999: Editions Baleines

Anne Cuneo: D'or et d'oublis: une enquête de Maria Machiavelli. Orbe 1999: Bernard Campiche (Vergesssen ist Gold. Der zweite Fall der Maria Machiavelli. Zürich 2001: Limmat Verlag)

José Giovanni: Les chemins fauves. Paris 1999: R. Laffont

Jacques Neirynck: L'ange dans le placard. Paris 1999: Desclée de Brouwer

Daniel Zufferey: Les entrailles du Christ-Roi. Vevey 1999: Editions de l'Aire

Ab 2000

Michel Bory: Les mensonges de l'inspecteur Perrin. Lausanne 2000: RomPol

Jean-Jacques Busino: Le théorème de l'autre. Paris 2000: Editions Payot & Rivages

Grégoire Carbasse: Des pépins dans la Grosse Pomme. Paris 2000: Hachette Tourisme (Le Polar du routard)

Anne Cuneo: Le sourire de Lisa: une enquête de Maria Machiavelli. Orbe 2000: Bernard Campiche (Lisas Lächeln. Maria Machiavellis dritter Fall. Zürich 2003: Limmat Verlag)

Yvan Dalain et Frédéric Christian: Bisbille en Helvétie. Vevey 2000: Editions de l'Aire

Jacques Guyonnet: On a volé le Big Bang. Morges 2000: Les Editions réunis La Margelle et Melchior

Corinne Jaquet: Fric en vrac à Carouge. Avin 2000: Editions Luce Wilquin

Corinne Jaquet: Casting aux grottes. Avin 2000: Editions Luce Wilquin

Annick Mahaim: Zhong. Une enquête de Charlotte & Léon. Vevey 2000: Editions de l'Aire

Dunia Miralles: Swiss trash. Paris 2000: Editions Baleine - Le Seuil

Jean-Hugues Oppel: Cartago. Paris 2000: Editions Payot & Rivages

Cédric Suillot: Goulasch-moi les baskets! Paris 2000: Editions Baleine, Le Poulpe 177

Ken Wood: La peau de Sharon. Paris 2000: Payot&Rivages

Michel Bory: Bienvenue à New Hong-Kong. Lausanne 2001: RomPol

Jacques Guyonnet: Les culs. Genève 2001: La Margelle

Josyane Stahl: Meurtre à la datcha ou L'enterrement d'une vie de garçon. Avin 2001: Editions Luce Wilquin

Henri-Charles Tauxe: Le testament de la libellule. Conte philo-polar. Lausanne 2001: Editions L'Age d'homme

Charaf Abdessemed: Meurtres en sérail. Genève 2002: Editions Métropolis

Fernand Berset: On descend à Lausanne. Vevey 2002: Editions de l'Aire

Corinne Jaquet: Les Eaux-Vives en trompe-l'oeil. Avin 2002: Editions Luce Wilquin

Robert Junod: De si beaux jours à Levallois. Avin/Hannut 2002: L. Wilquin

Annick Mahaim: Cong. Vevey 2002: Editions de l'Aire

Jean-Hugues Oppel: Chaton: Trilogie. Paris 2002: Editions Payot & Rivages

Josyane Stahl: Poulet à la vodka ou L'enlèvement au Bercail. Avin 2002: Editions Luce Wilquin

Michel Bory: Perrin creuse le canal du Rhône au Rhin. Lausanne 2003: RomPol

Yvan Dalain: Des ratés dans le collecteur. Neuchâtel 2003: Editions Ides et Calendes

José Giovanni: Comme un vol de vautours. Paris 2003: A. Fayard

Corinne Jaquet: Les Degrés-de-Poule. Avin 2003: Editions Luce Wilquin

Jacques Neirynck: La prophétie du Vatican. Paris 2003: Presses de la Renaissance

Jean-Hugues Oppel: Bande avant. Paris 2003: Liber Niger

José Giovanni: Le pardon du grand nord. Paris 2004: Fayard

Jacques Neirynck: L'attaque du Palais Fédéral. Lausanne 2004: Favre

Josyane Stahl: Baïkalalaïka ou L'adieu au lac. Avin 2004: Editions Luce Wilquin

Daniel Zufferey: Meurtre en festival. Vevey 2004: Editions de l'Aire

6. Ausgewählte Sekundär- und Begleitliteratur französisch

Jacques Baudou: Radio Mystères. Le théâtre radiophonique policier, fantastique et de science-fiction. Amiens 1997: Encrage Editions

Jacques Bisceglia: Trésors du roman policier, de la science-fiction et du fantastique: Catalogue encyclopédique. Paris 1981: Les Editions de l'Amateur

Louis Bourgeois: Frédéric Dard. Paris 1985: Editions La Manufacture

Jean-Jacques Busino: Daddy's arms. CD: Rec'up

Marcel de Carlini: Le secret de Mary Morgan. Neuchâtel, Paris 1938: Editions Victor Attinger

Marcel de Carlini: Le démon de Bou-Azer. Neuchâtel, Paris (1942): Editions V. Attinger (Der Dämon von Bou-Azer. Ein marokkanischer Roman. Zürich 1945 : Schweizer Druck- und Verlagshaus)

François Fosca: Histoire et technique du roman policier. Paris 1937: Editions de la Nouvelle Revue Critique

François Fosca: Les romans policiers. Paris 1964: Wesmael-Charlier

Nicole Geeraert: Georges Simenon. Reinbek bei Hamburg 1991: Rowohlt

José Giovanni: Mes grandes gueules. Mémoires. Paris 2002: Fayard

Corinne Jaquet: La Secrète à 100 ans: histoire de la police de sûreté genevoise. Genève 1993: Editions Nemo

LA LITTÉRATURE CRIMINELLE: Enquête du »Signal de Genève«. Genève 1910: Bernard & Cie.

Henri Mutrux: Confidences d'un policier. Sion 1977: Editions »La Matze"

Henri Mutrux: Sherlock Holmes, roi des tricheurs. Paris 1977: La Pensée universelle

Hubert Pöppel (Hrsg.): Kriminalromania. Tübingen 1998: Stauffenbach-Verlag

Anne Rémond (Ed.): Enquête sur le roman policier. Paris 1978: Bibliothèque de la ville de Paris

André Vanoncini: Le roman policier. Paris 1993: Presses Universitaires de France

Benjamin Vallotton: Potterat revient. Exposition. Lausanne 1992: Archives de la ville de Lausanne

Claude Varennes: A l'ombre de Sherlock Holmes. Le roman policier face à la réalité policière. Genève 1944: Editions de la Frégate

Gabriel Veraldi: Le roman d'espionnage. Paris 1983: Presses Universitaires de France

7. Bibliographien Frédéric Dard, Marcel-Georges Prêtre und Georges Simenon

7.1 Frédéric Dard

Frédéric Dard lebte seit 1966 (nach anderen Quellen seit 1968) in der Schweiz. Von ihm sind die folgenden Pseudonyme bekannt: Fred Astor, San-Antonio, L' Ange Noir , Max Beeting, Maxel Beeting, William Blessings, Frédéric Charles, Frédérik Charles, Kill Him, Kaput, Cornel Milk, F. D. Ricard, Sydeney, Frederick Antony, Antonio, Norton Verne, Verne Goody, André Berthomieu, Alex De La Clunière, Alex De La Glunière, Antoine, Antonio Giulotti, Charles, Charles Antoine, Charles d'Ars, Charly, Dudley Fox, F. D., F. R. Daroux, Frédard, Fred-Charles, Frédéric Dacié, Freddy d'Or, Georges Quatremenon, Jérôme Patrice, Jules, Jules-Albert, Jules Antoine, Le Coupe-Papier, Léopold Da Serra, M. Joos, Patrice, Paul Antoine, R. Freroux, Well Norton

San-Antonio

Frédéric Dard ist San-Antonio. Deswegen wird im Folgenden die ganze Serie aufgelistet, und zwar in der neuen – chronologischen – Reihenfolge, in der die Neuauflagen seit 2003 erscheinen (in Klammern steht die alte Nummer). Es sind nur wenige Texte auf Deutsch übersetzt. Alle Bücher erschienen bei Fleuve Noir, Paris.

1. Réglez-lui son compte. 1949 (S-A 107)
2. Laissez tomber la fille. 1950 (S-A 43)
3. Les souris ont la peau tendre. 1951 (S-A 44)
4. Mes hommages à la donzelle. 1952 (S-A 45)
5. Du plomb dans les tripes. 1953 (S-A 47)
6. Des dragées sans baptême. 1953 (S-A 48)
7. Des clientes pour la morgue. 1953 (S-A 49) (deutsch: Paris ist eine Leiche wert. Bergisch Gladbach 1974: Bastei-Lübbe)
8. Descenidez-le à la prochaine. 1953 (S-A 50)
9. Passez-moi la Joconde. 1954 (S-A 2)
10. Sérénade pour une souris défunte. 1954 (S-A 3)
11. Rue des macchabées. 1954 (S-A 4)
12. Bas les pattes! 1954 (S-A 51)
13. Deuil express. 1954 (S-A 53)
14. J'ai bien l'honneur de vous buter. 1955 (S-A 54)
15. C'est mort et ça ne sait pas! 1955 (S-A 55).
16. Messieurs les hommes. 1955 (S-A 56)
17. Du mouron à se faire. 1955 (S-A 57)

18. Le fil à couper le beurre. 1955 (S-A 58) (deutsch: Die Falle am Pigalle. Bergisch Gladbach 1974: Bastei-Lübbe)
19. Fais gaffe à tes os. 1956 (S-A 59)
20. A tue ... et à toi. 1956 (S-A 61)
21. Ca tourne au vinaigre. 1956 (S-A 62)
22. Les doigts dans le nez. 1956 (S-A 63)
23. Au suivant de ces messieurs. 1957 (S-A 65)
24. Des gueules d'enterrement. 1957 (S-A 66)
25. Les anges se font plumer. 1957 (S-A 67)
26. La tombola des voyous. 1957 (S-A 68)
27. J'ai peur des mouches. 1957 (S-A 70)
28. Le secret de polichinelle. 1958 (S-A 71)
29. Du poulet au menu. 1958 (S-A 72)
30. Tu vas trinquer, San-Antonio. 1958 (S-A 40) (deutsch: Rendez-vous im Haus der Leichen. Bergisch Gladbach 1973: Bastei-Lübbe)
31. En long, en large et en travers. 1958 (S-A 7)
32. La vérité en salade. 1958 (S-A 8)
33. Prenez-en de la graine. 1959 (S-A 73)
34. On t'enverra du monde. 1959 (S-A 74) (deutsch: Raffiniert gemacht, Schwester. Bergisch Gladbach 1974: Bastei-Lübbe)
35. San-Antonio met le paquet. 1959 (S-A 76)
36. Entre la vie et la morgue. 1959 (S-A 77)
37. Tout le plaisir est pour moi. 1959 (S-A 9)
38. Du sirop pour les guêpes. 1960 (S-A 5) (deutsch: Die Sirene von Nizza. Bergisch Gladbach 1974: Bastei-Lübbe)
39. Du brut pour les brutes. 1960 (S-A 15)
40. J'suis comme ça. 1960 (S-A 16)
41. San-Antonio renvoie la balle. 1960 (S-A 78)
42. Berceuse pour Bérurier. 1960 (S-A 80)
43. Ne mangez pas la consigne. 1961 (S-A 81)
44. La fin des haricots. 1961 (S-A 83)
45. Y a bon, San-Antonio. 1961 (S-A 84)
46. De »A« jusqu'à »Z«. 1961 (S-A 86)
47. San-Antonio chez les Mac. 1961 (S-A 18)
48. Fleur de nave vinaigrette. 1962 (S-A 10)
49. Ménage tes méninges. 1962 (S-A 11)
50. Le loup habillé en grand-mère. 1962 (S-A 12)
51. San-Antonio chez les »gones«. 1962 (S-A 13)
52. San-Antonio polka. 1963 (S-A 19)

Von der Nummer 108 an sind die chronologische und die bisherige Nummerierung identisch.

165. Le pétomane ne répond plus. 1995
166. T'assieds pas sur le compte-gouttes. 1996
167. De l'antigel dans le calbute. 1996
168. La queue en trompette. 1997
169. Grimpe-la en danseuse. 1997
170. Ne soldez pas grand-mère, elle brosse encore. 1997
171. Du sable dans la vaseline. 1998
172. Ceci est bien une pipe. 1999
173. Trempe ton pain dans la soupe. 1999
174. Lâche-le, il tiendra tout seul. 1999
175. Céréales killer. 2001 – *nach dem Tod erschienen*

Ausserhalb der Serie erschienen:
L'histoire de France vue par San-Antonio. 1964
Le Standinge selon Bérurier. 1965
Béru et ces dames.1967
Les vacances de Bérurier. 1969
Béru-Béru. 1970
La sexualité. 1971
Les Con. 1973
Si »queue-d'âne« m'était conté. 1976
Y-a-t-il un français dans la salle ? 1979
Les clefs du pouvoir sont dans la boîte à gants. 1981
Faut-il tuer les petits garçons qui ont les mains sur les hanches ? 1984
La vieille qui marchait dans la mer. 1988
Le mari de Léon. 1990 (deutsch: Der schöne Edouard. Bergisch Gladbach 1993:
    Bastei-Lübbe)
Les soupers du Prince. 1992
Ces dames du palais Rizzi. 1994
La nurse anglaise. 1996
Le Dragon de Cracovie. 1998
Napoléon Pommier. 2000

Frédéric Dard

Die folgenden Romane entstanden in der Schweiz. Alle Bücher erschienen bei:
Fleuve Noir, Paris. Ausnahmen sind vermerkt.

Une seconde de toute beauté. Paris 1966: Editions Plon
C'est mourir un peu. Paris 1967: Editions Plon

A San Pedro ou ailleurs … 1968
Initiation au meurtre. 1971
Le maître de plaisir. 1973
Les séquestrées. 1974
La dame qu'on allait voir chez elle. 1976
Mes espionnages 1. 1976
Mes espionnages 2. 1976
Histoires déconcertantes. 1977

7.2 Marcel-Georges Prêtre:
François Chabrey/François Baincy

François Chabrey ist das Pseudonym von Marcel-Georges Prêtre und Marc Waeber. Unter dem Namen François Chabrey erschienen alle Matt-Spionageromane. Die Kriminalromane wurden in der frühen Phase (wahrscheinlich) unter François Baincy publiziert, in der späten unter Marcel-Georges Prêtre (unter diesem Namen auch einzelne andere Bücher, vor allem vor 1967). Alle Bücher erschienen bei Fleuve Noir, Paris. Die Abweichungen sind vermerkt.

François Chabrey

La vingt-cinquième image. 1967
Un appât nommé Howard. 1968
Détruisez l'original. 1968
Le sang lourd. 1968
Echec à Matt. 1969
Matt à Palma. 1969
Appel à Steve Kennedy. 1970
Matt à bord. 1970
Matt contre »Faucons«. 1970
Matt malmène Mao. 1970
Une peau neuve pour Matt. 1970
Deux cadavres pour Reginald. 1971
Matt au Mali. 1971
Nançay R.A. 12 appelle Matt. 1971
Shalom, Mr. Matt. 1971
Une valse pour Matt. 1971
Culpabilité compensée. 1972
Une hirondelle pour Matt. 1972

Mach 2 pour Matt. 1972
Matt et le satellite. 1972
Matt réveille le coq. 1972
Mort d'un aristocrate. 1972
Matt attaque Germania-E. 1973
Matt flambe à Caracas. 1973
Matt fonce dans le noir. 1973
Matt sur le toit du monde. 1973
Nul n'échappe à Matt. 1973
Une tornade pour Matt. 1973
Du feu, Matt? 1974
Electroniquement vôtre, Matt. 1974
Matt et »l'honorable correspondant«. 1974
Matt et le canard laqué. 1974
Matt frappe à Cuba. 1974
Matt coiffe Panama. 1975
Matt et l'Ostpolitik. 1975
Matt gèle en Alaska. 1975
Matt lutte en Suisse. 1975
Matt perd la face. 1975
Matt salue la Bospore. 1975
»Torpedos« contre Matt. 1975
Compte à rebours pour Matt. 1976 (deutsch: Safe mit Knalleffekt. Bern 1978: Scherz)
Matt confond la »Bundeswehr«. 1976
Matt détruit Marty. 1976
Matt frappe au »Golden Gate«. 1976
Matt mate l'atome. 1976
Matt piège Piotr. 1976
Matt suit »le pape«. 1976
Matt à mort. 1977
Matt à tout va. 1977
Matt court-circuite l'O.U.A. 1977
Matt retrouve ses ancêtres. 1977
Matt retrouve »Tomcat«. 1977
Matt rôde en Rhodésie. 1977
Matt attise le volcan. 1978
Matt découvre l'étalon. 1978
Matt domine »Zeus«. 1978

François Baincy

Des collets pour les souris. 1972
Armes parlantes.
Justice est refaite.
Six chasseurs sachent chasser.

Marcel-Georges Prêtre

Die älteren Texte waren nicht alle greifbar. Es muss deshalb teilweise offen bleiben, ob es sich um Krimis oder um Abenteuerromane handelt.

Deux visas pour l'enfer. Boudry 1955: La Baconnière
La chair à poissons. 1957
L'étrange monsieur Steve. 1957
Une grand-mère en or massif. 1961
Carrera mexicana. 1962
Echec aux neutrons. Estavayer-le-Lac 1962: Editions du Manoir
Un lacustre en pierre polie. 1962
La loi du plus fort. Chiètres 1962: Edition Arnen
Un grand-père en béton armé. 1963
4 h. 30 chez Belzébuth. 1964
Bouillabaisse à Munich. 1964
La culotte des anges. 1964
La cinquième dimension. 1969
Boomerang. 1982
Mort pour rire. 1982
Pas vu, pas pris. 1982
Un sorbet framboise. 1982
A quoi bon? 1983
Les citrons verts. 1983
Démoniaquement vôtre. 1983
Le fric. 1983
Mort en sueur. 1983
Noblesse oblige. 1983
Pigeon vole. 1983
Balle de match. 1984
Corum pour un défunt. 1984
Golden bridge 609. 1984

Question de couleur. 1984

Tableaux de chasse. 1984

Le défi suisse. 1985

7.3 Georges Simenon

Die folgende Liste umfasst alle Maigret-Krimis und Nicht-Maigret-Romane sowie die biographischen Schriften, die Simenon seit seinem Umzug in die Schweiz 1957 publiziert hat. Nicht berücksichtigt sind die Essais und Novellen. Alle erschienen bei Presses de la Cité, Paris. Deutsche Ausgaben: KW: Kiepenheuer & Witsch, Köln. D: Diogenes, Zürich.

Maigret voyage. 1957 (deutsch 1959: Maigret auf Reisen. KW)

Les scrupules de Maigret. 1958 (deutsch 1959: Maigret hat Skrupel. KW)

Le président. 1958 (deutsch 1961: Der Präsident. KW)

Le passage de la ligne. 1958 (deutsch 1994: Der Grenzgänger. D)

Dimanche. 1958 (deutsch 1960: Es geschah an einem Sonntag. KW. 1977 unter: Sonntag. D)

Maigret et les témoins récalcitrants. 1959 (deutsch 1959: Maigret und die widerspenstigen Zeugen. KW)

Une confidence de Maigret. 1959 (deutsch 1960: Maigret und der Fall Josset. KW. 1982 unter: Maigrets Geständnis. D)

La vieille. 1959 (deutsch 1960: Die Grossmutter. KW)

Le veuf. 1959 (deutsch 1968: Der Witwer. KW)

Maigret aux assises. 1960 (deutsch 1960: Maigret vor dem Schwurgericht. KW)

L'ours en peluche. 1960 (deutsch 1968: Der Plüschbär. KW. 1989 unter: Der Teddybär. D)

Maigret et les vieillards. 1960 (deutsch 1961: Maigret und die alten Leute. KW)

Betty. 1960 (deutsch 1962: Betty. KW)

Le train. 1961 (deutsch 1963: Der Zug. KW)

Maigret et le voleur paresseux. 1961 (deutsch 1962: Maigret und der faule Dieb. KW)

La porte. 1961 (deutsch 1963: Die Tür. KW)

Maigret et les braves gens. 1961 (deutsch 1962: Maigret und die braven Leute. Ex Libris, Zürich)

Les autres. 1962 (deutsch 1963: Die Anderen. KW. 1990 unter. Das Haus am Quai Notre-Dame. D)

Maigret et le client du samedi. 1962 (deutsch 1963: Maigret und sein (oder: der) Sonnabend-Besucher. KW. 1985 unter: Maigret und der Samstagsklient. D)

Maigret et le clochard. 1962 (deutsch 1964: Maigret und der Clochard. KW)

La colère de Maigret. 1962 (deutsch 1964: Maigret ist wütend. KW. 1979 unter: Maigret gerät in Wut. D)

Quand j'étais vieux. 1963 (deutsch 1977: Als ich alt war. D)

Les anneaux de Bicêtre. 1963 (deutsch 1964: Die Glocken von Bicêtre. KW)

L'homme au petit chien. 1963 (deutsch 1964: Der Mann mit dem kleinen Hund. KW)

La chambre bleue. 1963 (deutsch 1964: Das blaue Zimmer. KW)

Maigret et le fantôme. 1963 (deutsch: Maigret und das Phantom. KW. 1989 unter: Maigret und das Gespenst. D)

Maigret se défend. 1964 (deutsch 1966: Maigret verteidigt sich. KW)

Le petit saint. 1965 (deutsch 1966: Der kleine Heilige. KW)

Le train de Venise. 1965 (deutsch 1968: Rückfahrt von Venedig (und ähnliche Titel). KW. 1988 unter: Der Zug aus Venedig. D)

La patience de Maigret. 1965 (deutsch 1967: Maigret hat Geduld. KW. 1982 unter: Maigret lässt sich Zeit. D)

Le confessionnal. 1965 (deutsch 1969: Im Beichtstuhl. KW. 1993 unter: Die Beichte. D)

La mort d'Auguste. 1966 (deutsch 1980: Der Tod des Auguste Mature. D)

Maigret et l'affaire Nahour. 1967 (deutsch 1969: Maigret und der Fall Nahour. KW)

Le chat. 1967 (deutsch 1969: Der Kater. KW. 1985 unter: Die Katze. D)

Le voleur de Maigret. 1967 (deutsch 1969: Maigret und der Dieb. KW. 1990 unter: Maigret in Künstlerkreisen. D)

Le déménagement. 1967 (deutsch 1969: Der Umzug. KW)

Maigret à Vichy. 1967 (deutsch 1969: Maigret in Kur. KW)

La prison. 1968 (deutsch 1970: Die Schwestern. Heyne, München. 1990 unter: Das Gefängnis. D)

Maigret hésite. 1968 (deutsch 1970: Maigret zögert. KW)

La main. 1968 (deutsch 1970: Die Hand. KW. 1991 unter: Das zweite Leben. D)

L'ami d'enfance de Maigret. 1968 (deutsch 1970: Maigret und sein Jugendfreund. KW)

Il y a encore des noisetiers. 1969 (deutsch 1970: Der Haselnussstrauch. KW. 1984 unter: Es gibt noch Haselnusssträucher. D)

Maigret et le tueur. 1969 (deutsch 1970: Maigret und der Mörder. KW. 1990 unter: Maigret und der Messerstecher. D)

Maigret et le marchand de vin. 1969 (deutsch 1972: Maigret und der Weinhändler. KW)

Novembre. 1970 (deutsch 1993: Manuela. D)

Le riche homme. 1970 (deutsch 1973: Der reiche Mann. KW)

La folle de Maigret. 1970 (deutsch 1972: Maigret und die Spinnerin. KW. 1988 unter: Maigret und die verrückte Witwe. D)

La disparition d'Odile. 1971 (deutsch 1973: Keine Spur von Odile. KW. 1992 unter: Die verschwundene Tochter. D)

Maigret et l'homme tout seul. 1971 (deutsch 1975: Maigret und der Einsame. KW. 1990 unter: Maigret und der einsame Mann. D)

La cage de verre. 1971 (deutsch 1973: Der Glaskäfig. KW)

Maigret et l'indicateur. 1971 (deutsch 1975: Maigret und der Spitzel. KW)

Les innocents. 1971 (deutsch 1994: Doppelleben. D)

Maigret et Monsieur Charles. 1972 (deutsch 1975: Maigret und Monsieur Charles. KW)

Lettre à ma mère. 1974 (deutsch 1978: Brief an meine Mutter. D)

»Mes dictées«, die später in Buchform erschienen biographischen Diktate :

Un homme comme un autre. 1975 (deutsch 1978: Ein Mensch wie jeder andere. D)

Des traces de pas. 1975

Les petits hommes. 1976

Vent du nord, vent du sud. 1976

Un banc au soleil. 1977

De la cave au grenier. 1977

À l'abri de notre arbre. 1977

Tant que je suis vivant. 1978

Vacances obligatoires. 1978

La main dans la main. 1978

Au-delà de ma porte-fenêtre. 1978

Je suis resté un enfant de chœur. 1979

À quoi bon jurer? 1979

Point-virgule. 1979

Le prix d'un homme. 1980

On dit que j'ai soixante-quinze ans. 1980

Quand vient le froid. 1980

Les libertés qu'il nous reste. 1981

La femme endormie. 1981

Jour et nuit. 1981

Destinées. 1981

Mémoires intimes, suivis du »Livre de Marie-Jo«. 1981 (deutsch 1982: Intime Memoiren und das Buch von Marie-Jo. D)

Der Autor

Paul Ott wurde 1955 in Romanshorn geboren, er wuchs in Goldach am Bodensee und in St. Gallen auf. Seit 1974 lebt er in Bern. An der Universität Bern studierte er Germanistik und Kunstgeschichte und schloss mit dem Lizentiat und einem Gymnasiallehrerdiplom ab. Er mag seine Arbeit als Lehrer (und könnte sich ohne diese seine kulturellen Tätigkeiten nicht leisten). In den letzten 25 Jahren hatte er neben zahlreichen journalistischen Arbeiten für verschiedene Zeitungen und Zeitschriften mehrere literarische Veröffentlichungen. Unter dem Pseudonym Paul Lascaux schreibt er seit mehr als 20 Jahren Kriminalromane und kriminelle Geschichten. Die meisten spielen in der Stadt Bern oder in Dörfern und Gegenden im Kanton Bern. Des weiteren organisiert er kulturelle Veranstaltungen: Er ist Initiator der »Mordstage« (2001 Bern, 2005 Deutschschweiz), hat an der »Expo.02« eine Serie von Krimiabenden durchgeführt und leitet die »Literaturkantine« in Bern.

Paul Ott ist Mitglied in der *Autorengruppe Deutschsprachige Kriminalliteratur Das Syndikat*, in der *AIEP/IACW – International Association of Crime Writers*, bei den *Autorinnen und Autoren der Schweiz AdS* und im *Berner Schriftstellerinnen und Schriftsteller Verein* (im Vorstand 1998–2003). Seine Website: www.literatur.li

Veröffentlichungen als Paul Lascaux: SCHACHMATT IN OSTERMUNDIGEN, in: Paul Ott (Hg.): TATORT SCHWEIZ. 18 KRIMINELLE GESCHICHTEN, Limmat Verlag 2005. UEDEM: DAS SCHWEIGEN DER KÜHE, in: MORD AM NIEDERRHEIN, Grafit Verlag 2004. BERUF UND BERUFUNG, in: Ingrid G. Schmitz/Ina Coelen (Hg.): MÖRDERISCHE MITARBEITER. KOLLEGIALE KRIMINALGESCHICHTEN, Scherz Verlag 2003. EIN GLAS ROTWEIN FÜR MEINEN KATER, in: Angela Esser (Hg.): WEINLEICHEN. VON MÖRDERISCHEN WINZERN UND TÖDLICHEN KELLERMEISTERN, Scherz Verlag 2003. DAS JUNGFRAUENSTERBEN, in: Paul Ott (Hg.): MORDS-LÜSTE. EROTISCHE KRIMINALGE-

SCHICHTEN, Scherz Verlag 2003. DIE GEMEINDEPRÄSIDENTIN (Theaterstück; Uraufführung Hoftheater Erlach, 2002. EUROPA STIRBT. KRIMINELLE GESCHICHTEN, Verlag der Criminale 2001. DAS BRANDOPFER, in: Paul Ott (Hg.): IM MORGENROT. DIE BESTEN KRIMINALGESCHICHTEN AUS DER SCHWEIZ, Scherz Verlag 2001. DER LÜCKENBÜSSER. EIN INTERNET-KRIMI, Verlag der Criminale 2000. KELTEN-BLUES, orte-krimi 1998. TOTENTANZ. KRIMINELLE GESCHICHTEN, orte-krimi 1996. UN-ZYT-GLOGGE, in: Peter Zeindler (Hg.): BANKEN, BLUT UND BERGE, rororo thriller 3158, 1995. DER TEUFELSTROMMLER, orte-krimi 1990. ARBEIT AM SKELETT, orte-krimi 1987.

Weitere Veröffentlichungen: Paul Ott (Hg.): TATORT SCHWEIZ. 18 KRIMINELLE GESCHICHTEN, Limmat Verlag 2005. Paul Ott/Fritz von Gunten (Hg.): GOTTHELF LESEN. AUF DEM WEG ZUM ORIGINAL, h.e.p. verlag, 2004. Paul Ott (Hg.): MORDS-LÜSTE. EROTISCHE KRIMINALGESCHICHTEN, Scherz Verlag 2003. Paul Ott/Hartmut Simon/Daniel Haudenschild: DEUTSCH. SCHREIBEN – LESEN UND VERSTEHEN – SPRECHEN – GRAMMATIK, h.e.p. verlag, 2002. Paul Ott (Hg.): IM MORGENROT. DIE BESTEN KRIMINALGESCHICHTEN AUS DER SCHWEIZ, Scherz Verlag 2001. DIE BEHÄBIGKEIT LÖST SICH AN DEN RÄNDERN, in: Humann/Reichelt (Hg.): EUROROCK, rororo 7460, 1981. Paul Ott/Hollow Skai (Hg.): WIR WAREN HELDEN FÜR EINEN TAG. AUS DEUTSCHSPRACHIGEN PUNK-FANZINES 1977–1981, rororo 7682, 1983.

Übersetzungen: Paul Lascaux: FIRE WORKS, in: Ed Gorman/Martin H. Greenberg: THE WORLD'S FINEST MYSTERY AND CRIME STORIES. THIRD ANNUAL COLLECTION, New York 2002. Paul Lascaux: ZEGAR NA WIEZY, Odra, 5, maj 2000, Wroclaw, Polen (dt. UN-ZYT-GLOGGE). Paul Ott: HET PAKIJS BEGINT AAN DE RANDEN TE SMELTEN, Muziekkrant Oor, Amsterdam 1981.

Dank

Es ist schlicht und einfach unmöglich, alle Personen, die mit Informationen sowie praktischer und/oder geistiger Unterstützung zum Gelingen dieses Buches beigetragen haben, einzeln zu vermerken. Ihnen allen sei an dieser Stelle herzlich gedankt.

Besonderer Dank geht an Thomas Przybilka für die Initialzündung anlässlich der AIEP-Konferenz 2004, Klaus-Peter Walter für den ersten Auftrag, der sich verselbständigt hat, Alfred Miersch für den vertrauensvollen Enthusiasmus, Kurt Stadelmann für die kritische Begleitung und für zahlreiche Hinweise, Mirko Schädel für wertvolle Informationen und unauffindbare Texte, die Schweizerische Landesbibliothek Bern sowie das Schweizerische Literaturarchiv Bern und die Mitarbeiter/innen für die grosse Geduld, mit der sie Bücherberge angeschleppt und den Autor mit grosser Freundlichkeit unterstützt haben, Robert Weideli für zahlreiche Hinweise und Bücher, Armin Arnold für die hilfreiche Durchsicht der Unterlagen, Pierre Baumann für das grosszügige Überlassen von Informationen, Baron Biber für seine aufmerksame, unkritische Geduld sowie an zahlreiche Autorinnen und Autoren für Informationen aller Art.

Die vorliegende Arbeit entstand ohne öffentliche Gelder.

Jürg Brönnimann
Der Soziokrimi:
ein neues Genre oder ein soziologisches Experiment?
Eine Untersuchung des Soziokriminalromans anhand
der Werke der schwedischen Autoren Maj Sjöwall und
Per Wahlöö und des deutschen Autors -ky
304 S.; € 18,60; *Krimi Kritik 3*; ISBN 3-935421-13-3

Jürg Brönnimann. Fluglotse in der Schweiz, Gelegenheitsarbeiter in Neuseeland, Germanistik-Tutor der Uni-Auckland. Seine Examensarbeit »Der Soziokrimi ...« legt er nun im rührigen Wuppertaler Krimi-Verlag Nordpark vor. Ausführlich widmet er sich den Schweden Sjöwall/Wahlhöö, die 1965 dezidiert die Revolution übers Bücherregal starten wollten, und dem Deutschen Horst Bosetzky, der in den 70ern als -ky das schlechte Gewissen der Nation war. Brönnimann wälzt genug Zeitgeschichte, um hier auch Leute zu interessieren, die von Sjöwall/Wahlhöö/-ky noch nie gehört haben. Der Stil ist akademisch, aber nicht abschreckend, und man lernt dazu noch einen Verlag kennen, der fast im Verborgenen Krimi-Sekundärliteratur herausbringt.   *(ultimo)*

Wie das alles so begann mit dem – mittlerweile – recht verpönten Soziokrimi, kann man in der wissenschaftlichen Arbeit von Jürg Brönnimann nachlesen. Eine kluge, manchmal etwas sehr wissenschaftliche Einführung in die Geschichte des Soziokrimis. [...] Ein interessantes Buch, dass zeigt, wie sehr die beiden Schweden den Kriminalroman beeinflusst haben.
(blog.der-buecherfreund)

www.alligatorpapiere.de

Die Krimiseite des NordPark Verlages!

Thomas Przybilka
mit Gisela Lehmer-Kerkloh und Alwin Ixfeld
Siggi Baumeister *oder*
Eine Verfolgung quer durch die Eifel
Die Eifelkrimis des Jacques Berndorf.
84 S.; € 10,50; *Krimi Kritik 1*; ISBN 3-935421-11-7

Wer Siggi Baumeister ist, wissen deutschsprachige Krimifans seit langem; die Hauptfigur der erfolgreichen Eifel-Krimis ist Kult. Wer aber ist dieser Jacques Berndorf, der Autor der Reihe, der mit bürgerlichem Namen Michael Preute heißt?
Alwin Ixfeld zeigt in seinem Portrait dessen wenig bekannte Seite und seinen alles andere als gradlinigen Weg vom Rundfunkreporter, Kriegsberichterstatter und weltreisenden Topjournalisten zum Eifel-Krimi-Guru. Gisela Lehmer-Kerkloh führt in einer tour d' horizon durch Jacques Berndorfs Bücher, und Thomas Przybilka dokumentiert in einer umfangreichen Auswahlbibliographie der Sekundärliteratur die große publizistische Resonanz auf ein außergewöhnliches Werk.

... eine spannende (Kurz-)Biographie und gleichzeitig ein verlässlicher Wegweiser durch das literarische Gesamtwerk Preutes.
Kölner Stadt-Anzeiger

... ein verheißungsvoller Auftakt zu einer interessanten Reihe, auf deren Verlauf wir gespannt sind. *Titel. Magazin für Literatur und Film*

Die Fan- und Lesegemeinde von Jacques Berndorf kann sich daher glücklich schätzen, dieses kenntnisreiche, informative und preiswerte-Buch zu ihrem Lieblingsautor in Händen halten zu können. *Kultura*

Ein Buch von hohem Informations- und Nutzwert. *Krimi-Forum*

... bei solchen präzisen Bibliographien lacht das Herz eines jeden Germanistikstudenten. *Das Syndikat*

Für Kenner und Liebhaber der Eifel-Krimis ein Muss.
Wuppertaler Rundschau

www.alligatorpapiere.de

Die Krimiseite des NordPark Verlages!

Autorenportraits. Hintergrundberichte. Przybilkas Tipps zur Sekundärliteratur. Nachrichten und Neuigkeiten aus der deutschen und internationalen Krimiszene. »Eine rundum gute Krimiseite mit vielen Infos rund um den Kriminalroman.« (*Crime Corner*)

Jost Hindersmann
John le Carré.
Der *Spion*, der zum Schriftsteller wurde.
Portrait und Bibliografie.
Bibliografie unter Mitarbeit von Thomas Przybilka

108 S.; € 11,00; *Krimi Kritik 2*; ISBN 3-935421-12-5

Er war der Sohn eines gerissenen Hochstaplers und lebte als Spion in der Welt der Diplomaten, bis er zum Schriftsteller wurde. Heute ist David Cornwell alias John le Carré der wohl bekannteste Spionageromanautor der Welt und wird nicht nur in diesem Genre, sondern auch als Autor ernsthafter Literatur gewürdigt.

Obwohl bereits eine Fülle von Literatur über ihn vorliegt, gab es bisher noch keine deutschsprachige Monografie, in der sein Leben und Werk thematisiert werden.

Jost Hindersman füllt mit diesem Buch diese Lücke und legt zudem (zusammen mit Thomas Przybilka) die derzeit umfangreichste Bibliografie zur Literatur von und über John le Carré vor.

… Die Bibliographie ist eine Fundgrube für Literaturwissenschaftler, wie auch der gesamte Band einen unverzichtbaren Ratgeber für Le Carré – Enthusiasten und Leser von Spionageromanen darstellt.   *kultura extra*

… Ein nützliches Handbuch für Einsteiger in das Werk eines Groß-Klassikers … Hindermanns Text referiert nüchtern, ohne uns mit weitläufigen Reflexionen zu quälen. Abteilung: Knapp und praktisch.   *plärrer*

www.alligatorpapiere.de

Die Krimiseite des NordPark Verlages!

Bibliografische Information Der Deutschen Bibliothek:
Die Deutsche Bibliothek verzeichnet diese Publikation in der
Deutschen Nationalbibliografie; detaillierte bibliografische Daten
sind im Internet über ‹http://dnb.ddb.de› abrufbar.

Friedrich Glauser, »Offener Brief«: Abdruck mit freundlicher
Genehmigung des Schweizerischen Literaturarchivs, Bern.

Bildnachweise Umschlag:
Friedrich Glauser, Foto: Gotthard Schuh;
© Fotostiftung Schweiz/VG Bild-Kunst, Bonn 2005.
Kaethe Baumann, Foto: N. N.
Jack Millers, Das rote Cabriolet, ABC-Verlag Zürich 1947
Commissaire Potterat, aus Benjamin Vallotton: Portes entr'ouvertes.
Propos du Commissaire Potterat. F. Rouge & Cie., Lausanne 1907

Originalausgabe
März 2005
© NordPark Verlag, Wuppertal
Das Werk ist urheberrechtlich geschützt.
Gestaltung: MCG, Luzern/Berlin
Druck und Bindung: BoD, Norderstedt
ISBN 3-935421-14-1

NordPark Verlag · Klingelholl 53 · D 42281 Wuppertal
www.nordpark-verlag.de & *www.alligatorpapiere.de*